A maré humana

Paul Morland

A maré humana

A fantástica história das mudanças demográficas e migrações que fizeram e desfizeram nações, continentes e impérios

Tradução:
Maria Luiza X. de A. Borges

ZAHAR

Para meus filhos, Sonia, Juliet e Adam

Título original:
The Human Tide
(*How Population Shaped the Modern World*)

Tradução autorizada da primeira edição inglesa,
publicada em 2019 por John Murray Publishers, uma divisão
de Hachette, de Londres, Inglaterra

Copyright © 2019, Paul Morland

Copyright da edição brasileira © 2019:
Jorge Zahar Editor Ltda.
rua Marquês de S. Vicente 99 – 1º | 22451-041 Rio de Janeiro, RJ
tel (21) 2529-4750 | fax (21) 2529-4787
editora@zahar.com.br | www.zahar.com.br

Todos os direitos reservados.
A reprodução não autorizada desta publicação, no todo
ou em parte, constitui violação de direitos autorais. (Lei 9.610/98)

Grafia atualizada respeitando o novo
Acordo Ortográfico da Língua Portuguesa

A editora não se responsabiliza por links ou sites aqui indicados,
nem pode garantir que eles continuarão ativos e/ou adequados,
salvo os que forem propriedade da Zahar.

Preparação: Angela Ramalho Vianna | Revisão: Eduardo Monteiro, Édio Pullig
Capa: Estúdio Insólito | Imagem de capa: © Samere Fahim Photography/Getty Images

CIP-Brasil. Catalogação na publicação
Sindicato Nacional dos Editores de Livros, RJ

M853m
Morland, Paul
A maré humana: a fantástica história das mudanças demográficas e migrações que fizeram e desfizeram nações, continentes e impérios/Paul Morland; tradução Maria Luiza X. de A. Borges. – 1.ed. – Rio de Janeiro: Zahar, 2019.

Tradução de: The human tide
Inclui bibliografia e índice
ISBN 978-85-378-1854-1

1. População – Aspectos sociais. 2. População – Aspectos econômicos. 3. População – Aspectos políticos. I. Borges, Maria Luiza X. de A. II. Título.

19-59466

CDD: 304.6
CDU: 314.1

Leandra Felix da Cruz – Bibliotecária – CRB-7/6135

Sumário

PARTE I População e história

Introdução   9

1. O peso dos números   19

PARTE II A maré montante: entre os europeus

2. O triunfo dos anglo-saxões   51

3. Os desafios alemão e russo   82

4. O perecimento da "Grande Raça"   117

5. O Ocidente desde 1945   153
   Do baby boom à imigração em massa

6. A Rússia e o Bloco do Leste a partir de 1945   190
   A demografia da derrota na Guerra Fria

PARTE III A maré torna-se global: para além da Europa

7. Japão, China e Ásia oriental   223
   O envelhecimento de gigantes

8. O Oriente Médio e o Norte da África   255
   A demografia da instabilidade

9. Nada de novo sob o sol?   289
   Fronteiras finais e perspectivas futuras

Apêndice I: Como a expectativa de vida é calculada   321

Apêndice II: Como a taxa de fecundidade total é calculada   326

Notas   329
Referências bibliográficas   347
Agradecimentos   363
Índice remissivo   364

PARTE I

População e história

Introdução

JOAN RUMBOLD TINHA DEZENOVE ANOS em 1754 e morava no bairro londrino de Chelsea quando conheceu John Phillips. Três anos depois, grávida de Phillips e com gonorreia, foi abandonada por ele e, sem nenhum lugar para onde ir, foi admitida num asilo de pobres. Quando uma oportunidade de trabalho apareceu, ela foi enviada a Brompton, nas proximidades, deixando o filho, John Jr., no asilo, onde ele morreu dois anos depois.[1] Essa história corriqueira de desespero, abandono e morte de um bebê hoje escandalizaria a maior parte das sociedades do mundo desenvolvido, desencadeando exames de consciência e acusações da parte dos serviços sociais e da imprensa. Na Inglaterra do século XVIII, e em praticamente qualquer outro lugar na época, era completamente normal. Havia sido assim desde a aurora da história humana. Podem-se contar casos similares de centenas de milhares de moças em toda a Europa e milhões em todo o mundo naquele período ou antes. A vida era vivida num cenário de privação material em que, para a maioria das pessoas, cada dia era uma luta contra fome, doença ou alguma outra forma de catástrofe.

Em termos históricos, a vida era ruim, brutal e curta ainda ontem. Quase qualquer relato sobre os aspectos da existência do indivíduo comum na sociedade pré-industrial ou no início da sociedade industrial – seja sua dieta ou habitação, padrões de nascimento e morte, ignorância, falta de higiene ou falta de saúde – pode facilmente chocar o leitor de hoje. Para os camponeses espanhóis nas regiões produtoras de vinho, por exemplo, todos os braços eram demandados nas estações críticas do ciclo anual, incluindo mães de crianças pequenas, que deixavam sua prole "sozinha, chorando e faminta em fraldas pútridas"; abandonadas, as crianças podiam acabar com os olhos bicados por aves domésticas livres para entrar e sair de suas casas, ou ter as mãos mastigadas por porcos, ou podiam "cair no fogo, ou ... se afogar em baldes e tinas de lavar roupa deixados descuidadamente nas soleiras".[2] Não admira que entre ¼ e ⅓ dos bebês que nasciam na Espanha do século XVIII estivesse morto antes do primeiro aniversário.

A vida do outro lado dos Pireneus, para o camponês francês comum – a grande maioria da população –, era pouco melhor. Hoje o departamento de Lozère é uma região encantadora, conhecida pela canoagem e pesca da truta, mas no século XVIII a maior parte de seus habitantes se vestia com trapos e vivia em cabanas miseráveis, "cercados por estrume" que exalava um fedor horrível; as choças raramente tinham janelas, e os pisos eram cobertos com pedaços de lona e lã que serviam como camas "sobre as quais o homem velho, decrépito, e a criança recém-nascida, ... o saudável, o doente, o moribundo" e com frequência os recém-mortos deitavam-se lado a lado.[3] Descrições semelhantes de imundície e miséria se aplicavam à maioria dos lugares no globo em quase qualquer momento desde que a humanidade desenvolveu a agricultura, por volta de 10 mil anos atrás.

Não é preciso dizer mais nada sobre o idílio da vida rural nos tempos antigos, um mito possível apenas numa sociedade urbanizada há tanto tempo que perdeu a lembrança de como era realmente viver na zona rural pré-industrial. Isso era o que toda heroína pobretona de Jane Austen, em busca de um herdeiro rico, tentava evitar, quando não para si mesma, muito possivelmente para os filhos ou netos, num mundo implacável de constante mobilidade econômica e social descendente e nenhum bem-estar social.

A vida rural na maior parte do globo hoje é muito diferente daquela do habitante do campo na Espanha ou na França no século XVIII. A vida urbana também melhorou incomensuravelmente em relação às normas miseráveis comuns até o século XIX, no que era então a parte mais desenvolvida do mundo. Isso é bem captado nas memórias de Leonard Woolf, marido da renomada Virginia. Woolf, que nasceu em 1880, morreu em 1969 e testemunhou uma transformação das condições de vida no sudeste da Inglaterra, onde, exceto por uma década como administrador colonial no Ceilão (hoje Sri Lanka), passou toda a vida. Ele escreveu já próximo da morte que se impressionava com a "imensa mudança do barbarismo social para a civilização social" em Londres e, de fato, na maior parte da Grã-Bretanha durante seu período de vida, considerando-a "um dos milagres da economia e da educação": bairros miseráveis, com seus "produtos aterrorizantes", não existiam mais, e em meados do século XX, pensava Woolf, seria difícil para aqueles que não tinham experimentado a Londres dos anos 1880 imaginar a condição dos pobres naqueles dias, morando "em seus covis, com pobreza, sujeira, embriaguez e brutalidade".[4]

Essas mudanças não se restringiram à Grã-Bretanha. Stefan Zweig, memorialista como Leonard Woolf e nascido apenas um ano depois dele, em Viena, observou uma acentuada melhora nos anos anteriores à Primeira Guerra Mundial, com a chegada da luz elétrica iluminando intensamente ruas antes sombrias, lojas mais claras e abastecidas, exibindo um "novo brilho sedutor", a conveniência do telefone e a difusão de confortos e luxos antes reservados às classes altas, mas que então chegavam à classe média. A água não precisava mais ser tirada de poços e o fogo não precisava mais ser "trabalhosamente aceso na lareira". A higiene estava avançando, a sujeira batia em retirada e os padrões de vida básicos melhoravam ano a ano, de modo que "até aquele problema supremo, a pobreza das massas, não mais parecia insuperável".[5]

Cenas de miséria e privação material ainda podem ser vistas nos bairros mais miseráveis do mundo em desenvolvimento ou nos últimos redutos da pobreza rural. Mas, para a maioria das pessoas do planeta, essas cenas seriam recordadas, se tanto, como algo do passado – um passado mais distante para quem vive em alguns lugares, menos distante para quem vive em outros.

Os grandes progressos em condições materiais, nutrição, habitação, saúde e educação que se espalharam pela maior parte do globo desde o início do século XIX foram claramente *econômicos*, mas também *demográficos*. Isto é, disseram respeito não apenas à maneira como as pessoas produzem e consomem, mas também ao número de pessoas nascidas, sua taxa de sobrevivência até a idade adulta, o número de filhos que elas têm, a idade em que morrem e a probabilidade de que mudem de região, país ou continente. As melhoras se refletem nos dados sobre a população e especificamente sobre os nascimentos e mortes.

Em resumo, os tipos de sociedade em que a maioria das pessoas vive agora, em contraposição àquele em que Joan Rumbold viveu e seu desafortunado filho nasceu, em 1757, caracterizam-se por mortalidade infantil drasticamente mais baixa, com menos bebês ou criancinhas morrendo e quase todos os que nascem chegando pelo menos à idade adulta. Eles se caracterizam também por expectativa de vida em geral mais longa, em parte resultado de menor mortalidade de bebês e crianças, mas também de menos óbitos na meia-idade e de pessoas que vivem até idades avançadas e mesmo idades de que mal se ouvia falar cerca de duzentos anos atrás. As mulheres, instruídas e dotadas dos instrumentos de escolha, têm muito menos filhos em nossas sociedades. Muitas não têm nenhum filho, e muito poucas têm os seis ou mais comuns na Grã-Bretanha até meados do século XIX. Tendo passado da demografia da era de Joan Rumbold para a de nossa própria era, a população cresceu enormemente. No século XVIII não havia 1 bilhão de pessoas na Terra. Hoje há mais de 7 bilhões. Assim como a política, a economia e a sociologia das sociedades atuais são radicalmente diferentes daquelas do passado, assim também é a demografia.

Esse processo, que começou nas Ilhas Britânicas e entre povos irmãos nos Estados Unidos e no Império Britânico por volta do ano 1800, espalhou-se primeiro pela Europa e depois pelo mundo todo. Grande parcela da África ainda não completou a transição, mas a maior parte dela está bem encaminhada. Fora da África subsaariana mal chega a haver meia dúzia de países onde as mulheres têm em média mais de quatro filhos, norma global ainda nos anos 1970. Não há hoje nenhum território fora da África com uma expectativa de vida abaixo dos sessenta anos, de novo aproximadamente a norma global nos anos 1970 e perto da norma europeia ainda nos anos 1950. A façanha dos melhores em meados do século XX tornou-se a média global algumas décadas mais tarde. A média global de algumas décadas atrás tornou-se o mínimo dos mínimos para a maior parte do mundo atual. Isso foi alcançado por uma combinação dos meios mais básicos com os mais complexos: o aumento de frequência da lavagem de mãos, o melhor fornecimento de água, muitas vezes intervenções rudimentares mas decisivas na gravidez e no parto, melhor assistência médica geral e melhor dieta. Nenhuma dessas coisas teria sido possível numa escala global sem educação, novamente com frequência rudimentar, mas radicalmente melhor que nada, em particular das mulheres, permitindo que práticas preservadoras da vida se disseminassem e fossem adotadas. Elas também demandaram conquistas da ciência e da tecnologia, da agronomia ao transporte.

Há muito os filósofos da história debatem os fatores fundamentais que moldam os eventos históricos. Alguns sugerem que vastas forças materiais são o mais importante, determinando as linhas gerais, se não os detalhes sutis da trajetória humana. Outros veem a história essencialmente como a narrativa do jogo das ideias. Outros, ainda, afirmam que acidente e acaso estão no controle, que é inútil procurar causas de grande escala por trás do desenrolar dos acontecimentos. Alguns estudiosos também já conceberam a história como a criação de "grandes homens". Nenhuma dessas abordagens é inteiramente satisfatória nem tampouco pode explicar de modo cabal a história como um todo. A interação dos seres humanos através do tempo e do espaço é simplesmente vasta e complexa demais para que qualquer teoria a encerre. Forças materiais, ideias, acaso e até grandes indivíduos e sua interação devem ser englobados caso se queira compreender o passado.

Houve uma revolução populacional no curso dos últimos duzentos anos, aproximadamente, e essa revolução mudou o mundo. Essa é a história da ascensão e queda de Estados e de grandes mudanças no poder e na economia, mas também uma história sobre o modo como as vidas individuais foram transformadas; de mulheres britânicas que, no prazo de uma geração, pararam de esperar que a maioria de seus filhos morresse antes da idade adulta; de idosos japoneses sem filhos morrendo sozinhos em seus apartamentos; de crianças africanas atravessando o Mediterrâneo à procura de oportunidades.

Alguns desses fenômenos, como a queda da mortalidade infantil a partir de níveis elevados no Reino Unido, são históricos. Outros, como o número de japoneses que morrem sem filhos, sozinhos, e as crianças africanas rumando para a Europa, ainda estão muito presentes, e é provável que se intensifiquem. O turbilhão demográfico – o ritmo cada vez mais acelerado da mudança na população – alastrou-se pelo mundo de uma região para outra, despedaçando velhas formas de vida e substituindo-as por novas. Essa é a história da maré humana, o grande fluxo da humanidade, crescendo aqui, refluindo ali, e de como isso deu uma contribuição vasta e, com demasiada frequência, despercebida ou subestimada para o curso da história.

O fato de que a vida ficou imensuravelmente melhor para bilhões – e de que o mundo deveria conseguir sustentar 7 bilhões de pessoas e mais – não deveria eclipsar o lado escuro dessa história. O Ocidente, inventor das condições que permitiram que tantas pessoas sobrevivessem a seus primeiros anos e florescessem materialmente, tem muito do que se orgulhar. Muitos de seus críticos não estariam vivos hoje, e certamente não gozariam de vidas ricas, instruídas, se não fosse pelos avanços científicos e técnicos, desde fármacos e fertilizantes a sabão e sistemas de esgoto. Contudo, essa façanha impressionante não deveria nos levar a desconsiderar a marginalização e o genocídio perpetrados contra povos não europeus, a dizimação de populações indígenas das Américas à Tasmânia e o tráfico de escravos em escala industrial no Atlântico, que tratou os negros como mercadorias descartáveis.

O aumento da expectativa de vida na Grã-Bretanha no século XIX foi uma grande façanha, mas a fome irlandesa não deve ser esquecida. A queda da mortalidade infantil em toda a Europa nas primeiras décadas do século XX deve ser celebrada, mas não compensa a barbaridade de duas guerras mundiais e do Holocausto. A mortalidade infantil caiu em todo o Oriente Médio, mas isso contribuiu para a instabilidade e juventude de muitas sociedades, nas quais uma massa de jovens, incapaz de se integrar ao mercado de trabalho, recorre ao fundamentalismo e à violência. Comemoramos o alongamento da expectativa de vida em grandes faixas da África subsaariana nos últimos anos, mas não devemos esquecer o genocídio ruandês de 1994, nem a terrível perda de vidas nas guerras no Zaire/Congo poucos anos depois. Também é preciso levar em conta o dano ambiental verdadeiro ou potencial representado por populações crescentes. A história da maré humana não deveria ser uma narrativa *whiggish*, isto é, uma que pinte um quadro alegre de interminável progresso em direção à luz, com a história se movendo sempre para a frente, rumo a perspectivas mais elevadas e brilhantes. Não é de surpreender que tal visão fosse comum entre grande parte da elite britânica no século XIX, quando os ingleses se viram como o povo mais rico e poderoso do mundo; essa não é uma visão que possa se sustentar hoje.

Mas, a despeito de todas as advertências, deve-se reconhecer adequadamente a grande conquista que é a vasta multiplicação dos números humanos e a oferta, para bilhões de pessoas, de um padrão de vida com assistência médica e educação que os mais ricos de séculos anteriores teriam invejado. A história da maré humana deveria ser contada com todas as suas imperfeições, mas também pelo que é: nada menos que um triunfo da humanidade. Os navios negreiros e as câmaras de gás não devem ser esquecidos, mas seus horrores não podem nos cegar para o fato de que hoje inúmeros pais em situação semelhante à de Joan Rumbold podem ter mais confiança em relação à saúde de seus filhos e de que bilhões, da Patagônia à Mongólia, podem ter a expectativa de desfrutar vidas que, de uma perspectiva histórica relativamente recente, são impressionantes por sua riqueza e longevidade. Essa multiplicidade de vidas aumentou o estoque de criatividade e engenhosidade humanas, contribuindo, por sua vez, para conquistas que vão de vacinas à viagem do homem à Lua e à difusão – embora incompleta – da democracia e dos direitos humanos.

Do que trata este livro – e por que ele é importante

A maré humana trata do papel da população na história. O livro não argumenta que as grandes tendências populacionais – elevação e queda das taxas de nascimento e morte, aumento e diminuição da população, surtos de migração – determinam toda a história. A demografia é parte do destino, mas não todo ele. Não se defende aqui uma visão da história simplista, monocausal ou determinista. Nem se afirma que a demografia é em algum sentido uma causa primária, o motor principal, um fenômeno independente ou externo com ramificações na história, mas sem causas que a precedam. Ao contrário, a demografia é um fator impulsionado ele próprio por outros fatores, numerosos e complexos, alguns materiais, alguns ideológicos e outros acidentais. Seus efeitos são variados, duradouros e profundos, mas suas causas também o são.

A demografia está profundamente enraizada na vida. Num certo sentido, ela é vida – seu começo e seu fim. A população deve ser compreendida ao lado de outros fatores causais como inovação tecnológica, progresso econômico, crenças e ideologias cambiantes, mas a população explica de fato muita coisa. Tome por exemplo a ideologia e a perspectiva do feminismo. É impossível dizer se o movimento feminista prefigurou a mudança demográfica e a conduziu, ou ao contrário, resultou dela, mas podemos traçar como os dois trabalharam juntos. Hoje as ideias feministas permeiam quase todos os aspectos da sociedade (ainda desequilibrada) e da economia, desde a aceitabilidade do sexo pré-marital até a participação da mulher na força de trabalho. No entanto, a revolução nas atitudes sociais em relação a sexo e gênero poderia não ter ocorrido nessas linhas, não fosse a invenção da pílula anticoncepcional e as escolhas de fecundidade que ela permitiu. Contudo, a pílula, por sua vez, foi produto não apenas do gênio e da determinação de uma série de mulheres e homens, mas de uma mudança nas atitudes em relação a sexo, sexualidade e gênero que tornou a pesquisa sobre ela aceitável na academia e financiável por interesses tanto corporativos quanto filantrópicos. A ideologia do feminismo, a tecnologia da pílula e as mudanças nas atitudes sociais em relação a sexo e gravidez tiveram, todas, influência na redução das taxas de fecundidade (isto é, o número de filhos que uma mulher pode presumir ter em sua vida), e estas por sua vez causaram um impacto profundo sobre a sociedade, a economia, a política e o curso da história. Perguntar o que veio primeiro – a vontade social ou a pílula – é uma espécie de problema do ovo e da galinha; a história da interação entre essas forças pode ser contada, mas é inútil tentar promover uma delas a causa supostamente "original" ou "principal", rebaixando as demais a meros efeitos.

Do mesmo modo seria errado substituir uma visão pseudomarxista da história por uma visão demográfica, trocando "classe" por "população" como fator oculto que explica toda a história mundial. Deixar a demografia de fora, no entanto, é perder o que pode ser o fator explicativo mais importante na história do mundo nos últimos duzentos anos. Durante milênios foi possível contar a mesma história desoladora sobre o progresso constante da população sendo revertido por peste, fome e guerra. Desde 1800, aproximadamente, no entanto, a humanidade conseguiu cada vez mais assumir o controle de seus próprios números, e com um efeito assombroso. A demografia deixou de ser a disciplina que mudava mais lentamente para tornar-se a de transformação mais célere. Tendências populacionais não se movem mais a passo de lesma, com ocasionais interrupções chocantes, como a peste negra. Fecundidade e mortalidade caem com crescente rapidez, e transições que outrora levavam gerações agora ocorrem em décadas.

1. O peso dos números

IMAGINE UM CARRO SE ARRASTANDO lentamente em velocidade mais ou menos constante quilômetro após quilômetro. Imagine-o então aumentar a velocidade aos poucos por alguns quilômetros, depois ir mais depressa, até alcançar uma velocidade tremenda, assustadora. Então, após uma distância relativamente curta a toda velocidade, os freios são acionados de repente, resultando em rápida desaceleração. Assim foi o padrão do crescimento da população desde 1800.

Surge então a pergunta: por que os últimos duzentos anos? Por que o ano 1800 como ponto de partida? A resposta é que o fim do século XVIII e o início do XIX marcam uma descontinuidade na história demográfica, uma grande transformação. Antes desse momento, sem dúvida a humanidade havia experimentado eventos demográficos de grande impacto, principalmente no lado da equação representando a mortalidade, como pestes e massacres, mas estes tinham sido esporádicos, não faziam parte das tendências de longo prazo. As tendências de longo prazo até então vigentes, como o crescimento da população na Europa e no mundo de maneira mais geral, haviam sido suaves e pontuadas por reveses infelizes.

Por volta de 1800 os "anglo-saxões" (essencialmente britânicos e americanos) escapavam das restrições do crescimento populacional identificadas e definidas por Thomas Malthus, clérigo, escritor e pensador inglês cuja vida abrangeu o fim do século XVIII e o início do XIX, sobre o qual muito se falará adiante. De forma irônica, no entanto, eles escapavam dessas restrições precisamente no momento em que elas eram identificadas. Essa época marca uma significativa ruptura na história demográfica, um corolário demográfico da Revolução Industrial, um marco divisório que aponta tanto geográfica quanto historicamente para uma mudança global e permanente. Com a explosão populacional de bases industriais, produziu-se um aumento do poder militar e econômico, e um grande derrame de colonos. Esses eventos demograficamente determinados passaram a formar um padrão que desafiou, perturbou e em alguns casos subverteu as ordens estabelecidas.

A grande transformação

Para se ter uma ideia de como foram revolucionárias as mudanças nos últimos duzentos anos, aproximadamente, ajuda formar uma visão de longo prazo da demografia. Quando Júlio César foi designado ditador perpétuo da República Romana, em 47 a.C., seu domínio se estendia desde o que hoje se chama Espanha até a Grécia moderna, chegando mais ao norte até a Normandia, na França, e grande parte do resto do Mediterrâneo, região que hoje abriga mais de trinta países. A população dessas vastas terras compreendia cerca de 50 milhões de pessoas, o que era mais ou menos 20% de uma população mundial de aproximadamente 250 milhões.[1] Mais de dezoito séculos depois, quando a rainha Vitória ascendeu ao trono britânico em 1837, o número de pessoas que viviam na Terra tinha crescido para cerca de 1 bilhão, um aumento de quatro vezes. No entanto menos de duzentos anos depois da coroação de Vitória, a população do mundo cresceu mais sete vezes – quase duas vezes o crescimento em $^1/_{10}$ do tempo. Esta última multiplicação é espantosamente rápida e teve um impacto global transformador.

Entre 1840 e 1857 a rainha Vitória deu à luz nove filhos, todos os quais sobreviveram até a idade adulta. A monarca do sexo feminino anterior da Grã-Bretanha, Ana, morrera em 1714, aos 49 anos. A rainha teve dezoito gestações, mas sua tragédia foi que nem um filho sobreviveu a ela. Em 1930, apenas 29 anos após a morte da rainha Vitória, outra eminente matriarca britânica, a rainha-mãe, tivera apenas duas filhas, Elizabeth (a atual rainha) e Margaret. Esses fatos sobre três rainhas – Ana, Vitória e Elizabeth, a rainha-mãe – representam de maneira clara as duas tendências que se iniciaram na Grã-Bretanha entre os séculos XVIII e XX, e que subsequentemente se espalharam pelo mundo.

A primeira delas foi uma queda abrupta da mortalidade infantil, com a morte de uma criança tornando-se felizmente rara, em vez de uma agonia comum para os pais. A segunda, que se seguiu, foi a acentuada redução no número médio de filhos nascidos por mulher. No tempo da rainha Ana, perder um filho após outro era comum. Na Grã-Bretanha de meados da era vitoriana, ter uma prole grande ainda era a norma. Já a sua completa sobrevivência até a idade adulta era incomum (nisso Vitória teve sorte e riqueza a seu favor), mas dentro de pouco tempo se tornaria usual. Nos anos entre as guerras do século XX, a expectativa da rainha-mãe de que ambas as filhas sobrevivessem até a idade adulta era bastante alta, pelo menos na Grã-Bretanha.

Quando a rainha Vitória nasceu, em 1819, apenas um pequeno número de europeus – cerca de 30 mil – vivia na Austrália. O número de australianos nativos nessa época é incerto, mas as estimativas variam entre 300 mil e 1 milhão. Quando Vitória morreu, no início do século XX, havia menos de 100 mil, enquanto os australianos de origem europeia eram quase 4 milhões, número mais de cem vezes maior que oitenta anos antes. Essa transformação no tamanho e composição de uma população continental ocorreu no espaço de uma única vida. Ela modificou a Austrália completamente e para sempre, e teria um impacto significativo para além das terras australianas, quando o país veio a desempenhar papel importante no aprovisionamento e abastecimento dos esforços britânicos durante as duas guerras mundiais. História semelhante pode ser contada sobre o Canadá e a Nova Zelândia.

Esses fatos surpreendentes – a aceleração rápida, mas seletiva, do crescimento populacional: taxas de mortalidade infantil despencando; quedas na fecundidade; disseminação de populações europeias para terras além da Europa no século XIX – estão todos conectados. Eles nasceram das mesmas mudanças sociais profundas que acompanharam a Revolução Industrial e tiveram uma influência formidável sobre o curso da história, dando poder a alguns países e comunidades em detrimento de outros, determinando o destino de economias e impérios e assentando os fundamentos do mundo atual. No entanto, quando, após 1945, essas tendências se tornaram verdadeiramente globais, elas causaram uma maré de tempestade ainda maior, com redemoinhos e correntes similares à transformação do século XIX, mas que ocorreu mais rápida e furiosamente que antes.

As grandes tendências demográficas passadas e presentes

A aceleração que começou na Grã-Bretanha no século XIX tem dentro de si uma história complexa. Foram necessárias centenas de milhares de anos desde o aparecimento da humanidade até o início do século XIX para que a população do mundo chegasse a 1 bilhão, mas somente mais umas duas centenas de anos para que ela chegasse aos 7 bilhões atuais. Agora, entretanto, está havendo uma desaceleração. No final dos anos 1960 o número de pessoas no planeta dobrava aproximadamente a cada trinta anos. Hoje ele está dobrando a cada sessenta anos. No fim do século XXI há uma boa chance de que a população global tenha parado de crescer por completo. Alguns países já estão experimentando o declínio demográfico.

Aceleração e desaceleração demográficas rápidas sempre enviam ondas de choque ao redor do mundo e moldaram a história de forma raramente compreendida. Por exemplo, muitas pessoas no Ocidente ficariam surpresas ao saber que as mulheres na Tailândia estão tendo quatro filhos a menos do que tinham no final dos anos 1960; ou que a expectativa de vida para homens em Glasgow é mais baixa que em Gaza; ou que a população do mundo está crescendo numa taxa que é apenas a metade daquela em que crescia no início dos anos 1970. Uma vez que essa imensa aceleração e depois a desaceleração muito repentina sejam compreendidas, é possível formar uma ideia acerca do grande carrossel da mudança demográfica mundial e de nossa própria posição atual, vivendo num ponto de inflexão. Essa, em essência, é a maré humana.

Dentro do grande quadro global há contrastes impressionantes entre países e continentes. Em 1950, por exemplo, havia de dois a três europeus para cada pessoa na África subsaariana. Em 2100 é muito provável que haja seis ou sete vezes mais africanos que europeus. Ao longo do mesmo período de 150 anos, a razão de japoneses para nigerianos terá passado de dois para um, em favor do Japão, para nove para um em favor da Nigéria. Mudança demográfica nessa escala transforma tudo, da geoestratégia à macroeconomia, da demanda de berços à necessidade de túmulos. Não é possível considerar apropriadamente nem o passado nem o futuro sem compreender isso.

A grande transformação demográfica começou nas Ilhas Britânicas e entre aqueles que ali tiveram origem e transbordaram para a América do Norte e a Australásia. Logo ela se espalhou por outras nações europeias e, a partir delas, para os povos da Ásia e da América Latina. Hoje, seus poderosos efeitos podem ser observados em diferentes estágios pelo mundo, em particular na África, onde ela está sacudindo e refazendo o continente a partir do qual a humanidade se aventurou mais de 100 mil anos atrás. Assim, a grande transformação demográfica está retornando à terra natal da humanidade. *A maré humana* contará essa história, desde suas origens no noroeste da Europa, e traçará seu impacto cada vez mais célere por todo o globo. O livro se concentra inicialmente naquelas áreas onde a mudança demográfica ocorreu primeiro. Seguindo sua trajetória, desloca-se então para além da Europa, indo para a China e o Japão, o Oriente Médio, a América Latina e o sul da Ásia, e por fim para a África, à medida que a maré humana saía de seus estreitos limites iniciais e se tornava um fenômeno de fato global. Em cada região algum contexto será exposto, mas a história começará essencialmente quando a velha ordem demográfica faleceu e foi substituída pela nova, processo que ocorre mais cedo em alguns lugares que em outros.

Como a equação demográfica funciona?

Não há maior força motriz de crescimento populacional que a queda do número de crianças mortas nos primeiros anos de vida. Talvez a rainha Vitória gozasse das vantagens dos melhores cuidados que a época conseguia oferecer, bem como de boa saúde e boa sorte, mas quando seu reinado se aproximava do fim cerca de um bebê britânico em cada seis não chegava ao primeiro aniversário. Hoje, pouco mais de um século depois, somente uma criança em cada trezentas nascidas na Inglaterra não chega a completar um ano. Em algumas partes do mundo, em países como o Afeganistão e Angola, as coisas não estão muito melhores para a sobrevivência de bebês do que na Inglaterra de cem anos atrás, embora mesmo aí elas estejam melhorando. Em outras partes do planeta, no entanto, o progresso foi ainda mais rápido que na Grã-Bretanha. Nos anos 1920, quase três em cada dez bebês na Coreia do Sul morria antes de completar um ano, mas hoje esse número mal chega a três em cada mil, uma melhora de cem vezes em menos de cem anos. Quando o progresso acontece com tamanha rapidez, a maioria das pessoas não consegue compreender a escala da transformação ocorrida. Ainda assim, essas quedas vertiginosas na mortalidade infantil podem fazer com que uma população quadruplique em poucas décadas, com profundas consequências para a economia e o ambiente de um país, sua capacidade de recrutar um exército ou enviar migrantes para o exterior.

Na ausência de guerra, peste ou outra calamidade natural, o segundo maior fator que molda uma população, depois das taxas de mortalidade infantil, é o número de crianças que nascem. Isso também passou por mudanças assombrosas nos últimos duzentos anos. Em meados do período vitoriano, as mulheres inglesas, em média, tinham cerca de cinco filhos (um grande número, embora menos do que sua soberana); nos anos 1930, elas tinham apenas dois, como a rainha-mãe. Depois da Segunda Guerra Mundial, para surpresa geral, o número subiu durante vinte anos, como em todo o mundo ocidental, atingindo o auge de 3,7 nos Estados Unidos do final dos anos 1950 e pouco mais de três no Reino Unido do início dos anos 1960, somente para voltar a cair. No século XXI, a fecundidade caiu no mundo todo. Hoje as mulheres no Irã têm menos filhos que as mulheres na França, ao passo que as mulheres em Bangladesh têm mais ou menos o mesmo número que as mulheres francesas.

O impacto disso sobre a sociedade pode ser enorme. À medida que a idade média numa sociedade se eleva rapidamente, as escolas se esvaziam e os lares para idosos se enchem. Há claramente um vínculo entre a paz reinante na Suíça e o fato de que seu cidadão médio tenha bem mais que quarenta anos. É igualmente provável que a violência no Iêmen esteja relacionada ao fato de que seu cidadão médio tem menos de vinte anos. Embora outros fatores também desempenhem um papel – a Suíça é muito rica e o Iêmen é muito pobre –, é verdade que os países com populações mais velhas tendem a ser mais ricos que aqueles com populações mais jovens. Entre os países pobres, frequentemente os mais jovens é que são os mais violentos. Os sul-africanos não estão em situação econômica muito pior que, digamos, os macedônios, mas a África do Sul tem uma idade mediana de cerca de 26 anos, e a Macedônia, de cerca de 38 anos. Não surpreende, portanto, que a África do Sul tenha uma taxa de homicídios vinte vezes mais alta que a da Macedônia. Por outro lado, El Salvador e Bangladesh têm idades medianas similares à da África do Sul – por volta de 27 anos –, mas o primeiro apresenta uma taxa de homicídios duas vezes maior que a da África do Sul, ao passo que a de Bangladesh é menos de $1/10$ dela. Fatores socioeconômicos e culturais são extremamente importantes também, e aqui, como em outros lugares, a demografia não pode explicar tudo. Há, no entanto, forte correlação entre idade e violência: quase todos os países com altas taxas de homicídio têm populações jovens, ainda que alguns países com populações jovens tenham baixas taxas de homicídio.

O terceiro fator que remodela o mundo é a migração. A Grã-Bretanha contemporânea ilustra isso muito bem. Outrora destino de grandes ondas de afluência – anglo-saxões, vikings e normandos –, as Ilhas Britânicas se fecharam para a imigração em massa após 1066. Antes de 1945 milhões de britânicos foram viver no exterior, povoando novas áreas, numa escala continental. Mas o movimento foi quase inteiramente de mão única: para fora. A imigração huguenote para as Ilhas Britânicas no fim do século XVII – no máximo 200 mil, provavelmente muito menos – foi o único movimento considerável a partir de fora das Ilhas durante centenas de anos,[2] ao passo que a imigração de judeus da Europa oriental no final do século XIX e início do século XX nunca passou dos 12 mil por ano nos anos de pico.

Agora isso se inverteu de maneira radical. Os britânicos ainda vão viver no exterior, embora muito provavelmente o destino seja mais uma vila para aposentados na Costa do Sol que uma vida penosa nas pradarias canadenses. Enquanto isso, centenas de milhares de migrantes vindos de todo o globo chegam à Grã-Bretanha a cada ano. À parte o fato de isso ser desejável ou não, deixar de reconhecer sua natureza historicamente sem precedentes torna muito mais difícil compreender até que ponto essa migração está transformando a sociedade. Aqueles que no recenseamento de 2011 do Reino Unido se declararam "britânicos brancos", ou cujos ancestrais eram nativos das Ilhas Britânicas desde pelo menos 1066, provavelmente se tornarão minoria no Reino Unido em algum momento após a metade do século XXI.

A diferença que a demografia faz

Muitos acontecimentos históricos não seriam possíveis sem a maré humana. Sem sua explosão demográfica no século XIX, a Grã-Bretanha não teria povoado vastos territórios pelo mundo, inclusive a Austrália, criando assim grande parte do que hoje é considerado "global", desde a ubiquidade da língua inglesa até as normas de livre comércio. Não fosse pela queda abrupta nas taxas de mortalidade de crianças na Rússia, no início do século XX, os exércitos de Hitler poderiam muito bem ter tomado Moscou em 1941, em vez de encontrar onda após onda de soldados russos. Se os Estados Unidos tivessem sido incapazes de atrair milhões de migrantes todos os anos, e não tivessem duplicado sua população desde os anos 1950, talvez já estivessem eclipsados economicamente pela China. Um Japão que não tivesse experimentado mais de meio século de taxas de natalidade em queda provavelmente não viveria ¼ de século de estagnação econômica. Se a Síria tivesse uma idade média mais próxima daquela da Suíça que da do Iêmen, poderia nunca ter afundado na guerra civil, ao passo que o Líbano talvez tivesse mergulhado mais uma vez em uma, caso sua população não tivesse envelhecido rapidamente nos últimos quarenta anos.

Não há nenhuma garantia de que a humanidade tenha escapado para sempre das grandes forças naturais que entravavam a população – acima de tudo guerra, peste e fome. De fato, desde a aurora da idade nuclear, o potencial para uma guerra que aniquile a população global nunca foi maior. Tampouco as doenças jamais tiveram maior oportunidade de se espalhar tão depressa quanto depois da invenção do motor a jato e o advento da viagem intercontinental rápida e em massa. A calamidade ambiental ainda pode condenar todos nós. Argumentar que de fato a humanidade, ao longo dos últimos duzentos anos, aproximadamente, libertou-se aos poucos das forças da natureza que antes inibiam sua expansão demográfica não é o mesmo que dizer que isso ocorrerá no futuro.

Números e poderio militar

A primeira e mais óbvia maneira por que o número de pessoas importou na história humana foi a força militar. Os triunfos de pequenas nações ou exércitos sobre os grandes são lembrados precisamente porque são exceção à regra segundo a qual a vantagem pertence ao combatente mais numeroso e mais pesado, seja no nível individual, seja no coletivo. Em contraste, as muitas disputas que provaram a regra, e não a exceção, não são mais interessantes que a manchete "Cachorro morde homem!". Muitos casos em que grandes nações ou exércitos esmagaram nações ou exércitos pequenos foram esquecidos há muito ou são meras notas de rodapé históricas.

Na Antiguidade, ter números à disposição importava mais que qualquer outra coisa no conflito militar. Os anais antigos são reconhecidamente pouco confiáveis quando se trata de números, e 17 mil soldados macedônios talvez não tenham de fato enfrentado 600 mil persas na Batalha de Grânico. Contudo, não há dúvida alguma de que, quando Alexandre o Grande obteve sua primeira vitória na Ásia, ele contrariou extraordinárias probabilidades numéricas.[3] Embora relatos medievais contemporâneos, tais como os antigos, frequentemente envolvam exagero e devam ser vistos com certo grau de ceticismo, ainda julga-se que em Agincourt os conquistadores ingleses eram superados em número pelos franceses numa razão de seis para um.[4]

No entanto essas batalhas são tão memoráveis porque contrariaram a regra de que os números contam. Muito mais comuns na história da guerra humana foram os casos em que os números eram decisivos, e em quase todos esses casos eles tiveram alguma importância. De fato, margens muito pequenas com frequência foram julgadas decisivas, especialmente quando a qualidade dos soldados não era assim tão diferente e não havia nenhuma grande vantagem estratégica a ser aproveitada. Antes de Waterloo, Wellington não podia nem cogitar em tomar a iniciativa contra Napoleão porque tinha apenas 67 mil homens contra 74 mil do outro lado.[5] Na guerra de trincheiras opressivamente previsível da Primeira Guerra Mundial, disputada com pouco espaço para a vantagem estratégica e soldados com equipamento, educação e motivação de modo geral comparáveis, os números foram decisivos. A perspectiva da entrada de uma primeira onda de 2,8 milhões de recrutas americanos em 1917-18, ameaçando inclinar definitivamente a balança entre os exaustos exércitos da Frente Ocidental, levou a Alemanha a medidas desesperadas e basicamente inúteis.[6]

Por trás dos números na linha de frente estão os números que compreendem uma sociedade como um todo. Em 1800, a população da França consistia em pouco menos de ⅕ do total europeu, e a nação francesa tentou dominar todo o continente; em 1900, com uma população que era menos de ¹⁄₁₀ da população da Europa, a França estava a caminho de se tornar uma potência de segunda classe. Desde que bandos e tribos rivais se enfrentavam na pré-história, a taxa de natalidade e o tamanho da população determinaram, na maioria dos casos, quem ganhava e quem perdia as guerras. O número de homens no campo de batalha depende do número de bebês no berço duas ou três décadas antes, em particular em eras de mobilização em massa, ou a *levée en masse* e a guerra total.

Algumas sociedades tiveram mais sucesso em mobilizar suas forças que outras, porém, mesmo taxas mais elevadas de mobilização não conseguem compensar inteiramente a falta de números. Os homens deixados para trás muitas vezes são demandados para exercer as atividades necessárias à sustentação do esforço de guerra, e maior número de mulheres significou, nos tempos modernos, mais recrutas em potencial para as fábricas que produzem armamentos para a linha de frente. Um Estado, ou uma aliança de Estados, com vantagem demográfica – em termos simples, com mais pessoas e sobretudo com mais homens em idade de lutar – geralmente tem clara vantagem no conflito. Pela tradução do peso demográfico em vantagem militar, a demografia veio a ter poderoso efeito sobre a história do mundo.

Embora ausente em muitas histórias, a importância da demografia nos assuntos mundiais sempre foi notada, e houve também uma longa tradição de pensamento e escrita pró-fecundidade da parte daqueles que tinham disposição patriótica. Tácito, historiador e estadista romano, comparou desfavoravelmente as pequenas famílias romanas com os férteis germanos, ao passo que Ibn Khaldun, historiador árabe medieval, associou o despovoamento à desolação e ao retrocesso da civilização.[7] Sébastien de Vauban, o grande arquiteto militar de Luís XIV, não alimentava nenhuma ilusão quanto ao que em última análise impulsionava o poder; por mais inovadoras que fossem as construções defensivas, ele declarava que "a grandeza dos reis ... é medida pelo número de seus súditos". Carl von Clausewitz, teórico da guerra prussiano que viveu na era napoleônica, considerava que a superioridade numérica era "o princípio mais geral da vitória", e Voltaire insistia em que Deus estava do lado dos grandes batalhões. Adam Smith declarou que "a marca mais decisiva da prosperidade de qualquer país é o aumento do número de seus habitantes".[8] Perguntado que mulher ele mais amava, consta que Napoleão teria respondido: "Aquela que tem o maior número de filhos."[9]

Claro que uma grande vantagem tecnológica sem dúvida pode ser decisiva. Mas com frequência essa vantagem, seja ela a metralhadora Maxim ou a bomba atômica, não pode ser indefinidamente sustentada, já que sempre acaba sendo adotada pelo inimigo, e depois disso a população se torna novamente essencial. Militantes do Iraque e do Afeganistão em décadas recentes foram capazes de utilizar armas devastadoras contra seus invasores poderosos. Os esforços russos para dominar o Afeganistão nos anos 1980 e as tentativas americanas de dominar tanto o Iraque quanto o Afeganistão nas primeiras décadas do século XXI foram frustrados em grande parte pelo fato de que o Afeganistão e o Iraque tinham populações com uma idade mediana de menos de vinte anos, ao passo que a idade das populações da antiga União Soviética e dos Estados Unidos estava bem acima dos trinta anos. Seria possível argumentar que, afinal, o que faltava da parte dos russos e dos americanos não eram simples números, mas vontade; mesmo aqui, contudo, a demografia tem um papel a desempenhar. Um país com taxa de fecundidade de dois ou menos tem probabilidade muito maior de adotar uma cultura em que perdas civis ou militares são inaceitáveis que um país com uma taxa de fecundidade de mais de sete ou quase cinco, como era o caso do Afeganistão e do Iraque, respectivamente, por volta da época das invasões americanas, em 2002-3. Cada mãe, no primeiro caso, simplesmente tem menos filhos a perder. Parece impiedoso imaginar que mães de famílias grandes estão em alguma medida mais dispostas a perder seus filhos num conflito, mas há evidências convincentes de que sociedades com famílias menores em geral são menos belicosas.[10]

Números e influência econômica

Além do poderio militar, o fator mais decisivo para determinar o poder de um país é o tamanho de sua economia. Uma grande economia contribui para o poderio militar por meio da capacidade de sustentar grandes forças e, nos tempos modernos, de equipá-las com armamentos em escala industrial. Além de contribuir indiretamente para o poder do Estado, por meio do apoio que é capaz de dar ao esforço militar, uma grande economia é por si mesma uma vantagem para o poder do Estado, proporcionando influência sobre mercados mundiais tanto como compradora de bens e serviços quanto como mercado para bens alheios. Mais uma vez, isso é reconhecido há muito tempo; Frederico o Grande declarou que "o número de pessoas faz a riqueza dos Estados".[11]

Num mundo em que a maior parte da população vive mais ou menos no nível de subsistência, o tamanho da economia está muito estreitamente relacionado ao tamanho da população. Se quase todo o mundo tem, em termos gerais, a mesma renda – e a economia nacional é nada menos que o agregado das rendas individuais –, a economia dos países irá variar em tamanho com base em suas populações. Isso muda logo que as rendas médias deixam de ser similares entre países. Quando as rendas per capita variam, países com populações relativamente pequenas podem ter economias excepcionalmente grandes, e aqueles com grandes populações podem ser tão pobres que suas economias são pequenas.

Isso ocorreu de maneira mais notável durante a Revolução Industrial, quando primeiro a Grã-Bretanha e depois outras partes da Europa ocidental e da América do Norte começaram a transformar suas economias e a experimentar um crescimento sustentado de renda per capita. Por volta de 1800 as rendas médias na Europa ocidental e na Costa Leste dos Estados Unidos eram próximas àquelas da costa chinesa. Cem anos mais tarde, eram provavelmente dez vezes maiores.[12] Assim, a economia britânica era muitas vezes maior que a chinesa, embora a Grã-Bretanha tivesse uma população bem menor. A correspondência aproximada entre tamanho da população e tamanho da economia foi perturbada quando algumas economias se desenvolveram rápido enquanto outras eram deixadas para trás.

Contudo, a industrialização tem uma tendência a se espalhar, e o fez de maneira extraordinária, em décadas recentes, em nenhum lugar mais que na China. As tecnologias que alimentam o crescimento econômico se difundem com rapidez cada vez maior, assim, não surpreende que as economias dos países em desenvolvimento tenham crescido mais depressa nos últimos anos que as dos países desenvolvidos. Isso não quer dizer que o fenômeno esteja ocorrendo em toda parte nem no mesmo ritmo, mas significa de fato que, globalmente, há uma grande convergência em termos de renda per capita, com muitos nos países mais pobres ficando rapidamente mais ricos e a maioria em países mais ricos vendo suas rendas estagnarem. No mundo pré-industrial as rendas individuais não diferiam muito entre os países, e por isso o tamanho de uma economia era em grande parte determinado pelo tamanho da população; também no mundo atual, com sua economia esmagadoramente moderna, o tamanho das populações passa a importar mais na determinação do tamanho da economia.

Entretanto, a relação entre modernização e demografia não é direta.[13] É verdade que, em países nos quais a maioria das mulheres é instruída, a maior parte das pessoas mora nas cidades e há um padrão de vida relativamente alto – isto é, em todos os países que correspondem à nossa definição de "moderno" –, as taxas de fecundidade em quase todos os casos não estão acima de três e a expectativa de vida está bem acima dos setenta anos. A modernização é uma condição *suficiente* para passar ou ter passado pela transição demográfica em direção à baixa fecundidade e à longa expectativa de vida. Ela por si só assegurará que a transição demográfica ocorra. Mulheres com diplomas universitários em geral não terão sete filhos. Funcionários de escritório que moram em casas com sistema de esgoto e têm acesso a carros viverão mais que seus ancestrais camponeses labutando nos campos – que, para se transportar, dependiam de seus pés e, com sorte, de seus sapatos.

Mas a modernidade plena não é uma condição *necessária* para a transição demográfica. À medida que o século XX avançou foi possível, para um país ainda relativamente rural, com baixos níveis de renda e educação, alcançar baixas taxas de fecundidade e alongar a expectativa de vida. O planejamento familiar financiado pelo governo, muitas vezes com ajuda internacional, e o provimento de saúde pública básica e instalações médicas, também muitas vezes com apoio internacional, podem fazer a demografia passar à frente da modernização. Foi assim que um país como o Marrocos – onde ainda em 2009 mais da metade das mulheres eram analfabetas – passou a ter uma taxa de fecundidade tão baixa, de 2,5 filhos por mulher. Foi também assim que um país como o Vietnã – com uma renda per capita ⅕ ou ⅙ da dos Estados Unidos – alcançou uma expectativa de vida ao nascer apenas alguns anos menor que a dos americanos.[14] Tecnologia barata e filantropia privada e pública permitem à demografia, por assim dizer, passar adiante da economia.

Uma vez que grande parte da humanidade alcançou a modernidade ou está se movendo rapidamente em direção a ela, o que é acompanhado por maior renda per capita, torna-se impossível para países com populações enormes como China, Índia e Indonésia ter economias relativamente pequenas. E torna-se menos sustentável para países com populações relativamente pequenas como o Reino Unido, ou mesmo a Alemanha, manter sua posição no topo das tabelas do campeonato de volume econômico absoluto. Por exemplo, com base no fato de que a população da Indonésia é três vezes maior que a da Alemanha, a economia alemã continuará maior que a indonésia enquanto o alemão médio for três vezes mais rico, mas assim que o alemão médio for menos de três vezes mais rico que o indonésio médio – perspectiva ainda relativamente distante, mas muito menos distante do que se pensava –, a economia indonésia será maior que a alemã, embora o alemão médio ainda vá ser muito mais rico que o indonésio médio. Além disso, como a tecnologia industrial e comercial está agora amplamente espalhada, e é mais difícil estabelecer e manter grandes vantagens, o tamanho da população começa mais uma vez a influenciar o que determina o tamanho relativo das economias.

Esse ponto de vista pode ser criticado com base no fato de que ele olha muito cruamente para o tamanho global de uma economia, ignorando a importância da renda per capita. Há duas respostas para isso. Primeiro, o crescimento demográfico pode ele próprio auxiliar no crescimento econômico per capita; populações jovens, crescentes, representam força de trabalho e mercado interno. Uma grande população cria a possibilidade de um grande mercado interno, o que é particularmente importante ali onde os mercados nacionais são fechados, como frequentemente o são ao longo da história. Segundo, quando se trata de poder e do que impele a história, em vez de medidas de bem-estar pessoal, é o tamanho global da economia que importa. Os holandeses continuaram prósperos nos séculos XVIII e XIX, mas, não tendo uma grande população, eles simplesmente deixaram de importar no cenário mundial como o tinham feito no século XVII. A Grã-Bretanha começou a perder preeminência em relação aos Estados Unidos quando sua população foi ultrapassada pela dos americanos, perto do fim do século XIX. Um dos países mais prósperos na Europa hoje, Luxemburgo, é também um dos menos importantes; por mais ricos que sejam, seus cidadãos são tão poucos que a economia local é insignificante. Em contraposição, a China poderia se tornar em breve a maior economia do mundo (de fato, por alguns indicadores, ela já é), ainda que seu povo na média ainda seja relativamente pobre, simplesmente graças ao tamanho da população. Isso dá à China um poder significativo na economia mundial tanto como comprador quanto como vendedor; permite-lhe também ter acesso aos recursos necessários para ser um ator militar importante.

A questão do *soft power** é mais sutil e talvez menos suscetível aos números. Ainda assim, o simples peso populacional aumenta a probabilidade de o país desempenhar um papel no cenário cultural do mundo. O tamanho da população da Índia torna Bollywood um fenômeno global, ao passo que isso é impossível para o cinema da Albânia. A diferença pode estar em parte na qualidade ou pelo menos no apelo geral do produto, mas reside também nos respectivos tamanhos populacionais. Seria menos provável que o design japonês exercesse tamanho impacto sobre o mundo se houvesse menos de 10 milhões de japoneses, em vez de mais de 100 milhões. Decerto a extensão do *soft power* não é mais demograficamente determinada que o poder militar ou econômico, mas em todos os casos o peso dos números conta – sempre importa alguma coisa, frequentemente muito.

A demografia dentro de Estados, não só entre eles

A população importa não apenas para o que acontece entre Estados, mas também para o que acontece dentro deles. Se os Estados Unidos fossem tão "brancos" em 2008 quanto eram cinquenta anos antes, Barack Obama não teria se tornado presidente. Obama ganhou apenas 43% dos votos dos bran-

---

* *Soft power*: capacidade que tem um corpo político, como um Estado, de influenciar diretamente o comportamento ou os interesses de outros corpos políticos por meios culturais ou ideológicos. (N.T.)

cos, contra 55% de eleitores de John McCain, mas recebeu a esmagadora maioria dos votos não brancos num momento em que os Estados Unidos simplesmente não eram mais suficientemente "europeus" para que esse voto branco menor impedisse sua eleição. Inversamente, com o formato étnico projetado para os Estados Unidos em 2040, um candidato como Donald Trump, que pretende defender a América branca, operária, achará quase impossível vencer, embora o sistema de colégios eleitorais do país dê peso desproporcional a estados menores, rurais e predominantemente brancos, como Wyoming e Dakota do Norte, ambos com população de mais ou menos 90% de brancos.

Em 2016, aqueles que se definiam como brancos não hispânicos compreendiam mais de ⅗ da população dos Estados Unidos e 71% dos eleitores. Donald Trump obteve grande dianteira entre os brancos nas eleições de 2016: 58% dos eleitores que se identificavam como "brancos" votaram nele (enquanto somente 37% votaram em Hillary Clinton). Dada a maioria branca ainda significativa, isso entregou a Trump a Casa Branca. Mas quando, perto da metade do século atual, os americanos brancos declinarem para menos de 50% da população total, é improvável que seu apoio seja suficiente para que um candidato compense o desempenho muito fraco de Trump entre americanos não brancos. Americanos cuja questão prioritária era a desigualdade estavam significativamente menos propensos a votar em Trump que aqueles cuja questão mais importante era a imigração, comprovando o fato de que a preocupação com a rápida mudança demográfica estava no cerne das eleições americanas de 2016.

Na Inglaterra e no País de Gales, a parcela da população que não se classifica como britânica branca subiu de cerca de 2% nos anos 1960, e talvez 7% no início dos anos 1990, para quase 20% em 2011. Na previsão de como um indivíduo votou no referendo britânico Permanecer-Deixar a União Europeia, o correlato mais forte com o voto "deixar" – depois da preocupação com a integração europeia e a perda da soberania britânica – foi a atitude da pessoa quanto à imigração. A análise dos dados da votação mostra que áreas como Boston, em Lincolnshire, e Stoke-on-Trent, em Staffordshire, que haviam experimentado o maior aumento da população imigrante em

2005-15 (mas, de maneira interessante, não aquelas como Londres, com o mais alto índice de residentes nascidos no estrangeiro), tinham maior probabilidade de votar pelo Brexit (Britain Exit), corroborando a ideia de que questões de identidade diante da demografia étnica local cambiante foram vitalmente importantes na determinação do voto.[15]

Na França, é improvável que o governo fosse impelido a legislar contra o burquíni se houvesse centenas ou milhares de muçulmanos no país, em vez de cerca de 5 milhões. Quebec provavelmente teria votado para se separar do Canadá se sua população de expressão francesa predominantemente católica tivesse mantido, além dos anos 1960, sua taxa de fecundidade excepcionalmente alta – taxa que durante algum tempo figurou entre as mais altas em qualquer sociedade industrializada. Um pouco mais de francófonos teria inclinado a balança no referendo sobre independência que Quebec realizou em 1995, quando o "Não" venceu por pouco mais de 54 mil votos – apenas um ponto percentual.

Mudanças na composição étnica dos Estados não afetam apenas o mundo desenvolvido, nem têm impacto somente sobre a política eleitoral; elas estão também associadas a lutas civis.[16] A demografia tornou-se mais importante em tempos mais recentes, em particular como fator nos conflitos intraestatais.[17] A simples escala da mudança demográfica e sua aceleração ao longo do tempo – o turbilhão demográfico – é uma das razões disso. Quando as taxas de natalidade alcançam níveis sem precedentes por períodos prolongados, ao passo que as taxas de mortalidade despencam, as populações podem crescer rapidamente, como ocorreu com a da Inglaterra no século XIX. De fato, aqueles que passaram por essas mudanças depois disso experimentaram um crescimento populacional que superou de longe a façanha do Reino Unido. Com frequência esse crescimento afeta somente um grupo étnico, mas não outro, por causa de diferentes práticas sociais ou religiosas, ou de diferentes níveis de desenvolvimento socioeconômico. Tornou-se muito evidente que a força demográfica entre diferentes grupos étnicos pode mudar com uma rapidez historicamente sem precedentes, e isso tem um impacto desarticulante e desorientador.

Embora por vezes configurem um fenômeno *interestatal*, as mudanças são frequentemente experimentadas no plano *intraestatal*, uma vez que a maioria dos Estados abriga minorias étnicas, e muitas dessas minorias exibem comportamento demográfico acentuadamente diferente do da maioria. Chechenos na Rússia, albaneses na Sérvia (ou no que foi a Sérvia) e católicos na Irlanda do Norte logo vêm à mente. Esses são todos casos em que as minorias têm uma taxa de natalidade maior que a das maiorias, resultando em mudança na estrutura do poder prevalecente ou em desafio a essa estrutura. Às vezes são as minorias que têm uma taxa de natalidade menor, como os brancos na África do Sul ou os chineses na Malásia, novamente com consequências políticas internas.

A demografia também importa mais agora que no passado porque a política tornou-se cada vez mais étnica em sua natureza na era moderna, em particular desde a Revolução Francesa. Parece chegar ao fim o período em que uma elite etnicamente distinta governa a maioria, seja ela os normandos na Inglaterra, os brancos na África do Sul ou os alauitas na Síria. Num ambiente cada vez mais democrático, os números contam, e onde a política tem natureza étnica, os números de diferentes grupos étnicos tornam-se particularmente importantes uns em relação aos outros.

No curso do período moderno, à medida que os conflitos se dão cada vez menos entre Estados e cada vez mais entre grupos étnicos, com frequência dentro dos Estados, a demografia se torna importante porque os grupos étnicos em disputa muitas vezes têm perfis demográficos bem diferentes.[18] Dada a importância dos números para os grupos étnicos e nacionais em conflito, seria de esperar que eles adotassem estratégias para promover sua própria força demográfica, tanto por meio do aumento de sua população quanto pela redução da dos rivais, ou ambas as coisas. Essas estratégias, conhecidas coletivamente como engenharia demográfica, podem ser da variedade "dura" ou "branda". A engenharia demográfica dura envolve a criação, destruição e movimentação de pessoas por meio de políticas como incentivos seletivos à fecundidade, genocídio ou encorajamento de fluxos de pessoas para dentro ou para fora de um dado território. Os exemplos são tristemente numerosos. Nos anos 1920 os Estados

Unidos moldaram explicitamente a política de imigração para preservar seu caráter "anglo-saxão" contra mais incursões provenientes da Europa meridional e da oriental. Em meados do século XX, líderes protestantes da Irlanda do Norte encorajaram tacitamente a emigração católica, enquanto os católicos adotaram taxas de natalidade mais altas, em parte para aumentar seu contingente. O governo dominado pelos cingaleses do Sri Lanka expatriou os tâmeis de origem sul-indiana a fim de promover a natureza cingalesa do Estado. Na Romênia comunista, os húngaros étnicos tinham mais acesso a contraceptivos e abortos que os romenos étnicos, ao passo que alemães étnicos e judeus foram encorajados a deixar o país, tudo em nome de promover o caráter étnico romeno.[19]

Embora ainda preocupada com políticas demográficas destinadas a aumentar o número de um grupo em relação a outro, a engenharia demográfica branda, em contraposição, usa meios como redefinição de fronteiras, manipulação de identidades ou de recenseamentos e categorizações de recenseamentos. Exemplos incluem a consolidação da identidade cingalesa no Sri Lanka a partir dos montanheses candianos e holandeses, ou a sugestão de que a Turquia redefina os curdos como "turcos da montanha".[20] Essa é uma maneira pela qual a demografia está moldando os destinos.

Calcula-se que enquanto nos anos 1950 metade dos conflitos no mundo era *entre* Estados, e metade *dentro* deles, nos anos 1990 estes últimos tornaram-se mais numerosos que os primeiros na razão de seis para um. Enquanto 57% dos conflitos durante 1945-2008 eram "étnicos", *todos* os conflitos entre 2000 e 2010 podem ser assim rotulados.[21] Os cristãos, outrora dominantes no Líbano, foram eclipsados pelos muçulmanos, que mantiveram a taxa de natalidade mais elevada por um período longo e estavam menos propensos a deixar o país. Hoje a principal luta pelo poder no Líbano se dá entre muçulmanos sunitas e xiitas, e não entre muçulmanos e cristãos. Seja em guerras civis, referendos ou eleições, os números fazem a diferença entre domínio e marginalização, vitória e derrota, tanto internamente quanto no exterior. Quando alguns grupos têm taxas de natalidade altíssimas, enquanto outros têm famílias pequenas ou vão viver em outro lugar, é a demografia que determina quem controla comunidades, regiões e países.

Vale a pena explicar claramente aqui que nações e grupos étnicos *são* reais e eles têm importância na história. Os seres humanos não são uma espécie naturalmente solitária, eles vivem em grupos. As lealdades inicialmente são para com o bando ou tribo. Um sentimento compartilhado de ancestralidade comum, linguagem e costume é universal em sociedades caçadoras-coletoras. É objeto de intenso debate acadêmico saber como esses sentimentos se transformam nas sociedades complexas e modernas, mas o fato de que eles existem é inegável. Essas afiliações explicam grande parte do modo como o mundo funciona e funcionou no passado recente, incluindo o resultado de conflitos e eleições.

Sem dúvida é verdade que muitas pessoas gostariam de fazer vista grossa para a natureza extremamente étnica da política ao redor do mundo e supor que nossas preferências cosmopolitas se tornarão mais universais se ignorarmos o nacionalismo e o etnocentrismo dos outros. No entanto, em grande parte do mundo, a etnicidade importa politicamente. E quase em toda parte ela importou pelo menos até pouco tempo atrás. É possível que algumas sociedades multiculturais genuinamente pós-étnicas estejam começando a emergir em algumas das partes mais urbanas e cosmopolitas do Ocidente (no litoral dos Estados Unidos e em Londres, por exemplo), mas mesmo nesses lugares há recuos populistas. Tanto o Brexit quanto Trump podem ser compreendidos como parte desse recuo.

Um breve guia para a demografia

Para compreender como a demografia movimentou a história é necessário primeiro delinear seus três fundamentos atemporais. A boa notícia é que isso é bastante simples. Somente três coisas podem mudar o número de pessoas numa região ou país: a primeira são os nascimentos, que dão o acréscimo à população; a segunda são as mortes, que causam subtrações; e a terceira é a migração, ou a movimentação bruta de pessoas para dentro ou para fora de uma área.

A taxa de natalidade (às vezes chamada de "taxa bruta de natalidade") é o número de nascimentos relativamente à população. A taxa de mortalidade (conhecida como "taxa bruta de mortes" ou "taxa bruta de mortalidade") é o número de mortes relativamente à população. Por exemplo, na Inglaterra e no País de Gales houve, em 2014, cerca de 700 mil nascimentos numa população de 58 milhões, resultando numa taxa líquida de natalidade de cerca de doze por mil.[22] (Observe que dados demográficos são frequentemente apresentados "por mil", e não por cem ou por cento.) No mesmo ano, a Inglaterra e o País de Gales tiveram cerca de meio milhão de mortes, ou uma taxa bruta de mortalidade de cerca de 8,5 por mil. Sem nenhuma imigração ou emigração, isso teria proporcionado à Inglaterra e ao País de Gales um crescimento demográfico de 3,5 (isto é, 12 – 8,5) por mil, ou 0,35%. Isso equivale a cerca de 200 mil pessoas, ou a diferença entre nascimentos e mortes. Nos Estados Unidos, os números para a taxa bruta de natalidade são cerca de 12,5 por mil, e a taxa de mortalidade é pouco maior que oito por mil, o que resulta em crescimento demográfico anual, excluindo a imigração, de quase 1,5 milhão por ano. Na Alemanha, que experimentou anos de declínio da população, a taxa bruta de natalidade é de cerca de oito por mil, ao passo que a taxa bruta de mortalidade é pouco menor que onze por mil. Sem imigração, a população alemã estaria se reduzindo em quase ¼ de milhão por ano.

Em muitos países em desenvolvimento, em particular (mas não exclusivamente) na África, as taxas de natalidade são muito elevadas, enquanto as taxas de mortalidade caíram de forma considerável. Mesmo a assistência médica e a nutrição num nível extremamente básico reduzem a mortalidade infantil, prolongam a expectativa de vida e reduzem as taxas de mortalidade de maneira substancial. A África subsaariana como um todo tem uma taxa bruta de natalidade de cerca de 38 por mil, comparada aos modestos onze da Europa. Em meados do século XX, a taxa bruta de mortalidade da África não ficava muito abaixo de trinta; hoje não é muito superior a dez. Tanto o Iraque quanto o Afeganistão têm altas taxas de natalidade (por volta de 35 por mil), e ambos, apesar de toda a violência que sofreram, conseguiram reduzir as taxas de mortalidade; entre o final dos anos 1990 e 2010-15, a taxa de mortalidade no Afeganistão caiu de mais de treze por mil para menos de oito; no Iraque, de uma taxa já baixa de 5,7 para 5,3. A maioria das pessoas ficaria surpresa ao saber que a taxa de mortalidade do Iraque é inferior à do Reino Unido. Ela é a prova da juventude da população do Iraque e do fato de que, como no Afeganistão, enquanto a violência em nossas telas de TV se refere à morte de dezenas ou mesmo centenas de milhares, a melhoria na nutrição e na assistência médica afeta dezenas de milhões. Foi por isso que, mesmo na segunda década do século XX, quando a Europa estava mergulhada na Primeira Guerra Mundial, seguida por uma epidemia fatal de gripe, a população do continente continuou a crescer.

A vantagem de taxas brutas de natalidade e mortalidade é que elas são simples e nos dizem quão rapidamente a população está crescendo ou declinando. Seu defeito – a razão pela qual as taxas de natalidade e mortalidade são frequentemente qualificadas de "brutas" – é que não levam em conta a estrutura etária do país. Esperaríamos ver mais mortes relativamente à população no Japão, país com muitos idosos, que na Irlanda, ainda relativamente jovem. Da mesma maneira, esperaríamos que houvesse mais nascimentos por pessoa na Irlanda, onde há, relativamente à população, mais mulheres em idade fértil que no Japão. Para ajustar isso, os demógrafos também medem a taxa de fecundidade total e a expectativa de vida. Esses indicadores descrevem quantos filhos a mulher média espera ter – independentemente do número de mulheres jovens numa dada população – e por quanto tempo a pessoa média espera viver – independentemente de quão velha seja a população. ("Fecundidade", portanto, significa partos efetivos, não o potencial biológico de gerar filhos. Uma mulher perfeitamente fértil, isto é, capaz de ter um ou vários filhos, por uma variedade de razões talvez nunca tenha filhos. Quando os demógrafos falam em fecundidade, referem-se a crianças realmente nascidas.) Essas expectativas se baseiam nos nascimentos reais por mulheres e nas mortes reais de pessoas em diferentes idades (para saber mais a esse respeito, ver os Apêndices no fim do livro).

Por várias razões as taxas de fecundidade são sempre citadas "por mulher". Em primeiro lugar, há quase certeza em relação a quem é a mãe em cada caso de nascimento; a identidade do pai é mais incerta. Contar nascimentos por pai significaria contagem dupla ou deixar alguns nascimentos de fora. Segundo, o número de filhos que a mulher pode ter varia de zero a (muito raramente) mais de quinze. Para o homem, ele varia de zero a (pelo menos em teoria) milhares, por isso a taxa de fecundidade como número é mais facilmente administrável para as mulheres. Terceiro, há maior certeza sobre a coorte de mulheres com probabilidade de ter filhos do que sobre a coorte de homens. Estatisticamente, a fecundidade para mulheres com mais de cerca de 45 anos pode ser mais ou menos ignorada. Mulheres mais velhas de fato têm filhos, mas não o bastante para que isso impacte a estatística de maneira significativa. Os homens, em contraposição, podem pelo menos em tese continuar a ter filhos até o fim da vida. Por isso a demografia concentra-se invariavelmente nas mulheres, pelo menos quando se trata de nascimentos – embora ao fazê-lo algumas vezes ela apresente uma tendência a vê-las como estatísticas ou unidades, interessantes na medida em que produzem filhos ou não. Embora a maternidade possa e de fato deva ser vista estatisticamente, comparando-a entre lugares e momentos e vendo como ela muda, é possível obter muito mais informação útil observando essas mudanças na vida e nas escolhas de mulheres individuais, dando voz às suas aspirações, ansiedades e decisões. Não se trata apenas de ilustrar os dados, mas também de mostrar como um dos elementos mais inspiradores da história da população nos últimos duzentos anos é o modo como as mulheres foram progressivamente capazes de assumir o controle sobre suas próprias decisões e seus corpos.

A diferença entre taxa bruta de natalidade e taxa de fecundidade pode ser ilustrada comparando África do Sul e Israel. A África do Sul testemunhou uma elevação de nível de educação das mulheres, urbanização e esforços combinados do governo para fornecer serviços de controle da natalidade, e em consequência experimentou uma acentuada queda na fecundidade – nisso ela está bem à frente do resto da África subsaariana. Mas como até bem recentemente as taxas de fecundidade eram altas, há grande número de pessoas jovens na população total, reflexo das escolhas de fecundidade da geração anterior. Israel, em contraposição, é um caso incomum: um país desenvolvido que viu realmente o número de filhos que nascem por mulher crescer em décadas recentes. A África do Sul tem uma taxa de natalidade ligeiramente mais alta que a de Israel: 22 por mil, comparados a 21. Mas isso não é causado pelo fato de que a mulher sul-africana média tenha mais bebês. Em vez disso, há simplesmente mais mulheres jovens tendo bebês. Em Israel, uma mulher em média tem mais de três filhos, *versus* menos de 2,5 na África do Sul. A taxa de natalidade marginalmente mais alta da África do Sul é produto de sua taxa de fecundidade recentemente elevada (mas não mais); ainda no fim dos anos 1970, ela era de cinco filhos por mulher. Isso gerou uma população jovem, cheia de mulheres em idade fértil; mas elas agora estão optando por não ter muitos filhos. Em Israel, em contraposição, a taxa total de fecundidade no fim dos anos 1970 era 1,5 filho mais baixa que o nível sul-africano. Há menos mulheres em idade fértil como porcentagem da população total em Israel, mas cada uma delas tem mais filhos, e assim o país apresenta uma alta taxa de fecundidade (o número médio de filhos que uma mulher individual tem), mas não uma taxa bruta de natalidade em particular alta (o número de nascimentos relativamente à população como um todo).

A taxa de fecundidade total é uma boa medida do momento, um instantâneo do que está acontecendo com a fecundidade num ponto particular do tempo. Uma medida definitiva é a fecundidade *completa* para uma coorte ou geração, mas isso só é disponível, por assim dizer, após o evento, isto é, quando todas as mulheres dessa coorte já ultrapassaram seus anos férteis. É possível comparar o número de filhos que as mulheres alemãs nascidas nos anos 1870 tiveram com o daquelas nascidas nos anos 1890; nenhuma delas terá mais filhos. Contudo, é mais difícil comparar definitivamente o número de filhos de mulheres alemãs nascidas nos anos 1970 e nos anos 1990; ambos os grupos talvez ainda não tenham encerrado sua fecundidade e tenham partos pela frente. A fecundidade *total* é a melhor medida disponível para determinar o que está acontecendo com a fecundidade agora.

Como as taxas de mortalidade, as taxas de natalidade nos dão uma medida bruta para a população como um todo; como a expectativa de vida, as taxas de fecundidade nos fornecem uma medida adaptada à estrutura específica da população. Tomemos como exemplo Japão e Guiné (na África ocidental). Os dois países têm uma taxa bruta de mortalidade de dez por mil. Mas as razões para esse nível de mortalidade similar não poderiam ser mais diferentes. O Japão é um país velho e a Guiné, um país muito jovem. Se eles tivessem a mesma expectativa de vida, a Guiné mostraria uma taxa de mortalidade muito mais baixa que a do Japão, porque haveria muito menos mortes entre sua população, que é jovem, que entre a do Japão, que é idosa. Como as taxas brutas de mortalidade desses países são iguais, os guineenses devem estar morrendo muito mais jovens que as pessoas no Japão. As pessoas no Japão podem esperar viver até a metade da casa dos oitenta. Para a maioria dos guineenses, a vida termina quase trinta anos mais cedo. Pense em um colégio interno e um lar para idosos, cada um abrigando mil pessoas. Se vinte pessoas morressem em ambas as instituições num dado ano, elas iriam ter uma taxa bruta de mortalidade de vinte por mil, mas as pessoas da casa de repouso para idosos viveriam em média períodos muito mais longos que os internados no colégio.

A estrutura etária de uma população também pode ser analisada mostrando-se a porcentagem de crianças pequenas ou de pessoas com mais de 65 anos. A maneira mais simples é calcular a idade mediana: se toda a população estivesse enfileirada por ordem de idade, quantos anos teria a pessoa do meio? Na Guiné, a idade mediana é inferior a dezenove anos; no Japão é superior a 46.

Os dados

A compreensão e o rastreamento de tudo isso depende de dados. Os dados certamente não são uniformes, nem são uniformemente precisos ao longo do tempo e do espaço. Em geral, quanto mais recentes são os dados e mais desenvolvido o país, maior sua confiabilidade.[23] Os recenseamentos britânicos, que se iniciaram no começo do século XIX, são geralmente confiáveis em termos de tamanho total da população. O nascimento da indústria dos seguros de vida – por meio da qual as seguradoras precisavam calcular a probabilidade da morte de alguém numa dada idade – significa que temos uma boa ideia das taxas de mortalidade e de expectativa de vida em algumas regiões desde o século XVIII. Em alguns lugares, registros locais, em geral os da paróquia, foram habilmente extrapolados pelos demógrafos para construir um quadro da sociedade mais ampla. Em outros países os recenseamentos são muito antigos. De fato, o recenseamento é quase tão antigo quanto o Estado, e atesta um desejo inerente dos Estados de ter conhecimento sobre seus habitantes, às vezes predominantemente por razões militares, outras vezes para fins de tributação. Havia recenseamentos no Egito e na China milhares de anos atrás, enquanto a Bíblia fala de recenseamentos na antiga Israel – como os chineses, os romanos faziam recenseamentos sobretudo para determinar a capacidade militar. Os otomanos realizavam censos pela mesma razão, mas aí estava a falha, pelo menos para os propósitos de historiadores. Só homens muçulmanos de certa idade estavam qualificados para lutar nos exércitos otomanos, por isso somente eles eram de interesse para os funcionários do censo. A fim de calcular o tamanho de toda a população em diferentes momentos, projeções e suposições são necessárias. Os recenseamentos ainda são realizados na maioria dos países desenvolvidos atuais, e recentes propostas de parar de realizá-los – sugerindo que fontes alternativas de dados estão disponíveis hoje, que as amostragens seriam suficientes, dadas as técnicas estatísticas sofisticadas, e que os custos poderiam ser poupados – foram rejeitadas de maneira vigorosa e bem-sucedida.

Hoje, os demógrafos são abençoados com um conjunto padronizado de medidas de uma variedade de fontes, sobretudo as Nações Unidas, que oferecem registros de taxas de natalidade e mortalidade, fecundidade, longevidade e idade mediana por país e continente, remontando a 1950 e com projeções até o fim do século XXI. Os dados nunca são perfeitos, mas os das Nações Unidas são reconhecidos como de alta qualidade, e por isso baseamo-nos fortemente neles para os capítulos finais deste livro. Onde a confiabilidade e a qualidade de dados são questionáveis, usei as melhores fontes disponíveis, mas não explorei o tema para longa discussão.

Para se ter uma ideia do que os dados significam, a Tabela 1 fornece um guia útil para o que é alto, o que é baixo e o que é experimentado hoje no Reino Unido.

TABELA 1. Dados demográficos: o que é alto, o que é baixo

TAXA DE NATALIDADE (NASCIMENTOS POR 1.000)

Alta	51,8	Afeganistão, 1965-70
Reino Unido, 2010-15	12,4	
Baixa	9,0	Hong Kong, 2005-10

TAXA DE FECUNDIDADE (Nº DE FILHOS POR MULHER)

Alta	9	Árabes israelenses, anos 1960
Reino Unido, 2010-15	1,9	
Baixa	1,4	Japão, 2010-15

TAXA DE MORTALIDADE (Nº DE MORTES POR 1.000)

Alta	37,3	Sudão do Sul, 1950-55
Reino Unido, 2010-15	9,0	
Baixa	1,5	EAU, 2010-15

EXPECTATIVA DE VIDA AO NASCER (ANOS)

Curta	24	Rússia, anos 1750
Reino Unido, 2010-15	81,0	
Longa	83,3	Japão, 2010-15

CRESCIMENTO DEMOGRÁFICO ANUAL (%)

Alto	3,9	Quênia, 1982
Europa	0,20	1000-1800
Mundo	0,06	1 d.C.-1750

O que torna a demografia empolgante, o que faz dela uma ferramenta muito mais poderosa para a compreensão do mundo do que em geral se avalia, é que cada um desses números pode ser visto de três modos. Primeiro, os números em e por si mesmos como uma ilustração de algo significativo sobre uma sociedade. Por exemplo, o fato de os Emirados Árabes Unidos (EAU) terem uma taxa de mortalidade tão incrivelmente baixa atesta o enorme crescimento recente de sua população (há poucas pessoas idosas relativamente à população: 2% das pessoas dos Emirados Árabes têm mais de sessenta anos, comparados a 12% no mundo todo e 27% na Alemanha) e a expectativa de vida extraordinariamente longa (só uns dois anos menor que a dos Estados Unidos). Esta última graças à assistência médica, à saúde pública de alta qualidade e ao enorme tamanho da população imigrante (90% do total), a maior parte da qual tende a voltar para seus países na Ásia meridional e na Europa, e não a morrer nos Emirados Árabes. Analisando um só dado, projeta-se muita luz sobre os Emirados Árabes de hoje.

Segundo, tomados como parte de uma cadeia, os números ilustram uma extraordinária mudança. A população do Quênia estava crescendo quase 4% ao ano em 1982, mas em 2000 a taxa de crescimento tinha caído para 2,5%, graças a um sucesso na redução da taxa de fecundidade de sete para cinco. (Desde então a taxa de crescimento se manteve estável, o que significa que a população do Quênia continua a crescer rapidamente, embora um pouco menos depressa que nos anos 1980.)

Terceiro, os dados não passam de uma agregação de milhões de histórias individuais, de pais idosos vivendo mais que qualquer um esperava, do risco para a vida de um bebê, de uma escolha de viver nova vida numa nova terra. As histórias individuais ilustram os dados, mas os dados também ilustram as histórias, colocando o destino de famílias no contexto de sociedades mais amplas e da totalidade da raça humana.

Um ponto de vista

A maré humana continuará a seguir seu curso independentemente do que é escrito a seu respeito. O relato que ofereço é essencialmente histórico, e não avaliativo, um relato do que aconteceu, e não de sobre o que deveria ter acontecido, ou se o que aconteceu é bom ou mau. Contudo, vale a pena nesse estágio apresentar meus próprios valores em relação à demografia. Há somente dois que precisam ser declarados.

Primeiro, a vida humana é uma coisa inerentemente boa, e sua salvação e extensão é uma busca louvável. Se é bom salvar a vida de uma única criança, então é ainda melhor salvar a vida de milhões de crianças, o que acontece quando a mortalidade infantil se reduz. Vidas saudáveis, civilizadas e longas são melhores que vidas ruins, brutais e curtas. Mortes violentas e catastróficas são algo inerentemente mau; se lamentamos a perda de uma só vida, então o pesar diante da perda de múltiplas vidas deveria ser proporcionalmente maior. O que não desejamos para nossas famílias e nossos amigos não deveríamos desejar para os outros seres humanos, quer o façamos em nome da igualdade, do ambientalismo, quer em nome de qualquer outra meta potencialmente louvável, mas abstrata.

Segundo, quando as mulheres têm controle sobre sua própria fecundidade, elas tomam coletivamente decisões sábias, com ou sem participação de seus parceiros do sexo masculino. Quando as mulheres são instruídas e têm acesso à contracepção, elas não escolherão ter mais filhos do que os que podem sustentar; tal como a mão oculta do mercado opera na economia, a mão oculta da demografia operará se lhe for permitido fazê-lo. Limitações impostas à procriação não são somente erradas, são desnecessárias. Em questões de demografia, como em tantas outras, as decisões das pessoas comuns, dotadas das ferramentas educacionais e técnicas para tomá-las, irão se revelar as melhores para suas sociedades e para o planeta como um todo.

A demografia está enraizada na vida e em certo sentido é vida. Os nascimentos, deslocamentos, acasalamentos e mortes são grandes marcos da vida. O simples fato de que a demografia olhe para esses assuntos no agregado não prejudica e não deveria prejudicar o valor e a santidade da vida e das experiências dos indivíduos sobre os quais ela lança seus olhos. O demógrafo e o historiador, por mais que generalizem, nunca devem perder isso de vista. De fato, aqueles que possuem o privilégio de agregar e generalizar têm a responsabilidade especial de lembrar que os números com que estão lidando são nada mais, nada menos que a soma de esperanças, amores e medos de cada ser humano individual.

PARTE II

A maré montante: entre os europeus

2. O triunfo dos anglo-saxões

Frank McCoppin nasceu no condado de Longford, no centro da Irlanda, em 1846. No mesmo ano, do outro lado do globo, a região mexicana da Alta Califórnia foi reivindicada pelos Estados Unidos, e a cidade que se tornaria São Francisco mal tinha quinhentos habitantes; quando McCoppin morreu, em 1897, contava cerca de 300 mil habitantes. Na época em que nasceu, causaria espanto se dissessem que ele viria a ser prefeito de uma cidade que mal existia em 1846, e que representaria no Senado americano um estado que nem sequer passou a ser controlado pelos Estados Unidos até 1848. No fim do século XIX, o estabelecimento, na extremidade oeste da América do Norte, de uma metrópole pequena mas vibrante, povoada sobretudo por pessoas de origem britânica e irlandesa, era considerado fato normal, como o é hoje. Abundam histórias como a de McCoppin, de pessoas oriundas de pequenas cidades nas Ilhas Britânicas que se deslocaram para terras distantes e lá se tornaram representantes ricos ou poderosos de novas sociedades. Essas histórias poderiam ser contadas de Adelaide ao Oregon, da Cidade do Cabo a Chicago, e elas são todas produto de uma explosão demográfica que criou o mundo atual.

A Inglaterra mostra o caminho

Especialistas discutem o que veio primeiro, o rápido crescimento da produção industrial ou a grande explosão populacional, e qual causou qual. Quer tenha sido o aumento da população, estimulando a decolagem industrial, ou a decolagem industrial, que permitiu o crescimento da população, uma coisa é certa: esses dois eventos foram contemporâneos. Qualquer que tenha vindo primeiro, um não teria chegado muito longe sem o outro. Só trabalhadores de fábrica em massa poderiam operar a decolagem industrial e a produção em escala mundial, mas só com produção industrial em massa e exportações seria possível sustentar a população crescente. O que começou na Grã-Bretanha avançou para tomar de assalto o mundo inteiro, sacudindo-o até suas bases, país após país, continente após continente. A explosão demográfica permitiu primeiro que os povos da Grã-Bretanha, e depois mais amplamente o povo da Europa, dominassem o globo; em seguida, ela desempenhou um importante papel ao forçar sua retirada. Essa é a história da maré humana. Neste capítulo serão traçados os primeiros movimentos do que haveria de se tornar um fenômeno global, movimentos que tiveram lugar entre o povo das Ilhas Britânicas e os povos irmãos frequentemente denominados "anglo-saxões".

Foi nas Ilhas Britânicas que a revolução demográfica começou. É importante ter uma ideia de por que e como ela foi revolucionária e genuinamente diversa do que tinha acontecido antes. Não que as populações nunca tivessem se expandido depressa. Mas a expansão populacional que começou na Inglaterra no fim do século XVIII e avançou durante todo o século XIX foi a primeira a ocorrer ao mesmo tempo que a industrialização e a urbanização. O que brotou no início do século XIX não foi, portanto, apenas um incidente numa longa história de números crescentes e decrescentes, mas parte de um padrão sustentado de rápida transformação que com o tempo haveria de se tornar global. Ele foi, portanto, revolucionário em termos tanto de tempo quanto de espaço: de tempo porque foi um crescimento de população não somente célere, mas sustentável; de espaço porque estabeleceu um padrão que deveria ser reproduzido no mundo todo. (Convém observar que os dados para a Inglaterra, ou Inglaterra e País de Gales, são diferentes dos dados para a Grã-Bretanha, incluindo igualmente a Escócia, e para o Reino Unido, que compreendia nesse período toda a Irlanda também. Os melhores dados disponíveis são para a Inglaterra.)

Para pôr a decolagem da população da Inglaterra em perspectiva é necessário voltar algumas centenas de anos, até o fim do século XVI e os últimos anos do reinado da rainha Elizabeth I e da era de Shakespeare. Quando a Armada espanhola zarpou – e fracassou – e o Bardo estava no auge de seus poderes, havia cerca de 4 milhões de pessoas na Inglaterra, bem mais que a população de cerca de 3 milhões de não muito antes, no fim do reinado de Henrique VIII. Esse aumento de ⅓ em meio século (que corresponde a um pouco mais da metade de 1% ao ano) foi rápido pelos padrões históricos. A Inglaterra dos Tudor foi um lugar em grande parte pacífico e próspero, com uma situação política relativamente estável – apesar das controvérsias religiosas da época – e um comércio em expansão internamente e com a Europa. Além disso, a Inglaterra ainda compensava as perdas da peste negra, os anos sombrios da Guerra das Rosas e outras calamidades do período medieval tardio. Estas tinham refreado a população, por isso, quando a peste declinou e se recuperou certo grau de estabilidade, havia terra o bastante para sustentar mais gente. A "Inglaterra Feliz", portanto, não foi de todo um mito de mercadores de nostalgia vitoriana. População crescente em geral sugere condições de vida cada vez melhores, e os períodos Tudor e elisabetano do século XVI foram de fato felizes na Inglaterra, pelo menos comparados ao que ocorrera imediatamente antes e em certa medida ao que veio depois.

O crescimento da população desacelerou e depois sofreu uma modesta inversão no século XVII, quando a guerra civil e a peste voltaram, mas o crescimento recomeçou no início do século XVIII.[1] O aumento populacional anual médio foi de cerca de ⅓ de 1% na primeira metade do século e quase ½ de 1% na segunda metade. Até aí tudo bem, historicamente normal. Mas esse é o ponto em que as coisas mudam para sempre, e a maré humana começa a fluir por um curso completamente novo. O crescimento populacional na Inglaterra acelerou no século XIX, superando o 1,33% anual em média, apesar de uma emigração em larga escala. O crescimento natural, excluindo os efeitos da emigração, culminou em mais de 1,7% nos anos 1811-25.[2] Isso foi muito mais rápido que em qualquer outro período, quer fosse na alta Idade Média antes da peste negra, quer na Inglaterra Feliz dos Tudor, e resultou numa população muito maior do que a Inglaterra jamais vira. Quando uma população – ou qualquer outra coisa – está crescendo

1,33%, ela duplica em cerca de cinquenta anos, depois duplica de novo nos cinquenta anos seguintes, e foi isso que a população da Inglaterra fez no curso do século XIX.

Justo quando essa revolução estava começando, o "velho regime" com o qual ela rompia estava finalmente identificado pelo reverendo Thomas Malthus. Malthus era um pároco rural de Surrey, próspero condado no sul da Inglaterra, que identificou o que acreditou ser uma lei férrea da história. Em seu famoso *Ensaio sobre o princípio da população*, escrito, publicado e progressivamente revisado entre 1798 e 1830, ele argumentava que uma população crescente iria sempre superar a capacidade da terra de sustentá-la, o que levaria inexoravelmente à miséria e à morte. Nessas circunstâncias, dizia Malthus, guerra, fome e doença reduziriam a população de volta até níveis que a terra podia sustentar. Nesse ponto, com números decrescentes e menos pessoas para compartilhar os recursos disponíveis, cada sobrevivente iria obter uma parcela maior do que estava disponível, o que lhe permitiria viver um pouco melhor, por mais tempo, e ter mais filhos sobreviventes. Mas a população logo voltaria a crescer até seu limite natural, e sem os controles do "vício" (controle da natalidade) ou sem "limitações" (casamento tardio e abstinência sexual), a miséria universal retornaria. Como disse Malthus: "O poder da população é tão superior ao poder da terra para produzir subsistência para o homem que a morte prematura deve, de uma forma ou de outra, visitar a raça humana."[3]

Embora Malthus tivesse fornecido uma explicação histórica do desenvolvimento humano até aquele ponto, o mundo estava mudando à sua volta enquanto ele escrevia. Com a chegada em sua Grã-Bretanha natal da Revolução Agrícola, seguida pela Revolução Industrial, a produção de alimentos e o comércio se transformaram, permitindo à população crescer muito além de qualquer limite anterior.[4] Um país industrializado vendia seus produtos em mercados mundiais e comprava alimentos do mundo inteiro. Novas técnicas agrícolas significavam que era possível produzir mais; por exemplo, no século XVIII, novas técnicas de semeadura e rotação de culturas aumentaram a produção, e no século XIX a agricultura estava cada vez mais mecanizada. A produção por acre aumentou cerca de 50%

no início do século XIX; na segunda metade do século, enormes áreas novas no Canadá, nos Estados Unidos e na Austrália passaram a adotar técnicas agrícolas europeias, e essa produção tornou-se disponível para compra pela Europa.

A colonização de novos territórios foi muitas vezes acompanhada pelo deslocamento e algumas vezes o genocídio de seus habitantes. Contudo, a adoção de novas técnicas agrícolas, associada ao advento do transporte apto a vender o produto na Grã-Bretanha e em outros lugares da Europa, significou que milhões de acres adicionais se tornaram disponíveis para alimentar o número crescente de bocas. Efetivamente, a Grã-Bretanha alimentava seu crescimento populacional abrindo vastas novas áreas e cultivando-as com as técnicas então mais recentes. Somente no tempo de Malthus esse mundo novo, mais eficiente e produtivo se tornava imaginável. Se Malthus tivesse vivido e pregado em Manchester, no coração da Revolução Industrial, ou emigrado para servir em uma vila no Novo Mundo, ele teria vislumbrado melhor o futuro da humanidade. Mas, fixado no Surrey rural, não o fez.

O crescimento da população do país não foi saudado por todos como uma bênção nacional. Entre os intelectuais – e não só aqueles que podiam ser rejeitados como conservadores ou reacionários – houve um surto de horror à medida que a população se espalhava, a civilização e a paisagem de massa se tornavam visíveis. Em 1904, o *Times* lamentou que os subúrbios do sul de Londres estivessem produzindo "um bairro de aterradora monotonia, feiura e insipidez". H.G. Wells se desesperava ao ver que "a Inglaterra agora, na metade de sua área, não é melhor que um subúrbio esparramado"; e falou do "crescimento tumoral" de ruas intermináveis e casas indistinguíveis. D.H. Lawrence era positivamente genocida na reação às massas: "Se eu pudesse fazer as coisas a meu modo, construiria uma câmara letal tão grande quanto o Palácio de Cristal, ... depois sairia pelas ruas secundárias e ruas principais e os traria, todos os doentes, coxos e aleijados."

O desprezo esnobe pelas ordens inferiores era pelo menos tão velho quanto a Grécia Antiga, mas os sentimentos peculiarmente nauseados (e nauseantes) expressos aqui podem ser vistos em particular como uma resposta ao crescimento populacional numa escala nunca vista. Ninguém a expressou de maneira mais franca ou alarmante que o filósofo alemão Nietzsche: "A grande maioria dos homens não tem nenhum direito à existência, mas é um infortúnio para homens superiores."[5] Esse sentimento provavelmente não seria ouvido quando a população era pequena e crescia devagar, na melhor das hipóteses, e quando a maior parte dos pobres não estava longe do limite da fome.

A explicação da decolagem demográfica

Por que ocorria o crescimento demográfico e por que, em particular, ele acontecia na Inglaterra? Em certa medida, isso tinha a ver com a boa sorte. A ilha dotada de cetro sobre a qual Shakespeare escrevera, ainda com uma guerra civil pela frente, tornou-se mais uma vez um lugar relativamente seguro no século XVIII. Em acentuado contraste com grande parte do continente europeu, ela não sofreu investidas de exércitos saqueadores, pelo menos depois do levante jacobita de 1745-46. Incidentes de peste e outras doenças contagiosas em escala pandêmica tornaram-se menos frequentes, talvez à medida que os padrões de higiene e nutrição começaram a se elevar. Alguns chegaram a apontar o consumo crescente de chá como um fator a explicar a melhoria da saúde.[6]

Quando a população aumenta, há duas possibilidades – talvez combinadas: a primeira é que os nascimentos excedam as mortes; a segunda é que haja mais imigração que emigração. No caso da Inglaterra do século XIX, a segunda dessas explicações deve ser rejeitada de imediato. Pode-se dizer que a Inglaterra sempre foi uma terra de imigração, mas isso é falso. O aumento da população da Inglaterra entre 1800 e 1900 com toda a certeza *não* teve nada a ver com imigração. Ao contrário, durante esse período, a Grã-Bretanha e a Irlanda exportavam enorme número de pessoas que estavam colonizando os vastos espaços do Canadá, da Austrália e da Nova Zelândia; e durante grande parte do período forneciam o maior grupo imigrante para os Estados Unidos. É verdade que havia muita migração para a Inglaterra a partir da Escócia e especialmente da Irlanda (ambas, na época, integrando o Reino Unido), e, bem no fim do século XIX, de judeus da Europa oriental, mas isso era compensado pelo movimento para fora, rumo às colônias e aos Estados Unidos. As estimativas variam – a manutenção de registros não era muito boa –, e é evidente que muitas pessoas voltavam, complicando o quadro, mas há uma estimativa de que somente nos anos 1850 mais de 1 milhão de pessoas deixou o país.[7] Em contraposição, no ano de pico da imigração no século anterior à Primeira Guerra Mundial, pouco mais de 12 mil pessoas de fora do Reino Unido aí chegaram para ficar.[8]

Dado que houve uma migração em massa *para fora* da Inglaterra, e ainda assim sua população quase quadruplicou no curso do século, a causa do crescimento populacional deve ter sido o número de nascimentos vastamente maior que o de mortes, suficiente não só para gerar esse grande crescimento populacional interno, como também para alimentar a emigração. As ruas pobres e estreitas do East End de Londres, em que os judeus se apinhavam no fim do século, representando a maior parte da imigração para o país, não eram nada comparadas aos vastos espaços em que emigrantes chegados da Grã-Bretanha se despejavam no Canadá, nos Estados Unidos, na Austrália, na Nova Zelândia e além. Qualquer excesso de nascimentos sobre mortes tinha de compensar a enorme emigração líquida antes de contribuir com alguma coisa para o crescimento populacional. Foi precisamente isso que aconteceu.

Uma das primeiras coisas a mudar quando a revolução populacional da Grã-Bretanha começou foi a idade média em que as pessoas se casavam. Ela ficou mais precoce, caindo de 26 para 23 anos, para as mulheres, entre o início do século XVIII e meados do século XIX.[9] Isso significou três anos a mais no período de fecundidade máxima, quando as mulheres começaram a ter filhos em vez de estar à espera (via de regra, castamente) do casamento.[10] Ao mesmo tempo (ainda sobre a questão da castidade), o número de nascimentos fora do casamento caiu (com a maré crescente da moralidade vitoriana). Em geral, isso foi mais que compensado pelo aumento de nascimentos dentro do casamento. A fecundidade total, seja dentro do casamento ou fora dele, subiu a partir do que eram níveis bastante baixos, no início do século XVIII, de quatro ou cinco filhos para cerca de seis filhos por mulher no início do século XIX. Este é um fator que torna a decolagem populacional da Inglaterra ligeiramente diferente de muitas que se seguiram: ao passo que na maioria dos casos a taxa de natalidade elevada *permanece alta* e a taxa de mortalidade cai, no caso da Inglaterra a taxa de natalidade realmente *aumentou*.[11]

Enquanto isso, além de se casarem mais cedo e terem famílias maiores, as pessoas começaram a viver mais, o que significou menos mortes a cada ano. No fim do século XVII, quando a peste ainda era bastante comum e as condições de vida eram extremamente insalubres, a pessoa esperava viver, em média, até pouco além dos trinta anos. No início do século XIX, embora continuasse insalubre, grande parte da vida estava melhorando, e a expectativa de vida era superior a quarenta anos.[12] Essa queda constante da mortalidade foi o fator mais importante, estável e sustentável a contribuir para o aumento da população, ainda que o processo tenha se iniciado por uma elevação na taxa de natalidade. E taxas decrescentes de mortalidade foram por sua vez possibilitadas por mudanças nos padrões de vida – modestas, segundo nossos parâmetros atuais, mas drásticas quando comparadas ao que ocorrera antes –, possibilitadas por grandes mudanças tecnológicas que variaram de roupas mais baratas e mais higiênicas a comida mais acessível.

Para nós, a cidade vitoriana parece um lugar imundo; porém, comparada à vida de uma aldeia assolada pela pobreza da era anterior, para não mencionar a ratoeira que era Londres no período georgiano e antes dele, as grandes "melhorias" contribuíram para a explosão populacional. A peste se extinguiu na Inglaterra mais cedo que em outros lugares da Europa, e o cólera, quando apareceu, teve efeitos menos severos.[13] Esgotos foram escavados, de maneira mais notável em Londres, por Joseph Bazalgette. O tratamento médico rudimentar tornou-se mais acessível. Essa foi a era em que a estrada de ferro surgiu. Pioneiros como Isambard Kingdom Brunel traçaram linhas que conectaram todas as partes da Grã-Bretanha, e seus sucessores asseguraram que dentro de décadas as ferrovias atravessassem outras nações e outros continentes. Navios a vapor passaram a cruzar os oceanos e a superfície das estradas melhorou. Isso significou transporte mais rápido, mais barato, que, quando associado às inovações na agricultura, significou comida mais abundante, mais barata. A escassez local de alimentos tinha menor probabilidade de resultar em fome quando era possível trazê-los de fora de maneira fácil e barata.

Abrindo o mercado para o mundo após a revogação das Leis do Trigo, a Grã-Bretanha permitiu que seu povo fosse nutrido sempre que os alimentos pudessem ser trazidos economicamente, e à medida que a tecnologia do transporte progrediu, isso significou uma área cada vez mais ampla. Somente as compras de algodão americano pela Grã-Bretanha teriam exigido, para produzir quantidades equivalentes de lã, a ocupação de quase todos os pastos da Grã-Bretanha, não deixando nada para a lã que realmente era produzida ou para a produção de carne. Para o equivalente à produção de carvão de um ano, a Grã-Bretanha teria de derrubar uma área florestada equivalente a mais de sete vezes sua área florestada total... por ano.[14] Mudanças na saúde pública e privada e na dieta reduziram enormemente as taxas de mortalidade, aumentando o tamanho total da população.

Embora a Inglaterra estivesse estabelecendo um padrão a ser seguido globalmente, como já vimos, sua explosão populacional diferiu de outras, porquanto incluía não apenas uma queda na taxa de mortalidade, mas também, a princípio, uma modesta elevação da taxa de natalidade.[15] Outra característica da transformação demográfica da Inglaterra foi que, embora a explosão populacional tenha sido decerto alimentada pela mortalidade geral decrescente, ela não foi particularmente marcada por mortalidade *infantil* decrescente. Na maior parte das explosões populacionais que se seguiram e que serão descritas adiante, à medida que os padrões de vida melhoravam e menos pessoas morriam a cada ano, os bebês e as crianças pequenas, em geral extremamente vulneráveis, apresentavam uma taxa de mortalidade em franco decréscimo. No Iêmen, por exemplo, a morte de crianças antes de completar um ano caiu de uma em cada quatro para uma em cada vinte desde 1950, o que é um importante fator para explicar por que, durante esse período, a população iemenita cresceu de menos de 5 milhões para mais de 25 milhões (pelo menos, este era o caso até a recente deflagração da guerra civil).¹⁶ Na Inglaterra, a mortalidade infantil não caiu muito, de cerca de 150 por mil durante a maior parte do século XIX, e só começou a declinar acentuadamente após 1900.¹⁷ Uma vez transpostos os anos arriscados da infância, as pessoas viviam mais tempo, reduzindo a taxa de mortalidade e aumentando a população, mas os primeiros anos de vida continuavam igualmente perigosos.

Na Inglaterra do século XIX, a sobrevivência das crianças não era mais elevada nas vilas ou cidades que na zona rural, fato que talvez surpreenda quem hoje trabalha no campo do desenvolvimento econômico. Atualmente uma família em Jacarta, por exemplo, tem maior probabilidade de obter melhor assistência médica e acesso a comodidades superiores que uma família que more numa ilha indonésia afastada, e as taxas de mortalidade infantil urbanas são mais baixas que as rurais. No século XVIII, pelo menos na Inglaterra, ocorria o contrário. Londres, em particular, era um ambiente muito menos saudável para a criança pequena que a zona rural. No século XIX, embora vilas e cidades estivessem melhorando, ainda eram menos saudáveis que o campo. Assim, quando a população se mudava da zona rural para a cidade, ela se mudava de áreas de mortalidade infantil mais baixa para outras de mortalidade infantil mais elevada. Isso desacelerou a queda da mortalidade infantil na Inglaterra, ao passo que a acelera em países que estão hoje se urbanizando.¹⁸

Em geral, no entanto, o padrão observado na Inglaterra a partir do fim do século XVIII se tornaria uma característica clássica de sociedades em transformação, e veio a se chamar "transição demográfica". À medida que as condições de vida melhoram, as pessoas vivem mais. Contudo, durante algum tempo elas continuam a ter famílias muito grandes, de seis ou sete filhos. Só mais tarde o tamanho das famílias diminui.

Comparações com o exterior

Enquanto isso, o que acontecia do outro lado do canal da Mancha, na Europa continental?

A França, vista tradicionalmente como a mais importante rival da Grã-Bretanha, era não só geograficamente maior, mas tinha uma população também mais numerosa. No reinado da rainha Elizabeth I, a população da Inglaterra era ⅕ da população da França.[19] Em 1800, com Napoleão Bonaparte no controle e prestes a ser coroado imperador, a França tinha quase quatro vezes mais pessoas que a Inglaterra. As vitórias britânicas sobre a França nos séculos anteriores, que asseguraram a supremacia global da Grã-Bretanha, tinham acontecido apesar, e não por causa, do tamanho da população. Contudo, durante o curso do século XIX a França começou a ficar para trás não só industrial e militarmente, mas também em termos de população. Em 1900, longe de ter quatro vezes mais pessoas que a Inglaterra, como um século antes, ela mal tinha ¼ a mais (e menos que o Reino Unido como um todo).[20]

Isso é ainda mais extraordinário tendo em vista que, enquanto a Inglaterra mantivera a emigração em massa, poucas pessoas tinham deixado a França no século interveniente. É verdade que o país tinha perdido as províncias da Alsácia e da Lorena em 1871, mas essa é uma pequena parte da explicação. O fato estranho é que o tamanho das famílias francesas era muito menor que o das inglesas. Suas mulheres tinham menos filhos. Muitas explicações foram dadas para isso: as leis da herança francesas; o papel da Igreja no recrutamento de padres, freiras e monges, que não tinham filhos; ou, talvez o mais intrigante de tudo, o conhecimento, entre os camponeses da França, de um método de controle da natalidade que simplesmente não atravessara o canal da Mancha. Seja qual for a causa, a França do século XIX estava, pelo menos demograficamente falando, num impasse. Assim como expansão demográfica, urbanização e industrialização caminhavam de mãos dadas na Grã-Bretanha, na França o crescimento populacional lento foi acompanhado por industrialização limitada e dominância do estilo de vida predominantemente rural. Em meados do século XIX, a Inglaterra passou do ponto em que metade de sua população vivia em vilas ou cidades; isso não aconteceu na França até a metade do século XX. Com o tamanho da população estagnado e a industrialização limitada veio uma perda de poder. De fato, esse foi o começo da fixação francesa na demografia e do medo de que os números inferiores condenassem o país para sempre a um status inferior, se não à subserviência.

Dois países cujas populações cresceram de fato tão depressa quanto a da Inglaterra, ou quase isso, foram Dinamarca e Escócia. A Dinamarca, contudo, não contava muito no cenário internacional naquela altura, ao passo que a Escócia estava ligada à Inglaterra no Reino Unido, experimentando a mesma decolagem da indústria e da urbanização e também os mesmos níveis elevados de emigração.

Em relação a grande parte do século XIX, não é realmente possível falar da "Alemanha" como entidade única, já que ela não se unificou até 1871. Mas tomando-a como as terras que haveriam finalmente de se tornar o Reich de Bismarck, a Inglaterra e os demais membros do Reino Unido fizeram progresso relativo também ali. Na primeira metade do século a população da Grã-Bretanha (Inglaterra, País de Gales e Escócia, excluindo a Irlanda) subiu de pouco mais de 40% do que iria se tornar a Alemanha para cerca de 60%. A Alemanha ainda estava atrás da Inglaterra na realização daquelas reformas rudimentares que levam à queda da taxa de mortalidade e ao crescimento do tamanho da população. Outras partes da Europa, como Espanha, Itália e Império Austro-Húngaro, ficavam ainda mais atrás, e por isso experimentaram um crescimento demográfico mais lento.

O fato de a população da Inglaterra crescer tão depressa importava. Como a maré humana sempre nos mostra, os números contam, seja porque mais pessoas significam a capacidade de convocar exércitos maiores, seja porque denotam uma economia maior, absorvendo e produzindo mais recursos. A ascensão da Inglaterra, e mais geralmente da Grã-Bretanha, dentro da Europa em termos populacionais representou grande parte da ascensão da região como principal potência no curso do século XIX. Quando levamos em conta a simultânea ascensão de pessoas de origem britânica fora da Europa durante o período, ela foi fundamental para a emergência da Grã-Bretanha como principal potência global. Mas antes de examinarmos o impacto da revolução populacional na Inglaterra sobre o mundo, é necessário olhar para a Irlanda, onde uma história demográfica muito diferente e muito mais sombria estava se desdobrando.

Irlanda: exceção dentro de uma exceção

Enquanto o crescimento populacional da Inglaterra no início do século XIX foi excepcional, a perda de população da Irlanda foi exceção dentro de uma exceção.

A Irlanda era um país agrícola cujos clima e solo eram muito adequados ao cultivo da batata. Contudo, a batata não chegou à Irlanda até o reinado de Elizabeth I, e quando chegou teve importantes implicações populacionais. Como Malthus mostrou, o solo só pode sustentar um número limitado de pessoas. De vez em quando, muito ocasionalmente, contudo, pode ocorrer algo extraordinário, que talvez aumente muitíssimo a capacidade que a terra tem de sustentar pessoas; e no caso da Irlanda isso foi representado pela chegada da batata do Novo Mundo. Quando Walter Raleigh trouxe a batata das Américas, ele transportava em sua carga o destino da Irlanda. Levou algum tempo para que a cultura se espalhasse e afetasse a população, mas enquanto em 1600 a população da Irlanda talvez fosse de 2 milhões (os dados, como tantos de períodos anteriores, são contestáveis), ela aumentou vertiginosamente, chegando a bem mais de 8 milhões por volta de 1840.[21] Isso ocorreu apesar da considerável emigração para os Estados Unidos, nas décadas anteriores, da população predominantemente protestante do Ulster, que colonizou o sertão apalachiano e se tornou o que os americanos chamam de "escoceses-irlandeses".

A vida dos camponeses irlandeses que dependiam da batata podia ser materialmente miserável, mas, apesar disso, eles floresciam em número, e essa era precisamente a ideia de Malthus: números não controlados se expandiriam até a fronteira da miséria. Na ausência de qualquer tipo de indústria desenvolvida para fornecer exportações que pagassem pela importação de alimentos, a população da Irlanda nunca poderia ter atingido alturas tão extraordinárias sem a batata e sua capacidade, no úmido clima irlandês, de sustentar muito mais gente que trigo, cevada ou qualquer outra cultura.

Então em 1845 a praga da batata atacou. O mais chocante sobre a fome irlandesa – que está longe de ter sido a maior ou a última fome na história humana, mas apesar disso uma das mais lembradas na Europa – foi que ela aconteceu quando grande parte das Ilhas Britânicas se movia para além da cruel armadilha malthusiana, segundo a qual populações grandes demais para serem sustentadas se reduziam a nada pelas vicissitudes da natureza e da guerra. Enquanto a Inglaterra rumava para a era moderna, a Irlanda rumava para um pesadelo medieval. A atitude indiferente das autoridades britânicas ante a fome irlandesa foi informada por uma mentalidade malthusiana indubitavelmente suplementada por certo grau de racismo totalmente incompreensível a partir da perspectiva atual: a crença de que, se as massas famintas fossem alimentadas, elas iriam procriar em maior número e exaurir a terra. Era a antifilantropia (ou misantropia) do poço sem fundo. Qualquer tentativa de aliviar a miséria, de alimentar e atender os pobres e seus filhos doentes faria apenas com que maior número deles sobrevivesse e consumisse os recursos limitados, empurrando-os de novo para a miséria. (Essa é a mesma abordagem que os vitorianos adotavam em relação aos pobres em geral, e é conhecida por nós pelos escritos de Charles Dickens, parodiando e condenando esse ponto de vista, por exemplo, em *Oliver Twist* e *A casa soturna*.) Assim, enquanto as exportações comerciais de trigo e cevada prosseguiam, a população continuava não alimentada.

Charles Kingsley, autor de *The Water-Babies* e capelão privado da rainha, falou dos irlandeses como "chimpanzés brancos". Alguns analistas contemporâneos foram mais solidários, como mostra esta descrição do condado de Cork no *Illustrated London News* de fevereiro de 1847:

> Vi os moribundos, os vivos e os mortos deitados indiscriminadamente no mesmo chão, sem nada entre eles e a terra fria, exceto alguns trapos miseráveis sobre seus corpos, ... nem uma só casa entre quinhentas podia se gabar de estar livre da morte e da febre, embora fosse possível apontar várias com os mortos deitados perto dos vivos durante o intervalo de três, quatro ou até seis dias, sem nenhum esforço feito a fim de remover os corpos para um último lugar de repouso.[22]

Os efeitos da fome foram devastadores para a Irlanda. Nos oito anos entre 1845 e 1852, cerca de 1 milhão de pessoas morreu de inanição e outro milhão emigrou em condições desesperadas e frequentemente fatais. Outras centenas de milhares partiram nas décadas seguintes, transformando as grandes cidades do nordeste americano tal como os emigrantes protestantes anteriores vindos do Ulster tinham transformado os Apalaches. Hoje há sete vezes mais pessoas reivindicando ascendência irlandesa nos Estados Unidos que na Irlanda do Norte e na do Sul juntas. Outras centenas de milhares foram para a Inglaterra e a Escócia, frequentemente para as grandes e crescentes conurbações de Liverpool, Glasgow e Birmingham.

Fome e emigração em massa consolidaram o domínio britânico durante o curso do reinado da rainha Vitória. De 1837 a 1901 a população da Irlanda caiu de 8 para 4 milhões, e sua parte na população do Reino Unido caiu de quase ⅓ para menos de ⅒ de toda a população das Ilhas Britânicas, proporção explicada não só por essa calamitosa queda, mas também pelo aumento da população no resto do país.[23] Isso teve um significativo impacto de longo prazo, em especial sobre a política britânica. Durante o curso do século XIX a Grã-Bretanha estendeu o direito ao voto aos católicos e, no devido tempo, aos homens da classe operária e trabalhadores agrícolas. No fim do século, o campesinato católico do sexo masculino da Irlanda (ajudado pela super-representação geral da Irlanda, dada sua condição demográfica recém-diminuída) tinha condições de eleger parlamentares suficientes para influir decisivamente em muitas câmaras. Se a Irlanda ainda representasse ⅓ da população, e não ⅒, nessa nova era democrática, a questão da autonomia, que tanto preocupou a Grã-Bretanha vitoriana tardia e eduardiana, teria sido motivo de preocupação ainda maior. Seria mais difícil resistir às exigências do nacionalismo irlandês; a autonomia, se não a completa independência, teria chegado mais cedo; e a divisão talvez não fosse uma opção viável.

Contudo, se a Irlanda foi uma exceção dentro do Reino Unido, o Ulster foi uma exceção dentro da Irlanda. Foi no norte que a industrialização e a urbanização se instalaram, enquanto o resto da ilha continuava a ser uma sociedade agrária. A construção naval em Belfast e a fabricação de camisas em Londonderry significaram que o Ulster estava prosperando, integrando-se não só à economia britânica, mas também à economia imperial. Quando os protestantes do Ulster se tornaram maioria, tanto nos seis condados que iriam mais tarde formar o Estado irlandês do Norte quanto até – mais tenuemente – nos nove condados mais amplos que tradicionalmente constituíam a região, algumas das áreas mais afastadas e predominantemente católicas do Ulster sofreram um destino mais próximo daquele do resto da Irlanda. Enquanto isso a florescente Belfast, símbolo da Irlanda do Norte protestante com vínculos estreitos com a Grã-Bretanha e seu império, passou de 20 mil habitantes para 350 mil.[24]

Oficina do mundo: como a população tornou a Grã-Bretanha a principal economia do mundo

A expansão imperial da Grã-Bretanha no século XIX esteve intimamente ligada à sua transformação em oficina do mundo. Ela foi a primeira e mais preeminente potência industrial, abrindo caminho na produção de roupas, manufatura de ferro e aço e implantação de ferrovias. Essa foi a era em que cientistas como Humphry Davy lideraram avanços na química e os aplicaram para tornar a mineração mais segura; e em que inventores como Henry Bessemer mudaram a maneira como o aço era feito, transformando-o num material que podia ser usado muito mais amplamente que nunca. Não há como negar a importância desses indivíduos, suas invenções e as mudanças na produção que elas propiciaram. Contudo, foi somente contra o panorama de uma população rapidamente em ascensão que essas inovações puderam transformar a Grã-Bretanha na primeira grande potência industrial do mundo. A industrialização sustentou o crescimento da população fornecendo trabalho e, pelo comércio, sustento, mas a expansão populacional também impulsionou a industrialização, oferecendo os trabalhadores para construir a infraestrutura de transporte e os operários fabris para trabalhar no chão de fábrica.

É verdade que um país com pequena população pode ser rico e um país com grande população pode ser pobre. Por isso, dizer que a Grã-Bretanha se tornou a oficina do mundo e, durante algum tempo, sua principal economia porque a população cresceu exponencialmente é simplista. Muitos países tiveram populações rapidamente crescentes, mas continuaram pobres, ao passo que outros enriqueceram quando o crescimento populacional desacelerou. Por outro lado, o vínculo entre esses dois eventos – o aumento da população e da indústria na Grã-Bretanha – não pode ser ignorado. Há duas maneiras básicas pelas quais o tamanho da população de um país contribui para sua influência econômica. Primeiro, há o simples peso dos números. Luxemburgo é rico, seu povo em alguns aspectos é duas vezes mais rico que os americanos, mas não é um ator importante no cenário econômico mundial, ao contrário da Índia ou da China, por exemplo. Os luxemburgueses prosperaram individualmente e construíram um país rico e bem-sucedido, mas ele não tem quase nenhuma influência econômica por ser tão pequeno. Foi possível para a Índia e a China serem muito populosas e tão pobres que também não tinham nenhum peso no cenário econômico internacional – isso foi verdade em relação a ambos os países durante grande parte do século XX. Mas assim que um país de muitas centenas de milhões começa a se pôr em marcha, mesmo passando da pobreza abjeta para a moderada de seu cidadão médio, o peso dos números começa a contar. Os Estados Unidos, enquanto isso, não são a maior economia do mundo porque seus habitantes são muito mais ricos que os dos países europeus individuais ou do Japão, mas porque são muito mais numerosos.

Em segundo lugar, um país do tamanho de Luxemburgo só pode prosperar atualmente porque vive numa zona de livre comércio – profundamente inserido na União Europeia e, numa medida considerável, através da Organização Mundial do Comércio (OMC), no mundo em geral. Os luxemburgueses foram capazes de se especializar em serviços de alto valor, o que lhes permite comprar itens necessários e de luxo do resto do mundo. Obrigados a voltar a sobreviver inteiramente com seus próprios recursos, estariam no nível de subsistência, como qualquer grupo de algumas centenas de milhares de pessoas isolado do comércio mundial.

Hoje pequenos países podem abrir seu caminho no mundo graças às regras e aos regulamentos do livre comércio. A economia do planeta não era tão aberta quando a Grã-Bretanha iniciou sua decolagem demográfica no começo do século XIX. Em circunstâncias comerciais menos liberais, a população maior fornece não apenas mais operários para fábricas, porém mais consumidores e um mercado maior. Ela constrói a economia tanto a partir da oferta quando da demanda. A capacidade de alcançar escala real na produção e manufatura requer acesso a um amplo mercado global ou pelo menos acesso a um mercado interno considerável.

Comparar as populações e economias da Grã-Bretanha e da França é informativo. Os dados para o tamanho da economia são mais contenciosos que os dados para o tamanho da população, mas tomando o que são provavelmente os melhores dados disponíveis, a economia do Reino Unido cresceu constantemente de menos de ⅓ que a da França em 1700 para mais de ⅓ quando da deflagração da Primeira Guerra Mundial.[25] Comparada à economia francesa, portanto, a da Grã-Bretanha quadruplicou. Ao longo do mesmo período, a população do Reino Unido passou de menos da metade da população da França para cerca de 15% mais. Por isso boa parte do crescimento econômico da Grã-Bretanha frente ao da França deve ser atribuído ao aumento relativo de sua população.

Sem o grande crescimento populacional do século XIX, a Grã-Bretanha não poderia ter se transformado na oficina do mundo no início do século nem na maior financista do planeta na segunda metade dele. Mesmo ignorando o impacto da população crescente sobre o aumento do mercado e o enriquecimento da própria população, e olhando somente para como o simples crescimento incrementou a economia, cerca de metade do avanço econômico foi resultado apenas de aumentos da população. Assim como uma população cada vez maior contribuiu para o desenvolvimento econômico, este levou ao aumento da população. Com maior riqueza, a Grã-Bretanha foi capaz de investir em melhor saúde pública, e seu povo passou a comer melhor, graças ao comércio com seus irmãos e irmãs que colonizavam a pradaria canadense e o interior da Austrália. A Grã-Bretanha teve a escala de população para se tornar a fábrica do mundo e depois, com base na riqueza que acumulou, se tornar a financista mundial. Assim como sua liderança econômica não teria sido possível sem a explosão populacional, sua liderança imperial também não teria sido possível sem ela.

Para a rainha e a pátria-mãe: o povoamento do império

O excelente historiador da cultura Fernand Braudel disse que os espanhóis conquistaram as Américas Central e do Sul, mas não se *apossaram* delas.[26] A sugestão é de que, embora os espanhóis tivessem um vasto império no papel, na prática eles tiveram pouco impacto ou controle sobre grande parcela desse império, mesmo antes de perder a maior parte dele no começo do século XIX. Isso ocorreu porque simplesmente não havia espanhóis o bastante para causar um real impacto populacional nas terras que eles conquistaram, mesmo que tenham conseguido – intencionalmente ou não – extirpar grandes faixas da população que estava ali antes. Quando os Estados Unidos anexaram a metade setentrional do México em 1848 (incluindo o que são hoje os estados da Califórnia, do Arizona e do Novo México), foram capazes de fazê-lo com facilidade porque não havia quase nenhum espanhol ou mexicano na área. Isso está em acentuado contraste com os britânicos, que *povoaram* seu império – para o que, evidentemente, houve necessidade de *pessoas*. E pessoas eram o que a Grã-Bretanha passou a ter em abundância. A diferença entre os espanhóis e os britânicos nesse aspecto dependeu do fato de que a Grã-Bretanha estava passando por uma explosão populacional, produzindo pessoas o suficiente para aumentar enormemente a população dentro do país, ao mesmo tempo que exportava milhões para as colônias e além. A Espanha nunca fora capaz de fazer isso.

Grandes ondas de pessoas saídas das Ilhas Britânicas estabeleceram-se nos territórios imperiais de Canadá, Austrália e Nova Zelândia, levando consigo doenças que devastaram os povos indígenas – tal como os espanhóis tinham feito na América Latina dois ou três séculos antes –, enquanto elas próprias rapidamente cresciam em número. Talvez surpreenda que alguns milhões de migrantes tenham conseguido dominar um continente do tamanho da Austrália em meio século, mas isso é menos extraordinário quando se tem em mente o tamanho relativamente pequeno da população indígena, bem como seu declínio diante das doenças e da violência europeias, e a saúde robusta e capacidade reprodutiva daqueles europeus que eram capazes de duplicar suas estatísticas a cada geração, mesmo sem migração. Quando uma população de colonos agricultores substitui outra, em grande parte caçadora-coletora, esse processo é com frequência auxiliado demograficamente pela elevada taxa de natalidade e baixa taxa de mortalidade dos primeiros (capazes de ter acesso a novas terras para cultivo e de escapar ao menos temporariamente das limitações malthusianas) e elevada taxa de mortalidade dos últimos (às vezes ao menos em parte resultante de genocídio, mas com frequência de doenças trazidas pelos recém-chegados).

Os motivos que impeliram os migrantes – os fatores de atração e incentivo – são complicados e variam em cada caso. É verdade que a migração para as colônias antecedeu a explosão demográfica em duas centenas de anos, mas a migração na escala testemunhada no século XIX não teria sido possível sem despovoar a Grã-Bretanha caso uma explosão populacional não estivesse em curso no país. Em certa medida, o excesso de pessoas gerou suas próprias pressões para fora. As colônias eram distantes e a viagem com frequência era difícil e perigosa, mas elas ofereciam oportunidade e possibilidades. Muitas vezes os migrantes fracassavam no exterior e voltavam, ou se sentiam arrependidos de ter ido, mas havia muitas histórias de sucesso. As mulheres eram instigadas a se mudar para colônias onde havia mais homens que mulheres. Ellen Clancy, que emigrou para a Austrália em 1853, escreveu para casa anos depois: "Se você for sob proteção adequada, possui boa saúde e não é exigente demais nem 'fina como uma dama', pode ordenhar vacas e bater manteiga, ... o pior risco que corre é se casar e se ver tratada vinte vezes com mais respeito e consideração que na Inglaterra." Ela acrescentou que, graças ao número menor relativamente aos homens, as mulheres "podem estar seguras de que conseguirão impor sua vontade".[27]

Seria difícil enfatizar demais o grau em que isso deu à Grã-Bretanha uma vantagem sobre os rivais. Os emigrantes britânicos se estabeleceram em áreas cujos povos indígenas, ainda seguindo os padrões populacionais descritos por Malthus, eram facilmente suplantados em número e repelidos, às vezes brutalmente, por exércitos de recém-chegados que monopolizavam recursos como terra e água. A capacidade da Grã-Bretanha de escapar das limitações de Malthus foi o segredo que permitiu a seu povo arrebatar territórios com dimensões continentais de seus habitantes originais. Foi o peso dos números – combinado a novas tecnologias industriais – que permitiu aos britânicos e seus filhos tornar sua língua, sua cultura e suas instituições políticas a norma global.

Embora a Inglaterra tenha sido pioneira no crescimento populacional, a Escócia seguiu-a de perto. O País de Gales é frequentemente incluído nos dados ingleses, mas a Irlanda foi diferente. Ainda que tenhamos consciência dessas diferenças e similaridades, é possível falar de uma explosão demográfica que não foi apenas inglesa, mas abrangeu a Grã-Bretanha como um todo. Isso foi importante em termos do Império Britânico, porque tanto a Escócia quanto a Irlanda desempenharam um papel desproporcional no fornecimento de imigrantes para as terras além da Europa. A ascensão da Grã-Bretanha à hegemonia global baseou-se não apenas na explosão demográfica no país, mas também no fato de seu povo ter dominado vastos espaços continentais no exterior. Se – como o historiador Timothy Snyder argumentou, falando sobre o fim de 1940 e início de 1941 – a União Soviética e a Alemanha nazista tinham refeito a Europa, "mas a Grã-Bretanha tinha feito o mundo", ela o fez exportando pessoas.[28]

Vale a pena distinguir três diferentes áreas em que os britânicos tiveram um impacto. Primeiro, houve colônias em que ingleses entraram em abundância, suplantaram as populações indígenas e moldaram à força novas sociedades. Nessa categoria estão incluídos Canadá, Austrália e Nova Zelândia. Segundo, houve os Estados Unidos, onde a Grã-Bretanha não estava mais no controle, mas que tinham sido formados por pessoas de origem britânica e que continuaram durante grande parte do século XIX a ser povoados por ondas de imigrantes vindos predominantemente das Ilhas Britânicas. Finalmente houve a Índia e vastas áreas da África, onde não se instalaram grandes números de colonos, mas onde a dominação pelos britânicos foi facilitada por sua população crescente (mais soldados para mobilizar) e pela industrialização (particularmente das Forças Armadas), o que significou que enormes populações colonizadas foram dominadas e controladas em sua própria pátria.

Comecemos com o Canadá, o segundo maior país do mundo em área de superfície. Grande parte dele, é verdade, são terras desertas inabitáveis, mas boa parcela é adequada à colonização agrícola intensiva. A população dessa vasta área era de menos de 2,5 milhões em meados do século XIX, mas tinha quase triplicado quando a Primeira Guerra Mundial foi deflagrada, chegando a bem mais de 7 milhões. Essa taxa de crescimento foi alimentada pela imigração vinda da Inglaterra, da Escócia e da Irlanda. Em 1914, bem mais da metade dos habitantes do Canadá provinham das Ilhas Britânicas, fosse diretamente ou por origem. A parcela franco-canadense, concentrada em Quebec, caiu de quase ⅓ para não muito mais que ¼ do total. Os franco-canadenses tinham uma taxa de natalidade notoriamente elevada – interpretada por alguns como a "vingança do berço", uma retaliação contra os britânicos por terem derrotado a França no Canadá –, e isso contribuiu em parte para neutralizar o impacto da imigração proveniente das Ilhas Britânicas e assegurar que eles continuariam a ser a maioria no que se tornaria a província de Quebec. Muitos, contudo, emigraram para os Estados Unidos durante o século XIX, enquanto poucos chegavam da França para complementar o número.[29]

Imigrantes da Grã-Bretanha e Irlanda tinham chegado em grande número tanto antes quanto depois da criação do Domínio (a união formal das províncias num país chamado Canadá), em 1867, e com o tempo a população indígena do Canadá foi reduzida a menos de um para trinta. Alguns imigrantes irlandeses mantiveram a tradição de antagonismo em relação à Grã-Bretanha, mas ainda assim a marca britânica foi firmemente impressa sobre esse vasto território – em termos de língua, topônimos, constituição e política. Isso produziu também enorme impacto na Grã-Bretanha. O Canadá tornou-se um dos principais exportadores de alimentos para o Reino Unido, apresentando desafios competitivos para agricultores britânicos nos dias de glória do livre comércio, mas significando alimentos mais abundantes e mais baratos e uma tangível melhora nos padrões de vida das classes trabalhadoras nas duas ou três décadas anteriores à Primeira Guerra Mundial. Durante a guerra, alimentos vindos do Canadá tornaram-se uma tábua de salvação para a Grã-Bretanha, enquanto homens canadenses se apressavam a guarnecer as trincheiras a serviço do que ainda era pensado como pátria-mãe.

A história da Austrália é semelhante. Nos cem anos anteriores à deflagração da Primeira Guerra Mundial, a população europeia da Austrália passou de menos de 10 mil para mais de 4 milhões, e mais uma vez esse número era composto esmagadoramente por emigrantes das Ilhas Britânicas. Quase 200 mil chegaram nos anos 1880 e quase o dobro desse número nos anos 1890.[30] Tratava-se de uma população com predominância jovem (imigrantes em geral o são), encorajada a "desbravar" o território e incentivada por terra barata. Como não é de surpreender, isso significou uma elevada taxa de natalidade e baixa taxa de mortalidade (típicas de populações jovens), que por sua vez incharam os números. Mais uma vez como no Canadá, a população indígena, já não muito extensa, foi reduzida ao status de insignificância estatística. No início dos anos 1920 havia pouco mais de 3 mil indígenas australianos nas áreas de colonização britânica mais intensa, a saber: Vitória, Austrália meridional e Nova Gales do Sul. Na Austrália como um todo, o povo que pouco mais de cem anos dominava o continente mal representava 2% da população. Em contraposição, mais de 80% daqueles nascidos no estrangeiro eram provenientes da Grã-Bretanha, e a esmagadora maioria daqueles nascidos na Austrália eram filhos ou netos de imigrantes britânicos.[31]

A população da Nova Zelândia se multiplicou por dez até chegar a 1 milhão no meio século que precedeu a Primeira Guerra Mundial, e embora os maoris tenham tido mais sucesso em resistir que as populações indígenas do Canadá ou da Austrália (sua parcela da população aumentou significativamente à medida que o século avançava), eles ainda representavam apenas 5% da população no início do século XX.[32] Novamente como o Canadá, a Austrália e a Nova Zelândia forneceram não só enormes territórios sobre os quais a cultura e as normas britânicas se imprimiram por meio de um vasto movimento populacional, mas também grandes quantidades de alimentos em tempo de paz e – de maneira ainda mais crucial – em tempo de guerra, assim como mais voluntários dispostos a guarnecer as trincheiras quando chegou o chamado da pátria-mãe.

Merecedor de nota, em todos esses casos, é o fato de que embora a Grã-Bretanha tenha nominalmente possuído colônias na América do Norte desde o início do século XVII e na Australásia desde o século XVIII, foi somente depois que a explosão populacional no país pôde alimentar a emigração em massa que esses territórios foram submetidos a um significativo controle da Grã-Bretanha, por meio do processo de colonização. Sem essa explosão, não teria havido colonização em massa, e sem ela as reivindicações imperiais da Grã-Bretanha sobre esses territórios teriam continuado tão tênues quanto as da Espanha sobre a maior parte da América Latina. Igualmente, sem colonização em massa essas terras não teriam se tornado os grandes celeiros e fornecedores de carne e outros itens essenciais para um sistema global de comércio do qual a Grã-Bretanha recém-industrializada era o coração.

Assim como a Irlanda foi a exceção dentro de uma exceção nas Ilhas Britânicas, a África do Sul foi a exceção que provou a regra dentro do Império Britânico. Enquanto a maior parte da África foi considerada inadequada à colonização europeia, com clima insalubre, malária desenfreada e transporte impossível para o interior, a África do Sul foi vista pelos britânicos como uma terra de emigração graças ao clima mais favorável. As pessoas foram também atraídas pela fascinação dos diamantes e do ouro. Como no Canadá, os habitantes das Ilhas Britânicas não foram os primeiros europeus a chegar a essa conclusão, e a história da Grã-Bretanha na África do Sul é tanto uma história de deslocamento dos colonos holandeses quanto de deslocamento dos africanos. A questão, no entanto, não são os meandros das relações entre britânicos e holandeses e as Guerras dos Bôeres, mas que, precisamente onde os europeus foram incapazes de dominar demograficamente, onde quer que suas populações não tenham sobrepujado em número as do povo indígena, seu ponto de apoio foi construído sobre bases vacilantes e por fim insustentáveis. É verdade que hoje o Canadá, a Nova Zelândia e a Austrália têm populações de origem britânica e europeia decrescente, visto que abriram suas portas à imigração do mundo todo. Contudo, quando os imigrantes chegam, eles ainda se conformam a uma sociedade que é efetivamente britânica em origem e na qual o inglês continua a ser a língua predominante (com o francês, no Canadá). As instituições políticas continuam a exibir o selo da pátria-mãe, assim como importantes símbolos, como a bandeira (Austrália e Nova Zelândia) e o chefe de Estado (nos três países) – em outras palavras, eles continuam a ser países predominantemente "brancos".

Em contraposição, a presença europeia na África do Sul nunca se tornou dominante em relação à presença de africanos – fosse estritamente de "nativos" ou de chegados mais recentes de territórios vizinhos ao norte do rio Limpopo –, e assim a marca da Europa mostrou-se menos permanente. No ano em que Nelson Mandela nasceu, mais de um em cada cinco sul-africanos era branco. No ano em que ele morreu, o número era menor que um em cada dez. Se a tendência tivesse seguido na outra direção, parece improvável que ele tivesse se tornado presidente da República, e a população branca numericamente reforçada possivelmente continuaria a se agarrar ao monopólio de poder por mais tempo. Muito antes que Mandela se tornasse presidente, contudo, a debilidade demográfica vinha corroendo o controle branco.

Os britânicos chegaram ao Cabo em 1814, e durante muito tempo seu principal objetivo foi assegurar o domínio sobre a população holando-africâner, e não sobre os africanos. Finalmente os holandeses se deslocaram para o interior, criando territórios que os britânicos vieram a considerar obstáculos à maior expansão africana. O resultado foram as Guerras dos Bôeres. Migrantes holandeses e britânicos chegavam, mas numa escala enormemente menor que, digamos, na América do Norte. Em 1870 cerca de 250 mil europeus tinham migrado para a África do Sul, muito menos de 1% do número que se dirigiu aos territórios da América do Norte, se bem que estes fossem muito mais extensos.³³ A corrida do ouro trouxe mais gente na virada do século, mas em 1904 os brancos, fossem holandeses, britânicos ou outra coisa, representavam apenas uma em cada cinco pessoas na África do Sul. Isso contrasta fortemente com a situação na Austrália, na Nova Zelândia e no Canadá.

A porção branca da África do Sul era mais ou menos a mesma em 1960: outros brancos tinham chegado, e a população sofrera expansão natural, mas agora a modernização, que causa expansão demográfica, estava bem encaminhada entre os africanos. Estes tinham famílias muito maiores que os europeus, também se beneficiavam de taxas de mortalidade infantil decrescentes e experimentavam um rápido crescimento populacional, enquanto a população branca havia adotado os padrões de menor fecundidade e menores taxas de crescimento populacional naquela altura comuns entre povos de origem europeia. O apartheid pode ser visto como uma tentativa dos brancos de postergar seu inevitável destino demográfico, tentando manter o domínio ante a fraqueza numérica, mas no fim a demografia triunfou. Quando o apartheid terminou, os brancos compreendiam cerca de 13% da população da África do Sul,³⁴ simplesmente não havia número suficiente deles para controlar os negros ou privá-los do direito do voto indefinidamente. Vinte anos mais tarde os brancos eram bem menos que 10% da população da nova África do Sul.

Anglo-saxões na América

O termo "anglo-saxão" soa um tanto bizarro no contexto dos Estados Unidos. No Reino Unido, ao menos, ele passou a ser pensado como o nome para pessoas oriundas da Germânia e da Escandinávia que foram para a Inglaterra cerca de um milênio ou mais antes que Cristóvão Colombo nem sequer pensasse em cruzar o Atlântico e 1.300 anos antes da Declaração de Independência americana. Os Estados Unidos são vistos como um grande cadinho de raças cujo povo chegou de todas as partes do mundo, incluindo nativos americanos, europeus de todo o continente, pessoas de origem africana e, cada vez mais, gente da América Latina e da Ásia. É portanto um pouco surpreendente saber que os americanos consideravam lugar-comum durante grande parte do século XIX dizer que eles eram anglo-saxões. Thomas Jefferson desejava que os chefes saxões Hengist e Horsa figurassem no selo dos Estados Unidos, vendo-os como os verdadeiros antepassados fundadores da liberdade, em contraposição à imposição posterior do jugo normando.

Em certa medida, o nome "anglo-saxão" forneceu um rótulo conveniente. Por um lado, após a Guerra de Independência e o estabelecimento da República, os americanos não desejavam se descrever etnicamente como "ingleses". Talvez fantasiosamente alguns se considerassem os herdeiros não somente étnicos, mas também espirituais, de um "povo livre" que tivera o domínio normando cruelmente imposto a eles setecentos anos antes. (Para esses propósitos, o rei Jorge III foi retratado fazendo as vezes também de seu distante ancestral Guilherme o Conquistador, o opressor estrangeiro.) Além disso, nem todos os americanos brancos eram de origem inglesa: um número não insignificante era de origem alemã, mesmo na época da Independência (muito mais alemães chegariam depois), e havia outros povos de origem europeia. Existiam, claro, também os afro-americanos, mas eles eram esmagadoramente escravos, não considerados parte da nação na época. Cada vez mais os Estados Unidos atraíam imigrantes de partes das Ilhas Britânicas que não eram inglesas (isto é, Escócia e Irlanda), e embora referir-se a essas pessoas como anglo-saxões fosse impreciso, parecia menos obviamente impreciso que as chamar de inglesas. Assim, o termo colou e era frequentemente usado com orgulho por americanos daquela época, ao passo que ele permanece no acrônimo "Wasp" – *White Anglo-Saxon Protestant* [branco, anglo-saxão e protestante].

Apesar do uso bastante espúrio de "anglo-saxão" nos Estados Unidos do século XIX, é preciso lembrar que na época da independência o povo dos Estados Unidos, em particular sua elite governante, era esmagadoramente inglês, ou pelo menos de origem britânica. Durante as décadas seguintes os Estados Unidos afastaram-se de suas origens na Costa Leste e se espalharam profundamente no continente norte-americano, absorvendo os Apalaches, comprando da França vastas áreas do Sul e do Meio-Oeste (a Compra da Louisiana) e adquirindo áreas ainda maiores como parte do Tratado do Oregon com o Reino Unido e da antiga colônia espanhola do México, chegando assim à costa do Pacífico. Nada disso teria sido possível, ou significativo, sem as pessoas para dar respaldo. Quando os Estados Unidos fizeram a Compra da Louisiana, em 1804, o país tinha cem vezes mais habitantes que o número de homens e mulheres franceses na área da compra.[35] Napoleão viu sabiamente que sem uma forte presença francesa não lhe seria possível agarrar-se ao território diante do enxame de anglo-saxões. A maré humana se alastrava para o Oeste, e naquela altura falava inglês. Em 1820 os Estados Unidos tinham 10 milhões de habitantes, e os números continuavam a crescer graças às novas chegadas – ainda em grande parte das Ilhas Britânicas – e a uma elevada taxa de natalidade. As mulheres americanas naqueles dias davam à luz sete filhos. A população era em sua maior parte de origem britânica e sua demografia era uma parcela essencial do dinamismo e da capacidade de repelir os colonos franceses e espanhóis, bem como os nativos americanos. Malthus estava bem cônscio das condições dos Estados Unidos e especificamente das oportunidades para a população dobrar no espaço de uma geração ali onde a nova oferta de terras agrícolas fosse ilimitada. O Pai Fundador americano Thomas Jefferson conhecia Malthus e elogiara sua obra.

À medida que a geografia dos Estados Unidos continuava a crescer, o mesmo fazia sua população, chegando a 23 milhões em 1850 e 76 milhões em 1900, excedendo de longe a britânica. A facilidade com que os Estados Unidos absorveram o que fora a metade setentrional do México após 1848 fornece um exemplo gráfico. Esses enormes territórios continham uma população indígena e hispânica/mexicana de apenas 100 mil. Poucos anos após a anexação havia três vezes esse número de brancos apenas na Califórnia.[36]

No começo, a população em rápido crescimento dos Estados Unidos que entrava aos borbotões nessas áreas era produto de imigração elevada e contínua das Ilhas Britânicas, e em menor medida da Alemanha, alentada por sua própria taxa de natalidade elevada e taxa de mortalidade em baixa. Ela repeliu os nativos, sempre relativamente pouco numerosos – segundo um relatório do Congresso, que pode muito bem ter sido subestimado, havia apenas 6 mil nos treze estados fundadores originais em 1830, dizimados por doença e a perda de terras ancestrais.[37] O número dos afro-americanos de fato continuou a aumentar mesmo depois que o tráfico de escravos foi abolido e ninguém mais chegava da África, mas no início do século XX eles eram apenas 12% da população total dos Estados Unidos, uma proporção menor que na época da independência. (Têm porcentagem similar hoje.) Os colonos franceses na área da Louisiana pertencente a espanhóis ou mexicanos eram notavelmente escassos.

A experiência afro-americana, e o legado da escravidão em particular, é uma parte do lado sombrio dessa história, sendo a outra parte a marginalização e por vezes o genocídio cometido contra as populações indígenas. É verdade que a escravidão vigorara em quase todas as sociedades, e também que os britânicos foram pioneiros ao abolir o tráfico de escravos e bani-lo do Atlântico. É verdade que o tráfico de escravos árabe foi muito anterior ao dos europeus e sobreviveu a ele. No entanto, a simples escala industrial do tráfico de escravos no Atlântico, não só para os Estados Unidos, mas também para o Caribe e o Brasil, continua a espantar. O valor da vida desses transportados foi insensivelmente desconsiderado, e nos Estados Unidos a escravidão perdurou e não foi abolida até 1865. Trinta anos depois, trabalhadores negros no Alabama ainda recebiam apenas 60% da nutrição de que necessitavam.[38] O legado sobrevive, manifesto em tensões raciais nos Estados Unidos, e até recentemente na despovoação da África, embora esta esteja agora se invertendo depressa.

À medida que o século XIX avançou, os europeus continuaram a chegar em grande número aos Estados Unidos, mas de partes cada vez mais diversas do continente. Nos cem anos até 1920, quando sérios controles à imigração começaram a ser adotados, estima-se que mais de 8 milhões vieram da Grã-Bretanha e da Irlanda, 5-6 milhões da Alemanha, 4 milhões da Itália e 4 milhões da Áustria-Hungria, mais de 3 milhões da Rússia e 2 milhões da Escandinávia.[39] A escala do desafio – colonizar uma área tão vasta quanto os Estados Unidos e transformá-la na maior economia e superpotência do mundo no século XX – era simplesmente grande demais mesmo para o povo fértil das Ilhas Britânicas. Mais que qualquer outro, porém, eles contribuíram para o povoamento da República. Como primeiros e também mais numerosos imigrantes, os ilhéus britânicos forneceram a língua que os outros imigrantes tiveram de aprender e, de maneira muito geral, a cultura a que tiveram de se integrar. Tal qual os territórios que continuaram a pertencer ao Império Britânico, os Estados Unidos carregam – de suas bases até hoje – uma marca inconfundivelmente "anglo-saxã", e isso só foi possível porque seus grandes espaços foram colonizados por pessoas de East Anglia, Perthshire, Antrim e do condado de Kerry. Essas foram as pessoas que conquistaram o Oeste, e elas o conquistaram em grande parte porque seu número aumentava com a máxima rapidez naquele momento.

Húbris

O mundo em 1900 era muito diferente do mundo em 1800. Isso pode ser dito de qualquer século, mas no século XIX algo verdadeiramente extraordinário se moveu, e se moveu acima de tudo na Inglaterra e nas Ilhas Britânicas em geral. Esse foi o século que viu a indústria manufatureira crescer em escala desde a atividade doméstica de baixo nível até o emprego de milhões; que viu grandes continentes colonizados por populações recém-chegadas e um comércio internacional prosperar. Cidades de milhões brotaram por toda a Europa e a América do Norte à medida que sociedades anglo-saxãs, e depois outros países europeus, tornaram-se cada vez mais urbanas. A explosão demográfica situa-se no coração disso. Sem essa mudança e o desenvolvimento econômico, a população da Inglaterra, suas colônias e sua república irmã, os Estados Unidos, não teriam crescido de maneira sustentável. Igualmente, sem a grande explosão populacional, a mudança social e política não teria acontecido.

Quando em 1848 os Estados Unidos debatiam o que fazer com o México, que tinham acabado de conquistar, algumas pessoas argumentaram a favor da anexação de todo o país, e não apenas da parte setentrional. Elas pensavam que sua população, decerto nada bem-vinda dentro dos jovens Estados Unidos, iria desaparecer, tal como os "peles-vermelhas". Muitos achavam que as pessoas de origem anglo-saxã passariam a dominar o mundo. J.R. Seeley, cujas famosas palestras foram publicadas como *The Expansion of England* em 1883, declarou que embora 10 milhões de ingleses além dos mares fosse algo admirável, isso não era "absolutamente nada comparado com o que será finalmente ... visto".[40] Cecil Rhodes, o famoso (e para alguns infame) imperialista britânico na África, não só compartilhava essa visão de um domínio anglo sempre em expansão, mas acreditava que ele era obra de Deus: "Devotarei o resto de minha vida ao objetivo de Deus", disse ele, "e O ajudarei a tornar o mundo inglês."[41]

Esse tipo de húbris era o produto da liderança anglo-saxã na corrida demográfica. Parecia àqueles que eram os primeiros a escapar da armadilha malthusiana que sua vantagem duraria para sempre. Eles não compreendiam plenamente em que medida o domínio global, fosse ele imperial ou econômico, fora construído sobre os alicerces da expansão demográfica, e que essas forças causadoras da expansão populacional entre os povos das Ilhas Britânicas e seus frutos coloniais e americano não podiam ser engarrafadas, patenteadas ou restringidas de modo a evitar que outros as desfrutassem com o correr do tempo. De fato, os outros não estavam muito atrás. Os hábitos e tecnologias que expandiram a população não deveriam, como se revelou, ser apanágio dos anglo-saxões, e embora estes estivessem destinados a moldar o planeta, não estavam destinados a ter domínio exclusivo sobre ele.

3. Os desafios alemão e russo

QUANDO, DURANTE A CARNIFICINA da Primeira Guerra Mundial, ondas após ondas de soldados se enfrentaram em batalha na Frente Ocidental, o que importou em última instância não foi a superioridade em coragem, tecnologia ou estratégia, mas o simples peso dos números. No fim da guerra, ganhou o lado que conseguiu continuar enviando para o front homens em grande número. Quando os dois lados tinham mais ou menos massacrado um ao outro até a paralisação, decisiva foi a chegada – ou pelo menos a perspectiva de chegada – de somas aparentemente intermináveis de novos recrutas advindos dos Estados Unidos.

A importância dos números não é uma surpresa. Nas décadas anteriores a 1914, as potências rivais tinham se avaliado mutuamente, preocupadas com suas próprias taxas de natalidade e com as de seus inimigos em potencial, como se já estivessem conscientes da matança que as esperava. O *Daily Mail* lamentava já em 1903 que o declínio da taxa de natalidade da Grã-Bretanha "começa[va] agora a ameaçar o predomínio de nossa raça". Uma obra francesa intitulada *L'Expansion de l'Allemagne* (talvez fazendo eco consciente à anterior *The Expansion of England*, de Seeley), publicada às vésperas da guerra, se preocupava com o fato de que "a fecundidade é uma característica permanente da raça alemã", e de que "o aumento dessa população assegura à Alemanha ... um crescimento paralelo em poderio militar".[1] Enquanto isso, o influente historiador alemão Friedrich Meinecke inquietava-se porque "quase toda a raça eslávica indica uma fecundidade inesgotável".[2] Bethmann-Hollweg, chanceler no período da deflagração da guerra, expressou preocupação com uma Rússia que "cresce, cresce e continua sobre nós com um pesadelo cada vez mais opressor". A análise desalentada de Hollweg contribuiu decisivamente para a aposta de agora ou nunca que levou à guerra.³ As mudanças dinâmicas na população da Europa – e na população de países colonizados por europeus, como Estados Unidos, Canadá, Austrália e Nova Zelândia – nos anos que levaram à arremetida foram causa parcial da guerra e colaboraram para seu resultado.

Acontece que a bizarra visão de Cecil Rhodes – de que o mundo inteiro "se tornaria" inglês – simplesmente não iria se realizar; tampouco se realizaria a visão dos supremacistas anglo-saxões nos Estados Unidos – de que outros povos iriam "desaparecer". É verdade que o mundo atual foi moldado em grande parte pelo primeiro grupo étnico/nacional a experimentar uma explosão populacional de estilo moderno, sustentada, industrialmente baseada, a saber, o povo das Ilhas Britânicas: sua língua predomina na mídia, nos negócios internacionais, na diplomacia e na vida acadêmica; os Estados que eles fundaram continuam a ser os mais poderosos; e, tomados como um grupo, eles permanecem sendo o povo mais rico e economicamente mais poderoso na Terra. Todavia, eles agora não estão apenas em retirada em muitos campos do cenário mundial (em face da ascensão do poder chinês, por exemplo): recuaram significativamente como grupo étnico *dentro de seus próprios Estados*. Estados Unidos, Canadá, Austrália e Reino Unido são países cada vez menos povoados por pessoas que, para misturar expressões dos séculos XIX e XX, seriam rotuladas como "de herança anglo-saxã", ou com algum tipo de origem mais ampla dentro das Ilhas Britânicas.

O que parecia uma fórmula demográfica imbatível e única acabou se revelando apenas uma pequena vantagem. Outros aprenderam a adotar precisamente aquelas técnicas que tinham dado a liderança aos anglo-saxões e, ao menos a partir de uma perspectiva demográfica, os alcançaram e ultrapassaram, com consequências importantes para o equilíbrio de poder e o resultado da história. Nos últimos setenta anos ou mais, foram os povos de fora da Europa e da América do Norte que fizeram a corrida demográfica, mas os primeiros desafiantes à hegemonia anglo-saxã vieram de mais perto. Como não é de surpreender, as tecnologias que permitiram aos britânicos e a seus primos americanos dar os primeiros passos foram copiadas por povos mais estreitamente relacionados a eles cultural e geograficamente: outros europeus. Como seria de esperar, quando algo novo se populariza, é provável que se popularize primeiro entre aqueles que estão mais perto da fonte original de inovação.

Foram os alemães e os russos que saíram logo atrás dos anglo-saxões. Eles foram os primeiros desafiantes ambiciosos, dinâmicos, dos líderes demográficos britânicos. Iremos examinar a seguir por que e quando isso ocorreu, e alguns dos perdedores – outras potências europeias que demoraram mais a largar. (Os russos são considerados aqui europeus, não entraremos no grande debate que consumiu os intelectuais russos do fim do século XIX sobre se eles faziam ou não parte da Europa.) Veremos também por que tudo isso teve importância e talvez tenha até determinado a deflagração e o resultado da Primeira Guerra Mundial.

A Inglaterra desacelera

Demografia não é um esporte nacional competitivo. Pretender atingir a maior população por meio da mais elevada taxa de natalidade e da mais baixa taxa de mortalidade raramente é o objetivo político principal dos governos, embora a maioria deles tenha consciência de que uma taxa de natalidade decrescente (a menos que seja acompanhada por uma taxa de sobrevida crescente) significará, com o tempo, menos soldados em potencial e menos produtores (e consumidores) em potencial, o que cria consequências militares e econômicas.

Como se mostrou, a Inglaterra e, de maneira mais geral, a Grã-Bretanha e suas populações ultramarinas correlacionadas mantiveram taxas de natalidade elevadas ou até crescentes, com quedas constantes nas taxas de mortalidade, no início do século XIX, aumentando portanto de tamanho. Mas na segunda metade do século mudanças começaram a ocorrer. A mais importante delas foi que as mulheres passaram a ter menos filhos. Na primeira metade do século XIX as mulheres tinham entre cinco e seis filhos em média, nível comum em nossos dias apenas entre os Estados africanos menos desenvolvidos. É possível ter uma noção disso a partir dos romances vitorianos, e os mais velhos até terão testemunhos do fato dentro de suas próprias famílias. A rainha Vitória fez mais que seu dever nacional tendo nove filhos, todos nascidos na primeira parte de seu reinado. Há uma tendência a pensar no período vitoriano como uma espécie de monólito, mas na verdade as condições mudaram enormemente entre 1837, quando a rainha Vitória ascendeu ao trono, e 1901, quando ela morreu. No meio do reinado da mãe, o filho de Vitória, mais tarde Eduardo VII, teve cinco filhos com Alexandra (um sexto filho morreu com um dia de idade), todos nascidos na década de 1860, representando um declínio em relação ao número que sua mãe tivera e mais em conformidade com a nação como um todo naquele estágio. Gerações posteriores foram acentuadamente menores. É evidente que a família real britânica não é típica do Reino Unido. Para começar, ela não era constrangida pelos mesmos limites financeiros que influenciam a maioria das pessoas e o tamanho da família. Todavia, de uma maneira aproximada, ela ilustra de fato o que estava acontecendo em geral com a população do país. A partir de meados do século XIX, quando a mulher média na Inglaterra ainda tinha cerca de cinco filhos, teve início uma clara tendência descendente. Na altura da deflagração da Primeira Guerra Mundial, a mulher média tinha só três filhos. A taxa de natalidade (nascimentos por mil da população) caiu em ⅓ – de 36 para 24 – entre 1876 e 1914. As mulheres que se casaram nos anos 1860 tiveram mais de seis filhos cada uma; as que se casaram nos anos 1890 tiveram um pouco mais de quatro; e as que se casaram em 1915 tiveram menos de 2,5.[4]

É mais fácil determinar por que isso estava acontecendo do que como foi levado a cabo. O que ocorria na Inglaterra vitoriana tardia e eduardiana (e mais amplamente em todo o Reino Unido) era um processo de modernização envolvendo populações que cada vez mais viviam nas cidades, com mais gente querendo investir em seus filhos (que agora exigiam educação para progredir), em lugar de vê-los como fonte de mão de obra nos campos e como apólice de seguro para a velhice. Além disso, quando mais crianças sobrevivem à infância, acaba se transmitindo a mensagem de que os pais podem ter menos filhos, já que é menos provável que a natureza os prive deles.

País a país, continente a continente, a fecundidade cai quando a mortalidade infantil diminui, ou pelo menos depois que a mortalidade infantil *já caiu*. Essa é uma parte essencial do padrão que é a maré humana. Leva mais tempo para que a realidade da mortalidade infantil mais baixa se traduza em fecundidade mais baixa em alguns lugares que em outros, e há exceções à regra. A mudança na população não é física, não é governada por leis férreas, ou pelo menos é governada por pouquíssimas leis. Ainda assim o padrão geral ficará evidente. E à medida que o século XIX avançava, as condições pensadas como dickensianas – esgotos a céu aberto, crianças trabalhando em fábricas, como limpadores de chaminés, os asilos para pobres – começaram a mudar. Em 1914 já se haviam dado grandes passos na saúde pública, no fornecimento de água limpa e até nos fundamentos de um Estado de bem-estar social. O Grande Fedor de 1858, quando o Parlamento britânico teve de ser evacuado por causa do insuportável miasma que soprava do Tâmisa poluído, e o surto de cólera que o precedeu eram inimagináveis na Londres de cinquenta anos depois, com seus esgotos e higiene pública organizada.

Após 1870 pelo menos a educação básica estava disponível para todos, e uma população educada quase inevitavelmente vivia mais, sendo mais capaz de compreender como cuidar de si mesma e dos filhos. E não foram só as condições internas que melhoraram: graças ao desbravamento das pradarias da América do Norte, a difusão das ferrovias e a introdução de navios blindados e movidos a vapor e da refrigeração, os alimentos se tornavam mais baratos e abundantes. Pessoas comuns começavam a viver em condições mais salubres e a desfrutar dietas melhores. Entre 1870 e a deflagração da Primeira Guerra Mundial, a expectativa de vida aumentou de cerca de quarenta anos para meados da casa dos cinquenta. Talvez isso pareça modesto pelos padrões atuais, quando as pessoas esperam viver até os oitenta anos ou mais, contudo, era revolucionário na época.

Além disso, a mortalidade infantil começava a cair, de 150 ou mais por mil nos últimos anos do século XIX para cerca de cem por mil em 1914. Os avanços de Pasteur, Koch e Lister, a compreensão da doença e da necessidade de limpeza na preparação de alimentos, bebidas e nos procedimentos médicos ajudaram em geral a reduzir a mortalidade, mas foram particularmente benéficos ao salvar a vida dos jovens. Nesse ponto, a mortalidade infantil entrou decisivamente em seu acentuado caminho descendente de mais de cem por mil bebês que não completavam um ano para menos de trinta por mil em meados do século XX, e cerca de quatro por mil atualmente. Esse efeito era a soma do fato de que havia mais mulheres jovens em idade fértil que em décadas precedentes (resultante do crescimento populacional anterior) e mais crianças nascidas que sobreviviam. Assim, a população continuava a crescer, embora mais lentamente.

A prevenção de nascimentos: um aparte sobre contracepção

A menor mortalidade infantil e a maior expectativa de vida a que ela estava associada foi seguida, como quase sempre ocorre, por uma queda no número de filhos nascidos por mulher (menor taxa de fecundidade). Mas como isso acontecia? A contracepção efetiva não era disponível naquela época, certamente não de maneira barata e acessível à população em geral. A conveniência e a simplicidade da pílula ainda deviam esperar décadas, e o que se tinha disponível era caro, incômodo e difícil de obter.

A contracepção existiu de uma forma ou de outra desde pelo menos os dias do Antigo Egito, e a Bíblia registra ao menos um método de controle dos nascimentos – o *coitus interruptus*. Há evidências de que os egípcios antigos compreenderam que a amamentação prolongada ajudava a espaçar as concepções, resultando em um total menor de filhos; isso explica em parte por que no Antigo Egito o crescimento populacional por ano provavelmente era de apenas 0,1% em média.[5] Sabemos que os espartanos praticavam o infanticídio, e é possível que o fenômeno fosse comum em muitas outras sociedades, embora em grande parte esteja obscuro, até tempos bastante atuais, juntamente com o aborto. Avicena, pensador persa do século XI, recomendava espermicidas, poções para eliminar a paixão e o que hoje se chama método rítmico.* A Igreja católica opôs-se a essas poções (embora não à cuidadosa escolha do momento para o sexo) no século XIII, instituindo um pró-natalismo católico que ainda não foi formalmente abandonado pela Igreja (embora os dados sugiram que ele é hoje ignorado pela maioria dos católicos). Preservativos estavam abertamente à venda nas grandes cidades europeias desde pelo menos o século XVIII, embora com frequência ilegalmente, muitas vezes tanto para prevenir a difusão de doenças venéreas quanto para controlar a natalidade.[6] Em muitos lugares se entendia que prolongar o desmame retardava a concepção seguinte.

Em muitas partes, obstáculos legais atrapalhavam aqueles que buscavam planejar suas famílias de qualquer maneira, exceto as mais naturais. O médico americano Charles Knowlton foi processado, multado e sentenciado a trabalhos forçados nos anos 1830 por publicar o livro *The Fruits of Philosophy, or the Private Companion of Young Married People*. Nos anos 1870 a obra foi publicada na Grã-Bretanha por Charles Bradlaugh e sua extraordinária companheira, Annie Besant (antes esposa de vigário, organizadora da *matchgirls' strike*** e mais tarde fundadora do Congresso Nacional Indiano). Bradlaugh e Besant também foram processados, com o perverso resultado de que o julgamento contribuiu muito para popularizar o uso de uma contracepção rudimentar entre aqueles que podiam arcar com o custo.

Embora a oposição à divulgação de métodos contraceptivos fosse violenta, outras opiniões ganhavam cada vez mais proeminência. Malthus tinha recomendado comedimento e casamento tardio, mas Richard Carlile, um difusor do controle da natalidade entre a classe trabalhadora, achava isso má ideia, afirmando que "mulheres que nunca tiveram comércio sexual por volta dos 25 anos ... tornam-se pálidas e lânguidas, ... uma inquietação nervosa toma posse delas".[7] O total domínio da profissão médica pelos homens nessa época – frequentemente desprovidos de

---

* A popular tabelinha. (N.T.)
** Greve realizada em 1888 pelas mulheres e adolescentes que trabalhavam numa fábrica de fósforos, a Bryant and May Factory, em Bow. O movimento foi causado pelas péssimas condições de trabalho, incluindo jornadas de catorze horas, salários baixos, multas excessivas e complicações para a saúde resultantes do trabalho com certas substâncias. (N.T.)

imaginação – deu origem a toda espécie de ideias estranhas sobre sexo. William Acton, o mais conhecido escritor sobre queixas sexuais do século XIX, sugeriu que "a mulher modesta raramente deseja qualquer gratificação sexual para si mesma. Ela se submete aos abraços do marido, mas principalmente para satisfazê-lo, e, quando não há o desejo de ser mãe, preferiria de longe ser liberada das atenções dele".[8] Em certa medida a queda na fecundidade foi alcançada pelo casamento mais tardio. Cada vez mais mulheres adiavam o casamento, talvez auxiliadas pelo início do que se consideravam trabalhos de "classe média" para mulheres (a máquina de escrever foi inventada em 1868, e seu uso se tornou generalizado nas décadas seguintes, criando uma demanda por datilógrafas e secretárias, frequentemente consideradas ocupações femininas adequadas e "respeitáveis"). Nos anos 1870 apenas uma noiva em cada dez tinha mais de trinta anos no dia de seu casamento; no período eduardiano (especificamente 1906-11) essa parcela era duas vezes mais alta.

Assim, menos mulheres em idade fértil estavam casadas e muitas passavam então todos os seus anos férteis, ou pelo menos parte deles, fora do casamento, numa época em que noções de respeitabilidade se tornavam mais difundidas e menos nascimentos ocorriam fora do casamento. Não só mais mulheres continuavam sem casar por mais tempo (tornando-se menos propensas a ter filhos fora do casamento); mesmo dentro do casamento, as taxas de natalidade caíam. Em 1905 *The Lancet* calculou que os casados tinham menos 300 mil filhos do que se a taxa de natalidade tivesse se mantido no nível dos anos 1870.

É impossível saber se isso chegou até aí por meio de abstinência de sexo ou de cuidadosa escolha do momento (seja dentro do próprio ato, seja dentro do ciclo menstrual), ou por um pouco de ambos; exatamente o que se passava no quarto de dormir de nossos trisavós continua a ser um certo mistério. Ainda assim, há algumas pistas intrigantes. Na extremidade superior da sociedade, pouco depois da Primeira Guerra Mundial, Margot Asquith, mulher do ex-primeiro-ministro Herbert (Henry) Asquith, teria advertido Cynthia, primeira esposa do político britânico Oswald Mosley (filha de lorde Curzon e uma das primeiras parlamentares trabalhistas), após o nascimento da primeira filha desta, a não apressar outro rebento: "Henry sempre se retirou a tempo, um homem tão nobre."⁹ Nisso Asquith era obviamente mais hábil ou preocupado que o pai de seu monarca, o falecido príncipe Alberto, de quem a rainha Vitória se queixou: "Oh! Se aqueles homens egoístas – que são a causa de toda a desgraça de uma pessoa – soubessem ao menos o que suas pobres escravas aguentam – que humilhação para os sentimentos delicados de uma pobre mulher ... especialmente com aqueles médicos malvados."¹⁰

Na extremidade inferior da sociedade, não há razão para imaginar que as práticas fossem assim tão diferentes da dos Asquith, embora as memórias de Aida Hayhoe, mulher que vivia nos Fens, na Inglaterra oriental rural, sugiram uma abordagem alternativa, narrando como ela "ficava acordada à noite, depois que meu marido tinha ido para a cama. Ele diz: 'Você não vem para a cama?' Eu digo: 'Tenho de remendar isto antes de ir para a cama. Eles vão querê-lo de manhã. Você pode ir, mas essas coisas devem ser feitas hoje à noite.'" Os motivos da sra. Hayhoe eram claros: "Veja, eu tinha três filhos. E não queria mais. Minha mãe teve catorze filhos, e eu não desejava isso. Assim, ficava acordada remendando, meu marido estaria dormindo quando eu fosse para a cama. Isso era simples, não?"¹¹

Enquanto a batalha pela aceitação e popularização do controle da natalidade continuava, surgiram novos aliados para aqueles que o apoiavam, a saber, os eugenistas, que valorizavam e desejavam controlar a *qualidade* do que, sem qualquer desculpa, chamavam de "cepa" humana do país.

Quando a tendência a famílias menores chegou mais tarde a outros países, surgiu uma nítida discrepância entre as populações modernizantes em vilas e cidades, que logo adotaram a família nuclear, e os camponeses e trabalhadores agrícolas, que permaneciam na zona rural e continuavam a ter famílias grandes. Nisso a Inglaterra foi exceção. Dado o pequeno tamanho do país, os habitantes das zonas rurais da Inglaterra estavam talvez perto demais das cidades para não se verem fortemente influenciados por elas. Uma cidade de porte estava quase sempre a apenas uma curta viagem de trem de distância mesmo da mais remota habitação rural. Não havia nada de equivalente na *France profonde*, uma imaginária Arcádia perdida, afastada de influências modernas, ou do interior americano, que dirá a mais profunda e mais escura Rússia camponesa, a um dia de caminhada ou mais da estrada mais próxima. Assim, mesmo na zona rural, os ingleses adotaram os costumes modernos da cidade e logo incorporaram o tamanho de família menor.

A emigração em massa continua

Entre 5 e 7 milhões de pessoas deixaram o Reino Unido (incluindo a Irlanda) na segunda metade do século XIX. Depois que grandes fluxos de imigrantes de partes mais distantes e mais pobres da Europa, como a Itália, e da zona de assentamento judeu na Rússia (as partes ocidentais da Rússia às quais os judeus estavam restritos) começaram a ir para os Estados Unidos, os migrantes das Ilhas Britânicas passaram cada vez mais a se desviar para as colônias, principalmente Canadá e Austrália, e a se afastar das terras norte-americanas. Esse nível global elevado de emigração reduziu o crescimento populacional no reino. Por um lado, simplesmente graças ao número dos que partiam, a emigração reduziu o crescimento populacional interno. Por outro, como vimos, a agricultura produtiva a que muitos desses emigrantes se dedicaram e os alimentos baratos que produziam e exportavam elevaram o padrão de vida da classe trabalhadora na Grã Bretanha e a ajudaram a viver mais, tendendo assim a aumentar o tamanho da população no reino.

À medida que a coleta de dados demográficos melhorou, revelou-se que três fatores incontestáveis operavam na determinação do crescimento populacional. Em primeiro lugar, as mulheres tinham menos filhos – em parte pelo adiamento do casamento, em parte pela maior consciência e disponibilidade de métodos para controlar a concepção; mas, em decorrência do crescimento populacional passado, ainda havia mais mulheres jovens tendo filhos do que antes, e, portanto, ainda muitos nascimentos. Em segundo lugar, menos pessoas morriam a cada ano, em particular crianças pequenas, sobretudo a partir do início do século XX. E em terceiro, a emigração em grande escala prosseguia, enquanto a imigração a partir de fora do Reino Unido (que nessa época incluía a Irlanda) ainda era muito limitada. (A exceção foi a imigração de judeus chegados da Rússia, sobretudo entre 1880 e 1905, que nunca foi muito superior a 10 mil em qualquer ano e produziu uma população de judeus britânicos que nunca correspondeu a mais de 1% da população total, portanto, não era elevada o suficiente para afetar o tamanho total de maneira significativa.)[12] O impacto líquido desses três efeitos foi uma população que continuou a crescer, mas cujo crescimento começou a cair de cerca de 1,35% por ano na primeira metade do século XX para somente um pouco mais de 1% na segunda metade. O aumento anual da população mais lento durante um tempo tão longo significou que a população no fim do período estava muito menor do que se tivesse continuado a crescer no mesmo ritmo. Enquanto isso, do outro lado do mar do Norte, história semelhante à do Reino Unido se desdobrava, mas com algumas décadas de atraso. À medida que a Inglaterra começava a desacelerar, a Alemanha entrava na curva ascendente.

A Alemanha desperta

A primeira metade do século XX é frequentemente identificada por um conflito global entre Grã-Bretanha e Alemanha. No início do século XIX, isso teria surpreendido. A história que tende a ser ensinada nas escolas concentra-se na eficiência – e finalmente na crueldade genocida – da máquina de guerra alemã e no tamanho e poder de sua indústria e economia. Todos sabem que a Alemanha foi capaz de enfrentar o poderio combinado do Império Britânico, da Rússia e dos Estados Unidos em 1914, mesmo que não tenha conseguido superá-los, mas com frequência esquecemos que, no início do século XIX, enquanto a Grã-Bretanha avançava vigorosamente na Revolução Industrial, a Alemanha estava não só politicamente dividida em dezenas de miniestados, como era economicamente ainda bastante atrasada; em geral era vista como uma terra de poetas e pensadores, de principados e ducados insignificantes, mais medieval que moderna, mais castelo de conto de fadas que altos-fornos.

Essa era a Alemanha de Goethe, Schiller, Beethoven, Schubert, Kant e Hegel, uma terra rica em pensamento, arte e criatividade, mas constitucional e regionalmente fragmentada, agrícola e, comparada às agitadas Londres e Paris, ou à florescente Manchester, na retaguarda do progresso urbano do século XIX. A ascensão da Alemanha à proeminência como desafiadora das potências mais poderosas do mundo tem muitos aspectos, inclusive político, industrial, econômico e militar, e o demográfico é frequentemente negligenciado. A Alemanha, disse Bismarck, foi construída sobre sangue e ferro. Com demasiada frequência pensamos sobre o ferro – o poderio industrial que forneceu o armamento pesado – e muito raramente sobre o sangue – não só a qualidade, mas também a quantidade de jovens alemães dispostos a morrer pela pátria.

Em números absolutos, a Alemanha (o território que iria finalmente se tornar um império reunido em 1871, após as guerras de unificação de Bismarck) sempre teve população maior que a do Reino Unido, mas o equilíbrio mudou no curso do século XIX. Em 1800 a população britânica era menos da metade da alemã. Com a vantagem do desenvolvimento do Reino Unido, esta se elevou para ⅔ em 1900, mas nesse estágio ela retrocedia depressa, dada a menor taxa de natalidade e a emigração mais elevada, e isso significou que em 1913 os ganhos britânicos tinham recuado para 62%.[13]

O crescimento demográfico da Alemanha pode ser visto em relação à França bem como à Grã-Bretanha. Um século antes da deflagração da Primeira Guerra Mundial, durante o reinado de Napoleão Bonaparte, havia cerca de 10% mais mulheres e homens franceses que alemães nos Estados fragmentados que se tornariam o império de Bismarck. Em 1914, a população francesa tinha caído para menos de 60% da alemã. A Alemanha se juntara com sucesso à Grã-Bretanha num mundo pós-malthusiano de industrialização, urbanização, taxas de natalidade elevadas (que persistiram por algum tempo) e taxas de mortalidade em rápida queda. A França, em contraposição, experimentava um destino demográfico muito diferente, marcado por baixa fecundidade e baixo crescimento populacional, apesar da pequena emigração. O crescimento da população alemã comparado ao de seus vizinhos causou considerável preocupação na Grã-Bretanha e criou uma espécie de paranoia na França, ainda bem consciente de sua derrota pela Prússia em 1870, num conflito que viu Paris ocupada e que levou diretamente à unificação da Alemanha, um ano depois.

O surgimento da Alemanha causou duplo impacto. Se ela tivesse continuado a ser um país dividido numa colcha de retalhos de Estados, o crescimento de sua população não teria tido tanta importância. Por outro lado, se tivesse se unido, mas continuado bastante modesta em termos populacionais, talvez nunca representasse semelhante desafio para os vizinhos. Foi a combinação de unidade política *e* crescimento populacional que permitiu à Alemanha ser o ator importante que ela se tornou, ainda que isso não tenha se revelado suficiente para alcançar a dominação europeia ou mundial que buscava.

O que estava acontecendo na Alemanha era nada mais que uma repetição posterior do que já havia acontecido no Reino Unido. Vinte e cinco milhões de alemães em 1800 tornaram-se 40 milhões em 1870 – um aumento médio anual de cerca de ⅔ de 1% – e 67 milhões em 1913 – um aumento anual médio que foi quase duas vezes mais rápido.[14] Na metade do século XIX, a terra de poetas e pensadores estava se transformando na terra de sangue e ferro, para não mencionar aço e carvão. A industrialização que chegara à Grã-Bretanha alcançou uma Alemanha com muitas das mesmas vantagens da primeira, a saber: uma população equilibrada, relativamente alfabetizada e trabalhadora; e acesso a matérias-primas essenciais. Entre 1880 e 1913, as manufaturas alemãs deixaram de ser ⅓ das britânicas e a ultrapassaram.[15]

As condições na Alemanha industrial nos primeiros tempos eram duras, como tinham sido na Grã-Bretanha, mas como ali elas melhoraram lentamente, fornecendo afinal ao trabalhador urbano e sua família um padrão de vida mais elevado que aquele a que seus antepassados camponeses tinham aspirado. Isso significou que mais crianças sobreviviam, as pessoas viviam mais; assim, a princípio, enquanto a fecundidade continuava alta, a população cresceu depressa. Como a Grã-Bretanha, a Alemanha escapava da armadilha malthusiana. Mas enquanto a Grã-Bretanha estivera na vanguarda em que o progresso era dificilmente conquistado, a Alemanha seguia agora um caminho já trilhado, e portanto se movia mais rapidamente. Essa é uma tendência que vai se revelar à medida que a história da maré humana se desdobra. Quanto mais tarde um país chega à industrialização, mais celeremente ele é capaz de adotá-la, e quanto mais rápida for a transformação de sua sociedade, mais veloz é o crescimento inicial da população.

É verdade que as mulheres alemãs começavam a ter menos filhos no fim do século XIX, mas a mortalidade infantil também despencava, ajudando a sustentar o crescimento populacional. Como a Grã-Bretanha, a Alemanha se beneficiou da chegada de alimentos baratos de fora da Europa (e também da Rússia), bem como da maior produção interna, à medida que a área de terra cultivada crescia e a tecnologia melhorava. O maquinário agrícola tornou-se mais eficiente e empregavam-se mais amplamente os fertilizantes. Embora o governo alemão estivesse mais disposto a apoiar e proteger seus agricultores por meio de tarifas, o que significou que sua população não gozou dos plenos benefícios dos alimentos baratos do exterior, e conquanto a Alemanha não tivesse um vasto império para explorar, mas apenas fragmentos coloniais, os benefícios dos alimentos mais baratos e das cidades mais saudáveis foram ainda assim consideráveis. O governo do país recém-unificado deu ênfase à educação e ao Estado de bem-estar social, que ajudaram as camadas inferiores da sociedade a escapar do tipo de vida associado à mortalidade infantil elevada e, mesmo para muitos que sobreviviam à infância, à morte prematura. Quando Bismarck unificou o país, o alemão médio não esperava viver até os quarenta anos; no momento da deflagração da Primeira Guerra Mundial, ele esperava viver quase até os cinquenta. Nisso a Alemanha ainda ficava atrás da Grã-Bretanha, mas claramente saía da condição de atraso.[16]

Olhando sob a superfície, é possível compreender melhor como o quadro variava dentro e através do país. Diferentemente do que ocorria na Grã-Bretanha, havia uma discrepância real entre o número de filhos na cidade e na zona rural. As pessoas da zona rural alemã continuavam a ter famílias grandes, enquanto seus primos urbanos começavam a constituir famílias menores, num padrão diferente do da Grã-Bretanha, porém mais típico do padrão subsequente de outros lugares. Quanto maior a cidade, menos filhos na família. (Isso mais tarde se sedimentou no conceito nazista de camponês saudável, fértil, não corrompido pela vida urbana, continuando a produzir bebês para a raça superior, em contraposição aos enfraquecidos e decadentes citadinos, distraídos demais com as ambições materiais para cumprir seu dever patriótico de procriação.) No plano nacional, isso importava, porque à medida que um número crescente de pessoas ia viver em vilas e cidades, o país como um todo passou a refletir cada vez mais os padrões urbanos e não os rurais. À proporção que inchava, a população alemã se tornava cada vez mais urbana; Berlim, por exemplo, cresceu de menos de 200 mil para mais de 2 milhões entre 1800 e 1910.

Além de diferenças entre cidade e zona rural, havia diferenças de classe, e aqui o quadro era muito mais semelhante ao da Grã-Bretanha. Em geral, quanto mais pobre a família, maior ela era; como a mortalidade infantil era tradicionalmente mais alta entre os pobres, as famílias ricas eram as maiores. Contudo, com a adoção da contracepção por quem estava no topo da sociedade e taxas de sobrevivência em geral cada vez melhores, esse padrão foi invertido. Assim como a divisão urbano-rural passou a ser um padrão que se repete reiteradamente no mundo, o mesmo ocorre com a divisão em classes. Grandes famílias passaram a ser associadas aos pobres, ignorantes e primitivos. A família nuclear de um, dois ou no máximo três filhos começou a ser vista como marca das pessoas mais ricas e urbanas, desejosas de limitar seu tamanho para dar aos filhos uma vantagem na vida, capazes e dispostas, por qualquer meio disponível, de praticar alguma forma de controle da natalidade. O casamento tardio na Alemanha, como no Reino Unido, foi parte do quadro de declínio da fecundidade.

Finalmente, uma investigação mais profunda dos dados nacionais para a Alemanha revela que havia uma espécie de divisão entre católicos e protestantes, os primeiros com famílias maiores e aderindo mais tarde e mais lentamente ao controle artificial da natalidade.[17] Essa divisão torna-se bastante comum dentro dos países (Alemanha, Estados Unidos, Canadá francófono *versus* Canadá anglófono) e quando os comparamos

(Itália *versus* Suécia, Irlanda *versus* Grã-Bretanha) até uma altura avançada da segunda metade do século XX, embora ela decline daí em diante à medida que a obediência católica às restrições da Igreja quanto ao controle de natalidade diminui.

Em suma, embora as famílias alemãs estivessem encolhendo na época da Primeira Guerra Mundial, elas ainda eram maiores que as da Grã-Bretanha, e a mortalidade declinava rapidamente. Esses dois fatores impulsionaram o aumento da população em meados do século ou mesmo antes de 1914. Além disso, houve outro importante fator impelindo o crescimento populacional alemão naquele momento, em acentuado contraste com o da Grã-Bretanha: a emigração *decrescente*.[18] O movimento emigratório britânico fora mais elevado; nos anos 1880, por exemplo, ele foi duas vezes maior que a emigração alemã. Mas no período imediatamente anterior a 1914 ele foi nove vezes maior.

Os alemães tinham deixado seu país durante todo o século XIX em busca de vida melhor no estrangeiro, frequentemente dirigindo-se aos Estados Unidos, onde formavam boa parte da população. A família do presidente Eisenhower era do Sarre, na parte ocidental da Alemanha, e a família do pai de Donald Trump, de Karlstadt, no sudoeste alemão. Contudo, depois que a Alemanha começou a se industrializar, e particularmente depois de sua unificação, passou a haver mais oportunidades no país. Assim, enquanto o mundo anglófono mais amplo oferecia uma perspectiva sedutora para muitos britânicos, onde eles podiam ter vínculos familiares e uma língua e um sistema político conhecidos, o apelo da emigração para a chamada anglosfera* diminuiu para os alemães depois que seu país natal passou da colcha de retalhos para um Estado unido e em rápido desenvolvimento. Em certo sentido, ainda que isso possa não ter sido programado, os padrões de migração desses dois grandes países, Reino Unido e Alemanha, refletiram-se em suas estratégias no século XX. A população florescente

---

* Grupo de países anglófonos que compartilham raízes comuns na cultura e na história britânicas, geralmente Reino Unido, Estados Unidos, Austrália, Nova Zelândia e Canadá. (N.T.)

da Alemanha em seu país permitiu-lhe finalmente enviar grandes exércitos para os campos de batalha das Frentes Oriental e Ocidental nas duas guerras mundiais. A emigração em massa da Grã-Bretanha significou a incapacidade de recrutar um exército maior a partir de sua população local, mas ela pôde recorrer à assistência de uma rede mundial em tempo de guerra para obter alimentos, equipamentos e homens.

A Rússia se mexe

À medida que o século XIX transcorria, a Grã-Bretanha se tornava cada vez menos confiante de que o futuro pertencia a ela e a seus filhos coloniais. Vozes excessivamente autoconfiantes como a de Rhodes tornaram-se mais raras, e com maior frequência passou-se a ouvir vozes como a de Rudyard Kipling, que em seu poema "Recessional", de 1897, escreveu:

> Chamadas de longe, nossas armadas se dispersam;
> Sobre as dunas e os promontórios o fogo esmorece;
> Veja, toda a nossa pompa de ontem
> Confunde-se com Nínive e Tiro!*

Mais que a queda das bíblicas Nínive e Tiro, era o declínio do Império Romano que assombrava os britânicos. O crescimento populacional apontava para quem iria eclipsar o Império Britânico. Os Estados Unidos cresciam muito rapidamente, com uma população que excedia em muito a do Reino Unido no fim do século XIX e com imensa capacidade de manter um grande contingente populacional. Aqui os britânicos podiam se consolar com o fato de que os Estados Unidos estavam muito distantes e, de qualquer maneira, eram uma nação irmã. Naqueles dias talvez não se falasse de "uma relação especial", mas as sementes dessa relação já estavam

---

* No original: "Far-called, our navies melt away;/ On dune and headland sinks the fire:/ Lo, all our pomp of yesterday/ Is one with Niniveh and Tyre!" (N.T.)

lançadas, embora houvesse sem dúvida muita rivalidade e desconfiança. A França, ainda grande em termos de população, nem de longe conseguira crescer tanto quanto a Grã-Bretanha, demográfica ou industrialmente. A Alemanha, como sabemos, crescia a olhos vistos, e isso passou a dominar as preocupações britânicas. O Japão era geograficamente distante e, numa época em que o racismo estava profundamente entranhado, em particular antes da Guerra Russo-Japonesa de 1905, não era levado a sério como ameaça ao Império. O único outro país que começava a mostrar aquela combinação de dinamismo e crescimento populacional que poderia representar uma ameaça era a Rússia.

Se são necessários tanto peso industrial quanto tamanho populacional para se tornar um ator no cenário mundial, a Rússia no final do século XIX saía de um ponto de partida ao mesmo tempo muito baixo e muito alto. Ela ainda era um país esmagadoramente agrário, um país de camponeses que só tinham sido alçados do nível da servidão nos anos 1860, um país com indústria muito limitada e poucas grandes vilas ou cidades. O governo temia a industrialização e a urbanização, acreditando, corretamente, que elas criariam forças revolucionárias de instabilidade ameaçadoras para o regime czarista. Por outro lado, deixar de se desenvolver – no mínimo construir ferrovias e fábricas de armamentos – era relegar a Rússia à derrota no campo de batalha, como tinha demonstrado a Guerra da Crimeia.

Mesmo sem as vantagens da indústria, contudo, seus extraordinários números permitiriam à Rússia sobrepujar os vizinhos a oeste, leste e sul, e construir a maior unidade política contígua do mundo, o que ela ainda é. Mesmo assim, enquanto o país continuasse relativamente atrasado, com a maior parte de seu povo formada por servos analfabetos, sua vantagem populacional só podia levá-lo até certo ponto. Dessa maneira, impunha-se a questão de saber para onde ia a Rússia. Iria permanecer eternamente fiel a suas raízes ortodoxas, camponesas, ou mudar, e nesse caso seguir o padrão do Ocidente, ou encontrar seu próprio caminho especial para avançar? Essas eram as perguntas que assombravam o pensamento e a literatura russos no fim do século XIX, de Aleksandr Herzen a Liev Tolstói. Talvez não seja coincidência que no fim do romance a heroína de Tolstói, Anna Karenina, se jogue diante de um trem; tendo abandonado o papel tradicional de esposa russa, ela escolhe ser destruída pelo monstro mecânico que sintetizava a mudança. Finalmente, as forças da modernização, inclusive o rápido crescimento populacional, provaram-se irresistíveis. Mas se o ponto de partida da Rússia industrialmente foi muito baixo, seu ponto de partida em termos de número populacional absoluto foi muito alto. No início do século XX, a Rússia tinha três vezes mais habitantes que o Reino Unido, e ainda crescia.[19]

Para entender a escala do crescimento populacional russo, é realmente necessário compreender três dados. Primeiro: a população da Rússia mais que quadruplicou no curso do século XIX, acelerando perto do fim, o que significou que, quando a Grã-Bretanha começou a diminuir de velocidade, a Rússia se apressava. Segundo: no momento da deflagração da Primeira Guerra Mundial, a população russa crescia a nada menos que 1,5% por ano, mais depressa que a da Grã-Bretanha e naquela altura mais depressa também que a da Alemanha. Nessa velocidade, a população quase dobrou em duas gerações. Terceiro: em 1914 a população russa era de colossais 132 milhões, número sem precedentes para um país europeu.[20] As condições na Rússia eram extremamente duras, contudo, tanto para os trabalhadores industriais quanto, e ainda mais, para os camponeses. Um seguidor de Tolstói, auxiliando-o na campanha de socorro para a fome de 1891, desesperou-se ao ver que

> cada dia a carência e a miséria dos camponeses aumentavam. As cenas de inanição eram profundamente angustiantes, e era ainda mais perturbador ver que em meio a todo esse sofrimento e morte havia imensas propriedades, belas e bem-mobiliadas mansões, e que a grandiosa e antiga vida dos proprietários de terras, com suas alegres caçadas e bailes, seus banquetes e seus concertos, prosseguia como de costume.[21]

Contudo, numa perspectiva de longo prazo, a miséria dos camponeses não crescia. A vida para os russos comuns podia ser materialmente miserável, e o contraste entre ricos e pobres certamente alimentava a raiva que iria irromper em violência revolucionária, mas as coisas estavam ficando melhores, e não piores. Mesmo aqui as ferrovias penetravam, novas técnicas eram adotadas para tornar disponíveis os alimentos e uma saúde pública muito rudimentar já era praticada. As pestes começavam a ceifar menos a vida das pessoas, as más colheitas se tornavam mais raras. Da perspectiva atual, e mesmo da perspectiva britânica ou alemã da época, a Rússia parecia um lugar pobre e primitivo, no entanto, contanto que as pessoas priorizem sua própria vida e a vida de seus filhos, os recursos (à medida que as condições melhorarem) serão concentrados na preservação da existência, e nessas circunstâncias podem ser enormes as melhoras na taxa de sobrevivência e de mortalidade, aumentando assim o tamanho da população. Na Rússia, além disso, o tamanho das famílias continuava grande. As mulheres russas tinham sete filhos em média durante o século XIX, e eram bastante comuns os casamentos precoces e ter muitos filhos no matrimônio. Embora isso estivesse começando a se reduzir um pouco na época da Primeira Guerra Mundial, um número significativamente maior de crianças nascidas sobrevivia, contribuindo para o crescimento da população.

Os perdedores da Europa e as massas amontoadas

Na corrida populacional, a Grã-Bretanha foi a primeira a largar, com a Alemanha e a Rússia logo atrás. A França continuou surpreendentemente parada, demorando-se perto da linha de partida, enquanto o resto da Europa começava a se mexer, mas ficava muito para trás.

Enquanto alguns países europeus acompanhavam a decolagem demográfica da Grã-Bretanha, outros, durante grande parte do século XIX, não o fizeram. A Itália, a Espanha e a Áustria-Hungria estavam ainda em grande parte atoladas na miséria predominante de camponeses com famílias numerosas e mortalidade infantil elevada. Em 1900, na Espanha, por exemplo, a expectativa de vida ainda era inferior a 35 anos, enquanto na Inglaterra era superior a 48. Partes da Áustria-Hungria começaram de fato a melhorar no final do século XIX e princípio do século XX, e sua perda de terreno para a Grã-Bretanha tornou-se mais lenta. Isso ocorreu em menor grau na Espanha e na Itália. De fato, é revelador que na época da Invencível Armada a população da Espanha fosse duas vezes maior que a da Grã-Bretanha, ao passo que trezentos anos depois tinha a metade de seu tamanho. Ao longo desses anos, a Grã-Bretanha deixou de ver a Espanha como seu mais perigoso rival e ameaça existencial para encará-la como país que mal merecia atenção estratégica. Claro que isso teve muito a ver com a perda do império colonial pela Espanha, seu declínio econômico interno e seu fracasso em se industrializar para além de algumas áreas muito limitadas. Contudo, também teve muito a ver com as mudanças relativas no equilíbrio da população. A Grã-Bretanha da rainha Vitória tinha muito menos a temer da Espanha do que tivera a Inglaterra da rainha Elizabeth I, a tal ponto que a Espanha passou a não ser vista como a principal ameaça global, mas como um lugar atrasado, quente e poeirento. A população explica grande parte dessa mudança.

No final do século XIX, a Itália e o Império Austro-Húngaro começaram a enviar pessoas para fora da Europa, como fizera a Grã-Bretanha durante séculos. Se as grandes cidades dos Estados Unidos não tivessem se enchido de camponeses sicilianos e judeus das mais remotas províncias dos Habsburgos (bem como da zona de assentamento judeu da Rússia) quando o século XX despontou, a população que permaneceu nos países de origem seria maior; na Itália, por exemplo, a taxa de mortalidade caiu entre 1850 e 1913 de quase trinta por mil por ano para pouco mais de vinte, enquanto a taxa de natalidade caiu de maneira mais constante, de modo que o aumento natural entre essas datas se elevou de cerca de oito por mil para cerca de treze por mil por ano. Assim como a chegada das ferrovias levou alimentos mais baratos e costumes modernos para as áreas mais longínquas do continente europeu, permitindo que mais crianças sobrevivessem, ela também carregou essas crianças para o Novo Mundo, limitando o crescimento populacional no Velho Mundo.

Quatro milhões de italianos emigraram para os Estados Unidos nos 35 anos anteriores ao início da Primeira Guerra Mundial, e muitos mais se dirigiram para outros lugares, como a Argentina. A emigração a partir desses países foi uma bênção para os Estados Unidos, que teve suas estatísticas inchadas por uma enorme onda de migrantes anterior à guerra de 1914-18. Na geração que se seguiu à inauguração da Estátua da Liberdade, em 1886, a tocha daria as boas-vindas a menos imigrantes de terras tradicionais – Ilhas Britânicas e Alemanha – e mais dos confins da Europa. Estas eram populações que sofriam com a pobreza e (no caso dos judeus) a perseguição no país de origem, mas que também experimentavam a expansão de sua própria população. Essas massas amontoadas e seus filhos seriam logo transformados em americanos, suprindo a nova pátria da vantagem populacional que a iria impelir para a liderança mundial. Embora suas taxas de fecundidade tenham começado a cair depois que esses migrantes chegaram ao Novo Mundo, elas ainda eram altas, e os números continuaram a inchar durante as primeiras décadas após a chegada. Os 6 milhões de judeus dos Estados Unidos hoje são, esmagadoramente, produto desse movimento populacional do final do século XIX e início do século XX, assim como 60% dos argentinos que hoje reivindicam ascendência italiana.

Embora as condições e as taxas de sobrevivência para a travessia tenham melhorado com o tempo, e o custo tenha caído, não se deveria imaginar que mesmo no início do século XX a experiência para as massas que vinham da Europa meridional e da oriental para a ilha de Ellis fosse agradável. Uma inspetora do governo americano, enviada incógnita para informar sobre as condições daqueles que migravam para os Estados Unidos, relatou suas experiências e contou que, "durante os doze dias na terceira classe vivi em meio à desordem e num ambiente que ofendia todos os sentidos. Somente as brisas frescas do mar conseguiam sobrepujar os odores repugnantes". Carne e peixe cheiravam mal, e os legumes eram uma "mistura esquisita, inanalisável". Um menino que deixou a Europa oriental por volta dessa época lembra sobre a travessia: "Fomos amontoados juntos na terceira classe, literalmente como gado."[22]

Embora se esperasse em geral que os novos imigrantes se assimilassem à cultura predominante, eles mudaram os Estados Unidos. Após a Primeira

Guerra Mundial, o presidente Woodrow Wilson advertiu os britânicos de que eles não deveriam esperar uma preferência familiar da parte dele ou de seus compatriotas. "Não devem falar sobre nós que viemos aqui como primos, e menos ainda como irmãos; não somos uma coisa nem outra. Nem devem pensar em nós como anglo-saxões, pois esse termo não pode mais ser corretamente aplicado ao povo dos Estados Unidos."[23]

Orgulho e pânico: reações ao equilíbrio populacional em mudança

Nos primeiros anos do século XX o aumento populacional da Grã-Bretanha estava com os dias contados. A população crescera rapidamente nos últimos anos, havia muitas pessoas jovens tendo filhos e menos pessoas idosas morrendo. Isso significava que, mesmo que cada mãe tivesse menos filhos, ainda nasciam muitas crianças a cada ano para compensar as mortes. Esse era um caso de taxa de natalidade alta, mas taxa de fecundidade em declínio. Com o tempo, contudo, cada vez menos nascimentos por mãe iriam levar à estabilização do tamanho da população e depois à queda. Como o estudo da população na época era bastante rudimentar, isso não foi plenamente compreendido, e muitos foram complacentes. Ainda assim, nesses anos surgiram na Grã-Bretanha as primeiras evidências do que veio a ser chamado de "antimalthusianismo", ou uma preocupação não de que a população se tornasse grande demais (como Malthus temera), mas de que fosse pequena demais. De certa maneira, isso não era novo.

As pessoas com frequência se inquietaram com o tamanho da população de seu país, em particular em relação àquelas de países rivais. Os franceses se tornaram inteiramente paranoicos no tocante ao assunto depois de sua derrota decisiva na Guerra Franco-Prussiana. Um comentarista, no início da vida da Terceira República francesa, queixou-se de que "o governo da França é um comitê de solteirões presidindo um país que está se despovoando". Na Grã-Bretanha, contudo, essa era a primeira vez que um país reagia conscientemente ao decréscimo de sua população, causado pelos processos de modernização. Falou-se em "suicídio da raça", e em 1906 John Taylor, presidente da Sociedade Ginecológica Britânica, lamentou "com suprema insatisfação e repugnância" que casais egoístas, ao empregar contraceptivos, se opusessem aos esforços patrióticos dos médicos para preservar a vida, acrescentando: "Todo esse trabalho é destruído, como se nunca tivesse existido, pelos hábitos viciosos e antinaturais da atual geração."[24]

As preocupações britânicas não diziam respeito apenas à quantidade, mas também à qualidade, como se vê na ascensão dos eugenistas. Durante a Segunda Guerra dos Bôeres, na virada do século XIX para o XX, recrutadores do Exército tinham se queixado da saúde precária dos rapazes da classe trabalhadora dos centros das cidades, que apresentavam raquitismo e asma. Havia um temor de que, nos centros urbanos, a Grã-Bretanha estivesse criando uma raça inadequada para as Forças Armadas, e a dificuldade que o império tivera para derrotar os bôeres foi uma sinalização disso. Ao mesmo tempo, se difundia a ideologia que alguns chamaram de "darwinismo social". Inspirados pelos escritos de Darwin algumas décadas antes sobre como os animais e as espécies se engajavam numa constante batalha pela sobrevivência, inúmeros intelectuais passaram a ver as nações como se estivessem engajadas numa luta similar. Eles começaram a temer que não só houvesse mais alemães, mas que eles seriam mais aptos e fortes que os meninos e rapazes do East End de Londres ou dos bairros miseráveis de Glasgow. Em parte, essa ideia estava por trás do estabelecimento do Estado de bem-estar social rudimentar que passou a vigorar naqueles anos, impulsionado por Lloyd George e o jovem Winston Churchill. Outros, influenciados pelo movimento eugenista, preferiam deixar os menos aptos serem destruídos a tratá-los. Um eugenista, o dr. John Berry Haycraft, louvou a tuberculose em sua obra *Darwinism and Race Progress*, de 1895, comentando: "Se nós erradicarmos as doenças infecciosas, perpetuaremos esses pobres tipos."[25]

A desaceleração do aumento populacional tornou-se uma preocupação da imprensa. O *Daily Mail* em 1903 se inquietava com o "declínio da raça" associado à baixa taxa de natalidade. Ele acreditava que a vitória iria pertencer "à grande unidade; o berçário cheio significa predominância nacional e racial". J.A. Spender, editor da *Westminster Gazette*, sugeriu em

1907 que o declínio da fecundidade era geralmente encarado como um "sinal de decadência". Temores de que os problemas de quantidade fossem agravados por problemas de qualidade foram alimentados pelas descobertas que James Barclay publicou em 1906, sugerindo que os mais ricos estavam procriando menos, ao passo que os pobres continuavam fecundos. Nos dias de Malthus, quando a vida era bem mais dura, os mais abastados tinham condições de manter maior número de filhos vivos, enquanto os pobres perdiam mais crianças, levando à expansão natural dos mais abastados em relação aos pobres; uma vez que a economia só podia manter um limitado número de pessoas nos lugares mais elevados, isso significava, inevitavelmente, que muitos daqueles nascidos no escalão superior teriam de ocupar um lugar mais abaixo na hierarquia social.

Agora isso parecia ter se invertido, com os mais abastados optando por famílias menores, enquanto os pobres eram capazes de conservar maior número de filhos vivos.[26] Em Londres, em 1911, a rica Hampstead apresentava uma taxa de natalidade de 17,5 por mil, ao passo que a de Shoreditch, no empobrecido East End, era quase duas vezes mais alta.[27] A importância da questão da população nacional na consciência pública pode ser observada na criação da Comissão Nacional da Taxa de Natalidade, instituída não por algum órgão oficial, mas pelo Conselho Nacional para a Moralidade Pública, cujo manifesto de 1911 foi endossado por três parlamentares, os diretores de duas faculdades de Cambridge, sete bispos e luminares como o general William Booth, fundador do Exército de Salvação, Beatrice Webb, fabiana pioneira,* e Ramsay MacDonald, futuro primeiro-ministro trabalhista. A comissão era presidida pelo bispo Boyd Carpenter e Dean Inge, e seu vice-presidente era sir John Gorst, anteriormente o procurador-geral. Ela iniciou os trabalhos em 1913 e seus resultados foram publicados em 1916. A comissão concluiu que não era a falta de alimentos e habitação, mas o uso de contraceptivos que estava por trás das taxas de natalidade declinantes.

---

* O fabianismo foi um movimento britânico de caráter socialista, criado no final do século XIX, que propunha o desenvolvimento da classe operária para que ela assumisse o controle da produção e, consequentemente, do poder político. (N.T.)

Ela não argumentava explicitamente que a taxa de natalidade declinante significava queda no poder e prestígio nacional, e retirou algum consolo das evidências de que o descenso era geral em todo o noroeste da Europa. Mas o interesse que suscitou sugere ao menos a proeminência do assunto na mente nacional quando a nação entrava na Primeira Guerra Mundial. Embora a comissão não fosse oficial, ela foi entusiasticamente noticiada pela imprensa, e o primeiro-ministro, Asquith, declarou na Câmara dos Comuns que não haveria nenhuma comissão real sobre o assunto até que a Comissão Nacional tivesse apresentado seu relatório.[28]

Numa era em que o esnobismo era tão incontrito quanto o racismo, isso levou alguns a afirmar que a qualidade da nação iria inevitavelmente declinar, porque os escalões superiores da sociedade iriam se extinguir, enquanto as massas procriavam, e o sangue melhor e mais brilhante (hoje o termo usado seria "genes") seria expulso por aquele de qualidade inferior. Naquela época não se tratava apenas de uma questão de classe, mas também de raça, ao que parecia. Em 1906 *The Lancet* relatou o trabalho de Sydney Webb, mais tarde lorde Passfield e membro fundador do movimento fabiano e do Partido Trabalhista, deplorando a perda de "uma quinta parte da safra 'normal' de bebês a cada ano" e condenando-a como "calamidade nacional que ameaça seriamente o bem-estar futuro de nossa raça". O problema não era só uma queda global em números, mas também a composição étnica; Webb lamentava que metade das pessoas limitava suas famílias, ao passo que crianças irlandesas católicas e filhas de judeus imigrantes "nasciam livremente".[29]

Nem todas as vozes expressavam preocupação em face do declínio da taxa de natalidade e da consequente desaceleração no crescimento populacional. Alguns, como John Mackinnon Robertson, economista liberal malthusiano e parlamentar, deploravam a "retórica sobre o declínio da energia nacional, a próxima extinção dos anglo-saxões, a queda na vitalidade das raças superiores e o resto". Vozes discordantes viam com bons olhos o fato de que famílias menores propiciariam maior bem-estar e seriam um sinal de avanço social. Famílias menores permitiriam aos pais cuidar melhor de seus filhos e que estes fossem mais bem alimentados.[30]

A preocupação na Grã-Bretanha com o menor crescimento populacional não dizia respeito apenas ao que estava se passando no próprio país, mas era também alimentada por um crescente sentimento de rivalidade com a Alemanha. Esta era vista como rival ou potencial rival em seu dinamismo econômico e crescente comércio internacional, não apenas na busca de colônias e de formar um poder naval, mas também quanto ao crescimento demográfico. População era fundamental para o desafio que a Alemanha representava diante da Grã-Bretanha. Um cidadão do Império Austro-Húngaro, Emil Reich, publicou um livro em 1907 com o título *Germany's Swelled Head*, republicado em 1914. Ele sugeria que os alemães ansiavam por ter 104 milhões de habitantes em 1964, 150 milhões em 1980 e 200 milhões no ano 2000. Aparentemente, o livro de Reich foi lido com atenção por Eduardo VII, monarca britânico geralmente conhecido por sua antipatia pela Alemanha e em particular por seu sobrinho, o kaiser Guilherme II. O rei o recomendou a líderes do Exército e, entre outros, ao bispo de Durham.[31]

Não só os britânicos se preocupavam com o crescimento populacional alemão (juntamente com temores britânicos mais gerais com a rivalidade econômica e naval alemã). Os franceses, com sua demografia muito mais enfraquecida que a britânica e muito atrás da alemã, vinham se inquietando em relação a nascimento e taxas de recrutamento desde pelo menos 1871, após a Guerra Franco-Prussiana, a perda da Alsácia-Lorena e a subsequente unificação da Alemanha. De fato, preocupações com o declínio demográfico francês remontam ao início do século XIX, se não a mais cedo ainda. E embora estivesse claro no momento em que a Primeira Guerra Mundial irrompeu que o crescimento populacional alemão desacelerava – e que em 1910 somente 800 mil pessoas tinham sido acrescentadas à população, em vez das 850 mil de cinco anos antes –,[32] ainda assim temia-se que isso pudesse ser só uma pausa temporária, que os alemães teriam famílias cada vez maiores e que em 1950 a população alemã chegaria aos 95 milhões. O mais alarmante de tudo é que se receava que o crescimento populacional na Alemanha lhe proporcionasse uma vantagem fundamental no campo de batalha pelo menos por mais meio século.[33]

Com uma população florescente, os americanos mal percebiam que ficavam muito atrás da Alemanha da perspectiva demográfica. Além disso, do ponto de vista americano, não havia ameaça direta de que a população e o poder militar alemães se traduzissem num exército invasor, como acontecia com a França ou mesmo a Grã-Bretanha. As preocupações americanas, em vez disso, estavam ligadas à grande população de alemães que viviam nos Estados Unidos. Esses temores foram explorados por aqueles que militavam a favor de um posicionamento pró-Aliados durante a guerra e que buscavam pôr os Estados Unidos em guarda contra o que em anos posteriores seria chamado de "quinta-coluna". Um desses alarmistas, Howard Pitcher Okie, em seu livro sinistramente intitulado *America and the German Peril*, salientou em 1915 que havia precisamente 1.337.775 pessoas naturais alemãs do sexo masculino nos Estados Unidos, segundo o recenseamento de 1910; que 40% delas tinham entre vinte e quarenta anos (e portanto, ele supunha, tinham provavelmente feito o serviço militar no país de origem); e nada menos que 10 milhões de pessoas nos Estados Unidos tinham nascido na Alemanha ou tinham ambos os pais nascidos lá. Okie acrescentava que, somente em Nova York, havia duas vezes mais alemães de sexo masculino que em todo o Exército americano permanente.[34]

As percepções alemãs sobre seu crescimento populacional eram menos claras. A Alemanha podia se gabar dele, ao menos segundo Emil Reich (embora talvez nunca na mesma medida que as presunçosas visões anglo-saxãs de dominação mundial apresentadas no capítulo anterior). Paul Rohrbach, escritor e jornalista de origem báltica e defensor do poder mundial alemão, sugeriu que o crescimento populacional da Alemanha deveria ser interpretado como um sinal de sua "força natural e moral".[35] Por outro lado, como no Reino Unido, havia consciência de que os estratos inferiores estavam procriando mais rapidamente que os superiores nos anos anteriores à Primeira Guerra Mundial; e, novamente como no Reino Unido, isso era compreendido contra o cenário de darwinismo social e a perspectiva eugenista. Ferdinand Goldstein, analista que alertou para a superpopulação da Alemanha, receava que "os proletários tomassem o mundo", levando "ao triunfo da mediocridade, como na França atual". Além disso, embora a população da Alemanha estivesse crescendo mais depressa que a da Grã-Bretanha, ela aumentava mais lentamente que a da Rússia, e isso, por sua vez, gerava temores entre os alemães.[36]

Assim como os britânicos, e mais ainda os franceses, olhavam para leste e se preocupavam com a população alemã, os alemães olhavam para leste e se preocupavam com a população da Rússia. Isso pode ser observado nos escritos de professores e jornalistas alemães da época, pessoas agora esquecidas, mas influentes em seu tempo, que ajudaram a criar uma atmosfera de rivalidade e xenofobia que acompanhou a aproximação da Primeira Guerra Mundial e em parte a causou. Enquanto se inquietava porque o tipo errado de alemães era demasiado fértil, e o tipo certo insuficientemente fértil, Ferdinand Goldstein temia também que "o único perigo real fosse a procriação insensata dos eslavos". Friedrich Lönne, escrevendo em 1917, argumentava que a desaceleração do crescimento demográfico da Alemanha levaria a um eclipse militar e econômico, que "nações cuja população continuam a crescer usurparão nosso lugar na economia mundial", e que a Alemanha "perderá seu lugar ao sol".[37] Houve vários esforços para legislar, antes da guerra, contra a difusão de métodos contraceptivos, a maioria dos quais infrutíferos, e de qualquer maneira motivados tanto por preocupações com a moral pública e liderados pelo católico Partido do Centro, quanto, nessa altura, por qualquer inquietação real com o poder militar ou econômico alemão. Mais tarde, depois que a guerra terminou, Hans Albrecht receava que, "em última análise, todas as cláusulas de desarmamento do *Diktat* de Versalhes* não serão tão fatídicas quanto o fato de que a Alemanha simplesmente não terá homens suficientes para empunhar armas".

A aparente inesgotabilidade do crescimento populacional russo era uma real preocupação para os especialistas alemães, assim como os analistas franceses pareciam achar que a fecundidade e o caráter alemão esta-

---

* Assim foi chamado pelos alemães o Tratado de Versalhes, considerado um acordo severo, unilateralmente imposto a eles, os derrotados na guerra. (N.T.)

vam de alguma forma inextricavelmente ligados. Vozes influentes como as do historiador Friedrich Meinecke inquietaram-se publicamente com a inexorável ascensão da Rússia, com população, indústria e capacidade militar florescentes contribuindo de forma decisiva para a decisão "agora ou nunca" do chanceler Bethmann-Hollweg pela guerra em 1914. O secretário de Bethmann, Kurt Riezler, registra que seu chefe teria falado, alguns anos antes da deflagração da guerra, das "crescentes reivindicações da Rússia e de sua imensa força explosiva", e que "elas não encontrariam mais resistência dentro de poucos anos".[38]

Havia um fosso cada vez maior entre o crescimento populacional dos primeiros a adotar a transição demográfica e aqueles que a experimentaram mais tarde, o que era favorável aos últimos. Mas também esse fato era agora notado, comentado e tornara-se objeto de preocupação. Esse receio contribuiu e integrou a atmosfera geral de rivalidade e tensão entre Estados que marcou o ambiente internacional e prejudicou as relações internacionais nos anos que antecederam a Primeira Guerra Mundial.

Cabe, contudo, fazer duas ressalvas. A primeira é que a demografia era apenas parte da preocupação; havia mais temor na Grã-Bretanha com a possibilidade de ser deixada para trás pela Alemanha em termos de manufatura e comércio que em termos de procriação e número de soldados. Embora os alemães estivessem extremamente inquietos com o crescimento militar da Rússia, o aumento da população que o acompanhava, apesar de reconhecido, não era em si mesmo o temor principal; era algo que poderia causar problemas no futuro, ao passo que a rivalidade comercial causava problemas naquele momento, e por isso era um medo mais imediato. A segunda ressalva é que as preocupações com a população não se concentravam apenas no problema da competição internacional; ainda havia malthusianos, nessa altura talvez neomalthusianos, julgando que a população crescente era um problema, e outros, tanto na Grã-Bretanha quanto na Alemanha, estavam mais preocupados com as implicações internas da forma como o crescimento era composto (excessiva procriação entre os estratos inferiores) que com o tamanho global ou com as implicações internacionais.

Combinando receios quanto à população nacional tanto em termos quantitativos quanto qualitativos (estes últimos impulsionados pelo racismo e a eugenia), os fascistas, que emergiram após a Primeira Guerra Mundial, lançariam as bases da Segunda Guerra. No entanto, o fator populacional, em meio a tensões internacionais pré-guerra, era real e estava inextricavelmente ligado a outros aspectos da rivalidade; as diferenças significativas nas taxas de crescimento dos habitantes eram notadas e provocavam reações importantes.

Como os berços embalaram o mundo

Sem dúvida, a população nos principais países da Europa nos anos que precederam a Primeira Guerra Mundial e a maneira como ela era percebida contribuíram para a primeira catástrofe do século XX. Mas e quanto ao impacto da população sobre o resultado da própria guerra? A resposta envolve dois aspectos. O primeiro tem a ver com economia, indústria e capacidade produtiva; o segundo tem a ver com a capacidade de pôr exércitos no campo de batalha.

Se o simples crescimento dos números foi claramente uma das condições essenciais para que a Grã-Bretanha se tornasse a oficina do mundo, e impulsionou-a para a vanguarda da economia do mundo, então o crescimento populacional de seus rivais teve ao menos o potencial de produzir o mesmo efeito para eles. Por um lado, a China, com suas centenas de milhões de habitantes, continuou uma região economicamente estagnada na ausência de desenvolvimento industrial significativo. Por outro, os países da Escandinávia e o que seria denominado "Benelux" continuaram a ser economicamente insignificantes porque, embora tenham se desenvolvido industrial e economicamente, eram pequenos demais em termos de população para ter muito impacto. A fim de que uma economia tenha importância, ela deve possuir uma população relativamente grande e essa população total deve ser próspera ou estar em vias de sê-lo.

Mirando a Grã-Bretanha nos anos 1820-70, é possível atribuir cerca da metade de seu crescimento econômico anual (cerca de 2,5% ao ano em média) ao crescimento da população e cerca da metade à riqueza crescente de seus habitantes. Após 1870 a economia da Alemanha, e em particular sua indústria, começou a crescer muito mais depressa que a da Grã-Bretanha, de modo que, por exemplo, em 1914 a Alemanha estava produzindo uma vez e meia a quantidade de ferro-gusa produzida na Grã-Bretanha, quando em 1870 produzira apenas ¼ do total britânico. Nas vésperas da Primeira Guerra Mundial, a Alemanha produzia duas vezes mais aço que a Grã-Bretanha.[39] Isso se tornou importante quando os jovens das duas nações cruzavam armas uns com os outros. Sem a grande explosão populacional que experimentara, a Alemanha nunca poderia ter se tornado o gigante industrial e econômico capaz de enfrentar a Grã-Bretanha e seus aliados.

Assim como sustentou a ascensão econômica e industrial da Alemanha, o crescimento demográfico foi igualmente essencial para a ascensão da Rússia. De 1885 a 1913 a economia russa cresceu na surpreendente taxa de 3,4% ao ano em média, mais depressa que a da Alemanha, embora a partir de uma base muito mais baixa. Novamente, isso em parte pode ser atribuído ao crescimento da população e em parte ao fato de que cada russo empregado produzia e consumia mais. A Rússia foi capaz de enviar 750 mil pessoas para a Sibéria num único ano, assegurando suas reivindicações sobre o vasto e escassamente povoado território.[40] A produção industrial da Rússia triplicou nas duas últimas décadas do século XIX, e o emprego industrial nos treze primeiros anos do século XX cresceu quase 50%.[41] Isso se reproduziu na manufatura de armamentos, que dobrou nos cinco anos anteriores a 1913.

Quando a guerra foi deflagrada, em 1914, a Rússia ainda estava muito atrás da Alemanha, ou mesmo da França, em produção e prosperidade, mas tinha estreitado rapidamente o fosso nos anos anteriores. A população florescente e a urbanização em massa foram componentes essenciais disso. Quando os bolcheviques tomaram o poder, em 1917, afirmando representar a classe trabalhadora industrial, em conformidade com a teoria de Karl Marx, com frequência se salientava que essa classe constituia na Rússia uma parte diminuta do que ainda era em grande medida uma sociedade camponesa; não muito antes, simplesmente não havia classe trabalhadora alguma para se falar a respeito. Quando a guerra eclodiu, a indústria russa lutava para manter o fornecimento de armamentos para as tropas, contudo, ainda as manteve lutando por mais de três anos. Sem a industrialização vertiginosa das décadas anteriores, intimamente associada ao crescimento da população, nem isso teria sido realizável. Entrementes, a guerra estimulou a demanda de mão de obra industrial, apoiando a classe proletária potencialmente revolucionária. E ela também perturbou o transporte de alimentos da zona rural para as vilas e cidades, tornando difícil nutrir a população urbana.[42] Essa população jovem, desenraizada e subnutrida estava pronta para a revolução.

Mas se a ligação entre crescimento populacional e crescimento econômico e industrial passou a importar em tempos de guerra, ainda mais diretamente ligados são o crescimento populacional e o simples peso da força militar, em particular em arenas como a Primeira Guerra Mundial, na qual, mais que por qualquer grande golpe de gênio estratégico, as batalhas eram travadas por um simples processo extenuante de atrito, cada lado tentando esgotar o outro. Fora dos confins da Europa, pequenos números de homens representando as potências imperiais europeias eram capazes de controlar grandes populações cujas sociedades e economias eram muito menos avançadas. Mesmo na Europa, as tropas alemãs, fortemente organizadas e disciplinadas, tinham alguma vantagem em relação aos seus inimigos franceses e britânicos, ao menos de início, e uma considerável vantagem sobre os soldados russos. Contudo, a despeito de tudo isso, os números eram supremamente importantes. A capacidade de recrutar e continuar recrutando homens e despejando-os nos campos de batalha, em particular na guerra estática de trincheiras da Frente Ocidental, provou-se crucial, assim como a capacidade de continuar equipando os homens na linha de frente com os produtos de uma base econômica industrial – base que estava ligada em grau considerável à demografia.

A Grã-Bretanha estava em posição única como potência naval, muito embora só tenha conseguido recrutar, e em seguida alistar, um exército de grandes proporções à medida que a Primeira Guerra Mundial avançava. O poderio naval britânico, não extremamente dependente de efetivo em grande escala, manteve as rotas marítimas abertas para os Aliados, permitindo que recursos e homens chegassem de fora da Europa. Esses homens e recursos extraeuropeus só foram possíveis em grande medida porque a emigração fora alimentada pelo crescimento populacional anterior. Enquanto o Exército francês lutava sob o peso de persistente ataque alemão e da maior capacidade da Alemanha de pôr homens em campo, a contribuição da mão de obra britânica, tanto na fábrica quanto na linha de frente, provou-se decisiva ao permitir aos Aliados resistir no oeste.

Naturalmente, nenhum peso matemático preciso pode ser dado à relevância da população no resultado da Primeira Guerra Mundial. Sem dúvida foi uma prova de diligência, coragem e organização alemãs que a Alemanha tenha chegado tão perto de vencer. No entanto, no fim, quando potências industriais avançadas ficaram face a face, os números contaram, e os números estavam decisivamente a favor dos Aliados, que conseguiram mobilizar quase 46 milhões de homens no curso da guerra, comparados a menos de 27 milhões recrutados pelas Potências Centrais. Excluindo os Estados Unidos, que começaram a fazer sentir o impacto de seu efetivo apenas no momento em que a guerra terminou, em novembro de 1918, a razão dos homens mobilizados de ambos os lados durante o curso do conflito (1,75 para 1 em favor dos Aliados) foi quase exatamente a mesma que a razão das populações das principais potências quando da sua deflagração (1,73 para 1 em favor dos Aliados).[43] Os berços das décadas de 1880 e 1890 tinham se provado decisivos. Se a população britânica era eclipsada pela da Alemanha, então a Grã-Bretanha vencera ao pôr em jogo os batalhões ainda mais numerosos da Rússia, as vastas forças de sua prole colonial, os Domínios, e, finalmente, as de seu filho imperial, os Estados Unidos da América. O equilíbrio de forças que se produziu e determinou o resultado de 1918 dependeu enormemente dos desenvolvimentos demográficos que mostramos. Além do equilíbrio de forças particular, a própria natureza da guerra foi moldada não apenas pela industrialização em massa, mas também por exércitos de massa como o mundo nunca vira antes, e nenhum desses dois fenômenos teria sido possível sem a explosão demográfica dos anos anteriores.

A população afetou não só o resultado da guerra, mas também suas causas. O crescimento populacional significava que as sociedades da Europa, em particular a da Alemanha e a da Rússia, eram jovens. Esses países experimentaram o que hoje seria chamado de um "bolsão de juventude", que foi associado a agressão e guerra. Política e diplomaticamente, nesse meio-tempo, a Grã-Bretanha temia uma Alemanha cada vez mais forte e populosa, os alemães temiam uma Rússia cada vez mais forte e populosa, e isso impeliu ambos, como se pode argumentar, à precipitação de julho de 1914. Sem a sensação de desafio (experimentada pela Grã-Bretanha em relação à Alemanha) e fatalidade (experimentada pela Alemanha em relação à Rússia), cabeças mais frias poderiam ter prevalecido naquele verão.

Embora a Rússia ainda não estivesse desenvolvida o suficiente em 1914 para sustentar uma guerra contra a Alemanha e a Áustria – mesmo quando as Potências Centrais que se opunham a ela lutavam numa segunda frente –, a grande explosão populacional russa então em curso iria sustentar a ascensão do país como grande potência. Essa explosão assegurou que, na guerra mundial subsequente, apesar das perdas humanas sofridas pela Rússia sob o bolchevismo, os alemães fossem incapazes de resistir às reservas aparentemente intermináveis de efetivos russos. A ascensão demográfica do país, associada ao crescimento econômico e industrial, assegurou sua emergência final como uma das duas superpotências mundiais e sua capacidade, no auge da expansão demográfica, de dominar grandes faixas do planeta durante a Guerra Fria. Em todos esses eventos memoráveis, a demografia esteve no comando, perturbando a ordem estabelecida e determinando o resultado dos conflitos.

Relevante também foi a juventude da próspera Europa, um continente muito diverso do atual continente pacífico e grisalho. Há uma ligação comprovada entre a juventude de uma sociedade e sua tendência a entrar em guerra.[44] Foram populações grandes, jovens e entusiásticas que apoiaram e atiçaram os políticos mais belicosos; os jovens que acorreram às ruas para celebrar a deflagração da guerra; os jovens que se alistaram avidamente, em tantos casos selando seus destinos, bem como o de seu continente. Temores demográficos tinham ajudado a alimentar o conflito. Fatos demográficos ajudaram a determiná-lo.

4. O perecimento da "Grande Raça"

ABRIGADO EM SEU QUARTEL-GENERAL nos primeiros meses da campanha contra a União Soviética, na segunda metade de 1941 e início de 1942, Adolf Hitler estava convencido de que suas forças tinham assegurado os grandes espaços do leste que foram sua obsessão pelo menos por vinte anos. Adotando uma ideologia social darwinista, ela própria com raízes malthusianas e construída sobre uma base de ódio racial e fantasia antissemita, Hitler via a vida como uma luta entre as raças por terra, seu meio de subsistência. Seus monólogos *Table Talk* – uma série de divagações e reflexões noturnas – revelam uma mente obcecada por temas da demografia étnica.

Hitler sentia uma necessidade urgente de aumentar o número de alemães para ser capaz de competir com as outras potências do mundo, em particular os americanos.

> Espero que em dez anos haja de 10 a 15 milhões a mais de nós alemães no mundo. ... A coisa essencial para o futuro é termos muitos filhos. ... Cento e trinta milhões de pessoas no Reich, 90 milhões de pessoas na Ucrânia. Se acrescentarmos a esses os outros Estados da Nova Europa seremos 400 milhões contra 130 milhões de americanos.

Além de desejar superar os americanos em número, Hitler se inquietava com o crescente número global de não brancos:

> Li hoje que a Índia no momento conta com 383 milhões de habitantes, o que significa um aumento de 55 milhões nos últimos dez anos. É alarmante. Esta-

mos testemunhando o mesmo fenômeno na Rússia. Em que estão pensando nossos médicos? Não é suficiente vacinar os brancos?

Em última análise, ele refletiu, a demografia seria o destino. "A queda na taxa de natalidade, isso está no fundo de tudo. ... É a mamadeira que vai nos salvar."[1]

A Primeira Guerra Mundial fora causada, entre outros fatores, por medo e desconfiança baseados em dependência mútua e demografia competitiva. A Grã-Bretanha e a França temiam o crescimento da Alemanha, a Alemanha temia o crescimento da Rússia e sua própria dependência da boa vontade britânica para obter provisões de alimentos. A Segunda Guerra Mundial, por sua vez, em considerável medida, foi o resultado da obsessão de Hitler pela população, embora suas ideias estivessem longe de ser originais. Entre essas duas guerras o crescimento populacional da Europa aumentou e depois começou a decrescer, e embora os europeus continuassem a se entreolhar com medo, eles também passaram a sentir que sua supremacia global coletiva era instável e seria transitória.

Guerra, gripe e população

Uma das consequências duradouras da Primeira Guerra Mundial foi que uma geração de rapazes nunca voltou para casa. Na Grã-Bretanha, o número foi de 700 mil (excluindo as colônias); na Alemanha, de 1,75 milhão; na Rússia foram quase 2 milhões; e 1,5 milhão para a Áustria-Hungria e a França somadas. No total, os mortos da guerra se aproximaram dos 10 milhões de homens. Isso acarretou uma escassez de maridos, e numa era em que o nascimento fora do casamento era raro, em que as mulheres que não se casavam em geral não tinham filhos. O impacto, contudo, foi reduzido porque as mulheres ajustaram a idade dos homens com quem se casavam e porque menos homens emigraram.[2] O economista britânico John Maynard Keynes escreveu um livro famoso, *As consequências econômicas da paz*. *As consequências demográficas da guerra* nunca foi escrito, mas os resultados foram sísmicos em toda a Europa, e ainda reverberavam muito tempo depois que os problemas da indenização e do comércio que tanto preocupavam Keynes já haviam sido esquecidos.

Mas a população *recebia mais atenção*. Em 1919 Keynes escreveu que "os grandes acontecimentos da história se devem a mudanças seculares no crescimento da população e outras causas econômicas fundamentais que, escapando por seu caráter gradual à atenção dos observadores contemporâneos, são atribuídas às asneiras dos estadistas". Keynes viu a guerra como produto de uma era em que a Europa passara da dependência econômica local para a dependência econômica global; em 1914, uma Alemanha extremamente industrializada dependia do mundo para consumir sua produção, fornecer-lhe matérias-primas e alimentos de uma forma que não dependia em 1814. Essa interdependência global foi a causa *e o resultado* de populações em rápido crescimento, e criou inseguranças que contribuíram elas próprias para a guerra. A Alemanha dependia da ajuda da Marinha Real para obter parte de seus alimentos e abastecer suas indústrias, e de políticas britânicas de livre comércio para ter acesso a mercados fora da Europa. Isso resultou em tensões que, na opinião de Keynes, foram o fator mais importante para explicar a natureza global do então recente conflito. Populações em crescimento foram uma parte fundamental desse novo mundo interdependente, em que a dependência gerava rivalidade e desconfiança.

Somando-se às perdas causadas pela guerra, houve a gripe espanhola que se seguiu a ela, matando entre 25 e 50 milhões de pessoas no mundo inteiro. Na recente onda de insurreições árabes, falou-se muito do acordo Sykes-Picot, responsável por muitas das hoje aparentemente insustentáveis fronteiras no Oriente Médio; sir Mark Sykes, o lado britânico da dupla, morreu da gripe em 1919, com apenas 39 anos. Walt Disney (com apenas dezesseis anos) e Franklin Roosevelt sobreviveram a ela, seguindo em frente em diferentes maneiras de deixar sua marca na era vindoura. O escritor britânico Anthony Burgess contou como, no início de 1919,

> meu pai, ainda não desmobilizado, chegou para uma de suas licenças regulares, provavelmente irregulares, à [nossa casa em] Carisbrook Street para

encontrar tanto minha mãe quanto minha irmã mortas. A pandemia de gripe espanhola tinha atacado. ... Eu aparentemente ria em meu berço enquanto minha mãe e minha irmã jaziam mortas numa cama no mesmo quarto.³

O alcance da gripe foi global. Num rincão remoto do Canadá uma menina de oito anos sobreviveu a seus pais e a dois irmãos queimando velas de Natal para derreter a neve: um clérigo local, encontrando-a, relatou que "os huskies* agora começavam a comer os corpos mortos, e a criança foi uma espectadora desse horrível incidente".⁴

Apesar disso, a população da Europa, da América do Norte e do mundo continuou a crescer. Quando a maré humana está em pleno fluxo, quando a mortalidade cai e a fecundidade se mantém, a força subjacente para o crescimento pode ser tão forte que compensa as perdas decorrentes de todas as calamidades, exceto as mais mortíferas. As perdas de guerra de 10 milhões representam pouco mais que 2% da população da Europa quando da deflagração do conflito em 1914. Para uma população que crescia no ritmo da russa antes da guerra, seriam necessários pouco mais de dezoito meses para compensar uma perda de 2%; para uma população que crescia no ritmo da iemenita no início dos anos 1990, seriam necessários menos de seis meses.

Assim, a população da Europa continuou a crescer, embora em ritmo bem mais reduzido. Quando as coisas voltaram ao "normal" no fim da guerra, aquelas forças de modernização que tinham reduzido a taxa de mortalidade e ampliado a expectativa de vida na Grã-Bretanha continuaram a se espalhar pelo continente. No entanto, as forças que então deprimiam a maternidade e o crescimento populacional também começaram a se disseminar, e nos anos 1930 o crescimento da população da Europa desacelerou.

Na primeira parte do século XIX, a população europeia cresceu num ritmo ligeiramente inferior a 0,7% ao ano, bastante rápido do ponto de vista histórico até esse momento. Acelerou para 0,9% nos últimos trinta

---

* Plural de husky, cão de raça siberiano. (N.T.)

anos do século e depois para pouco mais de 1% nos anos imediatamente anteriores à Primeira Guerra Mundial. (Deve-se ter em mente que uma taxa sustentada de mais de 1% era historicamente notável no plano nacional, que dirá no continental.) Em 1913-20 a taxa de crescimento ainda foi positiva, apesar da guerra, embora estivesse a menos de ⅓ de seu nível anterior: a Primeira Guerra Mundial e a pandemia de gripe não haviam sido suficientes para inverter ou deter a maré humana, embora decerto a tenham desacelerado. O crescimento populacional da Europa reviveu nos anos 1920 – o que não foi surpreendente, dado o período de guerra –, mas ficou mais de ⅒ abaixo de seu nível do início do século XX. Nos anos 1930 ele desacelerou ainda mais.[5] A guerra havia perturbado o que provavelmente seria uma tendência mais suave de desaceleração para a Europa como um todo, e essa tendência a partir de um pico muito elevado foi retomada depois da guerra. Embora a tendência possa ter sido suave no plano continental, ela foi mais acentuada para alguns países que para outros. Essa propensão ao crescimento era de fato produto de três fatores: uma acentuada redução dos nascimentos, uma queda brusca nas mortes e uma quase estagnação das emigrações – os dois últimos mais que compensando o primeiro. Dado que o tamanho da população pode ser determinado apenas por três coisas (nascimentos, mortes e equilíbrio da migração), como estavam as duas primeiras mudanças "naturais" evoluindo naquela que se tornaria conhecida como Europa do período entre guerras?

A grande desaceleração da Europa

No final do século XIX e início do século XX a revolução demográfica que atingira a Grã-Bretanha estava ampliando seu alcance para a Alemanha, a Rússia e mais além. Quando a maré começou a refluir na Grã-Bretanha, ainda subia na Alemanha, e quando começou a refluir na Alemanha ainda crescia na Rússia. Cada uma dessas sucessivas marés foi mais pronunciada que a anterior. O crescimento populacional da Alemanha foi mais rápido que o da Grã-Bretanha, contudo, depois caiu mais depressa. O aumento da população da Rússia foi mais rápido que o da Alemanha, mas caiu mais depressa, por sua vez.[6] As razões para isso são claras. O pioneiro se move com hesitação por um caminho não desbravado, ao passo que, quanto mais trilhado o caminho, mais rapidamente os sucessores podem seguir. As técnicas de saúde pública e pessoal podem ser adotadas mais depressa quando são compreendidas, experimentadas e testadas. Isso significa que as taxas de mortalidade, a principal força motriz do crescimento populacional, caem mais rapidamente. Nisso a demografia é como a economia. A decolagem industrial da Grã-Bretanha no século XIX foi rápida pelos padrões anteriores, mas lenta pelos padrões dos que vieram a seguir e não precisavam abrir dolorosamente um novo caminho, seguindo uma via já traçada, encampando técnicas e tecnologias já adotadas em outro lugar.

A Grã-Bretanha, como sempre, foi a líder do grupo, a primeira a experimentar um crescimento populacional moderno explosivo, a primeira a testemunhar uma taxa de fecundidade em queda e taxas de crescimento populacional em declive. Nas vésperas da Primeira Guerra Mundial, as taxas de fecundidade tinham se reduzido a menos de três filhos por mulher e continuavam em queda. Após a Primeira Guerra Mundial, as taxas de fecundidade britânica continuaram a cair. A fecundidade se reduziu a cerca de dois filhos no final dos anos 1920, e durante os anos 1930, a menos de dois. Isso está abaixo do que atualmente se chama "nível de reposição", o nível necessário para manter a população estável a longo prazo, o qual é ligeiramente superior a dois. É notável que na era imediatamente anterior à Segunda Guerra Mundial as taxas de fecundidade britânicas fossem muito parecidas com o que são hoje, quase oitenta anos depois (houve algumas flutuações nesse ínterim).

Antes da Primeira Guerra Mundial, as taxas de fecundidade alemãs estavam caindo também, embora a partir de um nível mais alto. Posteriormente, a taxa de fecundidade da Alemanha também despencou ainda mais, caindo para menos de dois filhos por mulher no início dos anos 1930. Minha própria família – que viveu na Alemanha até o final dos anos 1930 – é um típico exemplo disso: meus bisavós, nascidos na metade do século XIX, pertenciam em sua maior parte a grandes famílias de cerca de seis filhos; meus avós, nascidos entre o início dos anos 1880 e o período imediatamente anterior à Primeira Guerra Mundial, tinham um ou dois irmãos; e meus pais, nascidos nos anos 1920 e 1930, eram, num caso, filho único e, no outro, filho de uma família com dois filhos. O alemão perpetuamente fértil com que escritores franceses e planejadores militares tinham se afligido umas duas décadas antes revelou-se um fantasma. A preocupação com a baixa taxa de natalidade abarcou todo o espectro político; o esquerdista Partido Social-Democrata alemão concordou "inequivocamente que a maternidade era uma tarefa social da mulher" e que "as mulheres tinham um dever como protetoras e criadoras da espécie".[7]

Enquanto isso as mulheres francesas continuavam basicamente como de costume. As taxas de fecundidade francesas nos anos entre as guerras caíram apenas ligeiramente, de um pouco abaixo de 2,5 para um pouco acima de dois. Não tendo sido muito alta no começo, as taxas de fecundidade francesas não tiveram de cair. A taxa de natalidade da França beneficiou-se nesse aspecto do fato de que o país continuava relativamente rural numa época em que a fecundidade estava declinando nas áreas urbanas, enquanto se mantinha elevada nas áreas rurais. Enquanto no Reino Unido dos anos 1930 cerca de ¾ das pessoas vivia em conurbações urbanas e na Alemanha bem mais de ⅔, na França a taxa de população urbana era apenas a metade. Juntamente com as questões de mortalidade e migração, isso significou que o crescimento populacional perenemente lento da França, em contraste com o do Reino Unido e da Alemanha, foi muito diminuído. Enquanto antes da Primeira Guerra Mundial o crescimento populacional da França foi uma fração do da Alemanha e do Reino Unido, durante os anos entre as guerras a margem foi muito menor.

Se o Reino Unido foi o líder do grupo, a Alemanha veio logo atrás e a França foi uma exceção, a Rússia foi um caso extremo. Se a fecundidade russa fora mais alta no início do século XX do que no Reino Unido ou na Alemanha nas fases de pico (mais próxima de sete filhos por mulher que de cinco ou seis), quando veio a queda, ela foi mais rápida que mais a oeste. No final dos anos 1920 a fecundidade russa caíra para seis filhos por mulher, e nas vésperas da Segunda Guerra Mundial diminuíra novamente para cerca de 4,5. Isso ainda era muito alto e representava um importante fator para o crescimento populacional incessante. No entanto, a rapidez da queda foi o presságio do que se mostraria uma taxa de fecundidade muito baixa na Rússia. Não é de surpreender que as taxas de fecundidade tenham caído tão depressa; o país passava por uma transformação forçada, rápida, de cima para baixo. Muitos dos objetivos mais próximos do coração do novo regime soviético – alfabetização geral e particularmente feminina, urbanização e a participação da mulher na força de trabalho – são agora compreendidos como estreitamente associados a taxas de fecundidade mais baixas. A mulher soviética ideal era politicamente consciente (e portanto, quase por definição, alfabetizada), morava numa vila ou cidade e provavelmente trabalhava numa fábrica; ela estava fadada a ter menos filhos que a mãe camponesa analfabeta. Em outros lugares da Europa o padrão foi similar. As mulheres italianas, que tinham mais de quatro filhos antes da Primeira Guerra Mundial, tinham menos de três no momento da deflagração da Segunda Guerra.[8] E embora a imagem da grande família italiana tenha continuado viva por muito tempo na segunda metade do século XX, nessa altura ela não passava de um mito.

Num nível nacional, dados sobre fecundidade declinante disfarçam alguns padrões subjacentes e variações regionais. Dentro de determinado país, o ritmo do desenvolvimento – e, portanto, sua posição na transição demográfica – com frequência era variável. Canais de comunicação, associação cultural e crença religiosa eram particularmente importantes pelo impacto que tinham sobre tendências regionais, com as taxas de baixa fecundidade se espalhando da França para a Catalunha e o Piemonte, mas não para as partes mais distantes e menos industrializadas da Espanha e da Itália.[9] Áreas protestantes e industriais da Alemanha tinham as taxas de fecundidade mais baixas do país, ao passo que áreas periféricas e agrícolas tinham a mais elevada. Na Europa central, baixas taxas de fecundidade pareciam se espalhar pelo Danúbio abaixo, em direção a áreas mais acessíveis à influência da modernidade vienense, ao passo que a Alta Áustria e as terras tchecas foram um tanto mais resistentes à tendência à diminuição do tamanho das famílias. Nos Bálcãs, as áreas da Romênia e da Iugoslávia, que tinham integrado o Império Austro-Húngaro, testemunharam uma queda mais rápida da fecundidade que áreas fora das terras dos Habsburgos antes da Primeira Guerra Mundial. Na Rússia, também, áreas rurais conservaram as taxas de fecundidade mais altas, como seria de esperar.

Parte da história da queda da fecundidade é o fato de que grande parcela das populações se deslocou da zona rural de alta fecundidade para a vila ou cidade de baixa fecundidade. Nesse ínterim, um notável desenvolvimento da Europa foi representado pela crescente coleta de dados, fornecendo um quadro mais detalhado e confiável do que estava acontecendo. Isso em parte pode ser atribuído à existência da Liga das Nações, que foi capaz de colher informações padronizadas sobre nascimentos e mortes. Assim como em tempos anteriores, não está de todo claro como a fecundidade mais baixa foi alcançada, mas a contracepção se tornava amplamente conhecida e disponível. Na Grã-Bretanha, Marie Stopes defendeu a "paternidade planejada" em *Married Love*, de 1918, oferecendo conselhos sobre contracepção, e abriu clínicas de planejamento familiar em todo o país. Embora ela certamente tenha encontrado resistência, esta era agora muito menor que a da geração anterior, de Charles Bradlaugh e Annie Besant. Contudo, os métodos de contracepção disponíveis não eram sempre baratos ou confiáveis, como sugere a seguinte cantiga: "Jeanie, Jeanie, cheia de esperanças/ Leu um livro de Mary Stopes./ Mas, a julgar por sua condição,/ Deve ter se enganado de edição."[10]

A desaceleração da fecundidade decerto teve o efeito de reduzir o crescimento populacional, mas, por outro lado, a mortalidade ainda caía em muitas partes da Europa, e isso apoiava o crescimento populacional. A expectativa de vida na Inglaterra estava pouco abaixo de 54 anos ao nascer, em 1910, e em 1930 elevara-se para mais de sessenta. Menos pessoas se somavam à população por nascimento, contudo, menos a deixavam por morte. Chegou-se a isso com a melhoria das condições de vida e maior acesso à assistência médica, em particular para as crianças. Na França, a expectativa de vida elevou-se durante o mesmo período, de ligeiramente mais de cinquenta para um pouco menos de 56, e na Alemanha, de 49 para mais de 61, superando por pouco a Inglaterra. Os dados nessa época são menos confiáveis para a Rússia, mas sabe-se que a expectativa de vida aumentou de 32 anos, em 1910 (para a Rússia), para 67 (para a União Soviética) entre 1910 e 1950, um acréscimo verdadeiramente extraordinário, contra um cenário de terror e fome.[11] Assim como a maré humana, quando em pleno fluxo, não foi inteiramente contida por guerra ou pandemia, tampouco ela pôde ser freada por um dos regimes mais assassinos na história.

Expressas em termos de mortes por mil, as taxas de mortalidade eram inferiores a dez em algumas partes do noroeste da Europa. Se hoje parecem notavelmente baixas é graças ao recuo da doença e da morte prematura, mas também pelo fato de que o crescimento populacional então recente dera origem a uma população jovem. Os idosos numa população de expansão recente são uma porcentagem pequena do total, assim, sua morte é estatisticamente pequena dentro da sociedade mais ampla. Nesse ponto, com seu rápido crescimento populacional recente, a Europa tinha uma população jovem, que mais se assemelhava a uma escola que a um lar para idosos – a expectativa de vida crescia acentuadamente e as taxas de mortalidade eram muitíssimo baixas.

Continuar na Europa

O terceiro determinante da mudança populacional, ao lado das taxas de natalidade e de mortalidade, é evidentemente a migração. As décadas anteriores à Primeira Guerra Mundial tinham visto o maior fluxo de saída de europeus de todos os tempos, em particular em direção às Américas. No auge, nos primeiros anos do século XX, a migração europeia para o exterior chegou a quase 1,5 milhão de pessoas por ano, partindo sobretudo para os Estados Unidos e de modo esmagador para as Américas como um todo, com Canadá e Argentina como destinos atraentes para os migrantes da Grã-Bretanha e da Itália, respectivamente. Durante a Primeira Guerra Mundial a migração para fora da Europa caiu depressa (homens que poderiam ter partido foram recrutados, a navegação transatlântica manteve-se ocupada, levando provisões para os Aliados, e alguns dos países antes fontes de emigração acabaram por entrar em guerra com os Estados Unidos) e nunca se recuperou.

Nos anos 1920 as portas dos Estados Unidos foram progressivamente fechadas, e os escoadouros para a emigração europeia, limitados. Os políticos americanos estavam ansiosos para restringir a imigração, em particular daqueles que consideravam de "cepa inadequada", e fizeram-no implementando cotas baseadas primeiro no equilíbrio pré-guerra da população imigrante, depois no equilíbrio pré-guerra da população total, favorecendo os considerados anglo-saxões no sentido mais amplo da palavra, ou pelo menos de uma origem mais tendente à assimilação, e discriminando aqueles que partiam da Itália e da Europa oriental – sobretudo católicos – e os que chegavam da Rússia – em grande parte judeus.[12] Os católicos estavam associados, na mente de muitos elementos do establishment americano, à ralé alcoólatra das grandes cidades, em particular no nordeste dos Estados Unidos, e houve um claro matiz protestante no movimento da Lei Seca, que proibiu o álcool durante os anos 1920 e início dos anos 1930. Quanto aos judeus, um preconceito disseminado e persistente manteve as portas dos Estados Unidos mais ou menos trancadas justo quando a entrada era mais desesperadamente necessária.

A migração para fora da Europa caiu nos anos anteriores à Segunda Guerra Mundial para cerca de 200 mil pessoas por ano. Em certa medida isso não foi apenas resultado das políticas de imigração americanas, mas também da alteração das circunstâncias europeias. Em grande parte da Europa, a década de 1920 significou anos de oportunidade e crescimento econômico, reduzindo o desejo de buscar nova vida para além do continente europeu. A perda de milhões de homens jovens na guerra, ainda que pareça impiedoso dizer isso, abriu oportunidades para os rapazes deixados em casa, fosse em termos de progressão na carreira, fosse de mulheres disponíveis. A emigração tendia a ser um fenômeno rural, e as sociedades europeias estavam se tornando cada vez menos rurais; para muitos, migrar para a vila ou a cidade foi uma alternativa à decisão de abandonar a Europa por completo. Quando o declínio econômico chegou, no início dos anos 1930, não só as restrições americanas à imigração eram muito rigorosas, mas a economia dos Estados Unidos também estava em depressão, e o desemprego era elevado, tornando esse país um destino pouco atraente para a emigração. De fato, alguns pobres coitados – imigrantes finlandeses então recentes – foram persuadidos a "voltar" para as parcelas finlandesas da União Soviética: poucos sobreviveram por muito tempo, despejados nos ermos gélidos da Carélia ou, como estrangeiros suspeitos, deportados para a Sibéria.

Em termos nacionais, a exceção do decréscimo da emigração foi o Reino Unido, que continuou a ter um grande império ultramarino à procura de recrutas. No início dos anos 1920, a emigração britânica e irlandesa elevou-se a quase 200 mil pessoas por ano, só ligeiramente abaixo do número pré-guerra. Dali em diante, contudo, a emigração britânica também caiu depressa, e o número dos que partiram nos anos 1930 foi menos de ⅓ do número dos que tinha partido nos anos 1920. Para o resto da Europa, a queda foi enorme.[13] A Itália, de longe o maior exportador de pessoas nos primeiros anos do século XX, foi um caso extremo. Cerca de 400 mil italianos tinham deixado seu país no ano de pico da primeira década do século XX; no final dos anos 1930, a emigração anual foi de apenas 25 mil. As terras da Áustria, da Hungria e da Tchecoslováquia – as partes centrais do Império Austro-Húngaro antes da guerra – tinham visto uma emigração total de cerca de ¼ de milhão por ano na primeira década do século. As restrições mudaram isso, assim como a Grande Depressão – a Europa Central sofreu muito com a retração econômica, mas, ao contrário do que aconteceu em declínios anteriores, os Estados Unidos, enfrentando seus próprios problemas econômicos, não mais ofereciam a perspectiva de prosperidade ou mesmo de emprego –, e nos anos 1930 a emigração das terras do antigo Império Austro-Húngaro tinha caído para insignificantes 5 mil a 6 mil por ano. Todos os principais países receptores – Estados Unidos, Brasil, Canadá e Argentina – testemunharam reduções correspondentemente abruptas em termos de entradas.[14] O grande movimento de europeus para o Novo Mundo terminara.

A redução do número de pessoas que abandonavam a Europa – mais as taxas de mortalidade em queda – ajudou a compensar as taxas de fecundidade declinantes do continente europeu e a reduzir o impacto desse declínio no crescimento demográfico, de modo que mesmo com menos crianças nascendo a população continuou a crescer, porque menos pessoas partiam, fosse no caixão ou no navio. Enquanto isso, embora menos pessoas estivessem deixando a Europa, mais se deslocavam entre seus países. Os europeus sempre tinham se deslocado entre os países do continente, sendo a Grã-Bretanha uma exceção, pelo relativo isolamento. Antes da Primeira Guerra Mundial o movimento não ocorrera em escala muito grande. O maior movimento entre Estados europeus fora de judeus russos perseguidos, inúmeros fugindo para os Estados Unidos, alguns para destinos como Canadá, Argentina e África do Sul, mas muitos permanecendo na Europa e chegando às atmosferas relativamente tolerantes da Europa ocidental, em particular França e Reino Unido. Após 1918, o movimento dentro do continente tornou-se mais disseminado. Este se deu na maioria rumo a oeste, e seu alvo preferido foi a França, em parte graças ao incentivo dado pelo governo francês. Em termos simples, o oeste da Europa era mais livre e mais próspero que o leste, e por isso funcionava como um ímã. Em 1931 havia mais de 3 milhões de europeus imigrantes vivendo na França – duas vezes mais que na Alemanha e três vezes mais que no Reino Unido –, número que representava mais de 7% da população francesa.[15] As maiores fontes eram Polônia, Itália e Espanha.

Houve também muito movimento dentro dos países, geralmente de áreas pobres, periféricas, para centros industriais: na Itália, do sul para o norte; na Espanha, para as regiões basca e catalã; dentro das Ilhas Britânicas, da Irlanda e da Escócia para as Midlands e o sudeste ingleses. Grande parte desse movimento foi impulsionada pela economia – a busca de um meio de vida –, mas a maioria foi politicamente motivada, como o movimento de cerca de 400 mil judeus a partir da Alemanha e da Áustria nos anos 1930 ou a fuga de cerca de meio milhão de republicanos da Espanha para a França, na sequência da derrota para Francisco Franco.

Esses números simples não deveriam nos insensibilizar para os triunfos e tragédias humanas que frequentemente envolveram. Para muitos a chegada à Europa ocidental foi tão libertadora quanto fora a emigração para os Estados Unidos na geração anterior. No entanto, judeus alemães que fugiram para a França foram internados após a deflagração da guerra, em 1939, e entregues aos alemães quando a França caiu, em 1940; poucos sobreviveram à guerra. O filósofo Walter Benjamin, fugindo da França ocupada pelos nazistas para a Espanha, em 1940, cometeu suicídio quando passou a acreditar que seria entregue aos alemães (há um monumento em sua memória em Portbou, a cidade na fronteira franco-espanhola junto ao Mediterrâneo). O grande violoncelista Pablo Casals, tendo fugido na outra direção no ano anterior, evitou durante anos tocar em países que reconheciam a Espanha franquista, que ele deixara por Roussillon, na Catalunha francesa (há uma estátua e um museu em sua memória em Prades, no lado francês da fronteira, mas à sombra da mesma montanha em que Benjamin morreu). Foi nos anos do período entre guerras que o intelectual Isaiah Berlin, o banqueiro Sigmund Warburg, o psicólogo Sigmund Freud e o historiador da arquitetura Nikolaus Pevsner chegaram ao Reino Unido, juntamente com o pai do futuro líder do Partido Conservador da Grã-Bretanha, Michael Howard, e os pais do recente líder do Partido Trabalhista, Ed Miliband, todos fugindo de conflagrações mais a leste.

Raça, pessimismo e política

Entre as guerras, a Europa passou pelo que a Grã-Bretanha experimentara antes de 1914, a saber: brusca queda nas taxas de fecundidade e um acentuado declínio no crescimento populacional. Até então não havia uma completa compreensão do que hoje se chama "transição demográfica", pela qual uma população se estabilizará num nível mais alto depois que tiver experimentado crescimento enquanto se move de altas taxas de natalidade e mortalidade passa por altas taxas de natalidade e taxas de mortalidade em queda até chegar em baixas taxas de natalidade e de mortalidade.

Antes da Primeira Guerra Mundial, além da inquietação com o crescimento populacional de nações rivais, havia preocupação com o declínio da fecundidade interna no Reino Unido. O presidente americano Theodore

"Teddy" Roosevelt criticou a "esterilidade deliberada – o único pecado para o qual a penalidade é morte nacional, suicídio racial". Pelo menos nisso Roosevelt foi um homem de ações, tanto quanto de palavras: ele próprio teve seis filhos. No fim da Primeira Guerra Mundial, o futurologista e profeta da desgraça alemão Oswald Spengler previu que a população da Europa iria entrar num declínio de duzentos anos, culpando a riqueza e a emancipação feminina, ao passo que o escritor britânico G.K. Chesterton inquietou-se em 1930 porque, "se o recente declínio na taxa de natalidade continuar por certo tempo, talvez não houvesse mais bebês"; e o demógrafo francês Alfred Sauvy temeu que a Europa fosse ficar cheia de "gente velha em casas velhas com ideias velhas". Em 1935, Keynes advertiu que "a mudança de uma população crescente para uma população declinante poderia ser muito desastrosa".[16]

O sentimento de pessimismo demográfico do período entre guerras foi captado em 1937 por G.F. McCleary, prolífico escritor sobre assuntos relacionados a população e ex-funcionário graduado do Ministério da Saúde do Reino Unido. "As pessoas estão começando a se dar conta de que [o declínio da taxa de natalidade] não pode ser indefinidamente neutralizado por reduções na taxa de mortalidade", escreveu ele.[17] A mortalidade infantil já era bastante baixa, e sua maior redução, embora desejável, não teria um impacto substancial sobre a população. Como disse sucintamente o demógrafo do período entre guerras Dudley Kirk: "A morte pode ser adiada, mas nunca eliminada."[18] Em contraposição, o decréscimo do número de nascimentos parecia rápido e alarmante.

A percepção cada vez maior de um declínio do crescimento populacional e a perspectiva de população em queda eram bastante generalizadas nessa altura. Malthus fora virado de cabeça para baixo, pelo menos por enquanto. Enquanto antes da Primeira Guerra Mundial as preocupações demográficas diziam respeito principalmente ao modo como a própria nação se situava ante uma nação rival, no período entre guerras houve um crescente reconhecimento de que o que começara na Grã-Bretanha se estendia por todo o continente europeu e também impactava povos de origem europeia para além do litoral europeu, sobretudo nas Américas.

Essa foi uma época em que atitudes racistas que hoje achamos hediondas e espantosas eram muito normais, refletidas tanto no discurso quanto em políticas públicas. O antissemitismo era dado como certo, assim como a ideia de que pessoas de origem africana e asiática eram inferiores. Às vezes preocupações com a desaceleração da população e etnicidade levavam a tensões entre o quantitativo e o que era considerado qualitativo. Por um lado, a grande população era vista como uma "boa coisa" para um país, em especial ante a necessidade de compensar números de perdas na guerra e o temor da "próxima rodada". Por outro lado, nem todos os números serviam, e algumas pessoas eram infinitamente preferíveis a outras. O movimento eugenista, propondo medidas ativas para melhorar a "qualidade" da "cepa" populacional, estava estreitamente associado ao movimento pelo controle da natalidade. Marie Stopes, por exemplo, instava a esterilização forçada daqueles considerados inaptos para a paternidade e a propagação da raça.

Inquietações com a suposta qualidade da população eram particularmente prevalentes nos Estados Unidos, onde restrições à imigração introduzidas após a Primeira Guerra Mundial visavam explicitamente preservar a mistura étnica do país e se concentravam em particular na redução da migração a partir da Europa meridional e oriental, tão predominante na virada do século. Embora o crescimento demográfico tenha de fato declinado como resultado, ele ainda era de quase 1,5% nos anos 1920, apesar de ter caído à metade dessa taxa nos anos 1930.

Mesmo para aqueles autorizados a entrar, os Estados Unidos não eram sempre um lugar atraente.[19] O congressista Albert Johnson, coautor da Lei Johnson, de 1924, impondo controles rigorosos à imigração, opinou que os "dias de sinceras boas-vindas a todas as pessoas, os dias de aceitação indiscriminada de todas as raças, tinham definitivamente terminado. ... Nossa esperança é de uma nação homogênea. ... A autopreservação o exige". No debate sobre a lei, um senador pelo Maine pediu um "país racialmente puro", enquanto um congressista do mesmo estado sugeriu que "Deus pretendia [que os Estados Unidos] ... fossem o lar de um grande povo, de expressão inglesa – uma raça branca com grandes ideais, a religião cristã, uma raça, um país, um destino".²⁰ Um congressista de Indiana foi ainda mais explícito, argumentando que

> há pouca ou nenhuma semelhança entre as cepas de pensamento claro, autogovernadas, que geraram o povo americano, e essa torrente de destroços irresponsáveis e alquebrados que está derramando no sangue vital da América as doenças sociais e políticas do Velho Mundo. ... Não podemos transformar um vira-lata num cão de raça ensinando-lhe truques.²¹

O panorama tanto do debate quanto da legislação anti-imigração era alimentado por pessimismo e preconceito racial. As duas polêmicas mais notáveis do período entre guerras vaticinando a ruína da raça branca como um todo não foram da autoria de europeus, mas de norte-americanos: *The Passing of the Great Race, or The Racial Basis of European History*, de Madison Grant, de 1919, e *The Rising Tide of Color Against White World-Supremacy*, de Lothrop Stoddard, de 1920. O foco dos dois autores era diferente, embora a ideologia subjacente de odioso preconceito racial fosse semelhante, e Grant escreveu o prefácio do livro de Stoddard. Grant estava mais interessado em "ciência racial" que em demografia; embora enfatizando a importância das "raças primárias", distinguia muito claramente entre aquelas de diferente origem europeia e concluía que, "se for permitido ao cadinho de raças ferver sem controle e continuarmos a ... nos cegar para todas as distinções de raça, credo e cor, o tipo de americano nativo de ascendência colonial se extinguirá como o ateniense da era de Péricles e o viking da era de Rolão".²²

Stoddard também se preocupava com o elemento "mediterrâneo" *versus* o "nórdico" dentro da raça branca, temendo que a Revolução Industrial tivesse estimulado o crescimento do primeiro tipo mesmo na Inglaterra, onde os processos seletivos evolucionários favorecendo os nórdicos ficavam menos fortes à medida que o país se tornava menos rural: "Os tipos pequenos, morenos, na Inglaterra aumentam perceptivelmente a cada geração."²³ No entanto, suas preocupações eram essencialmente de natureza pan-europeia. Ele pode ter tido suas preferências *entre* europeus, mas estava mais preocupado com seu destino coletivo em face da ascensão de pessoas de origem não europeia. Observou e lamentou o impacto da Primeira Guerra Mundial sobre a população da Europa, temendo os "bravos chineses [sic]" de Lênin e sua destrutiva influência asiática sobre a Rússia e pedindo "solidariedade branca".[24] Uma mistura de agitação bolchevique, ambição japonesa e puro peso demográfico chinês e indiano ameaçava derrubar a dominação europeia do globo, agora que os europeus tinham se enfraquecido tanto por sua letal disputa interna. Não é surpresa que Stoddard fosse membro da Ku Klux Klan e que se considere que sua obra forneceu a ideia do *Untermensch*, ou "subumano", para o léxico nazista.

As obras de Grant e Stoddard encorajaram outras de índole similar, como *The Menace of Color*, de Walter Gregory, de 1925. Elas também entraram na consciência popular através de obras como *O grande Gatsby*, de Scott Fitzgerald:

> – A civilização se despedaçando – irrompeu Tom violentamente. ...
> – Você leu *The Rise of the Colored Empires*, desse tal Goddard? ... A ideia é que, se não tomarmos cuidado, a raça branca será completamente... será completamente submersa. É tudo ciência; foi provado.

Embora a atitude de Tom pareça um tanto zombeteira, a atitude do próprio Fitzgerald diante das ideias de Stoddard era provavelmente bastante simpática. Pesquisas recentes mostraram como os editores desbastaram grande parte de sua obra de racismo e antissemitismo declarados.[25]

Entretanto, nem todos os americanos adotavam a mesma visão pessimista das perspectivas para os brancos, embora seu "otimismo" não fosse menos carregado com desagradável preconceito racial. Não que aqueles como Edward M. East, autor de *Mankind at the Crossroads*, estivessem ansiosos para expressar qualquer visão cosmopolita; mas sua interpretação dos dados era diferente. East notava que globalmente havia mais "brancos" (550 milhões) que "amarelos" (500 milhões), "pardos" (450 milhões) ou "negros" (150 milhões). Ele admitia que os "outros" podiam coletivamente exceder em número aos brancos, e essa era "de fato uma soma total aterradora do ponto de vista branco".²⁶ No entanto, contestava os números de crescimento dos pessimistas e sugeria que a população branca tinha um perfil demográfico que lhe permitia duplicar a cada 58 anos na América do Norte, e a cada 87 anos na Europa, ao passo que as outras raças levariam bem mais de cem anos para duplicar, no caso dos negros, e bem mais de duzentos anos no caso dos asiáticos meridionais e orientais.²⁷ Por padrões globais e históricos de mais longo prazo, a taxa de crescimento dos povos de origem europeia ainda era forte, e, de modo geral, os não brancos ainda não tinham tido um "despertar" demográfico.

Ao comparar os números de crescimento das diferentes raças, East insistiu em que "qualquer pessoa que veja uma estagnação branca ... precisa de um par de óculos"; embora as taxas de fecundidade estivessem caindo, o mesmo ocorria com as taxas de mortalidade, e isso sustentava o crescimento populacional. "A cegonha pode ter se tornado menos ativa, mas a inércia da morte mais que compensou a diferença", escreveu ele. A razão para a preeminência dos brancos e suas taxas de mortalidade em queda era a existência e persistência do império. "A raça branca está aumentando rapidamente. Por quê? Simplesmente porque ela tem controle político de ⁹⁄₁₀ do globo habitável."²⁸ Num círculo virtuoso, disse East, a força demográfica manteria o império e o império sustentaria a força demográfica. Os negros não eram nenhuma ameaça em casa, como tampouco o eram as raças de cor no estrangeiro; a razão de brancos para negros nos Estados Unidos tinha sido de 7,9 para 1,8 milhão em 1820; em 1920 era de 94,3 para 10,5 milhões. Os negros americanos tinham passado de 22% da população branca nos Estados Unidos para 11% durante aquele século, o resultado da enorme imigração branca nos anos intervenientes.²⁹ East ficou lírico, até bíblico, embora expressando ligeira preocupação com a África: "Os filhos de Jafé ... cresceram e se multiplicaram, progrediram para além da crença. ... Olhando para o norte, o leste e o oeste, o horizonte é ilimitado. ... Somente no sul aparece uma pequena nuvem. ... Essa é a direção em que é preciso dobrar a guarda."³⁰

Era mais difícil encontrar vozes tão otimistas quanto a de East entre os europeus que continuavam na Europa. A razão entre brancos e negros nos Estados Unidos tinha pouca importância para os administradores britânicos preocupados com a maneira de defender a Austrália da ameaça de incursão japonesa, ou da perspectiva de planejadores militares franceses que observavam um fosso ainda crescente entre os tamanhos geracionais de ambos os lados do Reno, ou mesmo da perspectiva dos planejadores militares alemães que observavam o crescimento ainda mais rápido da população na Rússia. Enquanto os americanos podiam se dar ao luxo de adotar uma visão global, os europeus, pelo menos os da Europa ocidental, tinham de se preocupar com a permanente viabilidade de seus impérios extraeuropeus e, como antes da Primeira Guerra Mundial, sua fraqueza demográfica em relação à de seus vizinhos continentais.

Os britânicos, embora continuassem a se inquietar com a situação interna, eram em certa medida consolados pelas quedas no crescimento populacional em todo o mar do Norte. Por outro lado, eles agora começavam a se preocupar com as tendências demográficas nas colônias. Setenta e sete milhões de pessoas no Japão compartilhavam 675.986 quilômetros quadrados, ao passo que uma população branca na Austrália com apenas 7% do tamanho da japonesa desfrutava uma área mais de dez vezes maior.[31] Foi à luz dessa crescente consciência do peso demográfico da Ásia que se desenvolveu a política da Austrália Branca, excluindo os asiáticos da Austrália, assim como tinham sido excluídos dos Estados Unidos no final do século XIX. O medo de asiáticos na Austrália decerto pode ser datado do período anterior à Primeira Guerra Mundial e foi particularmente forte entre o espectro político da esquerda. William Hughes, líder do Partido Trabalhista e mais tarde primeiro-ministro, tinha escrito em 1896 que na

> nossa fronteira setentrional temos um terreno fértil para asiáticos de cor, onde eles logo estarão comendo o sangue do coração da população branca, onde se multiplicarão e transporão nossa fronteira num poderoso Niágara, espalhando sementes de doenças que nunca serão erradicadas e as quais solaparão permanentemente o vigor constitucional de que a raça anglo-saxã tanto se orgulha.[32]

Na Austrália, assim como na Nova Zelândia e nos Estados Unidos, aprovaram-se leis para excluir a imigração não europeia e particularmente a asiática, e quando a Segunda Guerra Mundial se aproximava G.F. McCleary, negando que isso equivalia a uma "atitude de cão na manjedoura"* da parte do australiano branco, declarou resolutamente: "Ele [o australiano branco] pretende fazer pleno uso de sua manjedoura, mas usá-la à sua própria maneira – para povoar seu país sem mistura, conflito e desastre racial."[33] Não foi expressa a preocupação com o destino demográfico do Canadá, que também aprovara legislação contra a imigração asiática, pois não se considerava que algum elemento não europeu estivesse à espreita por lá. Em contraposição, a Austrália suscitava uma preocupação especial pela proximidade com o que o intelectual francês Étienne Dennery chamara de "os milhões fervilhantes da Ásia". Seu livro *Asia's Teeming Millions and its Problems for the West* tinha sido publicado em inglês em 1931, e numa seção intitulada "The expansion of China", Dennery observava que havia um total de 8 milhões de chineses fora do país e mais de 400 milhões nele (talvez fizesse uma deliberada referência provocadora ao livro publicado por Seeley em 1883, *The Expansion of England*, tal como fizera o escritor francês Henri Andrillon em 1914, com *L'Expansion de Allemagne*). Ele mencionava também a expansão da emigração indiana para a África oriental, o Caribe e o Sudeste Asiático, insistindo em que "há um perigo real para nações ocidentais e para a futura paz do mundo nessas massas desafortunadas da Ásia, apertadas nos estreitos confins de seu diminuto campo de arroz ou em suas pequenas faixas de terra".[34] Alusões ao "perigo amarelo", que tinham começado antes da Primeira Guerra Mundial, eram agora mais ressonantes. Salientava-se, por exemplo, que a imigração asiática de 100 mil pessoas por ano nas colônias antípodas da Grã-Bretanha pouco contribuiriam para aliviar a superpovoação da Ásia, mas "iriam perverter tudo na Austrália e na Nova Zelândia"; era essencial que a homogeneidade étnica das colônias fosse conservada.[35]

---

* Atitude de quem insiste em possuir alguma coisa que de fato não quer ou de que não precisa movido pelo despeito, para impedir que outra pessoa a tenha. (N.T.)

Como não é de surpreender, embora os europeus possam ter se ocupado da demografia étnica da Austrália, os próprios australianos estavam ainda mais desassossegados. Em primeiro lugar, a legislação que introduziram tinha sido impulsionada por um movimento trabalhista com razões econômicas para manter longe os trabalhadores baratos, mas os motivos tornaram-se cada vez mais raciais. De fato, a legislação foi um pouco suavizada, pelo menos em sua apresentação, sob pressão da Grã-Bretanha, a fim de não ofender as potências asiáticas e, em particular, para preservar boas relações com o Japão.[36]

O romancista e reformador agrícola Henry Rider Haggard também se preocupou com o destino demográfico das colônias. Sua contribuição para o tema pode ser encontrada num volume publicado sobre a paternidade controlada para o qual Marie Stopes também contribuiu. Por um lado, argumentava Haggard, a Austrália e o Canadá eram amplos e abertos, e se não fossem povoados por aqueles de origem britânica, acabariam se perdendo. Por outro lado, a pátria-mãe estava superlotada e não devia ser povoada para além de sua capacidade de se alimentar em situações de crise. A resposta devia residir em emigração contínua para as colônias; sem esse fluxo, as colônias declinariam ou cairiam em mãos estrangeiras. Não se podia confiar na entrada de pessoas originárias de outros países, pois elas iriam acabar por "diluir o sangue original" até que o caráter anglo-saxão dos Domínios se perdesse.[37] A ancestralidade mista judaica e indiana do próprio Haggard não parecia impedi-lo de compartilhar a opinião geral da época, em ambos os lados do Atlântico, de que o anglo-saxão era o melhor espécime que a natureza jamais criara.

A preocupação britânica com os Domínios e particularmente com a Austrália pode ser vista como um temor especificamente nacional de que as debilidades demográficas anteriores à guerra do Reino Unido estivessem se manifestando em sua prole colonial. Contudo, agora que se considerava a ameaça vinda tanto de não europeus quanto de europeus, a linguagem era especificamente racial, mais ainda do que fora antes da guerra, quando a inquietação girava mais em torno dos berços alemães que dos japoneses.

Observou-se que os aumentos anuais da população na Austrália tinham caído de mais de 2% ao ano para 1,5% e na Nova Zelândia de pouco menos de 2% para 1,25%.[38] Antes de 1914 os analistas britânicos tinham se preocupado com o declínio britânico em relação ao resto da Europa; agora eles também temiam o declínio europeu geral em relação ao resto do mundo. De fato, eles viam uma analogia entre as duas coisas: assim como a Grã-Bretanha estivera em perigo durante a Primeira Guerra, também agora sua fraqueza populacional ameaçava o Império Britânico; como disse Haggard: "Onde, por exemplo, deveríamos estar e onde estariam nossos aliados se, durante a última guerra, a Grã-Bretanha possuísse metade da população atual?" Da mesma forma, o império poderia correr perigo por falta de pessoas: "Sessenta milhões de pessoas de nosso sangue não são demais para governar cerca de 370 milhões de nativos."[39]

G.F. McCleary, escrevendo em 1938, comparou as taxas de natalidade de Inglaterra e País de Gales, França, Itália e Alemanha no início dos anos 1880 com aquelas de meados dos anos 1930, e constatou que elas tinham caído 56%, 37%, 39% e 52%, respectivamente. Alarmantes eram os números absolutos e não o crescimento dos números em áreas mais a leste. Haggard falou dos supostos 180 milhões de pessoas da Rússia e da devastação que eles poderiam causar "se dirigidos e organizados por habilidade e coragem alemãs e ajudadas por outras sinistras influências",[40] e, ainda em 1945 (e até então não envergonhado pelo descrédito da linguagem racial em decorrência de sua associação com os nazistas), McCleary publicou uma obra intitulada *Race Suicide?* na qual via o problema da fecundidade europeia em queda como menos um sintoma da "decadência biológica das nações" que do individualismo excessivo e do que chamou de "culto do autodesenvolvimento".[41]

Na Grã-Bretanha, as preocupações populacionais continuaram tendo um aspecto intraeuropeu, bem como um aspecto colonial, com o último expresso às vezes em termos da "raça branca", o que de certa forma contradizia as preocupações mais perto de casa. Nem sempre ficava claro se a taxa de natalidade em queda na Alemanha, a baixa taxa de natalidade na França e os primeiros sinais de decréscimo na Rússia deviam ser saudados como uma redução na ameaça representada por rivais europeus ou lamentada como parte de um declínio branco geral. No tocante aos povos asiáticos, os chineses e indianos representavam "fervilhantes milhões", enquanto os japoneses representavam uma ameaça especial, já que tinham mostrado quão rapidamente os povos da Ásia podiam adotar práticas europeias e expandir mais suas populações, além de utilizar a tecnologia e a organização militares europeias contra os europeus. Sir Leo Chiozza Money, anglo-italiano, antigo secretário parlamentar do primeiro-ministro Lloyd George e ministro do governo, temia "a possibilidade de a Europa perecer com o emprego, pelas raças de cor, dos próprios métodos científicos desenvolvidos pela raça branca". Ele observou que as taxas de natalidade dos outros países europeus caía rapidamente. O Japão acrescentava 700 mil pessoas por ano em contraposição a ¼ de milhão da Inglaterra e do País de Gales. Disso ele extraiu a conclusão explicitamente pan-europeia de que "é suicida estimular desprezos raciais, desconfianças raciais, ódio racial entre a pequena minoria que representa a civilização branca".[42] Esses sentimentos pan-europeus não foram, contudo, gerais o bastante para impedir uma segunda conflagração europeia.

Os franceses, enquanto isso, continuavam a se inquietar por sua fraqueza demográfica, ainda que a discrepância entre sua taxa de natalidade e a da Alemanha tivesse diminuído. Nos anos imediatamente anteriores à Primeira Guerra Mundial, enormes tomos tinham sido publicados com títulos como *La Dépopulation de la France* e *Patriotisme et paternité*, o último salientando e de fato advertindo que em 1907 a França tinha apenas 286.183 alistados, comparados aos 539.344 da Alemanha no ano seguinte.[43] Esse tema continuou a ser tratado após a guerra em obras como *La question de la population*, de Paul Leroy-Beaulieu, que argumentava, talvez não muito persuasivamente, que os problemas fundamentais da fraca situação demográfica da França não eram tanto militares ou econômicos, por mais importantes que fossem esses fatores, mas em última análise morais.[44] Isso foi, em certo sentido, um precursor da preocupação de McCleary com a individualidade excessiva, talvez uma premonição da "segunda transição demográfica" que, meio século mais tarde, veria as taxas de fecundidade em grande parte da Europa despencarem muito abaixo de qualquer coisa experimentada nos anos entre guerras.

Não foi por acaso que a França se revelou de longe o lugar mais receptivo à imigração na Europa de entre guerras, com quase 1 milhão vindo da Itália, mais de ½ milhão da Polônia e mais de 300 mil do outro lado da fronteira com a Bélgica. Embora a França certamente não estivesse livre de preconceito racial, seu Iluminismo e as tradições revolucionárias tendiam para um universalismo que aceitava que qualquer pessoa – ou pelo menos qualquer pessoa branca – com o tempo iria se tornar francesa. O país estava particularmente interessado em estimular a imigração do "tipo certo de linhagem", idealmente de cultura e língua latinas, de formação católica e facilmente assimilável à sociedade francesa – propósito para o qual, bem como para fomentar a taxa de natalidade, foi fundada a Alliance Nationale pour l'Accroissement de la Population Française.[45] A Alliance pode ser vista como um dos primeiros casos de combinação de "engenharia demográfica dura" com "engenharia demográfica branda", uma tentativa de reforçar o fraco número de habitantes, em primeiro lugar, por meio do incentivo à imigração e depois do incentivo a uma mudança de identidade para a cultura de acolhimento dominante.[46] Com uma atitude mais flexível ante a relação entre etnicidade e nacionalidade, o que podia ser chamado de nacionalismo cívico, a França foi capaz de aumentar seus números de formas que não eram viáveis para seu vizinho mais etnocêntrico do outro lado do Reno, em particular após 1933.[47]

A imigração e a integração foram apenas parte do arsenal demográfico francês; a outra arma foi o pró-natalismo, que recebeu um empurrão da sociedade cívica La Plus Grande Famille. Obcecados pela demografia havia muito, os franceses estavam mais dispostos que outras democracias a promover ativamente a taxa de natalidade. De maneira significativa, embora La Plus Grande Famille tenha sido fundada em 1915 e se esperasse que ela tivesse mais medo das populações de além-Reno que de além-Mediterrâneo, seu criador formulou a missão institucional em termos raciais: "Se a raça branca restringir sua natalidade, quem garantirá que a raça amarela a acompanhará? Quem irá nos assegurar que a raça negra irá sacrificar sua fecundidade, que, para citar um exemplo, é uma causa de ansiedade para brancos nos Estados Unidos?"[48] Assim, o controle da natalidade e o aborto foram extremamente restritos na França no período entre guerras, enquanto a maternidade era promovida com benefícios e medalhas.[49]

A demografia e os ditadores

Após a Primeira Guerra Mundial houve um recuo no liberalismo clássico. O ideal do Estado mínimo e a predominância do indivíduo perderam aceitação. O liberalismo clássico havia ultrapassado seu apogeu em face da crescente intervenção estatal mesmo no Reino Unido nas últimas décadas do século XIX, mas o processo se acelerou durante a Primeira Guerra, quando o envolvimento dos Estados na economia tornou-se necessário para o esforço de combate. Em consequência, a noção de que o Estado devia adotar metas demográficas e implementar políticas para promovê-las tornou-se mais amplamente aceita. Isso foi verdadeiro para as democracias, porém mais ainda para as ditaduras geradas entre as guerras. Embora geralmente perseguindo o objetivo de ter grandes populações por amor a prestígio e poder, os ditadores não buscavam suas metas necessariamente de maneira coerente ou racional. Afinal, a prática de assassinato indiscriminado, quer fosse levada a cabo por comunistas, quer por nazistas, era dificilmente coerente com a meta professada de maior crescimento populacional. Contudo, embora matando pessoas com impunidade, os ditadores estavam em geral ávidos por ver seus números substituídos por nascimentos, ou por uma nova geração cujas ideias pudessem ser convenientemente moldadas (comunistas) ou por aqueles que se encaixassem nos critérios raciais ou nacionais corretos (fascistas e nazistas).

A atitude soviética em relação à população sofreu uma mudança que talvez seja espelhada de melhor forma em sua atitude em relação à arte. Assim como nos primeiros anos da Revolução foi adotada uma política artística que favorecia o experimentalismo e o que poderia ser chamado de espírito revolucionário, as atitudes em relação à família e à reprodução eram o que hoje poderia se designar por "progressistas". Marx, e particularmente Engels, tinha condenado a família como uma faceta do capitalismo e o casamento como pouco mais que uma forma socialmente reconhecida de prostituição. Com o tempo, porém, forças mais conservadoras começaram a fazer efeito, e assim como o Partido preferiu a conformidade do "realismo socialista" na arte, passou também a adotar atitudes mais convencionais em relação à família. As tensões estavam lá desde o início. Alexandra Kollontai, a mais graduada mulher bolchevique na época da Revolução, opinou que "o ato sexual não deveria ser considerado vergonhoso nem pecaminoso, mas natural e legal, a manifestação de um organismo saudável tanto quanto a saciação da fome ou da sede".[50] Lênin discordou.

O Estado soviético foi o primeiro no mundo a legalizar o aborto, mas a contracepção continuou em geral indisponível e não utilizada, em parte por causa de seu custo (mesmo no Ocidente mais próspero ela ainda era em grande medida o apanágio da classe média). Nesse estágio na vida do Estado soviético, o aborto era justificado com base na escolha pessoal e no bem-estar das mulheres. Como relatou a operária de uma fábrica que empregava sobretudo mulheres meses antes da legalização: "Nos últimos seis meses vi 15 a 20% de um grupo de 100 a 150 mulheres jovens, com menos de 25 anos, fazendo [sic] aborto sem a ajuda de um médico. Elas simplesmente usam produtos caseiros. Tomam água sanitária e outras misturas venenosas."[51] O decreto de legalização do aborto declarava:

> Nos últimos dez anos, o número de mulheres que sofrem abortos vem crescendo. ... A legislação de todos os países luta contra esse mal, ... punindo mulheres que optam pelo aborto e os médicos que o executam; ... isso joga essa operação para a clandestinidade e torna as mulheres vítimas de aborteiros gananciosos e com frequência ignorantes.[52]

A população predominantemente camponesa ainda tinha uma taxa de fecundidade elevada, mas isso começava a cair à medida que uma parte maior da população era urbanizada e se alfabetizava. Sob Stálin, as atitudes sociais revolucionárias diminuíram, e a União Soviética enfrentou um dilema: havia necessidade da mão de obra feminina nos campos e cada vez mais nas fábricas, mas havia também o desejo de assegurar uma grande população para a força do Estado. Vigorava também a crescente aversão aos abortos, que em algumas cidades superavam o número de nascimentos.[53] Em 1935, Stálin declarou que "o homem é o recurso mais precioso", e no ano seguinte o aborto se tornou ilegal, exceto em circunstâncias excepcionais. Como de costume, funcionários menos graduados repercutiram a nova linha partidária. Aaron Soltz, antigo bolchevique e por vezes apontado como a consciência do Partido, insistiu em que na nova "Realidade Socialista" o aborto não era mais necessário. "Nossa vida se torna mais alegre, mais feliz, rica e satisfatória. Mas o apetite, como se costuma dizer, vem com a refeição. Nossas exigências crescem dia a dia. Precisamos de novos lutadores, ... precisamos de gente." Outros compararam as mães aos trabalhadores stakhanovistas e justificaram punição para o aborto com base na necessidade de "proteger a saúde das mulheres" e "salvaguardar a criação de uma geração mais jovem forte e saudável".[54] Contudo, apesar do pró-natalismo recém-cunhado de sua liderança comunista, a taxa de fecundidade da Rússia continuou a cair. A maré humana não pôde ser contida nem por Stálin, "o Grande Arquiteto", e revelou-se que era mais fácil determinar a produção de aço ou de tratores que a de crianças. Apesar disso, a população da União Soviética continuou a crescer acentuadamente graças ao fato de que, embora declinante, a fecundidade era elevada e, apesar da fome e dos expurgos, a expectativa de vida para a população como um todo continuou a se alongar, ao passo que a emigração era em grande parte proibida.

Enquanto a Rússia soviética oscilava um pouco em sua atitude em relação à maternidade e à natalidade, as atitudes na Itália fascista eram mais coerentes no que dizia respeito à moral sexual tradicional e ao papel das mulheres de maneira geral. Apesar de suas divergências iniciais com a Igreja católica, Mussolini apoiou o ensinamento eclesiástico sobre contracepção e aborto ao fazer da população uma das quatro "batalhas" nacionais do país (as outras eram a luta por terra, cereais e uma lira mais forte). Em 1927 ele declarou:

Afirmo que o pré-requisito, se não um aspecto fundamental, do poder político de uma nação, e por isso de seu poder econômico e moral, é sua força demográfica. ... Cavalheiros! Para contar para alguma coisa no mundo, a Itália deve receber a segunda metade deste século com não menos de 60 milhões de habitantes.[55]

Isso representava um aumento de 50% do tamanho da população naquele momento. Proibições ao aborto e aos contraceptivos foram aplicadas, os impostos para os solteiros foram aumentados e ofereceram-se empréstimos às famílias. Apesar dessas políticas, o impacto sobre a população italiana não foi extraordinário, e a Itália continuou a seguir um caminho bastante comum para os países europeus. A população de fato aumentou de 37 milhões em 1920 para 47 milhões em 1950, mas isso ficava muito aquém do alvo de Mussolini, representando um crescimento anual durante o período de cerca de 1%. E o ganho não foi alcançado mediante nenhuma vitória na "batalha por nascimentos" – as taxas de fecundidade caíram de mais de quatro filhos por mulher antes da Primeira Guerra Mundial para três no final dos anos 1930 –, mas por uma taxa de mortalidade declinante, uma expectativa de vida cada vez mais longa (de 47 anos em 1910 para 66 em 1950) e uma enorme queda na emigração italiana para cerca de 6% do nível em que estivera desde antes da Primeira Guerra Mundial até o final dos anos 1930.[56]

Hitler era obcecado por demografia. Suas ideias genocidas originavam-se de uma percepção da *qualidade* da população, mas não deveríamos fazer vista grossa às ideias sobre as questões *quantitativas* que preocupavam mais comumente os líderes políticos na época. Meio milhão de alemães tinha afluído ao país vindo das terras cedidas à Polônia após a Primeira Guerra Mundial, e mais 132 mil da Alsácia-Lorena, mas quando a guerra eclodiu, em 1939, centenas de milhares de judeus tinham fugido do país. Já havia elementos pró-natalidade na República de Weimar, mas eles passaram ao primeiro plano com o Terceiro Reich, no qual o Dia das Mães tornou-se feriado oficial e dava-se algum auxílio e encorajamento às mulheres dispostas a gerar grandes famílias. A Cruz da Mãe foi instituída para mulheres que tivessem mais de três filhos (bronze), mais de cinco (prata) ou mais de sete (ouro). O aborto foi transformado em crime capital durante a Segunda Guerra. Em 1934 Hitler declarou: "As mulheres alemãs querem acima de tudo ser esposas e mães. ... Elas não anseiam pela fábrica, pelo escritório nem pelo Parlamento. Um lar aconchegante, um marido querido e uma ninhada de filhos está mais perto de seus corações."[57]

Os nazistas queriam expandir a base populacional e estavam dispostos a fazê-lo por meio de políticas, propaganda pró-natalista e, na verdade, incorporando os alemães da Áustria e da Tchecoslováquia, mas estavam mais que felizes por excluir aqueles não considerados adequados. A maternidade era encorajada somente entre as mulheres "dignas de gerar vida". Os números contavam, mas para os nazistas a pureza da raça significava mais que os números. Por outro lado, quando a economia de guerra o exigiu, milhões daqueles considerados etnicamente impuros tiveram permissão de entrar na pátria para trabalhar, frequentemente como escravos.[58]

Na realidade, as políticas demográficas nazistas eram confusas. Havia tensão entre a moralidade tradicional, por um lado, e as políticas para propagar aqueles considerados racialmente mais preciosos, por outro; tais políticas incluíam estimular os que partiam para a batalha a ter filhos, fora do matrimônio se necessário. Hitler acreditava que a sobrevivência da Alemanha dependia da inversão de um desastroso declínio demográfico, ele próprio supostamente resultado de decadência, individualismo, homossexualidade e urbanização excessiva.[59] Ao mesmo tempo, contudo, acreditava que a população alemã existente era grande demais para seus recursos territoriais, e daí a necessidade de *Lebensraum* (espaço vital). Se o problema principal era muito pouco espaço para a população existente ou muito pouca gente para o espaço disponível, isso não era algo inteiramente claro ou resolvido, e deu origem a todas as espécies de políticas demográficas contraditórias, bem como extraordinariamente desumanas, tanto durante a ocupação da Polônia quanto durante a ocupação de grandes partes da União Soviética ocidental.

De maneira geral, o maior impacto de Hitler sobre o tamanho da população da Alemanha – deixando de lado seu impacto devastador sobre a população da Europa como um todo – foi a perda de cerca de 7 milhões de alemães durante a guerra, em baixas militares e civis. Subjacentes a essa calamidade, porém, estavam os fundamentos das tendências demográficas da Alemanha, que se assemelhavam às da Itália e encontravam-se de acordo com os padrões gerais europeus. As políticas pró-natalidade nazistas tiveram impacto modesto, com os nascimentos por mulher aumentando de um pouco abaixo de dois no início dos anos 1930 para um pouco acima de dois por volta de 1939, ainda bem menor do que estavam no início dos anos 1920, para não dizer antes da Primeira Guerra Mundial. A expectativa de vida, um pouco menos de 54 anos em 1920, tinha crescido para quase 64 em 1950. As fantasias acerca de milhões de outros alemães confortavelmente instalados na Ucrânia e nos Urais sobre as ossadas da população eslava local nunca se realizaram. No entanto, em termos numéricos, as perdas alemãs durante a Primeira Guerra Mundial foram compensadas em prazo bastante curto.

O fim das grandes potências europeias

O segundo volume das memórias de Leonard Woolf, cobrindo seu trabalho como administrador colonial no Sri Lanka durante a primeira década do século XX, contrasta acentuadamente com *Dias na Birmânia*, em que George Orwell reflete sobre suas próprias experiências ocupando função semelhante na Birmânia entre as guerras. Apesar do anticolonialismo posterior (e possivelmente até contemporâneo, mas pessoal) de Woolf, a impressão que ele passa é a de um império cheio de confiança, esperando durar o tempo futuro previsível. O império de Orwell está cansado, apreensivo e cheio da percepção de sua própria ruína. Não deveríamos atribuir demasiada importância às obras de apenas dois indivíduos, mas eles nos permitem, de fato, perceber uma mudança de atitude em relação ao Império Britânico e particularmente em relação a seu provável tempo de vida.

Em certa medida, a exaustão imperial no período entre guerras teve bases demográficas e não se limitou à Grã-Bretanha. A preocupação com o declínio da taxa de natalidade e o aumento em números de pessoas de origem europeia como um todo era disseminada e incluía franceses, americanos e alemães. Estavam encerrados os dias em que alguém como Rhodes ou Seeley podia predizer um mundo dominado por brancos, muito menos por anglo-saxões, e em não pequena medida porque eles reconheciam o simples número de não brancos, seu potencial para crescer e a queda no crescimento dos europeus. A Grã-Bretanha já tinha perdido a maior parte da Irlanda. Agora movimentos de autonomia estavam em ascensão do Egito à Índia, e mais além. Os europeus já não acreditavam que podiam superar facilmente esses movimentos.

Embora sempre em inferioridade numérica em suas colônias asiáticas e africanas, os europeus tinham sido animados por uma consciência de seu próprio ímpeto e dinamismo demográfico em contraste com a aparente estagnação dos súditos não europeus. Mas precisamente o mesmo padrão que empurrara a Grã-Bretanha para diante – em contraste com as outras nações europeias –, e depois vira a Grã-Bretanha recuar em relação a essas nações, estava prestes a se produzir numa escala global. Da perspectiva do período entreguerras não havia razão para prever um baby boom após a guerra, e muitas razões para supor que as taxas de natalidade europeias permaneceriam baixas ou até continuariam a cair. Por outro lado, o crescimento eventual de populações não europeias através dos mesmos processos que outrora haviam impulsionado o crescimento populacional na Europa não era de todo evidente. Não à toa Hitler se preocupou com o modo como as melhores condições materiais e a assistência médica estavam aumentando o número tanto de indianos quanto de russos.

Nesse meio-tempo, enquanto a ameaça de eclipse pelas colônias assomava no horizonte, tornou-se cada vez mais claro, à medida que a Segunda Guerra Mundial avançava, que as tradicionais potências europeias tinham sido sobrepujadas pelos Estados Unidos e pela União Soviética. Eles eram ambiguamente ou apenas parcialmente europeus de diferentes maneiras – o primeiro por causa de sua localização em outro continente, apesar de sua população ser de origem esmagadoramente europeia; a última pela localização da ponta da Europa, na verdade se estendendo para além dela, e pela cultura ortodoxa com origens não em Roma, mas em Bizâncio. A ascensão dessas duas potências semieuropeias se deu à custa do núcleo europeu. O papel que as tendências demográficas desempenharam nisso é inquestionável. O ataque alemão à União Soviética foi derrotado em última análise por uma abundância de tropas russas e pelo espaço russo (e, claro, pelas condições meteorológicas). Milhões de russos foram mortos, milhões capturados, no entanto outros milhões chegaram e acabaram vencendo. Como se queixou o general alemão Erich von Manstein, o Exército russo era como uma hidra: cortava-se uma cabeça e duas apareciam em seu lugar.[60] Quando as tropas alemãs congeladas fora de Moscou no fim de 1941 ou seus desesperados camaradas presos em Stalingrado um ano depois notavam como os russos simplesmente continuavam a chegar, independentemente de quantos tinham sido capturados ou mortos, eles observavam a simples manifestação no campo de batalha de tendências demográficas profundas.

A vitória final da União Soviética teria sido menos provável sem a pujança da população russa e a desaceleração da alemã. Nos primeiros quarenta anos do século, a Alemanha conseguira um crescimento médio anual da população de apenas um pouco mais de 0,5%, enquanto a Rússia, apesar das devastações da guerra civil e do comunismo, experimentara quase 1,4% ao ano.[61] Assim, enquanto na virada do século a população alemã fora um pouco mais da metade da russa, no momento da invasão alemã da União Soviética ela não era muito maior que ⅓ dela. A superior organização alemã, que suplantara os números russos mesmo quando travava simultaneamente uma guerra total no Ocidente em 1914-18, já estava sendo esmagada pelo peso dos números russos antes que a Frente Ocidental fosse aberta em 1944. Houve outros fatores importantes e por vezes compensadores, como a rápida industrialização da Rússia entre as guerras, a má direção inicial da campanha militar por Stálin, a interferência de Hitler com seus generais e o fracasso da Alemanha em equipar apropriadamente suas tropas para a guerra no inverno. A capacidade de Hitler e Stálin para alienar as populações não russas da União Soviética ocidental também desempenhou um importante papel. Nada disso, contudo, pode desmerecer o fato de que a Frente Oriental na Segunda Guerra foi em considerável medida um jogo brutal de números. No curso da conflito, a Rússia teve mais de 34 milhões de homens armados, todos lutando na única frente. A Alemanha teve 13 milhões espalhados por vários teatros.

O mesmo pode ser dito em relação aos Estados Unidos durante a Segunda Guerra Mundial. Seu poderio econômico era em certa medida produto do tamanho de sua população, mas esse tamanho era também extremamente significativo por si mesmo. O inesgotável fornecimento de homens e de máquinas, de recursos humanos e materiais, tornou os Estados Unidos efetivamente invencíveis da perspectiva alemã. Novamente, é instrutivo comparar o tamanho da população dos dois países: na virada do século a população da Alemanha tinha quase ¾ do tamanho da dos Estados Unidos; quando os Estados Unidos entraram na Segunda Guerra Mundial, eles estavam enfrentando uma Alemanha cuja população tinha menos da metade do tamanho da sua.

Com a população dos Estados Unidos atingindo um múltiplo da de qualquer potência europeia, o domínio das potências europeias estava encerrado não só militar, mas também economicamente. Com um mercado mais amplo e maior potencial para economias de escala, os Estados Unidos foram capazes de ultrapassar o Reino Unido em termos de renda per capita; e, o que foi ainda mais decisivo, o tamanho absoluto de sua economia era o tamanho de sua população. Em 1870, a população dos Estados Unidos era quase 1,33 vez maior que a do Reino Unido, e sua economia guardava mais ou menos a mesma relação. Em 1950, com uma população três vezes maior que a do Reino Unido, os Estados Unidos tinham uma economia 4,5 vezes maior que a dele. A posição relativa das duas economias tinha se invertido numa base per capita, mas um fator muito mais significativo na mudança dos tamanhos relativos foi a mudança dos tamanhos relativos das populações.

O mundo bipolar das superpotências Estados Unidos e Rússia talvez pudesse ser previsto a partir da realidade demográfica dos anos entre guerras, quando as duas nações, com seus vastos espaços e potencial para sustentar populações em expansão, começaram a se afastar dos países da Europa. De fato, a emergência da Rússia e dos Estados Unidos como as principais potências mundiais fora prevista pelo teórico da política e viajante francês Alexis de Tocqueville mais de cem anos antes: "Cada qual", escreveu ele, "parece marcado pela vontade do Céu para controlar o destino de metade do globo" – e isso sobre a base demográfica de suas populações em crescimento vertiginoso e uma capacidade de sustentar o crescimento populacional com que as potências europeias tradicionais não conseguiam rivalizar.[62]

Sem crescimento econômico e industrial, o gigante demográfico da China continuava a cochilar, mas onde o crescimento populacional e o desenvolvimento industrial caminhavam de mãos dadas com o crescimento demográfico e a escala, uma mudança fundamental no poder mundial e no sistema global era inevitável. Contudo, o declínio dos impérios da Europa não foi apenas uma questão de predominância demográfica europeia decrescente; a ideologia antagonista de Woodrow Wilson em Versalhes, em 1919, impondo a Liga das Nações aos europeus, assim como "mandatos" em vez de "colônias", tinha origens que remontavam à Guerra de Independência Americana. Entretanto, o fato de Wilson estar em condições de impor suas ideias refletia o triunfante crescimento da população dos Estados Unidos. Ele pressagiava um mundo que só nasceria totalmente após 1945, em que os Estados Unidos tinham cessado completamente de ser um apêndice do "Ocidente" e tinham se tornado sua corporificação. Esse era um novo mundo criado pela maré humana – cujo crescimento e o declínio moldariam o meio século por vir.

No curso de duas guerras mundiais, populações inteiras foram mobilizadas de forma que antes parecia inimaginável. As heroínas de Jane Austen tinham vivido suas vidas reconhecidamente alheias às Guerras Napoleônicas que engolfavam a Europa na época, um evento que elas só pareciam notar quando se lhes apresentava uma oportunidade de conhecer um esporádico soldado ou marinheiro elegantes. Cerca de um século mais tarde, suas descendentes do sexo feminino estavam ocupadas como *land girls*,* arando em nome da vitória e assegurando que seu país fosse alimentado, ou trabalhando em fábricas de armamentos e mantendo a linha de frente abastecida com obuses e tanques. A invenção do avião e do bombardeio significou que mesmo na solidez de sua ilha elas não podiam escapar da experiência direta do conflito. E quando as sociedades eram capazes de convocar suas populações inteiras para o esforço de guerra e estavam dispostas a fazê-lo, o tamanho numérico dessas populações contava mais do que nunca.

Após 1945 o Ocidente entrou numa fase muito diferente. Suas guerras voltaram a ser travadas em terras distantes, tendo pouco impacto interno direto. Novas tendências sociais e econômicas passaram ao primeiro plano, e agora quem ditava a moda era o mais populoso país do Ocidente: os Estados Unidos.

---

* Assim eram chamadas as mulheres que participavam do Women's Land Army, organização criada na Grã-Bretanha durante a Primeira e a Segunda Guerra Mundial para que as mulheres pudessem trabalhar na agricultura, substituindo os homens convocados. (N.T.)

5. O Ocidente desde 1945
Do baby boom à imigração em massa

Vivendo em Surrey no início do século XIX, e aparentemente alheio às mudanças revolucionárias que ocorriam no centro industrial alguns quilômetros ao norte, o reverendo Thomas Malthus descrevia um mundo em desaparição. Era um mundo em que a capacidade da terra para sustentar as pessoas aumentava apenas aos poucos, ao passo que o crescimento dos números humanos podia ocorrer exponencialmente e seria mantido sob controle, de uma maneira ou de outra, pelas limitações da produção de alimentos, que crescia devagar. Contudo, enquanto Malthus expunha sua teoria em várias versões de *Ensaio sobre o princípio da população*, suas suposições agrícolas eram solapadas à medida que toda uma nova sociedade nascia em torno de Manchester e outros novos centros industriais no norte e nas Midlands.

Nesse novo mundo, onde fornalhas substituíam sulcos e fileiras de prédios de apartamentos substituíam cabanas rurais, era possível, para populações muito maiores, fabricar bens e negociá-los com o resto do globo em troca de enormes quantidades de alimentos, que podiam ser produzidos em vastas extensões de território em continentes distantes, desobstruídos de seus povos originais e postos a serviço da alimentação da pátria-mãe. Novas formas de transporte inimagináveis para Malthus, a ferrovia e o navio a vapor, deslocariam alimentos por todo o globo, acrescentando inumeráveis "hectares fantasmas" à Inglaterra e depois a outros países industrializados. Malthus viveu cedo demais para ver como o sistema que descrevera era despedaçado e substituído por outro, que conseguia sustentar um número muitíssimo maior de pessoas do que ele acreditava ser possível.

Após a Segunda Guerra Mundial algo estranho aconteceu. Uma geração de estatísticos e cientistas sociais que viveram um século depois de Malthus teorizou e descreveu sensatamente o mundo pós-malthusiano. Menos bem lembrado que Malthus, o americano Frank Notestein mencionou o que viria a ser conhecido como "transição demográfica". Em vez de existir em estado de eterna restrição malthusiana, um país começaria com fecundidade elevada, taxa de mortalidade elevada e população pequena; depois a mortalidade cairia, fazendo a população crescer rapidamente, em seguida a fecundidade declinaria, resultando em crescimento contínuo, embora mais lento; e finalmente a fecundidade e a mortalidade voltariam a se equilibrar, com a população estável novamente, mas num nível muito mais alto.

Em termos gerais, Notestein acertou – isso era o que tinha acontecido antes na Grã-Bretanha, nos Estados Unidos e em toda a Europa –, mas, como Malthus, precisamente quando estava descrevendo o sistema, este já mudava. As sociedades industriais avançadas da América do Norte e da Europa setentrional deveriam supostamente ter atingido o estágio final da jornada, com cerca de dois filhos por mulher, baixas taxas de mortalidade e populações maiores e mais estáveis, e o curso da maré humana tinha sido traçado até o que se supunha ser seu fim. Mas o que de fato aconteceu, contra todas as expectativas, foi o baby boom, com mulheres jovens em todo o mundo desenvolvido, durante as duas décadas posteriores ao fim da guerra, tendo mais filhos que suas mães. Assim como a população revelou-se mais imprevisível do que Malthus pensara, Notestein também foi pego numa arapuca. De novo, exatamente quando o estudo da demografia parecia ter identificado um padrão estabelecido, ela assumiu nova forma.

O nascimento dos baby-boomers

Em 10 de março de 1964, um dia ameno no início da primavera, uma salva de 41 tiros de canhão foi ouvida no coração de Londres.[1] Winston Churchill estava no último ano de vida e Alec Douglas-Home – o último aristocrata a ocupar o cargo de primeiro-ministro britânico – estava instalado no nº 10 da Downing Street. O acontecimento marcado pela salva era o nascimento do príncipe Edward, terceiro na linha do trono por ocasião de seu nascimento, atrás dos dois irmãos mais velhos, Charles e Andrew, mas à frente de sua irmã, Anne. Depois de quatro partos a rainha – então com trinta e tantos anos – não teve mais filhos, mas tivera exatamente duas vezes mais que sua mãe. Novamente a família real britânica estava de acordo com sua geração e com sua era, tipificando tendências que iam muito além dos portões do palácio de Buckingham – onde o príncipe Edward nascera – e dos estreitos confins das Ilhas Britânicas. Por sua vez, os quatro filhos da rainha Elizabeth II passaram a tipificar sua geração, nenhum deles tendo mais de dois filhos, voltando aos hábitos de natalidade mais limitados da geração do período entre guerras a que sua avó pertencera em termos de tamanho reduzido de família.

Quando pensamos na família arquetípica do século XIX, talvez nos venham à mente a rainha Vitória e sua prole, as crianças posando regiamente ou brincando em volta dos pais que os adoravam. Mas em meados do século XX a ação se deslocara para oeste, tanto em termos de poder quanto de dinheiro, e quando pensamos no baby boom do pós-guerra são os Estados Unidos que primeiro vêm à cabeça. Este país era agora a força motriz demográfica do mundo ocidental, uma terra que se fazia notar desde o tempo de Malthus pelas taxas de fecundidade elevadas e pelo forte crescimento populacional. Contudo, os nascimentos por mulher já estavam caindo antes da Primeira Guerra Mundial – e continuaram a cair no entreguerras. A Grande Depressão dos anos 1930 ajudou a desestimular a natalidade e a formação de grandes famílias.[2] Homens desempregados em ambos os lados do Atlântico, lutando para sustentar suas famílias, adiavam o casamento e os planos de ter filhos, ou, se já fossem casados e com filhos, evitavam aumentar a prole. A contracepção era cada vez mais conhecida e disponível, e começava a ser praticada mesmo entre os membros mais pobres da sociedade, para os quais fora outrora inalcançável. (Ela foi celebrada, um pouco jovialmente, como o epítome da modernidade pelo romancista britânico Evelyn Waugh em *Malícia negra*, romance publicado em 1932; vinte anos antes era difícil imaginar o tema figurando numa publicação.)

A forma mais comum de contracepção era um tipo de camisinha. Dispositivos desse gênero eram conhecidos nos tempos antigos e decerto tinham seu uso bem difundido na Londres do século XVIII, como mostram os diários de James Boswell. A borracha, empregada a partir do século XIX, tornou-se mais barata no início do século XX, e as camisinhas ficaram mais acessíveis. Muitas vezes distribuídos discretamente no Reino Unido, supõe-se que os preservativos eram oferecidos aos clientes por barbeiros, que perguntavam: "Alguma coisa para o fim de semana, senhor?" De imediatamente antes da Primeira Guerra Mundial em diante, os dispositivos intrauterinos (DIUs) tornaram-se acessíveis para as mulheres e passaram a ser usados com mais frequência no entreguerras. Para muitas pessoas, no entanto, especialmente para os pobres e menos instruídos, coito interrompido, abstinência e abortos primitivos e ilegais continuaram a ser a forma pela qual se limitava o tamanho da família. Por menos confiáveis e perigosos (no último caso) que esses métodos fossem, eles funcionavam com confiabilidade suficiente para reduzir as taxas de fecundidade a ⅓ do nível dos anos 1860.

Entre as guerras, a taxa de fecundidade nos Estados Unidos caiu de um pouco mais de três filhos por mulher para um pouco mais de dois.[3] Essa queda foi atribuída em particular à fecundidade mais baixa entre os imigrantes, ao aumento da população urbana (com sua taxa de fecundidade tradicionalmente mais baixa) à medida que as pessoas deixavam a zona rural em direção às cidades e finalmente a uma convergência de taxas de fecundidade rural e urbana. Uma parte menor da população vivia na zona rural e se comportava cada vez mais como os habitantes urbanos no que dizia respeito a natalidade e tamanho de família.[4] Isso significava que a taxa de crescimento da população declinava, mas o fato não incomodou muito os analistas e legisladores: a população ainda crescia, distanciando-se em termos de tamanho de seus potenciais concorrentes no cenário internacional. Grande parte do establishment nos Estados Unidos estava em geral mais interessada em reduzir a imigração e preservar a identidade anglo-saxã branca do país que em seu crescimento populacional.

Nos anos 1930, a população dos Estados Unidos crescia menos de 1% ao ano, taxa baixa para os padrões históricos. Aquele não era mais o país de Emma Lazarus, cujo poema adorna a Estátua da Liberdade, atraindo para o local as massas amontoadas: com os controles de imigração cada vez mais rígidos introduzidos durante os anos 1920, os Estados Unidos deixavam claro que as massas amontoadas já não eram bem-vindas. Aquela tampouco era a América de Thomas Jefferson, em que férteis jovens colonos com acesso ilimitado a novas terras (tomadas, claro, dos nativos americanos) podiam dobrar seus números a cada 25 anos apenas por meio da fecundidade.

Então, a partir de 1945, contra todas as expectativas, tudo mudou. Tendo deixado a guerra para trás, os soldados americanos retornaram querendo lares, noivas e famílias. A princípio isso poderia ser atribuído a uma recuperação imediata do atraso no pós-guerra, com planos de casamento e formação de família, adiados pela guerra, finalmente concretizados. No entanto, a tendência revelou-se mais que efêmera. A fecundidade total nos Estados Unidos, que tinha caído para um pouco mais de dois filhos antes da guerra, subiu para bem mais de 3,5 no final dos anos 1950.[5] Nada na teoria da transição demográfica de Frank Notestein havia preparado ninguém para essa quase duplicação da fecundidade depois que a transição para baixa mortalidade e baixa fecundidade se concluíra. Em retrospecto, claro que o modelo de transição demográfica de Notestein, embora não exatamente invertido, precisava ser aprimorado.

O número total de nascimentos por ano na última parte dos anos 1930 fora um pouco superior a 2 milhões nos Estados Unidos, mas no final dos anos 1950 era duas vezes maior.[6] Agora o crescimento populacional anual, mesmo na ausência continuada de imigração em massa, era o dobro de seu nível dos anos 1930.[7] Em 1960 o país tinha cerca de 180 milhões de cidadãos, comparados com um pouco mais de 100 milhões apenas quarenta anos antes. Entre meados dos anos 1940 e meados dos anos 1960, parecia que a América de Thomas Jefferson – em que as grandes famílias alimentavam o crescimento populacional – tinha voltado, ainda que a América de Emma Lazarus – em que centenas de milhares ou até milhões de imigrantes convergiam para os Estados Unidos – não o tivesse. As maternidades se abriam ao mesmo tempo que as fronteiras continuavam mais ou menos fechadas, pelo menos por enquanto.

Tendências demográficas são o resultado agregado de milhões de decisões privadas tomadas por indivíduos e casais. O perfeito conhecimento de por que elas ocorrem nunca é possível. Compreender a maré humana, diferentemente da marítima, nunca será uma ciência exata. Contudo, é possível especular sobre as razões do baby boom pós-guerra nos Estados Unidos. Houve, como vimos, o movimento para recuperar o atraso após a guerra e até certo ponto a Grande Depressão. Como um comentarista escreveu: "Quando os rapazes voltaram de 'lá' para casa, eles se casaram, trataram de arranjar empregos, comprar casas e ter bebês."[8] Contudo isso não explica por que o baby boom ainda prosseguia – na verdade, chegava ao pico – cerca de quinze anos depois de terminada a guerra, quando aqueles soldados que ansiavam por se estabelecer já o haviam feito. Até certa medida, tendências como essa ganham um impulso próprio. O casamento precoce e famílias maiores tornam-se a norma, as pessoas imitam o que veem no cinema, na televisão e o que observam entre os amigos.

Uma razão mais convincente para a longa duração do baby boom é econômica. Crescimento populacional e explosão econômica tornam-se autorreforçadores sob as circunstâncias corretas. Mais casamentos e mais filhos significavam necessidade de mais casas e mais daqueles bens cuja presença dentro ou em volta da casa era cada vez mais esperada – geladeira, máquina de lavar, telefone, televisão e acima de tudo carro. Atender a essa demanda numa era em que os Estados Unidos ainda fabricavam a maior parte de seus próprios bens de consumo retroalimentava o clima de otimismo, estimulando ainda mais a formação de famílias e os nascimentos. Essa foi a era de ouro da corporação americana, de salários ascendentes e segurança no emprego, exatamente as circunstâncias sob as quais os jovens casais estavam dispostos a assumir riscos, casar-se e começar uma família, ou sentir-se confiantes o suficiente para ter aquele filho extra. Em certa medida, esse foi o descarte final da restrição malthusiana. Numa sociedade mais casta que a nossa, o adiamento do matrimônio muitas vezes significava abstinência e frustração. À medida que oportunidades econômicas se abriam para os homens jovens, muitos sentiam que podiam correr o risco de se casar e ter filhos mais cedo que seus pais, durante os anos da Depressão. (Como um parente meu me contou sobre os anos 1940: "No meu tempo, o casamento era a única maneira pela qual podíamos fazer sexo com uma moça bonita.") A posse de uma casa entre as pessoas no final dos vinte e início dos trinta anos nos Estados Unidos tinha, em 1960, subido para duas vezes o nível do início do século, e a idade média em que as mulheres tinham o primeiro filho caiu.[9] Enquanto, numa era anterior, comedimento, casamento tardio e famílias pequenas tinham sido típicos daqueles que ascendiam por esforço próprio, agora casamento precoce e famílias maiores eram um sinal de sucesso financeiro.

O baby boom não foi mais limitado aos Estados Unidos que o boom econômico pós-guerra; ao contrário, ele se disseminou em todo o Ocidente. No Canadá, onde a tendência foi mais forte que nos Estados Unidos, no início dos anos 1960 as taxas de fecundidade não estavam muito abaixo de quatro filhos por mulher, tornando a rainha Elizabeth mais típica de seus súditos canadenses que dos britânicos. Em parte isso se devia às taxas de fecundidade permanentemente altas entre os quebequenses francófonos, cuja fidelidade à doutrina católica sobre natalidade persistiu por mais tempo que em outros lugares (e, pela evidência da taxa de natalidade, por muito mais tempo que em sua pátria-mãe, a França). A Austrália e a Nova Zelândia mais ou menos acompanharam a experiência americana, ao passo que o Reino Unido, que experimentara taxas de fecundidade de apenas dois filhos no final dos anos 1930, viu um aumento para quase três no início dos anos 1960 – o pico foi alcançado em 1964, ano do nascimento do príncipe Edward. A Alemanha também viveu um aumento, embora nunca acima de 2,5 filhos por mulher, acompanhando o milagre econômico pós-guerra e a reconstrução do país a partir das cinzas de 1945. Finalmente, a Europa setentrional foi até certo ponto um eco do fenômeno americano; aqui, as taxas de fecundidade subiram acima de seus níveis de pré-guerra, mas não até as mesmas alturas.

A Europa meridional diferiu da América do Norte e da Europa setentrional uma vez que, antes da Segunda Guerra Mundial, ainda era relativamente não industrializada, tinha uma população rural muito maior e uma taxa de fecundidade mais alta, embora decrescente, e estava no processo de completar sua transição demográfica. Na Espanha, sob o governo autoritário de Franco e a dominação da Igreja católica, as taxas de fecundidade subiram de 2,5 para três, enquanto na Itália permaneceram mais ou menos estáveis em 2,5. As mulheres irlandesas continuaram a ser as campeãs da natalidade na Europa, com cerca de quatro filhos por mulher no início dos anos 1960, outro triunfo tardio para a Igreja católica, mas a Irlanda prosseguia como país pequeno em termos de população; sua contínua luta para se desenvolver muito além do estágio agrário significou que taxas elevadas de natalidade continuaram a se traduzir em alta emigração, tal como fizera no século anterior. Os filhos da Irlanda continuaram a se espalhar de Boston, Massachusetts, a Birmingham, Inglaterra, e Brisbane, Austrália, seguindo os caminhos agora bem trilhados do exílio em busca de oportunidade econômica. Em 1970 a população da República da Irlanda, apesar de sua elevada taxa de natalidade, mal havia crescido desde o fim da Segunda Guerra Mundial.

O baby boom teve grande impacto sobre as sociedades, que agora estavam repletas de jovens. A América do Norte e a Europa ocidental dos anos 1950 presenciaram o despontar da era do adolescente (o termo *teenager* talvez tenha origem nos anos entre guerras, mas nasceu propriamente nas décadas que se seguiram à Segunda Guerra Mundial), a era do rock and roll, aquela em que, pela primeira vez, houve algo que podia ser significativamente chamado de cultura jovem de massa. Os países do Ocidente eram jovens, com grandes coortes de crianças tornando-se adultos jovens que superavam em número as coortes que as precederam, e capazes de influenciar práticas e convenções sociais.

No clímax do baby boom dos anos 1960, as crianças nascidas imediatamente após a guerra estavam chegando à idade adulta, ao passo que os últimos boomers nasciam e os *teenagers* exibiam uma mistura de rebeldia adolescente e conformismo consumista; esse foi o período das rebeliões estudantis, da Califórnia a Paris, do blue jeans, dos Beatles e dos Rolling Stones. Essa foi uma geração confiante e influente porque era uma grande geração. Quando os jovens são muito mais numerosos que os velhos, não surpreende que as convenções sejam cada vez mais questionadas, contestadas e em alguns casos subvertidas. A persistente popularidade da cultura dos anos 1960 atesta o tamanho dessa coorte e seu impacto continuado, embora hoje seus membros provavelmente não mais protestem em nome do amor livre e contra a Guerra do Vietnã, e possivelmente reclamem da redução das aposentadorias ou do aumento da idade para se aposentar.

"*Rock and roll is dead*", proclamava a canção de Lenny Kravitz em 1995. A escolha do momento talvez não tenha sido uma coincidência, pois àquela altura a coorte de americanos do baby boom que chegava à adolescência estava em seu ponto mais baixo, a taxa de fecundidade atingira o menor nível cerca de uma década e meia antes, e pode-se certamente argumentar que houve um recuo geral na cultura e na assertividade da juventude desde então, fruto de mudanças profundas na estrutura etária da sociedade. Enquanto em 1965 as pessoas com menos de 25 anos representavam não muito menos da metade da população dos Estados Unidos, em 2015 elas constituíam menos de ⅓. O final dos anos 1950 e os anos 1960 foram o auge da era em que a juventude predominou.

O *baby bust**

No apogeu, os frutos do baby boom foram acusados de solapar o tecido da civilização ocidental. Na senilidade que se aproxima, eles são acusados de sugar a economia, enriquecendo à custa dos outros e solapando o Estado de bem-estar social com a noção de que tudo lhes é devido.[10] Essas acusações talvez sejam justificadas e frequentemente têm ramificações políticas. As eleições gerais do Reino Unido em 2017 nos dão um exemplo. A classe

---

* Assim foi chamado o súbito declínio da taxa de natalidade especialmente nos Estados Unidos e no Canadá do início dos anos 1960 ao início dos anos 1980. (N.T.)

média, outrora fortemente tóri, dividiu-se quase por igual entre os trabalhistas e os conservadores. A classe deixou de ser o grande prognosticador do comportamento de voto; agora é a idade que determina a probabilidade de se votar de uma maneira ou de outra. Os conservadores ficaram trinta pontos à frente entre os que tinham mais de 65 anos e cinquenta pontos atrás entre os que tinham menos de 24 anos, desiludidos com os altos preços da moradia, as perspectivas econômicas declinantes e o Brexit.

Por volta de 1965, a pílula anticoncepcional, que passou a ser universalmente conhecida como "a pílula", tornou-se geralmente acessível. Ela chegou exatamente quando a fecundidade começava a cair e sem dúvida contribuiu para essa queda. Se alguém quiser sugerir figuras paternas para a pílula, elas deveriam ser Carl Djerassi e Gregory Pincus. Djerassi tinha fugido da Europa na adolescência, chegando aos Estados Unidos nas vésperas da Segunda Guerra Mundial, e finalmente tornou-se professor em Stanford. Pincus era o rebento de um grupo anterior e maior de refugiados judeus vindos para os Estados Unidos, seus pais compuseram parte da grande onda de europeus orientais e meridionais que chegaram às terras americanas nas décadas anteriores à Segunda Guerra Mundial. Pincus acabou em Harvard. As motivações de Djerassi eram claras:

> O fato esmagador é que quando eu nasci havia 1,9 bilhão de pessoas no mundo. Agora há 5,8 bilhões, e quando eu fizer cem anos haverá provavelmente 8,5 bilhões. Isso nunca aconteceu na história do mundo: durante o tempo de vida de uma pessoa a população mundial mais que quadruplicou. Isso nunca mais poderá acontecer.[11]

Por sua vez, é possível sugerir duas mães para a pílula: Margaret Sanger, a pioneira do controle da natalidade que organizou, coordenou e inspirou o esforço, e Katharine Dexter McCormick, a bióloga e herdeira de fabricantes de equipamentos agrícolas que o financiou. O trabalho delas rendeu fruto quando a Agência Federal de Medicamentos dos Estados Unidos aprovou o uso da pílula em 1960. No ano seguinte ela foi introduzida no Reino Unido – de início apenas para mulheres casadas –, e seu uso se espalhou rapidamente por todo o Ocidente, exceto onde a Igreja católica conseguiu mantê-la a distância (até meados dos anos 1970 na Espanha, até os anos 1980 na Irlanda, por exemplo). Outras formas de contracepção, como os preservativos e DIUs, já estavam, na altura dos anos 1960, geralmente disponíveis havia algum tempo, de outro modo as baixas taxas de fecundidade dos anos 1930 nunca poderiam ter sido alcançadas numa escala de massa. Até camponeses franceses do século XIX tinham conseguido restringir sua fecundidade, presumivelmente (mas não de todo) restringindo sua vida sexual. Contudo, a absoluta simplicidade, a confiabilidade e o baixo preço da pílula (muitas vezes combinada a outras formas de contracepção fornecidas gratuitamente pelo Estado de bem-estar social) significaram que a ligação entre sexo e nascimento fora afinal irrevogavelmente rompida. Pelo menos o sexo sem o risco de concepção era agora universal.

A taxa de fecundidade inesperadamente elevada dos Estados Unidos no pós-guerra, que tinha chegado ao pico no final dos anos 1950, daí em diante começou a diminuir. A princípio a queda foi relativamente modesta, de pouco menos de três filhos e ⅔ por mulher, na segunda metade dos anos 1950, para pouco menos de 3,5 filhos no início dos anos 1960. Em seguida a queda foi mais rápida para apenas um e ¾ no final dos anos 1970. Assim, nos vinte anos do final dos anos 1950 ao final dos anos 1970, a taxa de fecundidade total nos Estados Unidos reduziu-se mais ou menos à metade, passando de quase quatro para menos de dois filhos por mulher. Daí em diante, ela se estabilizou e se recuperou um pouco, pairando em torno de dois filhos por mulher ou ligeiramente acima disso, desde o início dos anos 1990, perto do que é geralmente considerado o nível de reposição e apenas um pouco abaixo do nível anterior à guerra, e mais recentemente parece ter havido um retrocesso para um pouco abaixo de dois. De maneira geral, portanto, pode-se dizer que os Estados Unidos voltaram à norma do estágio final da (primeira) transição demográfica, e está agora um pouco além desse ponto.

Contra esse cenário, o baby boom do pós-guerra pode ser visto em retrospecto como uma aberração – uma excentricidade – na transição demográfica, e não como uma reversão. O ciclo virtuoso (virtuoso ao menos para alguns) de novas famílias criando demanda por novos bens, estimulando a economia, incentivando perspectivas econômicas e encorajando a formação de famílias novas e maiores não podia prosseguir para sempre. Novas forças e normas sociais entraram em jogo, entre elas o feminismo, quando uma geração de mulheres que tinham elas próprias nascido no baby boom aspirava mais comumente à educação superior e à carreira, em vez de simplesmente querer casar e ter filhos. Famílias menores e mais tardias acompanharam a mudança da atitude das mulheres e em relação a elas, o alargamento de seus horizontes e suas crescentes oportunidades educacionais; esse foi o caso em quase todo o Ocidente. De todas as mulheres norte-americanas com vinte e poucos anos, as que tinham educação universitária passaram de 20% para quase 60% entre os anos 1960 e os anos 1990.[12]

A pílula tornou a contracepção extremamente mais conveniente e simples, e mudou muito as práticas e atitudes sexuais. No entanto, demograficamente, ela não foi transformadora, pois embora as formas de contracepção usadas antes da guerra – o preservativo e os DIUs – fossem menos convenientes e naquele estágio menos acessíveis e baratos, elas ainda assim conseguiram favorecer a queda nas taxas de fecundidade ao longo de muitos países ocidentais para o nível de reposição. Evidenciou-se, portanto, que não havia necessidade de educar as mulheres para reduzir a taxa de fecundidade, embora, caso isso fosse feito, quase certamente a fecundidade caísse. A educação feminina e famílias de seis ou oito filhos podem ocorrer juntas em casos individuais, mas não no nível de uma sociedade inteira. Uma atitude mais negativa em relação ao casamento e aos filhos, provavelmente sempre presente, mas nunca formulada em escala tão ampla, foi expressa por Marilyn French em seu clássico feminista de 1977, *The Women's Room*:

> Anos raspando merda de fraldas com uma faca de cozinha, encontrando lugares em que as vagens custam dois centavos a menos o quilo, inteligência para imaginar a maneira mais eficiente e menos demorada de passar camisas brancas masculinas ou de lavar e encerar o piso da cozinha, ou tomar conta

da casa e das crianças. ... Essas coisas não só demandam energia, coragem e atenção, mas podem constituir a própria essência de uma vida. ... Eu odeio esses detalhes encardidos tanto quanto você.[13]

Não: os frutos do baby boom não iriam criar seu próprio baby boom.

A segunda transição

O que estava nascendo – ou, na verdade, ironicamente, aquilo que os frutos do baby boom estavam gerando – era mais uma fase não prevista da demografia moderna. O silencioso progresso rumo à baixa fecundidade e à baixa mortalidade, conseguido em grande parte do mundo industrializado nos anos 1920 e 1930, não foi a palavra final, mas o baby boom do pós-guerra tampouco o foi. Em vez de retornar ao período entre guerras, as taxas de natalidade ficaram abaixo do nível de dois filhos por mulher, representando toda uma série de tendências sociais, do casamento mais tardio ao próprio questionamento pelo movimento LGBT do que significa ser homem ou mulher. Isso pode ser descrito como a segunda transição demográfica.

Com as monarquias cada vez mais raras e qualificadas como arcaicas, na era contemporânea os líderes políticos talvez sejam exemplares melhores do período, e nesse aspecto é notável quantos deles são mulheres – em 2018, a chanceler da Alemanha e a primeira-ministra do Reino Unido, nenhuma das quais tem filhos (embora Angela Merkel seja conhecida afetuosamente como *Mutti*, "mamãe"). Hillary Clinton, que chegou perto de se tornar a pessoa mais poderosa do mundo, tem uma filha. E embora seja verdade que combinar vida política no nível mais elevado com a criação de filhos é difícil, cabe observar que, numa época anterior de mulheres políticas famosas – Golda Meir, Indira Gandhi e Margaret Thatcher –, cada qual conseguiu ter dois filhos (ainda que Margaret Thatcher, com eficiência característica, tenha minimizado o tempo durante o qual adiaram sua carreira política tendo gêmeos).

A reviravolta na fecundidade e o fim do baby boom logo foram notados, pois agora a coleta de dados e as técnicas estatísticas tinham melhorado enormemente. No início dos anos 1970 as preocupações neomalthusianas do presidente dos Estados Unidos Richard Nixon com a população excessivamente grande no país, expressa ainda em 1969, pareciam obsoletas.[14] Também havia outras mudanças, além do feminismo. A sociedade passava por uma secularização na qual, por exemplo, a quantidade de mulheres católicas que usavam métodos de controle da natalidade não aprovados pela Igreja parece ter crescido de menos de ⅓ para mais de ⅔.[15] No início dos anos 1970, a taxa de fecundidade de católicos e protestantes nos Estados Unidos tinha mais ou menos convergido, enquanto a era da família irlandesa e italiana evidentemente grande chegava ao fim.[16] A idade média em que as mulheres tinham filhos nos Estados Unidos havia subido de cerca de 26 durante várias décadas após a guerra para um pouco acima de 28. A lei do aborto era amenizada e a aceitação social dessa prática aumentava. O inesperado aumento da fecundidade no pós-guerra parece ter sido impelido essencialmente pela economia. Sua reversão foi em grande medida produto do progresso tecnológico (a chegada da pílula), que mediou atitudes sociais em mudança e o nível de educação das mulheres. Esses padrões tornaram-se prevalecentes em todo o mundo desenvolvido. O que distingue os Estados Unidos de outras partes do mundo desenvolvido é que, ao menos por um longo tempo, as taxas de fecundidade ali caíram para níveis de reposição, mas não muito abaixo deles, fato que possivelmente reflete a persistência da crença e da prática religiosas mais nesse país que na Europa. O nível elevado de fecundidade era um fenômeno protestante, não católico. Americanos, irlandeses e italianos não seguiam mais o conselho da Igreja de evitar o uso de contracepção, e em consequência não tinham mais famílias grandes; desse modo, não eram os católicos que mantinham uma elevada taxa nacional de natalidade; ao contrário, a taxa de natalidade nos Estados Unidos não entrou em completo colapso graças a atitudes tradicionais em relação à família e ao papel das mulheres, que se aferravam ao Cinturão Bíblico. No limite dessa tendência está o movimento Quiverfull, que exorta as mulheres "a abandonar seus úteros a Deus", a quem caberia determinar o número de filhos, e baseia seus ensinamentos pró-natalistas em textos bíblicos que ordenam ao homem ser frutífero, condenando Onã (e por extensão o onanismo) e louvando o homem com uma *quiverfull of sons*.*[17] A Igreja usou a condenação bíblica de Onã como base para condenar tanto a masturbação quanto o método de prevenção do coito interrompido. Embora seja pequeno e incomum, o grupo Quiverfull é uma manifestação do elo entre religiosidade e fecundidade que pode ser observado entre outras seitas religiosas com fecundidade particularmente elevada, como os judeus haredim em Nova York e suas comunidades-satélites, os mórmons concentrados em Utah e os amish da Pensilvânia e de Ohio.

Outro fator que estimulou a fecundidade nos Estados Unidos foi a chegada de grande número de pessoas da América Latina, onde a procriação em grande escala continuava a ser norma. Essa migração começou precisamente quando a taxa geral de fecundidade americana passou a cair – isto é, em meados dos anos 1960. Geralmente taxas de fecundidade de grupos imigrantes vindos de países de fecundidade alta a baixa caem dentro de uma ou duas gerações, e isso decerto aconteceu com os latinos nos Estados Unidos; mas antes de convergirem, os imigrantes elevam a taxa de natalidade. Portanto, levando em conta o Cinturão Bíblico e a chegada de latinos, é compreensível que mesmo em seu nível mais baixo a taxa de fecundidade nos Estados Unidos ainda não tenha caído para menos de um filho e ¾ por mulher. É notável que nove dos dez estados com taxas de fecundidade mais baixas estejam no Nordeste, fora do Cinturão Bíblico, e em sua maior parte fora das áreas de imigração latina mais elevada. Os números atuais relativamente baixos para a fecundidade nos Estados Unidos como um todo refletem tanto a convergência continuada entre práticas de procriação dos imigrantes e práticas locais quanto um declínio na crença religiosa, reduzindo o tamanho daquelas populações com taxas de natalidade elevadas por razões de crença.

A ausência de um Cinturão Bíblico equivalente e – a princípio – de níveis mais baixos de imigração oriunda do mundo em desenvolvimento

---

* Literalmente, "uma aljava cheia de filhos", isto é, uma família numerosa. (N.T.)

significa que, em outros lugares do Ocidente, o colapso da natalidade foi mais acentuado. Na maioria dos casos, ele também começava de uma base mais baixa. O Canadá avançou, do ponto de vista da fecundidade, para o novo paradigma da segunda transição demográfica de maneira mais convincente que os Estados Unidos, desfrutando uma taxa de fecundidade de mais de três filhos por mulher já em 1945 e vendo-a subir para quase quatro no início dos anos 1960; durante as décadas que se seguiram à guerra o país teve invariavelmente uma taxa de fecundidade maior que a dos americanos. Contudo, os anos 1960 foram uma década de rápida mudança social no Canadá, semelhante ao que estava acontecendo ao sul do paralelo 49, mas acentuada pelo impacto do grande número de franco-canadenses católicos que passaram pela rápida secularização. Sua taxa de natalidade caiu, ao mesmo tempo que a frequência à igreja declinou: outrora era de 80% e agora, de menos de 10%. Em 1970 a taxa de fecundidade no Canadá estava um pouco abaixo da americana, e desse ponto em diante o Canadá experimentou uma taxa invariavelmente baixa, não muito superior a 1,5 filho por mulher na primeira parte do século XXI, enquanto a Austrália e a Nova Zelândia estiveram um pouco mais próximas da fecundidade de reposição e do padrão americano.[18]

Os países desenvolvidos da Europa setentrional, que para nossos objetivos aqui incluem a França, tiveram um baby boom no pós-guerra similar ao dos Estados Unidos, embora um pouco menos pronunciado. No Reino Unido, como nos Estados Unidos, as taxas de fecundidade caíram a partir de meados dos anos 1960. Lá as mulheres tinham cerca de um filho e ⅔ nos primeiros anos do século XXI, embora isso tenha aumentado ligeiramente desde então. O quadro é semelhante na Escandinávia. Na França, a fecundidade também caiu, depois aumentou um pouco, mas nunca chegou muito abaixo de dois filhos por mulher. Parte da elevação nos últimos anos talvez possa ser atribuída ao crescimento das comunidades de imigrantes com taxas de natalidade mais altas (mas decrescentes), como no caso dos latinos nos Estados Unidos; isso parece provável, mas é uma conjectura, pois a coleta de estatísticas em linhas étnicas é difícil na França.

Uma parcela do modesto aumento na fecundidade em certas regiões do mundo desenvolvido desde os últimos anos do século XX se deu também graças ao que os demógrafos chamam de "efeito do tempo", que ocorre quando as atitudes sociais mudam e as mulheres começam a receber educação e a desenvolver carreiras, adiando a maternidade. Durante esse período, a fecundidade parece baixa. No entanto, em certa medida, as mulheres não têm menos filhos, mas os têm mais tarde. A fecundidade de uma coorte frequentemente aumenta um pouco em seus anos mais tardios, compensando em parte, mas não inteiramente, o fato de não conceber mais cedo. Isso parece uma tecnicalidade – e é –, mas significa que o recente aumento modesto na fecundidade registrada em um país desenvolvido não indica necessariamente aumento duradouro ou significativo na taxa de natalidade, mas simplesmente o fim de uma tendência ascendente na idade reprodutiva. A maré humana é capaz de produzir corredeiras enganosas e ondas ocultas.

O efeito do tempo e as variações de taxas de fecundidade pela Europa podem parecer pequenas rugas no rosto de uma Europa de fecundidade geralmente baixa e em processo de envelhecimento, mas eles merecem ser examinados porque fazem uma diferença. A Alemanha, por exemplo, tem uma das taxas de fecundidade mais baixas da Europa, e a queda mais acentuada foi na Alemanha Oriental. O colapso do comunismo, o fim das certezas confortáveis, do apoio para as mulheres trabalhadoras e o atrativo de mudar-se para o Ocidente, entre os jovens, significaram que o número de nascimentos no território caiu de 200 mil em 1989, o último ano da República Democrática Alemã, para 80 mil cinco anos depois. O problema, contudo, não está limitado à Alemanha Oriental. Desde o início dos anos 1990 a taxa de fecundidade da Alemanha pelo menos parou de cair, mas se estabilizou por volta de um filho e ⅓ por mulher, talvez começando a aumentar para cerca de 1,5. Isso terá implicações potencialmente graves a longo prazo.

Na Europa meridional a história foi um tanto diferente, caracterizada por um ponto de partida geralmente mais elevado, porém, em décadas recentes, por um nível universalmente baixo de fecundidade. Não somente nos subúrbios de Nova York e Boston as *mammas* italianas com suas grandes ninhadas há muito se tornaram coisa do passado; isso é igualmente verdadeiro a respeito de Milão e Roma. As sociedades europeias meridionais eram menos desenvolvidas industrialmente que seus vizinhos setentrionais antes da Segunda Guerra Mundial, e assim a transição social no pós-guerra foi mais radical. A Espanha viu uma elevação no pós-guerra e depois um declínio na fecundidade, com uma queda tardia, mas forte, nos anos 1980, desde quando a fecundidade foi geralmente ainda mais baixa que a da Alemanha. Na Itália, as taxas de fecundidade mal se elevaram após a guerra e caíram para níveis persistentemente baixos. "Somos um país moribundo", disse o ministro da Saúde italiano em 2015, quando se revelou que, com pouco mais de meio milhão, nasceram menos bebês em 2014 na Itália que em qualquer ano desde a unificação do país, mais de 150 anos antes (quando, convém notar, uma safra maior de bebês foi produzida por uma população notavelmente menor que a metade de seu tamanho atual).[19]

Como nos Estados Unidos, porém um pouco mais tarde, os católicos da Europa começavam a ter famílias menores que as dos protestantes.[20] Ainda que a maternidade adiada possa dar origem a algumas recuperações entre esses países com as mais baixas taxas de fecundidade, como a Alemanha e a Itália, o efeito, na melhor das hipóteses, será limitado; fecundidade completa para coortes recentes, indicador definitivo embora só mensurável em retrospecto, mostra 1,5 filho por mulher na Alemanha e 1,6 na Itália, um pouco acima das recentes taxas totais de fecundidade, mas bem aquém do nível de reposição.

Cabe observar que na metade do século as taxas de fecundidade mais elevadas na Europa eram as dos países católicos (França, Espanha e Itália), e as menores as dos países predominantemente protestantes (Suécia e Reino Unido), mas desde então a situação se inverteu, com as taxas de fecundidade mais baixas encontradas entre os países católicos. A razão para isso parece residir em diferentes atitudes em relação às mulheres, ao casamento e ao nascimento. Nascimentos fora do casamento no Reino Unido e na Escandinávia tornaram-se comuns, mas isso não aconteceu na Europa meridional, católica. Embora as taxas de fecundidade dentro do casamento não variem acentuadamente em várias partes da Europa ocidental, a fecundidade como um todo é suplementada por nascimentos extramaritais em áreas menos tradicionais, e não em países como a Itália e a Espanha.[21] A fecundidade mais baixa, ao que parece, é experimentada em sociedades apanhadas, por um lado, entre a modernidade, o individualismo e a emancipação feminina, fatores associados ao atraso ou adiamento indefinido do casamento, e, por outro lado, pelas tradições que desaprovam o nascimento fora do casamento.

Compare a Dinamarca, com sua taxa de fecundidade quase de reposição e taxa de 45% de nascimentos fora do casamento, com a Espanha, onde até recentemente apenas 12% dos nascimentos ocorriam fora do casamento, ou a Grécia, onde a conta era de 4%, e tenha em mente que as taxas de fecundidade tanto da Espanha quanto da Grécia são de cerca de meio filho menos que a da Dinamarca.[22] A experiência da Ásia oriental é semelhante à dos países católicos da Europa meridional e produz taxas de fecundidade igualmente baixas: de fato, foi como se, coletivamente, as mulheres estivessem na posição de dizer: "Teremos somente tantos bebês dentro do casamento; o resto teremos fora do casamento, ou, se vocês não aprovarem, não teremos filho algum." Taxas de fecundidade, portanto, são especialmente baixas em países em que as mulheres são estimuladas a se educar e a seguir uma carreira, mas onde o nascimento fora do casamento não é bem visto. Elas são muito melhores em países em que as atitudes em relação às mulheres no local de trabalho são mais positivas e se adotam medidas para permitir que tanto as trabalhadoras quanto os trabalhadores combinem suas carreiras com a criação dos filhos.

Frequentemente é em países como a Itália e a Espanha, onde as mulheres são estimuladas a se instruir, mas as atitudes no local de trabalho são menos avançadas, que a fecundidade é mais baixa. Quando o governo italiano lançou uma campanha para encorajar as mulheres a ter mais filhos e a tê-los mais cedo, houve uma explosão de protestos femininos com cartazes que diziam *"Siamo in attesta"*, um jogo de palavras com "estamos esperando" e "estamos à espera", referindo-se às suas expectativas de mais facilidades para combinar trabalho e maternidade, enquanto um grupo do Facebook se queixou: "O governo quer que tenhamos filhos – e rápido.

Muitas de nós não queremos, e de fato estamos esperando por creches, previdência social, salários, benefícios."²³ O FMI havia marcado a Itália como um dos países onde menos se fez para estimular as mulheres a trabalhar. Enquanto outrora isso poderia estar associado a taxas de fecundidade mais elevadas, agora, quando as mulheres recebem oportunidades educacionais, mas não de emprego, ou onde se torna difícil para elas combinar trabalho e maternidade, a tendência é que elas não tenham filhos.

Embora a diferença entre vários países do Ocidente possa parecer profunda, a visão de mais longo prazo revela que suas experiências se conformam a um padrão de fecundidade ressurgente e depois decrescente nos anos do pós-guerra. Por exemplo, há uma diferença de cerca de meio filho entre as taxas de fecundidade, digamos, da Alemanha e da República da Irlanda, representando, respectivamente, as taxas mais alta e mais baixa no grupo; e embora essa diferença importe se for sustentada a longo prazo, ela deveria, não obstante, ser vista dentro de um quadro global de forte movimento geral em direção à última fase da primeira transição demográfica e, pelo menos em alguns casos, para além dela.

Os países na Europa central que se tornaram parte do Ocidente (especificamente aqueles que ingressaram na Organização do Tratado do Atlântico Norte [Otan] e na União Europeia) após o colapso do comunismo experimentaram universalmente taxas de fecundidade decrescentes e depois muito baixas desde 1945. O maior desses países por população é a Polônia, onde as mulheres tinham quase quatro filhos no início dos anos 1950, mas hoje têm menos de 1,5. Novamente, esses países, da Bulgária à Lituânia, estão presos no meio-termo entre níveis elevados de educação e participação na força de trabalho para as mulheres, por um lado, e noções tradicionais de família e dificuldades para aquelas que tentam combinar carreira e maternidade, por outro. De fato, dentro da Europa, há uma taxa muito baixa de fecundidade quase em toda parte, exceto nas Ilhas Britânicas, na Escandinávia, na França e na Holanda. O catolicismo não poupou a Lituânia ou a Eslováquia desse destino, assim como não salvara a Itália ou a Espanha.

O envelhecimento dos brancos

Em janeiro de 2015 um anúncio de emprego incomum apareceu na imprensa britânica: a rainha, que se aproximava celeremente dos noventa anos, estava procurando alguém a fim de ajudá-la a enviar as costumeiras congratulações para todos entre seus súditos no Reino Unido que haviam chegado aos cem anos. "Você será responsável por lidar com as solicitações do público assegurando que todos os destinatários elegíveis recebam o cartão de congratulações da rainha." Assim que a rainha ascendeu ao trono, em 1952, somente 3 mil desses cumprimentos eram enviados, mas na época do anúncio esse número tinha mais que triplicado.

Os que passam dos cem anos ainda são uma raridade em todos os países. Há cerca de 15 mil centenários no Reino Unido hoje, número que triplicou em uma década. A população do Reino Unido com mais de noventa anos também triplicou entre 1984 e 2014, chegando a bem mais de meio milhão nesta última data. A idade superavançada era outrora um domínio esmagadoramente feminino, mas no Reino Unido, enquanto no final dos anos 1980 havia 4,5 mulheres com mais de noventa anos para cada homem, hoje a razão está mais próxima de 2,5. Mais mulheres estão vivendo até uma idade excepcionalmente avançada, mas *muito* mais homens também estão. E, evidentemente, o aumento no número dos muito velhos não está limitado àqueles com direito a receber as congratulações de Sua Majestade. Com relação às suas populações, a Alemanha e os Estados Unidos não estão muito atrás do Reino Unido e da Espanha, ao passo que Suécia, França e Itália estão à frente.[24]

Assim, enquanto o lado da fecundidade da história teve algumas surpresas ao longo do caminho, com uma lombada ascendente após a Segunda Guerra Mundial e depois uma queda acentuada nos últimos cinquenta anos na maior parte do Ocidente, o lado da mortalidade da história não fez o mesmo, e as pessoas vivem cada vez mais, seja na Europa ou nos Estados Unidos. De fato, grande parte do envelhecimento nas sociedades desenvolvidas hoje é resultado do baby boom, com a grande coorte nascida imediatamente após a Segunda Guerra Mundial agora na casa dos setenta anos. Isso não deveria ser surpresa. Decisões sobre o tamanho da família dependem de uma série de fatores sociais, culturais, econômicos e religiosos, por isso são extremamente variáveis, mas em todas as sociedades a maioria das pessoas quer viver mais tempo. A extensão da vida, portanto, torna-se mais onipresente como meta de indivíduos, governos e sociedades. O fornecimento de assistência médica para estender a vida tornou-se uma das funções mais centrais, se não *a* mais central, do governo aos olhos de muitos de seus cidadãos; conselhos e escolhas de estilo de viver centram-se na vida saudável e nas formas de adiar o início das enfermidades mortais. Em sociedades desenvolvidas, um número cada vez menor de pessoas morre de doenças contagiosas como gripe ou cólera, e a assistência médica pública e privada consegue minimizar ou eliminar essas ameaças à vida. Um número cada vez maior de nós, enquanto isso, morre das doenças geralmente associadas à idade.

Esses avanços já estavam bem encaminhados nos países mais avançados da Europa muito antes da Segunda Guerra Mundial. Os pobres descritos por George Orwell nos anos 1930, "em suas fileiras de casas cinzentas nos bairros miseráveis", por mais dura que fosse sua sorte, gozavam de um nível muito mais elevado de prosperidade material e tinham vidas mais longas que seus ancestrais retratados por Charles Dickens. A saúde era melhor, eles tinham menos filhos, e os que tinham eram muito mais propensos a sobreviver até a idade adulta. Após 1945 o processo se ampliou por todo o Ocidente: a habitação melhorou, a educação melhorou (quase sempre associada a uma expectativa de vida mais longa), rendas e padrões de vida se elevaram em geral; finalmente, a assistência médica universal gratuita ou subsidiada tornou-se a norma.

As medidas mais frequentemente usadas de idade de uma sociedade levam em conta sua expectativa de vida ao nascer e sua idade mediana. A expectativa de vida nos Estados Unidos subiu de um pouco menos de setenta anos para um pouco menos de oitenta entre 1950 e 2010. O histórico da Europa foi ainda mais impressionante. Vários países europeus, como França, Áustria e Bélgica, começando em 1950 com uma expectativa de vida não muito acima de 65, já superaram os oitenta. O reforço do Estado de bem-estar social europeu e da assistência médica socializada, seja o que for que se possa dizer a favor ou contra ele, e talvez dietas e estilos de vida mais saudáveis significaram que o europeu ocidental médio vive cerca de dois anos mais que o americano médio.²⁵

Como nos Estados Unidos, também na Europa a ampliação da expectativa de vida em uma década ou mais desde 1950 ajudou, em certa medida, a compensar o impacto do crescimento populacional em desaceleração – ou mesmo o declínio populacional – que teria resultado da fecundidade em queda isolada. Nos últimos anos, o persistente alongamento da expectativa de vida tornou-se irregular no Ocidente; há subgrupos nos Estados Unidos, por exemplo – especificamente homens brancos da classe baixa –, em que ele cessou lentamente ou até se inverteu um pouco. Houve uma redução muito ligeira da expectativa de vida nos Estados Unidos entre 2014 e 2015, como resultado do uso de drogas, do alcoolismo e das chamadas "doenças do desespero".²⁶ A obesidade disseminada e crescente também não está ajudando. É cedo demais para dizer se essa inversão vai se tornar significativa, generalizada ou duradoura. Parece improvável – a marcha inexorável para uma expectativa de vida cada vez mais longa é muitas vezes considerada um dado absoluto da demografia –; contudo, mais uma vez, a maré humana pode estar prestes a tomar um rumo inesperado.

O prolongamento geral da vida – ainda que tenha havido algumas pequenas inversões recentes – e a queda nas taxas de natalidade significam que as sociedades ocidentais envelheceram, como se pode observar pela idade mediana. Enquanto a idade mediana nos Estados Unidos de 1950 a 2015 passou de trinta para 38, o aumento foi mais acentuado em muitos países europeus, que experimentaram um alongamento mais pronunciado da expectativa de vida e uma queda mais forte das taxas de natalidade. Na Espanha, por exemplo, ela aumentou de 28 para 43, e na Itália, de menos de 29 para 46. Na Alemanha ela também chegou aos 46, a mais alta do mundo, junto com a do Japão. Provavelmente pela primeira vez na história estejam emergindo sociedades de meia-idade e que estão envelhecendo. Hoje o alemão médio – com décadas de vida à sua frente – chegou a uma idade em que seus bisavós, pela expectativa de vida da época, já estariam mortos. Espanhóis, italianos e a maioria das outras pessoas no Ocidente estão em posição similar.

Expectativa de vida mais longa e idade mediana mais elevada, sob muitos aspectos, devem ser bem-vindas. As pessoas querem viver mais, portanto, deve ser reconhecido que, quando elas o fazem, em média, isso é uma boa coisa, que enriquece as vidas e abre oportunidades e perspectivas para mudanças no trabalho e no lazer, outrora inimagináveis para a maioria das pessoas. Indústrias inteiras, como a dos cruzeiros de recreio, cresceram para dar aos aposentados aventuras e experiências com que seus avós nem sonhavam. O que antigamente era visto com terror – ficar velho, doente e dependente de outros – tornou-se para muitos um ocaso dourado. Os ganhos são sociais, não apenas individuais. Populações mais velhas tendem a ser mais pacíficas, e as sociedades em que elas predominam são menos dominadas pelo crime, talvez numa compensação para a redução da energia e da criatividade próprias da juventude.

Há uma ligação comprovada entre sociedades em processo de envelhecimento e queda da criminalidade, e as taxas de crime realmente caíram em grande parte do mundo ocidental. Mas surgem duas preocupações principais e correlatas. A primeira é que o aumento da população idosa dará origem a um aumento da necessidade de pessoal e assistência médica que irá sobrecarregar os recursos da força de trabalho nas sociedades em que isso vem ocorrendo. Essa se tornou uma questão central durante a campanha eleitoral de 2017 no Reino Unido, quando a então primeira-ministra, Theresa May, propôs reformas nos atuais sistemas de assistência social e depois foi forçada a recuar, perdendo sua reputação de "forte e estável". A falta de jovens no plano local para atender a essas demandas provavelmente irá dar origem a demandas de imigração, produzindo consequências adicionais. De qualquer modo, a imigração talvez seja apenas um paliativo temporário para o envelhecimento: populações imigrantes envelhecem, e o fluxo de jovens se esgotará muito além da Europa. Ademais, não há razão para se pensar que a Europa terá para sempre o peso econômico de atrair os jovens imigrantes do exterior, mesmo que o desejasse.

A segunda preocupação relacionada ao envelhecimento é que, ali onde os idosos recebem generosos benefícios do Estado na forma de aposentadoria, será cada vez mais difícil para uma força de trabalho decrescente arcar com as despesas. Quando, em 1889, o chanceler Otto von Bismarck introduziu pela primeira vez as aposentadorias por idade para os trabalhadores alemães que ultrapassassem os setenta anos, as chances de beneficiar-se delas eram escassas. A expectativa de vida alemã na época ficava muito aquém dos cinquenta anos. Assim, um trabalhador que vivesse além dos setenta anos era um indivíduo afortunado e bastante raro. Implantou-se, na verdade, um seguro – especificamente, um seguro contra os pobres que vivem tempo demais. A idade para a aposentadoria desde então se reduziu, ao passo que as expectativas de vida se elevaram, e isso pôs intensa pressão sobre o pacto intergerações que sustenta o Estado de bem-estar social em muitos países europeus. Com uma razão elevada de trabalhadores jovens para idosos dependentes, como foi o caso nos primeiros anos do Estado de bem-estar social, não era difícil financiar o fornecimento de benefícios para os idosos por meio de transferência de pagamentos, mesmo que eles cada vez menos se assemelhassem a um genuíno seguro (já que a maioria esperava finalmente desfrutar suas recompensas).

Isso muda à medida que um número cada vez maior de pessoas vive muito além da idade da aposentadoria e o grupo de trabalhadores jovens se esgota. Para estabilizar o gasto público com aposentadorias como uma porcentagem do Produto Interno Bruto (PIB), estima-se que os benefícios teriam de ser reduzidos em mais de ⅓ na Alemanha e em mais de 40% na Holanda e nos Estados Unidos. A alternativa seria aumentar a idade para a aposentadoria, em até sete anos na Holanda, por exemplo.[27] Qualquer dessas opções ou uma combinação de ambas será politicamente difícil, contudo, com muitos países europeus já pesadamente endividados, não é óbvio que os governos terão por muito tempo a opção de adiar o problema aumentando a dívida. O espectro da pobreza na velhice e de falência do Estado assombra a Europa, e os Estados Unidos não estão muito atrás.

A onda mexicana

Com taxas de natalidade persistentemente baixas e um apetite insaciável por mão de obra, os países desenvolvidos da Europa e da América do

Norte absorveram populações do mundo em desenvolvimento durante as últimas décadas. Os imigrantes vieram de sociedades com fecundidade florescente – como veremos adiante –, e em muitos desses países a partida de milhares de pessoas não impediu que suas próprias populações crescessem depressa. Cultural e demograficamente, o impacto foi maior sobre a nação de acolhimento que sobre a nação de origem, não só evitando o que de outro modo teria sido uma queda abrupta do número de trabalhadores no país receptor, mas também mudando sua compleição étnica. No caso dos Estados Unidos, a maior parte dessa imigração veio da América Latina, em particular, pelo menos até há pouco tempo, de seu vizinho meridional imediato, o México.

Nos anos 1920, quando foram impostos controles de imigração nos Estados Unidos, o debate no Congresso deixou muito transparente que o objetivo era "defender a maioria branca da América", manter o país tão branco e anglo-saxão quanto desse, com o menor número possível de imigrantes vindos da Europa meridional ou oriental, e, idealmente, nenhum vindo de qualquer lugar da Ásia ou da África. Nos quarenta anos seguintes foi essa visão que orientou a política de imigração dos Estados Unidos. Depois, em meados dos anos 1960, com a liberalização das opiniões sobre as famílias e o papel das mulheres, uma mudança nas atitudes em relação a raça significou uma completa subversão da lei de imigração americana. De repente os portões estavam abertos de novo, e dessa vez os mais bem posicionados para tirar proveito não eram os originários das Ilhas Britânicas ou da Europa ocidental (eles estavam desfrutando seu próprio boom econômico do pós-guerra) nem aqueles da Europa oriental (eles estavam trancados no Império Soviético). Eram aqueles imediatamente ao sul dos Estados Unidos, os pobres da América Latina e em particular do México, cujos números cresciam graças à sua própria transição demográfica e às perspectivas tentadoras do sonho americano apenas a um rio de distância. Convenientemente, isso coincidiu com a queda brusca da taxa de fecundidade nos Estados Unidos.

A população norte-americana continuou a se expandir rumo aos 300 milhões (e mais além), contudo agora seu crescimento era incrementado não pela chegada das massas amontoadas da Europa a Staten Island, nem pela chegada às enfermarias das maternidades, mas pelos que vinham do outro lado do rio Grande, do México e de outros países latino-americanos, e, numa menor medida, da Ásia. Os Estados Unidos de hoje foram moldados pelas escolhas das pessoas, desde os anos 1960, de ter menos filhos e pelas grandes mudanças nas atitudes sociais em relação a raça, resultando disso que as portas para a imigração não europeia fossem escancaradas. Pessoas do mundo todo ficaram ansiosas para aproveitar a oportunidade de poder alcançar o sonho americano.

Já havia uma população mexicana no local quando os Estados Unidos anexaram o que era então a metade setentrional do México em 1848, embora ela provavelmente não fosse muito superior a 100 mil e muitos destes tenham ido embora.[28] Contudo, apesar disso e das repatriações e deportações da era da depressão, a população mexicana cresceu de maneira constante, e em 1970 o recenseamento mostrou mais de 9 milhões de latinos nos Estados Unidos, cerca da metade dos quais era mexicana.[29] Nesse estágio, o número começou a aumentar acentuadamente: em 1973 já havia 6 ou 7 milhões de mexicanos no país. Em 1980 havia quase 15 milhões de hispânicos, representando mais de 6% da população, cerca de 60% dos quais eram mexicanos; os maiores grupos seguintes eram de porto-riquenhos (15%) e cubanos (12%). Estes últimos tiveram os direitos de imigração liberados como parte da política anti-Castro do governo.[30] O crescimento continuou durante boa parte do século XXI. Segundo o recenseamento de 2010, os hispânicos como um todo eram mais de 16% da população, superando a maior minoria tradicional, os negros, que compreendiam menos de 14%, ao passo que, com 50 milhões, os latinos, ⅔ dos quais são agora mexicanos ou de origem mexicana, tinham crescido mais de cinco vezes em quarenta anos; os que se autoidentificavam como inteiramente brancos eram agora menos de ⅔ do total, e como total ou parcialmente brancos, um pouco mais de ¾.[31]

Embora a maior parte do crescimento da população latina desde os anos 1960 tenha sido impulsionada pela imigração, ele foi também em parte "natural": com um perfil demográfico jovem e alta fecundidade, a taxa de natalidade hispânica era 50% mais alta que a dos brancos; a dos mexicanos, em particular, era ainda mais alta.[32] De fato, no início do século XXI, com a imigração desacelerando, os nascimentos de mexicanos nos Estados Unidos superaram a chegada de mexicanos.[33] Essa grande migração para os Estados Unidos pode não ter sido tão grande em termos relativos quanto a migração do final do século XIX e início do século XX: naquela época, a população nascida no exterior dos Estados Unidos chegou a cerca de 14%, enquanto no fim dos anos 1990 era de cerca de 8%.[34] Contudo, em termos absolutos, foi o maior afluxo que o país experimentou. Além disso, ela tornou os Estados Unidos, de longe, os maiores recebedores de migrantes do mundo.[35]

Há sinais, no entanto, de que a grande afluência mexicana para os Estados Unidos está diminuindo. Assim como a demografia e a economia impeliram os migrantes para o país, melhoras na economia mexicana e taxas de fecundidade em acentuado declínio no México (agora não muito acima do nível de reposição), além do crescimento populacional decrescente a isso associado – quase ⅔ abaixo de seu nível máximo –, reduziram o fluxo para fora do país. Ao mesmo tempo, a retração econômica pós-2008 nos Estados Unidos reduziu a demanda de mão de obra barata, atendida por muitos dos últimos mexicanos a chegar, e uma estimativa sugere que a partir de 2010 passou a haver nos Estados Unidos meio milhão de mexicanos a menos que em 2007.[36]

Em nenhum lugar a mudança de compleição dos novos Estados Unidos foi mais acentuada que na Califórnia, onde a parte da população classificada como branca caiu de 70% para 40% nos trinta anos de 1980 a 2010. Essa demografia étnica cambiante teve consequências políticas de dois tipos. Primeiro, o voto da minoria passou a ser mais importante à medida que ela cresceu. Segundo, o voto branco ainda dominante refletiu em certa medida uma reação contra a rápida mudança etnodemográfica. Com base apenas no voto branco – que ainda era dominante até muito recentemente –, Barack Obama não teria se tornado presidente em 2009. Enquanto isso, muitos veem a emergência e o triunfo de Donald Trump como um esforço último não tanto para "tornar a América grande novamente", mas para "mantê-la branca pelo maior tempo possível". Quer as elites cosmopolitas desejem ou não ver (ou se sintam confortáveis para debater), vários estudos sérios sobre o populismo contemporâneo sugerem que ele não é, em essência, o grito dos desfavorecidos ou daqueles que estão perdendo da globalização. É, sim, o protesto de um único grupo étnico que vem há muito batendo em retirada do predomínio global e agora se vê declinando em seu próprio país. Como argumentou o jornal britânico *Independent*, observando a rapidez da mudança étnica nos Estados Unidos: "A ansiedade racial é profunda na etnicidade americana branca. Agora Trump a converteu numa arma."[37] As áreas mais perturbadas pela imigração em massa foram as que mais apoiaram Trump, ao passo que a rápida mudança étnica, e não o ressentimento econômico do Cinturão da Ferrugem, é uma explicação melhor para o populismo nos Estados Unidos, quando os salários medianos estão finalmente subindo e o desemprego está abaixo de 5%. A promessa mais icônica de Trump não foi reabrir as minas de carvão, mas construir um muro para impedir a migração mexicana, e as razões por trás disso não foram mau desempenho econômico ou desemprego entre os jovens, ainda que essas coisas tenham contribuído adicionalmente para as frustrações que alimentam o crescimento de seu apoio.

O famoso muro mexicano de Donald Trump, tema característico das eleições presidenciais de 2016, talvez seja mais bem compreendido como um muro demográfico, destinado a evitar as consequências de escolhas de fecundidade passadas que levaram à estagnação dos números dos Wasps enquanto os dos latinos prosperam. Contudo, como se observou, mais mexicanos *deixaram* os Estados Unidos nos últimos anos do que chegaram, o que foi em si mesmo resultado de uma diminuição na taxa de natalidade no México (onde ela está agora abaixo de vinte por mil, ao passo que no início dos anos 1970 estava acima de quarenta), bem como de perspectivas econômicas mais elevadas no país.[38] Em paralelo, muitos latinos estão se assimilando rapidamente à vida americana, e a terceira geração até já parou de falar espanhol. No entanto, sua presença transformou vastas faixas dos Estados Unidos e da vida americana. (É notável que os rivais mais próximos de Trump para a nomeação republicana em 2016, Marco Rubio e Ted

Cruz, tenham origem total ou parcialmente latina, e o finalista seguinte, Jeb Bush, seja casado com uma latina.)

O resto do Ocidente segue o exemplo

O destino demográfico do resto do Ocidente se assemelhou muito ao dos Estados Unidos, com um baby boom no pós-guerra que terminou em meados dos anos 1960 e foi finalmente acompanhado por imigração em massa proveniente do sul do globo. Foi assim no Canadá, na Austrália, na Nova Zelândia e na Europa ocidental. Os imigrantes para a Europa chegaram em geral de ex-colônias ou de países não europeus com que a nação anfitriã foi associada: da Ásia meridional e do Caribe, no caso do Reino Unido; do Norte da África, no caso da França; e Turquia (aliado da Alemanha antes e durante a Primeira Guerra Mundial), no caso da Alemanha. A Espanha teve sua própria chegada de latino-americanos.

Como em outras questões demográficas, o Reino Unido esteve na vanguarda dos desenvolvimentos. Até a era do pós-guerra as únicas afluências significativas a partir de fora das Ilhas Britânicas desde a invasão normanda tinham sido de europeus, talvez 50 mil huguenotes nos séculos XVI e XVII, quiçá 200 mil judeus nas décadas imediatamente anteriores à Primeira Guerra Mundial.[39] Os primeiros tinham se integrado inteiramente à sociedade britânica, a tal ponto que não teria sentido falar em "comunidades huguenotes". Os últimos, que cada vez mais se casavam com membros da população local e se assimilavam a ela, nunca representaram, mesmo em seu pico demográfico, mais de 1% da população total. Indivíduos chegavam das colônias ocasionalmente, mas nunca tinham criado comunidades demograficamente sustentáveis.

Pequenas populações negras em alguns portos, em particular Liverpool, se fundiram com a população mais ampla. Isso mudou após 1945, começando com uma afluência oriunda do Caribe. Em 1971, havia mais de 300 mil pessoas no Reino Unido nascidas nas Antilhas e nas Bahamas, e em meados dos anos 1970 a comunidade chegara a cerca de meio milhão.[40]

Uma onda maior de imigrantes veio do subcontinente indiano, fosse diretamente da Índia e do então recém-criado Estado do Paquistão (e mais tarde Bangladesh), fosse dos descendentes de migrantes da Ásia meridional para a África oriental. Com frequência os primeiros eram homens que vinham em busca de trabalho: em 1961, havia no Reino Unido mais de cinco homens nascidos no Paquistão para cada mulher ali nascida. Contudo, no devido tempo, a reunião das famílias se tornou mais comum que o retorno à pátria. Nas últimas décadas, ocorreram outras migrações provenientes de uma ampla variedade de fontes, muitas vezes na forma de requerentes de asilo e migrantes econômicos ou envolvendo movimento dentro da União Europeia. A escala da imigração no pós-guerra parece agora modesta em comparação com os primeiros anos do século XXI. Em alguns períodos de doze meses desde 2000 chegaram mais pessoas à Grã-Bretanha que durante todo o período de 1066 a 1950.[41]

O impacto sobre a composição étnica do Reino Unido dessa virada da maré foi profundo. Enquanto no pós-guerra imediato aqueles de origem britânica branca e britânica/irlandesa branca compunham quase toda a população, em 2011 os que se definiam como britânicos brancos tinham se reduzido a pouco mais de ⅘. O número total de brancos caiu de 91,3% para 86% da população da Inglaterra e do País de Gales num período de apenas dez anos. Os asiáticos eram mais de 7% da população, e aqueles que se identificavam como negros (afro-caribenhos, africanos ou britânicos negros) eram mais de 3%.[42] Pessoas de origem não europeia constituíam 40% da população nas maiores cidades do Reino Unido, e em Londres eram mais numerosas que os brancos em todos os grupos etários até os vinte anos.[43] A população de origem imigrante é muito mais jovem que a população nativa; proporcionalmente, há duas vezes mais pessoas com menos de dez anos nas comunidades bangladeshiana e paquistanesa que na comunidade britânica branca. Embora as taxas de fecundidade das minorias tenham convergido para baixo em direção às da população britânica branca (na verdade as taxas de fecundidade indianas talvez sejam mais baixas), com afluências contínuas de imigrantes, a população de origem britânica branca parece tender a ficar abaixo de 60% do total em meados do século XXI no

Reino Unido, ao passo que os não brancos vão aumentar ao longo de meio século, de cerca de 10% para cerca de 30%.[44] A diferença será composta por pessoas de extração europeia continental.

O quadro na França e na Alemanha é semelhante. Em ambos os países, uma mistura de fortes fluxos de imigração de fora da Europa (somados a afluências significativas a partir de dentro da Europa) e a baixa taxa de fecundidade da população nativa durante um período prolongado remodelou radicalmente a demografia étnica. A França já experimentara – de fato estimulara – a imigração de outras partes da Europa antes da Segunda Guerra Mundial, e isso continuou no período seguinte. Ela recebeu mais de 2,5 milhões de italianos, 1,5 milhão de espanhóis e mais de 1 milhão de portugueses. Desde 1945 ela acolheu uma vasta afluência de pessoas oriundas do Norte da África, inicialmente de *pieds-noirs** que fugiam da Argélia independente, mas cada vez mais daqueles nativos do Norte da África e em outras partes da antiga África colonial francesa, num total de cerca de 3 milhões.[45] Como no caso dos paquistaneses no Reino Unido, inicialmente muitos imigrantes vindos do Norte da África eram homens que chegavam sozinhos, todavia, cada vez mais eles passaram a levar também suas famílias. A França persiste numa tradição de "republicanismo assimilacionista" e carece de dados oficiais sobre minorias, mas estima-se que mais de 10% das pessoas que viviam na França no início do século XXI eram nascidas no exterior, e uma proporção um pouco menor era muçulmana. Novamente, como no Reino Unido, a população de origem imigrante é mais jovem que a população francesa nativa, e isso sugere crescimento futuro mesmo sem imigração adicional.

Na Alemanha, com sua taxa de fecundidade excepcionalmente baixa, os números são também impressionantes. Uma fonte acredita que nada menos de 30% da população eram nascidos no exterior ou, desde 1945, descendentes de imigrantes.[46] Como no caso da França, os migrantes para a Alemanha vieram tanto da Europa meridional (frequentemente dos Bálcãs,

---

* Nome dado aos franceses originários da Argélia e, por extensão, franceses de ascendência europeia instalados no Norte da África francesa até a independência. (N.T.)

em particular da antiga Iugoslávia) quanto dos países muçulmanos mais ao sul (particularmente da Turquia). Inicialmente, os turcos chegavam como trabalhadores convidados, mas, como em outros lugares, as famílias os seguiam. A obtenção da cidadania tem sido mais difícil na Alemanha que na Grã-Bretanha ou na França, e os direitos dependem mais da origem que do lugar de nascimento ou residência, embora isso tenha mudado um pouco nos últimos anos. O padrão de grupos imigrantes jovens e com fecundidade mais elevada, já observado na França e no Reino Unido, parece se aplicar também à Alemanha. Esse era o cenário da onda de imigrantes que tentou entrar na Alemanha em 2015, muitos dos quais, mas nem de longe todos, fugiam da guerra civil síria. A chanceler Angela Merkel insistiu em *"wir schaffen es"* – "podemos fazer frente", "podemos aguentar isso" –, mas a reação de um grande número de seus cidadãos sugere que está longe de haver consenso quanto a essa questão.

Além de pessoas que chegam do sul, desde a queda do Muro de Berlim e da expansão da União Europeia houve um movimento em massa de pessoas *dentro* da Europa, de leste para oeste. Como nos Estados Unidos, esses deslocamentos não só mudaram a composição étnica, como também foram um importante componente na alimentação de novas forças políticas de reação, quer seja o UK Independence Party (Ukip) e o voto pelo Brexit no Reino Unido, quer seja o Front National na França ou o Alternative für Deutschland (AfD) na Alemanha. Na França, o voto pelo Front National aumentou constantemente, acompanhando o tamanho das comunidades imigrantes, assim como a preocupação com sua radicalização. O slogan de Marine Le Pen, que obteve o segundo lugar nas eleições presidenciais de 2017 – *"On est chez nous"*, que talvez seja mais bem traduzido como "Este é o nosso lugar" –, tem a ver com identidade e uma linha divisória entre os franceses "nativos" e pessoas chegadas mais recentemente. Como no caso de Trump, o apoio a Marine Le Pen pode ser mais bem explicado como uma reação à mudança étnica, e não uma resposta a problemas econômicos. Mais importante que preocupações com desigualdade econômica, o populismo de hoje no mundo desenvolvido só pode ser plenamente compreendido em seu contexto demográfico. Por exemplo, há uma clara correlação no Reino Unido entre mudanças na etnicidade de um distrito local na década anterior ao referendo europeu e a porcentagem de votantes que optou pelo Brexit. As atitudes em relação à imigração se correlacionam mais estreitamente ao voto "sair" que qualquer outro fator, exceto a União Europeia em si. Além disso, o apoio ao AfD, de extrema direita da Alemanha, aumentou subitamente após as muito divulgadas migrações em massa de sírios no verão de 2015.

Sem sua liderança inicial na transformação demográfica, a Grã-Bretanha não poderia ter exportado seu povo para governar um império em que o sol nunca se punha. Sem a acentuada queda nas taxas de fecundidade que se seguiu – e a rápida expansão simultânea em países que a Grã-Bretanha governara anteriormente –, a imigração em massa e a chegada de uma sociedade mais multicultural quase certamente não teriam acontecido. Se quisermos compreender por que os californianos falam inglês ou por que há cinco vezes mais muçulmanos que metodistas no Reino Unido, devemos considerar as grandes forças da mudança demográfica nos últimos tempos.

Assim como os Estados Unidos implantaram políticas para preservar seu caráter étnico (predominantemente europeu do noroeste), a Austrália introduziu uma política de "Austrália branca" no início do século XX, especificamente para evitar a imigração asiática. Como no caso dos Estados Unidos, também na Austrália uma mudança nas atitudes em relação a raça e etnicidade significou que essas políticas foram afrouxadas no pós-guerra. Em 2011, ¼ dos australianos tinha nascido no exterior e mais ⅕ tinha pelo menos um dos pais nascido no exterior. O Reino Unido continuava a ser a maior fonte isolada de imigração, embora os imigrantes vindos do Reino Unido representassem apenas ⅕ do total de australianos nascidos no exterior, com 15% chegando de vários países asiáticos (sobretudo China, Índia, Vietnã e Filipinas). Ao informar sobre sua ascendência (quando algumas pessoas citavam mais de um ancestral), somente 55% afirmaram ser de ascendência inglesa, escocesa ou irlandesa, ao passo que 35% afirmaram ter origem "australiana" (muito poucos dos quais, pode-se presumir, eram inteiramente ou mesmo parcialmente de ascendência aborígene). Os que descendiam de italianos, alemães, holandeses e gregos totalizavam 13% da população, ao passo que chineses e indianos representavam uma fração modesta, mas em rápido crescimento, de 6%.[47] O caráter essencialmente anglo-étnico da Austrália, que outrora parecia insuperável, está diminuindo rapidamente.

O europeu está em retirada?

A fecundidade declinante das pessoas de origem europeia, seja na Europa, seja em países demograficamente "europeizados", mais a grande afluência de pessoas de origem não europeia para esses países, mudou o mundo de formas inimagináveis durante o auge da ascendência europeia, no fim do século XIX.

Os povos do que se tornaria o Ocidente não foram, até o século XV, particularmente importantes no cenário global. Seu sonho religioso coletivo de se impor na Terra Santa havia sido derrotado pelos muçulmanos, e eles estavam cercados pelo islã ao sul, pelo oceano a oeste, por mares árticos e regiões ermas ao norte e por vastas extensões povoadas por nômades frequentemente hostis a leste. Em retrospecto, talvez as sementes da ascensão da Europa estivessem visíveis, mas não se poderia esperar que o povo dessa pequena península viesse a dominar o globo. No início do século XX, era difícil imaginar alguém exceto os europeus como governantes supremos do planeta.

O povo da Europa tinha subjugado vastas áreas das Américas. O mesmo podia ser dito da Australásia e talvez estivesse em vias de se tornar realidade na África austral. Onde não tinham se estabelecido, os europeus mantinham controle político por meio de seus impérios na maior parte da Ásia e da África; e onde eles não incorporaram territórios formalmente, como na China, ainda exerciam grande influência. Do ponto de vista econômico, as áreas industrializadas do mundo eram quase exclusivamente europeias (contando com a América europeizada), e as terras para além dos Estados Unidos e do coração da Europa (incluindo partes da Europa oriental e a Rússia) só tinham importância econômica global pelo fornecimento de matérias-primas e, em alguns casos, como mercados. Nada disso, nos mostra a maré humana, teria sido possível sem uma base essencialmente demográfica. Embora os europeus tenham começado a dar a volta ao globo no século XV, foi somente no século XIX, com a extraordinária explosão demográfica e com a expansão, acompanhadas por avanços tecnológicos e industriais, que eles foram capazes de dominá-lo.

Talvez estejamos próximos demais dos acontecimentos para ver que tremenda reversão foi o século XX para os povos de origem europeia ocidental. O fim do império formal foi em grande medida um acontecimento político, e de início não pareceu pôr fim ao domínio econômico e militar europeu sobre o globo. Não havia, contudo, nenhuma razão inerente para acreditar que as tecnologias que tinham facilitado o crescimento demográfico e o domínio econômico e político da Europa iriam continuar para sempre apanágio exclusivo dos europeus. Sinais do fim do domínio da Europa surgiram antes mesmo da deflagração da Primeira Guerra Mundial: a resistência dos bôeres, ainda que eles fossem pessoas de origem europeia, sacudiu o Império Britânico. A derrota da Rússia pelo Japão na Guerra Russo-Japonesa de 1904-5 dissipou – ou deveria ter dissipado – qualquer ilusão sobre a suposta invencibilidade do homem branco.

Hoje a Europa, os Estados Unidos e a anglosfera tradicionalmente branca mais ampla continuam a ser sociedades relativamente prósperas segundo os padrões globais, mas essa prosperidade relativa não se assemelha mais a um monopólio. Sociedades extremamente prósperas emergiram na Ásia oriental e estão emergindo em outros lugares. Demograficamente, mesmo depois de levar em conta a grande afluência de não europeus, o Ocidente diminuiu significativamente quando comparado com outras regiões e culturas. Partindo do princípio de que o tamanho total de uma economia nada mais é que o produto da renda per capita e do tamanho da população, isso significou inevitavelmente o declínio do domínio econômico ocidental.

Em 1950, os Estados Unidos e o resto do que era então o mundo desenvolvido representavam entre $\frac{1}{5}$ e $\frac{1}{4}$ da população mundial; hoje eles compreendem menos de 15%, e na metade do século serão apenas $\frac{1}{10}$. Em termos de paridade de compra de energia elétrica, o Ocidente controlava cerca de ⅔ da economia do mundo na metade do século XX, mas esse número estará provavelmente em torno de 40% na metade do século XXI.[48] Tendo triunfado na Guerra Fria, o Ocidente ainda domina o mundo militarmente; de fato, aqui, "o Ocidente" pode ser definido como os Estados Unidos, auxiliados por seus aliados da Otan. Pode-se discutir por quanto tempo isso vai continuar, com os desafios apresentados pelas outras grandes civilizações do mundo, particularmente a China, cuja economia já teria superado a dos Estados Unidos segundo o critério mencionado.

Contudo, comparando a demografia dos Estados Unidos com a de seus atuais ou antigos rivais no globo, Alemanha, Japão, Rússia e China, são os americanos que estão em melhor forma.[49] Grandes potências como a China e a Rússia, e potências secundárias como o Brasil, a Índia e a Indonésia, estão experimentando taxas de fecundidade baixas ou em rápida queda. Tanto sua fraca expansão demográfica quanto as instituições da ordem internacional podem limitar a capacidade dessas potências de desafiar a hegemonia ocidental estabelecida sobre o planeta. Enquanto isso, áreas de explosão populacional no Oriente Médio e na África, que investigaremos em capítulos mais adiante, carecem de desenvolvimento econômico e estão passando por fragmentação. Antes de tratarmos do candidato potencial do momento para a hegemonia global, contudo – a China, ou os países do Oriente Médio e da África em plena explosão demográfica –, devemos primeiro examinar um rival recente, a Rússia, com membros da antiga União Soviética e o resto do que foi outrora o Bloco do Leste. A Rússia, de modo ambíguo, em parte dentro e em parte fora da Europa, foi um adepto tardio, mas rápido, da transição demográfica europeia no final do século XIX e início do século XX, e após 1945 a maré humana se virou mais uma vez para o leste.

6. A Rússia e o Bloco do Leste a partir de 1945
A demografia da derrota na Guerra Fria

EM 11 DE MARÇO DE 1985, horas depois da morte do secretário-geral Konstantin Chernenko, o Politburo do Partido Comunista da União Soviética elegeu como seu sucessor Mikhail Gorbachev, que tinha, pelos padrões soviéticos, a tenra idade de 54 anos. Chernenko ocupara o cargo apenas por um ano, herdando-o, já em estado terminal de doença, de Yuri Andropov, em cujo funeral mal pôde fazer uma continência (e em que, segundo Gorbachev, o médico de Margaret Thatcher foi capaz de prever a data da morte do próprio Chernenko para dentro de algumas semanas).[1] Quando inspecionou seu domínio, Gorbachev foi, como ele disse mais tarde, "imediatamente confrontado por uma avalanche de problemas".[2] A União Soviética tinha sido uma das duas únicas superpotências globais, uma potência nuclear, o maior país da Terra por área de superfície e o centro de um campo socialista que se estendia da Alemanha ao Vietnã, mas sinais de grave doença eram ali visíveis.

Muitos dos problemas que Gorbachev descreveu como uma avalanche que caía sobre ele tinham raízes profundas na demografia do país, fato confirmado pelo envelhecimento da liderança do Partido, cujo enfraquecido quadro superior havia elegido Chernenko, um homem a treze meses da morte. Pois assim como podemos aprender muito sobre a demografia da Grã-Bretanha compreendendo a vida familiar e a fecundidade de suas rainhas, também aprendemos muito sobre os soviéticos vendo como sua liderança envelhecia. A gerontocracia que, até Gorbachev, estivera governando o país era representativa de um recuo demográfico no coração da União Soviética. De fato, uma década antes Gorbachev tinha comentado com Andropov que a maioria dos membros do Politburo que governava o país estava com o pé na cova.³ A jovem vanguarda revolucionária vermelha de 1917 (até o bolchevique mais velho, Lênin, tinha menos de cinquenta anos, e a maioria era muito mais jovem) transformara-se num establishment grisalho, enunciando batidos clichês revolucionários em que ninguém mais acreditava. O envelhecimento do establishment era simbólico do envelhecimento do país como um todo, ou pelo menos de seu núcleo eslavo.

Assim como o rápido crescimento populacional tinha sido uma precondição da emergência da Rússia como superpotência em meados do século XX, também o declínio populacional era básico para as questões com que Gorbachev tinha de lutar. É verdade que um sistema econômico de comando e controle extremamente ineficientes estava no centro dos problemas econômicos do país; as filas que se formavam para a aquisição das mais básicas provisões, a preguiça e a decadência nas fábricas, a abordagem desleixada da saúde e da segurança que causou o desastre nuclear de Chernobyl – nada disso pode ser atribuído simplesmente à demografia. Contudo, fossem quais fossem as necessidades sempre mutáveis da economia, o esgotamento do fluxo de novos trabalhadores russos, reflexo da desaceleração anterior da taxa de natalidade, tornava cada vez mais difícil disfarçar os problemas subjacentes. Enquanto no passado um fluxo interminável de novos trabalhadores permitia que a ineficiência econômica se equilibrasse e criava a impressão de dinamismo econômico e crescimento, agora havia tantos operários se retirando das fábricas ou dos campos quanto entrando neles, e isso dificultava sustentar a miragem de crescimento.

Os problemas de Gorbachev não se limitavam a uma economia com desempenho aquém do esperado internamente. Ao olhar para o outro lado de sua fronteira meridional, ele podia ver uma guerra no Afeganistão em que tropas soviéticas se atolaram durante anos. Ali as baixas aumentavam à medida que o Exército soviético não conseguia exercer o controle sobre o país e sustentar o regime fantoche em Cabul contra os adversários islâmicos. Os obstáculos da União Soviética no Afeganistão não tinham natureza puramente demográfica, assim como os problemas econômicos do país. A topografia afegã e a cultura reconhecidamente resistente de seu povo desempenhavam papel importante na dor de cabeça de Moscou, para não mencionar o apoio que os rebeldes recebiam do Ocidente. No entanto, tudo isso se tornava muito mais difícil para os soviéticos pelo fato de que seu próprio Exército não podia mais lançar mão de uma coorte sempre crescente de recrutas provenientes dos núcleos eslavos, em vez disso dependia cada vez mais da juventude poliglota do Cáucaso e da Ásia Central, cujas lealdades eram duvidosas e cuja falta de domínio da língua russa tornava a gestão da campanha mais árdua.

A incapacidade dos soviéticos de dominar o Afeganistão tinha muitas causas, mas alguns dados demográficos básicos nos contam uma parte importante da história, e isso tem a ver com a demografia do Afeganistão, e não apenas a da União Soviética. No momento do colapso da União Soviética, a população do Afeganistão crescia quase dez vezes mais depressa que a da Rússia. (Ainda em meados dos anos 1950, ela crescera mais lentamente que a russa.) A idade mediana na Rússia era de 33 anos; no Afeganistão, estava abaixo dos dezesseis.

Como sempre, precisamos ser cuidadosos com os contrafatores históricos e estar cientes de que o quadro para a União Soviética como um todo era melhor que para a Rússia (embora, como se viu, isso por si mesmo desse origem a problemas de confiabilidade e uniformidade militares). No entanto, apesar dos desafios do terreno e do entusiasmo por apoiar os rebeldes, de Reagan a Riad, deveríamos nos perguntar se, caso a demografia estivesse ao contrário, caso a Rússia fosse jovem e crescente e o Afeganistão experimentasse um fraco aumento populacional e o envelhecimento, a situação não teria sido inversa. Assim como a demografia russa positiva tinha sido útil ao país quando ele enfrentou os alemães, que envelheciam, também a demografia russa negativa o decepcionou em face dos demograficamente vigorosos afegãos. Uma população jovem, crescente, mesmo que menor, dificilmente é derrotada em sua terra natal, como o próprio Ocidente iria aprender no Afeganistão e no Iraque. Talvez Gorbachev estivesse apenas parcialmente ciente disso, mas, enquanto lutava com os problemas da sociedade e do sistema soviéticos – desde a ortodoxia leninista ossificada até o alcoolismo, dos *mujahidin* afegãos até a liderança de novo autoconfiante do Ocidente de Thatcher e Reagan –, ele enfrentou o fato de que a história lhe tinha dado cartas demográficas quase impossíveis.

Recuo russo

Gorbachev podia se queixar de seus problemas, mas quando os bolcheviques tinham chegado ao poder, em 1917, eles eram de uma ordem de magnitude muito diferente. País ainda "atrasado", com uma população predominantemente camponesa, a Rússia havia sido gravemente abalada por quatro anos de guerra, evitava os avanços militares alemães e austríacos e sofria com o desabastecimento. Enquanto isso a guerra civil assomava, o que tornava tudo ainda pior.

Contudo, da perspectiva populacional, as coisas estavam em bom estado, e o legado de uma demografia positiva permitiria aos comunistas transpor muitas décadas de luta militar e econômica. No fim do período czarista, cabe lembrar, as mulheres ainda tinham famílias excepcionalmente grandes, com cerca de sete filhos em média; as taxas de mortalidade caíam depressa com a chegada da educação e da assistência médica rudimentares; e a população crescia depressa – de maneira muito parecida com a experiência da Grã-Bretanha quase cem anos antes, embora, por ocorrer mais tarde, num processo mais acelerado.

Em seguida a Rússia experimentou um clássico caso de transição demográfica, com taxas de mortalidade em queda seguidas por fecundidade em queda e a gradual desaceleração no crescimento populacional. De meados dos anos 1920 a meados dos anos 1940, a fecundidade caiu pela metade, passando de seis para três filhos por mulher – um decréscimo que a Grã-Bretanha levara duas vezes mais tempo para alcançar no fim do período vitoriano e no período eduardiano. À medida que as mulheres se tornavam mais urbanas e mais instruídas, e tinham mais oportunidades de ingressar na força de trabalho industrial, elas optavam por ter menos filhos, num padrão que já fora observado no Reino Unido e na Alemanha e o qual se estenderia pelo mundo todo. E, fossem quais fossem os outros defeitos do regime de Lênin e Stálin – e eles foram muitos, com opressão, terror e gulags –, é preciso reconhecer o esforço para emancipar as mulheres. Entre 1897 e 1939, a alfabetização feminina aumentou de uma em cada cinco para quatro em cada cinco mulheres.⁴ Isso por si só nos diz muito: mulheres alfabetizadas simplesmente não continuam a ter, em massa, proles de seis ou sete filhos.

Após a Segunda Guerra Mundial as taxas de fecundidade para a União Soviética como um todo continuaram a cair, alcançando o nível de reposição nos anos 1970, após o que continuaram a descer. A urbanização e a educação das mulheres podem explicar grande parte do movimento, mas esse declínio tem também aspectos especificamente soviéticos. Na contracepção, como em muitos outros campos, a União Soviética não conseguiu proporcionar aos consumidores a possibilidade de escolha nem a qualidade dos bens de consumo disponíveis no Ocidente. Muito depois que o trabalhador médio na Virgínia Ocidental ou na Vestfália já podia contar com a fácil disponibilidade de um carro ou da pílula, os consumidores soviéticos ainda dependiam de ônibus quebrados e de abortos. Nesse aspecto, o planejamento familiar não foi diferente do resto. Os abortos, legalizados novamente em 1955, eram para a maioria das mulheres a única forma facilmente disponível de contracepção. Estima-se que, no final do período soviético, a mulher média no país sofria uma média de seis ou sete abortos no curso de sua vida,⁵ e o número de abortos por ano durante os anos 1980 flutuou em torno da marca dos 7 milhões.⁶

O aborto nunca era uma escolha fácil e era invariavelmente uma experiência muitíssimo desagradável. Olga, de São Petersburgo, que já tinha passado por sete abortos e esperava passar por mais sete, relatou sua experiência nos últimos dias da União Soviética:

> Então é a sua vez, e você entra num salão salpicado de sangue onde dois médicos estão fazendo aborto em sete ou oito mulheres ao mesmo tempo; eles são em geral muito grosseiros e rudes, gritando com você sobre manter suas pernas bem abertas. ... Se você tiver muita sorte, eles lhe darão um pouco de sedativo, sobretudo Valium. Depois é sua vez de sair cambaleando.⁷

Enquanto isso, o parto era pouco mais atraente, como conta uma mulher:

Os médicos ficam gritando com você, "Ande logo com isso". O tratamento é inevitavelmente grosseiro, impessoal; somos tratadas como se sexo e parto fossem um grande crime. A dor foi tanta que tive pesadelos com isso durante muitos anos – a brutalidade das enfermarias de nossas maternidades é o melhor método anticoncepcional; muito poucas de nós querem voltar a passar por isso.[8]

Apesar de taxas de fecundidade declinantes nos anos 1950 e 1960, contudo, a população da União Soviética ainda crescia bem depressa, tal como a da Grã-Bretanha o fizera durante o período eduardiano, graças a um fenômeno conhecido como "ímpeto demográfico". Os nascimentos por mulher podiam diminuir, mas graças ao aumento populacional anterior havia muitas mulheres jovens tendo filhos, ao passo que os idosos, e portanto aqueles com maior probabilidade de morrer, eram uma pequena parte da população. O que deveria ter constituído um forte ímpeto, entretanto, foi amenizado pelas enormes perdas que a Rússia sofreu em consequência de guerras, fome e expurgos entre 1914 e 1945. Muito se discute sobre quantas mortes na União Soviética se devem diretamente a Stálin e a Hitler, seja por fome, expurgo, o *Einsatzgruppen* ou deportações de nacionalidades consideradas "desleais". O que não está em questão é a simples escala do desastre, sofrimento e perda de vida que ocorreram entre o momento em que o czar Nicolau II levou a Rússia à guerra em 1914 e aquele em que Stálin afugentou os nazistas, 31 anos depois. Todos esses acontecimentos tiveram lugar contra o cenário de um ímpeto demográfico inerente tão forte, contudo, que, a despeito de tudo isso, a população da União Soviética continuou a crescer. Apesar de Lênin, Stálin e Hitler, em face de duas guerras mundiais, uma guerra civil, fome e terror, a maré humana continuou a avançar. A população do que se tornaria a União Soviética era de 125 milhões em 1897; em 1970, ela havia quase dobrado para não muito menos de ¼ de bilhão.[9] Na altura de seu desaparecimento, a União Soviética gabava-se de ter quase 287 milhões de habitantes. O crescimento populacional robusto até 1939 tinha sido enormemente entravado pela guerra, mas depois voltou a se recuperar após 1945 e continuou nos anos 1960. No entanto, como em seguida ele caiu, o crescimento declinante agora se incorporava na população, assim como na economia. Diante da baixa fecundidade, o ímpeto demográfico finalmente se enfraqueceu. Nos anos 1970 e 1980, a taxa de crescimento anual média da União Soviética estava abaixo de 1% e ainda caía. Embora isso não fosse em si mesmo catastrófico, o quadro étnico subjacente era preocupante para muitos do establishment soviético, como veremos em breve.

Além do curso cataclísmico da história, o outro fator que restringiu o crescimento populacional soviético foi o fracasso em promover um aumento significativo da expectativa de vida, mesmo depois que as guerras terminaram e os terrores diminuíram. A expectativa de vida para os homens russos era um pouco acima dos sessenta anos no fim dos anos 1950, e no fim dos anos 1980 tinha aumentado apenas para pouco menos de 64, crescimento de apenas ⅓ do que foi alcançado na maior parte do Ocidente.[10] De fato, desastrosamente, esse seria um ponto alto da expectativa de vida russa, e após a queda da União Soviética, longe de alcançar os níveis atingidos no Ocidente, ela sofreu uma inversão, e no início do século XXI estava de volta a seu nível dos anos 1950. (Desde então houve alguma melhora, mas em 2017 a expectativa de vida para os homens mal excedera o pico do fim dos anos 1980.)

Ao contrário da Grã-Bretanha ou dos Estados Unidos, a Rússia no período soviético foi em grande parte um sistema de população fechado, com pouca imigração e emigração. Os muros da União Soviética eram altos. Era difícil e pouco atrativo entrar e quase impossível sair. Nos anos 1970 foi lançada uma campanha pelo direito dos judeus soviéticos de emigrarem para Israel, porém em todo o período até Gorbachev menos de meio milhão partiu, o que talvez tenha sido significativo para Israel, mas era uma gota no oceano para uma União Soviética com ¼ de bilhão de pessoas.

Os números totais, entretanto, não nos dizem o que estava acontecendo sob a superfície e especificamente no nível das nacionalidades individuais. Oficialmente a Rússia era a União Soviética, mas no papel era um Estado com muitas nações iguais, inúmeras das quais com suas próprias repúblicas soviéticas, ou pelo menos regiões autônomas. A Rússia podia abrigar a capital e seu povo podia ser louvado como o instigador da primeira revolução socialista bem-sucedida, mas formalmente o Estado não tinha preferência por um grupo nacional ou étnico sobre outro. Todos eram supostamente irmãos, unidos por laços de solidariedade internacionalista fraternal.

A realidade era diferente, e isso se manifesta claramente em termos demográficos. A Rússia podia parecer materialmente "atrasada" para os europeus ocidentais (a despeito de suas inquestionáveis realizações culturais e científicas), mas da perspectiva das regiões periféricas as grandes cidades russas eram metrópoles e suas populações, sofisticadas. As grandes regiões industrializadas, fosse o Donbas na Ucrânia oriental ou as fábricas rapidamente montadas nos Urais, ficavam principalmente em áreas habitadas pelo núcleo eslavo – russos, bielorrussos e ucranianos. Essas foram as primeiras populações a se urbanizar e a se tornar inteiramente alfabetizadas, e foram também, como seria de esperar, as primeiras áreas a experimentar a transição demográfica – com a consequente expansão populacional –, ao passo que o Cáucaso e a Ásia Central ainda estavam presos na armadilha malthusiana. Além disso, houve um grau de russificação pressurizada e possivelmente falsa, como a recategorização de algo entre 3 e 4,5 milhões de ucranianos rurais no período de 1926 a 1959.[11]

Do ponto de vista da metade do século XX, não surpreende que na União Soviética se tivesse a impressão de que o futuro pertencia aos russos e aos povos a eles relacionados. Mas à medida que o crescimento da população russa começou a desacelerar, as áreas periféricas, particularmente aquelas em que muçulmanos predominavam, iniciaram sua própria modernização. Isso não era mais apenas socialismo em um país; eram múltiplos estágios da transição demográfica num só país. Como sempre, a mortalidade infantil serve como excelente indicador de progresso social e econômico. Menos de sessenta bebês por mil morriam na Rússia no fim dos anos 1950 – grande progresso em relação a períodos anteriores, mas ainda muito elevado –, ao passo que no Tadjiquistão a taxa era quase três vezes mais alta e outras repúblicas na Ásia Central e no Cáucaso experimentavam níveis similares. No início dos anos 1990, a mortalidade infantil tinha caído em toda a extensão do que era então a antiga União Soviética, mas enquanto nesse momento, na Rússia, 37 bebês a mais por mil chegavam ao primeiro aniversário, em comparação com os anos 1950, no Tadjiquistão eram 63 a mais.[12] A mortalidade infantil ainda era muito mais alta na Ásia Central que na Rússia – três vezes mais alta no Uzbequistão, por exemplo, em meados dos anos 1970 –, mas a queda na mortalidade infantil tinha sido muito maior nas áreas mais atrasadas, e seu decréscimo mais acentuado contribuía para o crescimento populacional mais rápido.[13]

Não só sobreviviam mais crianças na Ásia Central e no Cáucaso que no passado; nasciam mais em comparação com a Rússia. No início dos anos 1990, as mulheres tadjiques ainda tinham em média mais de quatro filhos. Nessa altura, cada mulher russa gerava apenas um.[14] As taxas de fecundidade do Uzbequistão continuavam a ser pelo menos 2,5 filhos por mulher mais altas que na Rússia durante todo esse período, e em alguns momentos foi 3,5 filhos mais alta.[15] O Uzbequistão era bastante típico das outras repúblicas com populações predominantemente muçulmanas, inclusive do que viria a se tornar os Estados independentes do Azerbaijão, no Cáucaso, e do Cazaquistão, na Ásia Central. De fato, os dados, para cada república, atenuam o caso em nível de nacionalidade, já que havia não russos na Rússia aumentando os números locais de fecundidade, ao passo que existiam russos étnicos no Uzbequistão reduzindo a fecundidade. Havia minorias muçulmanas na República Socialista Federativa Soviética da Rússia (RSFSR) que mostravam as mesmas características: entre 1926 e 1970 a população russa cresceu 60%, enquanto o número de tártaros mais que dobrou.[16]

Com uma desaceleração no crescimento da população russa e um aumento no crescimento entre as minorias, a parte russa da população inevitavelmente começou a diminuir. As mudanças foram a princípio bastante modestas: entre o recenseamento de 1959 e o de 1970, a parte russa da população caiu um pouco mais de um ponto percentual e a parte turca e/ou muçulmana cresceu quase dois pontos percentuais.[17] Isso pode parecer uma pequena mudança, mas até aquele momento supunha-se que a russificação era um processo em curso, de certa forma ligado ao progresso e ao socialismo; o recenseamento de 1970, portanto, foi uma espécie de choque para as autoridades soviéticas.[18]

As tendências continuaram após 1970. A população russa que constituía parcela da população soviética fora da RSFSR (isto é, fora das áreas russas centrais que se tornariam a Federação Russa) caiu de quase 18% em 1959 para cerca de 14% em 1979.¹⁹ Parecia que o grande movimento dos russos para o exterior, após séculos de expansão agressiva, começava a se inverter. Nos últimos trinta anos da União Soviética a população etnicamente muçulmana dobrou, enquanto a população russa cresceu pouco mais de ¼. As repúblicas da União Soviética com maiorias muçulmanas viram suas populações crescerem de pouco menos de 13% da população em 1959 para pouco menos de 20% em 1989,²⁰ e projetava-se que os russos não seriam muito mais que ⅓ da população soviética total na metade do século XXI.²¹

Enquanto isso, além do aumento numérico, havia uma efetiva desrussificação ocorrendo entre as populações das repúblicas da Ásia Central e do Cáucaso. Levantamentos da população da União Soviética fora do núcleo russo sugeriam que um número cada vez menor de pessoas sabia falar a língua russa.²² Em parte isso refletia as atitudes e aptidões de nacionalidades nativas, mas revelava também o fim da migração significativa de russos para a Ásia Central e a inversão parcial desse movimento. Isso seguia a política das terras virgens de Kruschev, pela qual se estimulava a produção agrícola estabelecendo cidadãos soviéticos (predominantemente do núcleo eslavo) em áreas periféricas consideradas possuidoras de potencial agrícola. No início dos anos 1960 a política claramente fracassava, e o movimento de russos jovens para as áreas periféricas estava encerrado. A declinante presença russa na periferia ameaçava reduzir a unidade e a coesão do Estado, e sugeria uma inversão do que outrora parecia uma tendência incontrolável de russificação cultural e demográfica.

Como os anglo-saxões nos Estados Unidos e os ingleses e africânderes na África do Sul, os russos descobriam que a vantagem para aqueles que primeiro escapavam da armadilha malthusiana de crescimento populacional irrestrito era apenas temporária; era somente uma questão de tempo antes que os outros os alcançassem. Revelava-se que a inevitável ascensão contínua dos grandes russos (isto é, aqueles pertencentes à nacionalidade russa "central", e não a etnicidades eslavas relacionadas como "pequenos russos"/bielorrussos ou ucranianos) não era mais inevitável que o triunfo do socialismo: os russos não estavam mais destinados a encher a Terra, assim como não estavam os anglo-saxões; não estavam nem mesmo destinados a encher a periferia da União Soviética.

Como sempre, devemos ser um pouco céticos em relação aos dados e em particular às classificações que eram usadas. Os antropólogos hoje empalideceriam diante da abordagem apriorística muitas vezes adotada na União Soviética em relação ao que constituía uma "nacionalidade" e quem devia ser definido como o quê. As categorias de etnicidade na União Soviética não eram mais "perenes" ou "naturais" que em qualquer outro lugar. As distinções em alguns casos eram arbitrárias ou no mínimo discutíveis (por exemplo, a designação dos judeus como nacionalidade), e nos casos de povos não europeus, frequentemente impostas, juntamente com línguas e folclore sistematizados e regularizados. Até certo ponto, apesar da retórica marxista-leninista, a etnologia soviética não era muito diferente da abordagem europeia adotada pelas potências fora da Europa e pelo menos em parte construída para melhor organizar e controlar as populações subordinadas.

Reações políticas

A União Soviética não era um país onde se esperava que as questões seguissem seu próprio curso – era uma sociedade planejada. Para os ideólogos soviéticos, a sociedade e a economia deviam ser dirigidas tendo em mira objetivos específicos. Sem efetivamente nenhum livre mercado ou propriedade privada, o Estado devia fornecer tudo para seus cidadãos, desde educação e moradia a um emprego e férias – para não mencionar uma maternidade e um funeral, o arquetípico "do berço ao túmulo". Não admira, portanto, que a demografia não fosse deixada ao acaso. Mas embora se evidenciasse que o Estado não podia determinar arbitrariamente quantas crianças iriam nascer ou quantas pessoas iriam morrer em um ano, e portanto não podia controlar inteiramente o tamanho e a composição da população, ele podia reagir a tendências populacionais no país – e o fazia.

As pressões sobre os elaboradores de políticas soviéticos eram muitas e conflitantes, e isso talvez explique a natureza lenta e relativamente ineficaz da formulação de políticas. Primeiro, a doutrina do Partido sempre foi pró-natalista. Marx tinha sido explicitamente antimalthusiano, argumentando que limitações à população não eram "naturais", e sim o produto de sistemas políticos e econômicos exploradores e extrativistas. Malthus, segundo Marx, era um apologista da burguesia para o empobrecimento dos camponeses e trabalhadores, disfarçando a pobreza como consequência inevitável da biologia e da ecologia, e não como resultado de uma economia política obsoleta, não mais em conformidade com as exigências da época. Para ele, portanto, o controle populacional era desnecessário; sob o socialismo haveria abundância para todos. Da perspectiva da doutrina, por conseguinte, os soviéticos preferiam uma população farta. Além disso, uma população grande, jovem, crescente demonstrava a virilidade do modelo soviético e a natureza afirmativa da vida no socialismo. Ondas de homens jovens – e até mulheres – tinham mantido afastadas as hordas fascistas invasoras em 1941. Uma população grande e crescente era também necessária para assegurar que a força de trabalho continuasse a se expandir e desse sua contribuição econômica para a realização do plano.

Havia, no entanto, pressões compensatórias em ação que tendiam a tornar os chefes do Partido menos aficionados das grandes famílias. Entre elas estava a necessidade de manter as mulheres soviéticas na força de trabalho: ao mesmo tempo que estimular a maternidade ajudava a satisfazer as necessidades futuras do local de trabalho, ela prejudicava as necessidades mais imediatas do momento. Era possível criar creches para incentivar a maternidade e prolongar a participação na força de trabalho, mas havia necessidade de recursos para outras coisas. Particularmente nos primeiros tempos, os soviéticos tendiam a associar famílias grandes a atraso e aos hábitos camponeses. Educar mulheres, urbanizá-las e dar-lhes lugar numa economia industrial moderna não era compatível com o fato de elas terem seis ou sete filhos.

Embora a fecundidade dos centro-asiáticos e do povo do Cáucaso contribuísse para a fecundidade total do país, a redução na predominância de russos em particular e eslavos em geral dava origem a preocupações que novamente iam de encontro à ortodoxia marxista proclamadamente internacionalista. Primeiro, havia sem dúvida um grau de preconceito racial da parte de muitos do Partido e do establishment do Estado, alguns dos quais continuavam a ser no fundo patriotas russos, quando não chauvinistas (às vezes disfarçando ou justificando isso em termos comunistas por meio da referência ao papel de liderança do povo russo na Revolução). Segundo, havia preocupação em alguns círculos quanto à lealdade de povos muçulmanos e turcos à União Soviética, e uma desconfiança de que sua deslealdade pudesse se manifestar em laços de sentimento étnico e/ou religioso, por exemplo, com os muçulmanos do Afeganistão, muitos dos quais são etnicamente próximos daqueles da Ásia Central. Terceiro, de uma perspectiva puramente econômica, as áreas que geravam o crescimento populacional estavam dando origem a pessoas com um nível educacional relativamente baixo e baixa produtividade econômica: o russo ou o ucraniano marginal iriam acrescentar mais à economia que o uzbeque ou o tadjique marginal. Em suma, todos os bebês soviéticos eram iguais, mas alguns eram mais iguais que os outros. Um bebê russo era, pelo menos aos olhos de muitas autoridades, inerentemente mais desejável e mais propenso a se converter num cidadão leal e produtivo que um bebê nascido no Azerbaijão ou no Turcomenistão.

O problema para o Exército soviético era em particular agudo e refletia uma questão mais geral. A lealdade importava mais diretamente entre os soldados que entre os cidadãos em geral. Os soldados pouco instruídos das repúblicas centro-asiáticas eram menos eficientes e, como os Habsburgos tinham descoberto, era difícil organizar um exército de massa moderno em linhas multilíngues. Nos últimos anos da União Soviética, até ¾ dos recrutas provenientes da Ásia Central não sabiam falar russo.[23] Além disso, embora os dados gerais acima expostos mostrem o aumento da população muçulmana da Rússia num nível agregado, isso era visto de maneira mais aguda entre recrutas de dezoito anos que no nível da população como um todo. A população muçulmana era desproporcionalmente jovem, e assim a população jovem – que estava sendo recrutada para as Forças Armadas – era desproporcionalmente muçulmana.

A partir dos anos 1970, o debate nos círculos acadêmicos e políticos soviéticos concentrou-se particularmente na tensão entre a necessidade de ter uma população crescente e o desejo de assegurar sua "qualidade" ou (quando o código não era usado) seu caráter russo. As primeiras preocupações de natureza étnica vieram à tona após o recenseamento de 1970, indicando que a maré alta demográfica russa tinha passado. Vozes começaram a se levantar em favor de uma política demográfica "diferenciada", encorajando mais nascimentos na Rússia e nas repúblicas eslavas e menos nas do Cáucaso e da Ásia Central. O debate tornou-se polarizado entre "diferenciadores" a favor de um pró-natalismo discriminatório e aqueles que o condenavam como contrário ao espírito e à ideologia do país. Entre estes últimos estavam "não diferenciadores" da Ásia Central, argumentando que a política diferenciadora equivalia à política discriminatória, mesmo que disfarçada como tentativa de equilibrar taxas de fecundidade reduzindo-as onde eram altas e elevando-as onde eram baixas. Os antidiferenciadores citavam o secretário-geral Leonid Brejnev – o qual teria sugerido que as famílias grandes produzidas nas repúblicas periféricas eram vistas como fonte de alegria, não de preocupação – e um político uzbeque (talvez com certa ironia) louvou o "papel de liderança" dos uzbeques ao fomentar a população soviética ("papel de liderança" era uma expressão usualmente reservada para descrever o trabalho do Partido na direção da sociedade). O debate continuou até o XXVI Congresso do Partido, em 1981, quando, entretanto, se decidiu em favor dos diferenciadores. Brejnev reconheceu que o problema da demografia tinha se "tornado mais agudo ultimamente" e anunciou políticas como licença remunerada e jornada de trabalho mais curta para as mães.[24] Coube a seu colega Nikolai Tikhonov elucidar que as novas políticas seriam introduzidas "passo a passo", república por república, o que significava efetivamente que elas seriam implementadas primeiro na Rússia, e só depois na Ásia Central e no Cáucaso, se é que seriam algum dia.[25] De fato, elas foram introduzidas primeiro no Extremo Oriente soviético e na Sibéria, área em que a Rússia desejava tradicionalmente fomentar sua esparsa população.²⁶ Nunca chegaram à periferia muçulmana.

Demografia e o colapso da União Soviética

A demografia desempenhou seu papel no fim da União Soviética tanto econômica quanto etnicamente. Do ponto de vista econômico, a redução do crescimento da força de trabalho foi um importante componente do fracasso das taxas de crescimento da economia soviética, ou, em outras palavras, um sistema econômico ineficiente tinha sido sustentado por taxas de crescimento excepcionalmente altas no input decisivo da mão de obra; assim que isso falhou, o sistema fracassou. O fenômeno foi acentuado pelo fato de que o crescimento da força de trabalho vinha cada vez mais de áreas onde os níveis educacionais e de produtividade eram baixos. Talvez ainda mais importante, a decomposição da União Soviética em suas partes constitutivas e a ascensão do nacionalismo podem ser vistas como um reflexo da diminuição da presença demográfica russa étnica.

A União Soviética, apesar de sua nomenclatura, pode ser vista essencialmente como uma extensão do Estado imperial russo. Para se manter unida, ela precisava da presença de uma língua e de uma cultura dominantes. A ideologia do marxismo-leninismo e a instituição centralizadora do Partido Comunista simplesmente não eram suficientes. Embora os desafios mais proeminentes à hegemonia russa viessem de lugares como os países bálticos, que não representavam nenhuma ameaça demográfica, a confiança russa em sua capacidade de manter o Estado unido era solapada por sua presença decrescente na periferia do país e os crescentes e incontroláveis conflitos e tensões étnicos em lugares como Nagorno-Karabakh. Acrescentem-se a isso os problemas de manter unido um Exército cada vez mais étnica e linguisticamente diverso, e torna-se claro que muitas das pressões que derrubaram a União Soviética tiveram pelo menos parcialmente raízes demográficas. Foi no cada vez mais desrussificado Cáucaso que o fracasso do controle soviético primeiro se evidenciou. Conflitos entre armênios e azeris irromperam no início de 1988, quase três anos antes do desaparecimento formal da União Soviética.

Para a Rússia, o colapso da União Soviética significou uma retirada de territórios que ela havia muito considerava centrais. Para nacionalidades não russas, significou as oportunidades e os desafios da independência, a serem mais ou menos circunscritos com o tempo pela proximidade da Rússia e o sentimento desta última de que elas são parte do "exterior próximo". Para o mundo, significou o fim da Guerra Fria e, especificamente, o triunfo dos Estados Unidos e seus aliados sobre o Bloco do Leste.

Assim como a queda da União Soviética teve mais do que causas puramente demográficas, também o triunfo do Ocidente na Guerra Fria teve mais causas que apenas a queda da União Soviética – inclusive seu próprio dinamismo em contraste com a natureza moribunda da economia e da sociedade nos países do Pacto de Varsóvia. Entretanto, alguns afirmaram que, se a União Soviética fosse tão etnicamente homogênea quanto a China, ela ainda estaria em atividade.[27] Cuba e a Coreia do Norte, sem clivagens étnicas reais, continuaram a seguir políticas de estilo soviético de planejamento central e ausência ou limitação da propriedade privada que continuam a empobrecer seus povos, contudo, seus regimes ainda se aferram a elas uma geração depois do colapso soviético. O fato de a União Soviética não ser mais etnicamente homogênea se devia, em última análise, à demografia e especificamente à diferença do momento da transição demográfica em que estavam as áreas muito diferentes do que constituía o maior país do mundo.

A Rússia está morrendo?

Em 1991 a União Soviética foi formalmente dissolvida e seu componente russo predominante, a RSFSR, tornou-se a Federação Russa. Desde então o país passou pelo caos dos anos Yeltsin e pelos mais ordeiros, ainda que menos liberalizantes, anos Putin, com a economia primeiro sustentada pelo alto preço dos hidrocarbonetos e depois atingida por sua queda. Nesse meio-tempo os problemas demográficos herdados da era soviética – baixa fecundidade, baixa expectativa de vida e diminuição dos russos como grupo étnico – continuaram a perseguir o país, embora com alguns sinais de melhora.

Segundo as Nações Unidas, a taxa de fecundidade total da Rússia situava-se em pouco mais de 1,5 filho por mulher no início dos anos 1990, e caiu para 1,25 filho na última parte dessa década, desde quando se recuperou um pouco para cerca de 1,66 filho por mulher.[28] Essa recuperação é substancial, mas não mascara o fato de que as taxas de fecundidade da Rússia são baixas, se é que não estão entre as mais baixas do mundo. O choque do colapso do comunismo, o caos e as dificuldades financeiras que se seguiram são geralmente vistos como causas importantes dos baixos níveis dos anos 1990. A escassez de moradias em áreas urbanas é também citada com frequência, enquanto, além disso, os subsídios por filhos do final dos tempos soviéticos foram eliminados em termos reais pela inflação galopante. Mais intangível e difícil de quantificar é uma cultura antinatal que não é fenômeno recente. Para alguns, o antinatalismo pode ser expresso como um horror a famílias grandes e a associação de tais famílias com o campesinato rural e os não instruídos. Evidentemente essa atitude não é um fenômeno singular russo, podendo ser observada em muitas sociedades que passaram recentemente por um processo de modernização.[29]

Embora superficialmente a baixa taxa de fecundidade russa tenha semelhanças com as taxas de fecundidade experimentadas na Europa meridional e na central, há algumas diferenças notáveis. Durante o período soviético, quando a taxa de fecundidade russa já era baixa, as mulheres russas não tinham adotado a tendência das mulheres mais a oeste de adiar a maternidade. Por volta do momento em que a União Soviética acabou, a idade média do primeiro parto era pouco inferior a 22. Embora isso tenha começado a mudar na Nova Rússia, a transformação foi apenas gradual: em 2004 a idade média da mãe quando do nascimento do primeiro filho não era muito superior a 23.[30] Isso é uma notícia boa e má para as taxas de fecundidade russas. Do lado positivo, significa que a recuperação da fecundidade na última década, aproximadamente, ocorreu *apesar* do efeito de tempo (reconhecidamente modesto) de mulheres adiando a maternidade, em contraste com uma recuperação da fecundidade na Europa setentrional atribuível em grande parte ao fim ou desaceleração do efeito de tempo. Isso pode significar que o vigor subjacente do salto na taxa de fecundidade total é ligeiramente maior do que parece. A má notícia é que, com a maternidade ocorrendo tão cedo na vida da mulher russa média, há muito potencial para que o efeito de tempo entre em ação. Em outras palavras, se as mulheres russas decidirem adiar a maternidade até os vinte e tantos anos ou os trinta e poucos, o período durante o qual elas o fizerem testemunhará uma fecundidade diminuída.

Há várias outras características dignas de nota na fecundidade russa. Uma é a tendência persistente das mulheres a ter apenas um filho. Em outros países com baixa fecundidade há uma grande dispersão entre mulheres que não têm nenhum filho e mulheres que têm vários. Na Rússia, um filho por mulher foi muito comum e mulheres sem filhos foram muito raras. Esse foi reconhecidamente o caso na era soviética (embora haja agora algumas indicações de que isso começa a mudar e que o número de mulheres sem filhos começa a crescer).[31] Assim, a baixa fecundidade na Rússia se deve essencialmente ao fato de que as mulheres optam por não mais ter filhos após ter o primeiro. Quando o segundo filho nasce, o intervalo entre o primeiro e o segundo é maior na Rússia que no Ocidente.[32] Em outros aspectos a Rússia continua a ser bastante diferente dos países do Ocidente que passaram pela segunda transição demográfica: a coabitação pré-marital, pelo menos até recentemente, ainda é incomum, e o casamento (bem como a primeira gravidez) continua a ser bastante precoce.[33] As taxas de aborto, contudo, se reduziram à metade desde os tempos soviéticos, presumivelmente por causa da mais ampla disponibilidade de contraceptivos.[34]

Nesse meio-tempo, vale a pena observar o que vem acontecendo com a fecundidade no resto da União Soviética desde o seu desaparecimento. Todos os países bálticos testemunharam declínios após o fim da União Soviética, mas viram alguma modesta recuperação, como a Rússia, para o nível de cerca de 1,5 filho por mulher ou ligeiramente superior. Padrão semelhante pode ser observado na Bielorrússia e na Ucrânia. Nas antigas repúblicas muçulmanas, a fecundidade caiu acentuadamente, em conformidade com eventos no mundo islâmico mais amplo, que serão investigados adiante. As mulheres azeris passaram de ter pouco menos de três filhos para ter um pouco mais de dois desde o colapso da União Soviética, e até as mulheres uzbeques, outrora campeãs da União Soviética em número de filhos, reduziram sua fecundidade de cerca de quatro filhos em 1990 para 2,5 na última contagem.³⁵

Embora a expectativa de vida na União Soviética após 1945 fosse irrisória comparada ao que se chegou nos Estados Unidos e ainda mais na Europa ocidental, como foi observado, na era pós-soviética a diferença aumentou. A expectativa de vida para homens russos caiu de 64 em 1989 para 58 em 2001. Isso contrasta acentuadamente não só com o que vigorava e ainda vigora no Ocidente em matéria de prolongamento da expectativa de vida, mas também em partes crescentes do mundo em desenvolvimento. No mesmo ano a Índia, com uma renda per capita inferior a ⅓ do nível russo, alcançou uma expectativa de vida masculina dois anos mais longa.³⁶ A discrepância entre expectativa de vida masculina e feminina na Rússia é excepcionalmente alta. Em 2008, quando a expectativa de vida masculina tinha retornado à idade de 59, a expectativa de vida das mulheres russas era de 73 anos,³⁷ e os dados mais recentes da ONU sugerem que embora a expectativa de vida masculina esteja se recuperando, ela ainda é a mesma de cinquenta anos atrás. A discrepância extraordinariamente grande entre a expectativa de vida masculina e feminina na Rússia (três ou quatro anos é normal para a maioria dos países, mas os dados mais recentes da ONU sugerem mais de uma década para a Rússia) indica que o problema de mortalidade no país reside essencialmente na população masculina.

A questão mais frequentemente relacionada à baixa expectativa de vida é o alcoolismo. Nesse aspecto, embora o consumo de álcool per capita não seja muito superior ao de alguns países europeus ocidentais, na Rússia ele parece concentrado entre os homens e nas bebedeiras. De maneira interessante, uma redução no consumo de álcool entre meados e o fim dos anos 1990 foi acompanhada por uma modesta queda na mortalidade.³⁸ Outra variável que contribui para a baixa expectativa de vida é o fato de que a taxa de suicídio da Rússia é uma das mais elevadas do mundo; ele foi a causa de mais de 50 mil mortes em 2000.[39] A atmosfera de morbidade na era pós-soviética imediata foi captada por um correspondente:

> As mortes continuavam a se acumular. Pessoas – homens e mulheres – caíam ou talvez saltassem de trens e janelas; asfixiavam-se em casas de campo com estufas a lenha defeituosas ou em apartamentos com as fechaduras da porta emperradas; eram atingidas por carros que passavam a toda velocidade por pátios tranquilos ou atropelavam grupos de pessoas numa calçada; afogavam-se em consequência de mergulhar bêbadas num lago ou de ignorar avisos de tempestade no mar, ou sem nenhuma razão aparente; envenenavam-se com álcool demais, álcool falsificado, substitutos do álcool; e, finalmente, caíam mortas em idades absurdamente precoces em razão de ataques cardíacos e derrames.[40]

Além do alcoolismo e do suicídio, vários outros fatores parecem ter contribuído para a mortalidade mais elevada e a baixa expectativa de vida na Rússia. A taxa de mortalidade por doenças infecciosas e parasitárias continua mais que o dobro do nível nos Estados Unidos, e a morte por doença cardiovascular parece estar em pelo menos o dobro do nível esperado, dado o PIB da Rússia. Em geral, os gastos com assistência médica na Rússia são baixos mesmo em relação ao PIB, e os níveis do serviço podem ser piores do que os que vigoravam nos tempos soviéticos.[41]

Embora tenha havido uma modesta melhora (em parte graças a taxas de suicídio mais baixas e alguma redução do alcoolismo), a expectativa de vida masculina russa não avançou muito em relação ao que era no final dos anos 1960, desde quando o mundo como um todo testemunhou uma melhora da expectativa de vida de uma década e meia. Isso significa que a Rússia está atrás de países como Egito e Paquistão.[42] Como a taxa de mortalidade infantil da Rússia não é particularmente ruim, o quadro da expectativa de vida aos quinze anos é ainda pior quando comparado com outros. No entanto, o resultado é que a Rússia não tem exatamente o mesmo problema de envelhecimento que a maioria dos países da Europa. A queda da natalidade tende a aumentar a idade média numa sociedade, mas as mortes prematuras daqueles que estariam idosos têm o efeito inverso. Situada abaixo de 39 anos, a idade mediana russa é oito anos mais velha do que era em meados dos anos 1970, mas sete anos mais jovem que a da Alemanha.[43] É de pouco consolo para uma sociedade, contudo, saber que ela não está envelhecendo porque tantas pessoas morrem na meia-idade e nunca chegam à velhice.

A grande diferença entre a Rússia e a Europa central e a meridional é que, embora elas experimentem uma taxa de fecundidade bem abaixo do nível de reposição, na última região isso é compensado em certa medida por uma expectativa de vida crescente, ao passo que na Rússia a expectativa de vida em queda (isto é, a mortalidade crescente) agravou até recentemente o impacto da baixa fecundidade e resultou num acentuado declínio natural da população. Nos nove anos após 1992 o número de mortes na Rússia excedeu o de nascimentos em mais de 12 milhões.[44] Outros países alcançaram posição semelhante de declínio natural, mas isso ocorreu invariavelmente *apesar da mortalidade decrescente*, e não em parte *por causa da mortalidade crescente*.

Se a população russa não caiu tão rapidamente quanto indicava a diminuição natural, isso se deve à migração. Com o fim da União Soviética, a Rússia se tornou em termos populacionais uma entidade muito menor que o antigo Estado soviético. No momento da desintegração, a população soviética era de 287 milhões, e a população da Rússia estava chegando ao seu ponto máximo, com quase 148 milhões; em 2015, ela estava abaixo de 143 milhões.[45] A maior parte dessa perda não se deve, claro, a taxas de natalidade ou mortalidade, mas ao encolhimento do Estado, que não abrange mais os agora países independentes da Estônia ao Cazaquistão. Entretanto, com o mau equilíbrio entre nascimentos e mortes na Rússia, previsões da ONU baseadas em fecundidade mediana sugerem que no final do presente século ela terá menos de 125 milhões de habitantes, ao passo que alguns preveem que cairá abaixo da marca dos 100 milhões (embora ganhos recentes nas taxas de fecundidade e expectativa de vida tornem isso menos provável).[46] Conquanto haja razões para algum otimismo, isso está muito distante dos animados dias da União Soviética, quando a população se aproximava de três vezes a marca dos 100 milhões. Uma mistura de baixa fecundidade, alta mortalidade e recuo imperial tornou a Rússia uma entidade muito diminuída em relação àquela de ambição imperial aparentemente ilimitada no início do século XX. Não surpreende que isso tenha tido consequências geopolíticas.

Como costuma acontecer quando a população de um país está estagnada ou em declínio, são os distritos periféricos que sentem primeiro. A urbanização prossegue à medida que as pessoas continuam a se mudar da zona rural para as vilas e cidades, e na Rússia isso ocorre de maneira particular por causa da distância e do clima inóspito de grande parte do país. A União Soviética era vasta e muitas das áreas periféricas só foram povoadas por russos graças aos esforços do Estado; assim que o Estado ficou enfraquecido e menos disposto a enviar gente para esses lugares, foi inevitável que o processo de colonização de áreas distantes se invertesse à medida que pessoas abandonavam lugares desprovidos de serviços, infraestrutura e oportunidades de emprego. Numa aldeia a oeste de Moscou onde só permanecem oito pessoas, um residente local lamenta: "Só restaram oito pessoas aqui. E o que fazemos nós, os velhos? Nós morremos." Uma em cada dez aldeias na Rússia tinha menos de dez habitantes em 2010; hoje é provável que o número esteja consideravelmente pior.[47]

Putin contra-ataca

A Rússia novamente autoconfiante e assertiva de Vladimir Putin, em contraste com a caótica era pós-soviética de Boris Yeltsin, não está desprovida de críticos, e eles apontarão que muito do aparente ressurgimento depende de um verniz financiado de maneira insustentável até 2014 pelos altos preços do petróleo e do gás. Quer essas críticas se justifiquem, quer não, os esforços de Putin vão além do armamentismo, da anexação da Crimeia e da intervenção na Síria; seu regime está ciente da crise demográfica e gostaria muito de poder contar com o ressurgimento demográfico entre suas façanhas. Marco significativo foi um importante discurso de 2006, em que Putin falou sobre "o problema mais agudo que nosso país enfrenta hoje: o problema demográfico".⁴⁸ Vinte e cinco anos depois que Brejnev falou para o XXVI Congresso, a demografia passou de algo reconhecido como simplesmente um dos muitos problemas nacionais para a mais grave questão com que a nação se defronta.

Embora no discurso de Putin em 2006 houvesse algum foco na urgência de se diminuir a taxa de mortalidade, reduzindo, por exemplo, os acidentes de trânsito e melhorando a assistência médica, o foco recaiu sobre a necessidade de fomentar a natalidade. Putin associou de modo explícito a baixa fecundidade a problemas de baixa renda, habitação inadequada e perspectivas ruins para a assistência médica e educação das crianças. Chegou a sugerir que os pais se preocupavam somente com a necessidade de alimentar seus filhos. Com uma interpretação fundamentalmente material e financeira do problema, a resposta de Putin foi um subsídio quando do nascimento da criança e mais direitos para as mães que trabalhavam. Como sempre, é difícil saber se essas políticas foram responsáveis pela recuperação da taxa de fecundidade total da Rússia ou se esta se relaciona com outros fatores.

Antes de sua desintegração, a União Soviética estava se tornando menos russa, e a nacionalidade russa representava uma fraca maioria da população total, além disso, declinante. Recuar para as fronteiras do que tinha sido a RSFSR significou consolidação e fortalecimento demográfico de uma perspectiva étnica dentro de um espaço mais limitado, porém ainda vasto. Entretanto, assim como russos étnicos tinham vivido em toda a União Soviética, e não somente na RSFSR, também havia minorias não russas na nova Federação Russa, algumas das quais "nativas", no sentido de que sua presença é muito anterior à União Soviética, e outras chegadas há menos tempo, atraídas pelas oportunidades que o centro metropolitano oferecia.

Ao pensar sobre o caráter russo da Rússia desde o fim da União Soviética, cabe distinguir três fenômenos: primeiro, o "retorno" de russos do "exterior próximo", pessoas que preferiram viver na Rússia que nas repúblicas recém-independentes; segundo, as populações nativas de russos não étnicos dentro da República, como tártaros e chechenos, muitos deles muçulmanos e apresentando as taxas de fecundidade mais altas entre seus correligionários centro-asiáticos; terceiro, a afluência de russos não étnicos à Federação, geralmente oriundos das antigas repúblicas não russas da União Soviética e sobretudo para as grandes cidades. O primeiro desses fenômenos teve o efeito de fortalecer a composição russa da população (continuando ao mesmo tempo a diminuir a presença russa no "exterior próximo"), o segundo e o terceiro, de diluí-la. Um quarto fenômeno pode também ser considerado, e trata-se da emigração de russos não étnicos desde o fim da União Soviética, em particular de cerca de 1 milhão de judeus para Israel e 500 mil alemães para a Alemanha, a qual, embora numericamente limitada e essencialmente um evento único, teve ainda assim algum impacto, aumentando o caráter russo da Rússia ao reduzir as minorias dentro de suas fronteiras.

A melhor maneira de desemaranhar esses vários fios é investigar a composição étnica da Rússia como um todo. Em 1959, a população da RSFSR era 83% russa.[49] Em 2002, a população da Federação Russa era cerca de 80% etnicamente russa, numa queda modesta, mas substancial. Em 2010, a parte russa caíra para abaixo de 78%.[50] A minoria mais expressiva, os tártaros, compreendia cerca de 4% da população.[51] Embora pareça haver uma sólida maioria russa, há tendências que deveriam ser preocupantes para os etnonacionalistas russos. Em 1989-2002, enquanto a população russa étnica da Federação Russa tinha declinado de pouco menos de 120 milhões para pouco menos de 116 milhões, o número de chechenos tinha crescido de menos de 1 milhão para mais de 1,33 milhão – isso apesar de uma guerra violenta e de um suposto genocídio na Chechênia. Na Rússia como um todo, nesse ponto, a idade mediana era pouco superior aos 37 anos, ao passo que na Chechênia era inferior a 33.[52]

Enquanto isso, a afluência de centro-asiáticos e pessoas vindas do Cáucaso para as grandes cidades russas está transformando sua composição étnica: acredita-se que Moscou, por exemplo, é cerca de 20% muçulmana.[53] Conquanto a liderança da Federação Russa proclame uma retórica multiétnica e multifé, ela endureceu suas leis de cidadania em 2002, tornando mais difícil para as pessoas de origem não russa obterem cidadania russa do que antes, sob a lei mais frouxa de 1991, ao adotar essencialmente *jus sanguinis* ou direitos dependentes do "sangue" ou da origem étnica.[54] Além disso, embora a principal preocupação demográfica das autoridades russas continue a ser a baixa taxa de fecundidade e a alta taxa de mortalidade para o país como um todo, parece que elas estão cientes da probabilidade no longo prazo de uma mistura étnica cambiante na Rússia também, e adotaram medidas que, se não se originaram da afluência de não russos à Rússia, pelo menos reduziram seus direitos à cidadania russa. Assim, enquanto a retórica multiétnica continua a prevalecer no nível da liderança nacional, nem sempre é isso que acontece no plano local. Moscou, que hoje, segundo se acredita, tem a maior população muçulmana que qualquer outra cidade europeia – de nada menos que 2 milhões de pessoas –, possui apenas seis mesquitas, apesar dos pedidos para que se construam novas (o prefeito de Moscou descreveu o número de muçulmanos em sua cidade como "excessivo" e "prejudicial", declaração que seria totalmente rejeitada se dada pelo prefeito de qualquer grande cidade da Europa ocidental; na verdade, o prefeito de Londres é muçulmano).[55]

O mundo ortodoxo além da Rússia

Até o fim dos anos 1980, a União Soviética era frequentemente pensada como parte de uma entidade mais ou menos única juntamente com o resto do bloco soviético, um agrupamento político que incluía países nem linguisticamente eslavos nem religiosamente ortodoxos (por exemplo, Alemanha Oriental e Hungria); eslavos, mas não ortodoxos (por exemplo, Tchecoslováquia e Polônia); ortodoxos, mas não eslavos (por exemplo, Romênia); e tanto eslavos quanto ortodoxos (por exemplo, Bulgária). Desde 1991, com o fim do empreendimento comunista, pode-se dizer que o mundo ortodoxo se localiza em termos culturais e de desenvolvimento ao lado da Rússia. Vale a pena notar que, com o colapso do comunismo, o colapso da fecundidade nos antigos países comunistas no fim dos anos 1980 e início dos anos 1990, a partir de uma base já baixa, foi geral. Por exemplo, a taxa de natalidade na República Democrática Alemã caiu de treze por mil em 1988 para 5,5 por mil em 1992, queda extraordinária num período tão curto.⁵⁶ Como na Rússia, a perturbação geral e a adversidade econômica tiveram parte da culpa, assim como, no Ocidente, o significativo movimento de mulheres jovens em idade de engravidar.

Há convincentes evidências de que as nações e os grupos étnicos que podem ser agrupados juntos como "civilizações" têm uma tendência a se comportar de maneira semelhante demograficamente e de outras maneiras, e isso é de fato algo que os define *como* civilização. O Ocidente, significando Estados Unidos e Canadá mais Europa ocidental, Austrália e Nova Zelândia, seguiu em linhas gerais um padrão similar de baby boom no pós-guerra, então taxas de fecundidade declinantes e imigração em massa proveniente de países menos desenvolvidos, tudo acompanhado por expectativa de vida em constante aumento. Padrões similares, uniformes em linhas gerais, embora com variações locais, ocorreram no Extremo Oriente, no Oriente Médio, na América Latina, na Ásia meridional e na África subsaariana. De fato, essas similaridades permitiram que este livro fosse organizado segundo linhas civilizacionais para o período pós-1945. O mesmo acontece para o que foi descrito como civilização cristã ortodoxa oriental (chamada "ortodoxa" mesmo que, após 1945, tenha sido governada por regimes comunistas e suas igrejas tenham sido em sua maior parte marginalizadas ou perseguidas). Em 1950 a maioria dos países ortodoxos tinha completado uma grande parte de sua transição demográfica, com apenas a Rússia e a Sérvia relatando uma taxa de fecundidade de mais de três filhos por mulher, e ambas testemunhavam um rápido declínio para menos desse nível entre meados e o fim dos anos 1950. Embora o caminho que esses países tomaram tenha variado – com um pico incomum no caso da Romênia –, todos terminaram num ponto de fecundidade excepcionalmente baixo no início do século XXI. Em todos os casos, exceto a Sérvia, a fecundidade caiu para bem abaixo de 1,5 filho por mulher, embora na maioria deles tenha havido alguma recuperação para esse nível ou um pouco acima dele aproximadamente na última década. (Ao contrário da Rússia, a maioria dos países ortodoxos observou expectativas de vida em elevação, por isso os declínios populacionais causados pelas taxas de fecundidade de reposição foram em certa medida neutralizados.) Ainda assim, isso está bem abaixo do nível de reposição. As razões disso são similares àquelas que afetam a Itália, a Espanha e Portugal: uma mistura de atitudes modernas em relação à educação e às aspirações das mulheres, juntamente com a manutenção de concepções tradicionais sobre o nascimento fora do matrimônio.

O pico romeno

O pico das taxas de fecundidade romenas no fim dos anos 1960, no entanto, é exemplo de um extraordinário (e frequentemente trágico) contrafluxo nessa tendência. Notando o declínio nas taxas de fecundidade nos anos 1950 e início dos anos 1960, as autoridades recearam que isso desacelerasse o crescimento populacional, fator que, mais que em outros regimes no Bloco do Leste, consideravam uma medida de prestígio e fonte de crescimento econômico. O ditador Nicolae Ceausescu esteve à frente de seus colegas socialistas de outros lugares ao identificar a demografia como problema, declarando que "a questão mais importante é o crescimento populacional mais constante – fator essencial da dinâmica e das forças produtivas da sociedade. ... Até o fim da próxima década, a Romênia poderá contar 24 a 25 milhões de habitantes".[57]

Assim, da noite para o dia e inesperadamente, o regime tornou o aborto ilegal (com exceções limitadas) em 1966. Isso foi justificado pela necessidade de equilibrar a liberdade pessoal, por um lado, com a exigência nacional de crescimento "natural" da população, por outro.[58] Até esse momento, como na Rússia, o aborto tinha sido a forma mais comum de controle da natalidade; por exemplo, no ano anterior à proibição, houvera quatro abortos para cada nascimento. Como não é de surpreender, a taxa de fecundidade aumentou de dois filhos para 3,5 filhos por mulher quase imediatamente.[59] No fim dos anos 1960, como um todo, contudo, a taxa de fecundidade era de três filhos, indicando que no fim da década o impacto da proibição sobre a fecundidade diminuía. O choque momentâneo para o sistema tivera efeito imediato, mas a população começou a encontrar maneiras de contornar a proibição, fosse com abortos ilegais, fosse com meios alternativos de contracepção. Em meados dos anos 1980 a taxa de fecundidade dos romenos estava de volta àquela do seu grupo de pares civilizacional.

Ainda assim, a política teve impacto durante quase vinte anos. Além de resultar numa população maior do que seria caso ela não fosse adotada, é provável que tenha dado origem também à cultura de nascimentos indesejados e dos orfanatos estatais subfinanciados e negligentes que tanto chocaram os ocidentais após a queda do regime comunista. Quanto às metas populacionais de Ceausescu, elas não foram alcançadas. A população da Romênia cresceu de fato um pouco acima dos 23 milhões nos anos 1980, mas depois voltou a cair para menos de 20 milhões. O experimento romeno é um interessante estudo de caso sobre as limitações mesmo dos governos mais autoritários na manipulação de tendências demográficas.

Há outro aspecto digno de nota no caso romeno em relação ao tema da engenharia demográfica ou à utilização de estratégias demográficas por grupos étnicos ou Estados em conflito. O governo romeno exibia mais transparência em seu nacionalismo que alguns de seus vizinhos europeus orientais, e perseguiu uma linha claramente etno-romena em sua política demográfica. Foi acentuadamente mais relaxado que a União Soviética ao permitir que judeus emigrassem da Romênia para Israel a partir do fim dos anos 1960, embora em troca de pagamentos em dinheiro, ao mesmo tempo que, ao que tudo indica, as leis de aborto foram menos rigorosamente impostas no caso de húngaros étnicos e de ciganos que para os romenos étnicos.[60]

A guerra iugoslava

No final da Guerra Fria, a maioria dos países antes comunistas conseguiu uma transição em grande parte pacífica para o capitalismo, quer isso envolvesse permanecer dentro das mesmas fronteiras (por exemplo, Polônia e Hungria), separar-se (por exemplo, as Repúblicas Tcheca e Eslovaca) ou fundir-se (por exemplo, Alemanha Oriental e Alemanha Ocidental). A maioria desses países tinha sido mais ou menos etnicamente homogênea, pelo menos desde os massacres da Segunda Guerra Mundial e as migrações forçadas que se seguiram, e tinha populações etnicamente estáveis. Esse não era, contudo, o caso da Iugoslávia, e aqui a demografia desempenhou seu papel num conflito definidor dos anos 1990.

Como os russos, os sérvios experimentaram uma taxa de fecundidade declinante após 1945, experiência compartilhada por seus companheiros iugoslavos de herança cristã (bálticos, ucranianos, moldávios e bielorrussos no caso da União Soviética; croatas e eslovenos no caso da Iugoslávia), mas não por aqueles de origem tradicionalmente islâmica (caucasianos e centro-asiáticos no caso da União Soviética; bósnios, muçulmanos e albaneses do Kosovo no caso da Iugoslávia). O resultado foi uma proporção declinante de sérvios dentro da Iugoslávia, particularmente em áreas onde viviam ao lado de muçulmanos. Na Bósnia-Herzegovina, a parte sérvia da população caiu de 44% em 1948 para menos de 33% em 1981, ao passo que a parte muçulmana aumentou de menos de 33% para quase 40% entre as mesmas datas. Em Kosovo (diferentemente da Bósnia-Herzegovina, situada na República da Sérvia e não uma república separada dentro da Iugoslávia), a parte sérvia da população já era inferior a ¼ em 1948, mas em 1981 havia se reduzido para apenas 13%, resultado não só de uma taxa de natalidade mais baixa que a dos albaneses locais, mas também da migração de sérvios étnicos para a Sérvia.[61] Ambas as áreas eram sensíveis no que dizia respeito a nacionalistas sérvios, a primeira sendo aquela onde os nacionalistas sérvios tinham desencadeado a deflagração da Primeira Guerra Mundial em 1914, ao assassinar o arquiduque Francisco Fernando da Áustria; a segunda sendo o local de uma batalha sérvia contra os turcos no século XIV, que ocupava um lugar central na consciência histórica sérvia, e também o lugar de muitos mosteiros sérvios medievais de importância histórica. Os dados demográficos agregados disfarçam parcialmente tendências ainda mais acentuadas entre os jovens: a parte de pessoas com menos de catorze anos na população da Sérvia é a metade daquela entre kosovares.[62]

Além da perda sérvia de presença demográfica nessas áreas sensíveis, havia a lembrança da Segunda Guerra Mundial, quando grande número de sérvios tinha sido massacrado não só pelos croatas, mas também por muçulmanos bósnios organizados pela SS nazista. A deflagração da guerra quando a Iugoslávia se dissolveu não pode ser atribuída de maneira simplista somente a fatores demográficos, mas eles decerto deram a sua contribuição. Um estudo cuidadoso dos lugares onde a violência ocorreu durante a guerra na Bósnia-Herzegovina mostrou que as áreas com população sérvia declinante entre 1961 e 1991 estavam particularmente propensas a abrigar as lutas.[63] No devido tempo, as taxas de fecundidade dos muçulmanos bósnios e dos albaneses caíram rapidamente, e hoje a Bósnia-Herzegovina (incluindo tanto sérvios e muçulmanos quanto croatas) tem, junto com a Moldávia, a mais baixa taxa de fecundidade na Europa (apenas 1,25 filho por mulher), e mesmo a taxa de fecundidade total de Kosovo está apenas em torno do nível de reposição.

Em suma, a ex-Iugoslávia é um caso exemplar do impacto desestabilizador de transição demográfica desigual, atingindo pessoas de diferentes origens religiosas ou étnicas em distintos momentos.

A demografia do desaparecimento

Em todo o mundo cristão ortodoxo as mesmas forças estiveram em ação. Após longos períodos de baixas taxas de fecundidade, não só as mulheres passam a ter menos filhos, mas há menos mulheres jovens, assim, a taxa de fecundidade e a taxa de natalidade são baixas. Em muitos lugares as oportunidades econômicas foram escassas, e uma oportunidade de migração para as regiões mais ricas da Europa ocidental esteve aberta, dando lugar à emigração em larga escala com pouca ou nenhuma imigração compensatória (a exceção é a Rússia, que recebeu imigração das antigas repúblicas da União Soviética). Um bom exemplo é a Bulgária, que tinha perto de 9 milhões de habitantes nos anos 1980; em 2015, tinha apenas 7 milhões, num declínio recente causado não apenas por baixas taxas de fecundidade, como também pela adesão à União Europeia e as oportunidades de emigração daí decorrentes. Como sempre nesses casos, o despovoamento rural é intenso. Numa aldeia onde outrora viviam oitocentas pessoas, um dos dois habitantes remanescentes lamenta: "Vou exalar meu último suspiro aqui. Infelizmente não há um padre em Matochina. Quando eu morrer vão ter de chamar alguém de outro lugar."[64]

A vizinha Moldávia perdeu mais de 7% de sua população desde o início dos anos 1990; de acordo com a projeção populacional da fecundidade mediana da ONU, terá provavelmente perdido outra metade até o fim do presente século. Em 2015 as populações da Grécia e da Bulgária estavam entre as sete mais velhas do mundo em termos de idade mediana.[65] No caso do mundo ortodoxo, não é apenas um único país, mas uma civilização inteira que, a menos que alguma coisa fundamental mude, deixará simplesmente de se reproduzir e se extinguirá em algum momento do próximo século.

A ONDA REVOLUCIONÁRIA DA população humana, tendo explodido na Grã-Bretanha no início do século XIX e se espalhado pela Europa, inclusive a Rússia, e pelas terras de conquista e colonização europeias, tinha finalmente se quebrado às margens do mar Negro e depois recuara.

Este relato, contudo, abrange apenas uma pequena parte da superfície e da população da Terra. Em outros continentes, tendências muito mais amplas se desenrolarão em escala e velocidade que superam de longe a experiência ocidental.

PARTE III

A maré torna-se global: para além da Europa

7. Japão, China e Ásia oriental
O envelhecimento de gigantes

EM MAIO DE 1905 Aleksei Novikov, camponês de 24 anos da Rússia meridional, viu-se navegando para o mar do Japão a bordo do couraçado *Oryol*. Demitido da Marinha czarista por falta de confiabilidade política, ele obtivera permissão para voltar quando a guerra foi deflagrada no ano anterior. A frota tinha deixado o Báltico em outubro de 1904 e levado mais de seis meses para alcançar seu destino. Ao chegar ao Extremo Oriente, Novikov e seus camaradas viram-se superados taticamente e em potência de fogo pela Marinha japonesa, que desativou a esquadra e afundou vários dos navios sem sofrer, eles mesmos, mais danos do que "se estivessem praticando tiro ao alvo".[1] Novikov teve sorte. Após um período relativamente curto como prisioneiro de guerra, ele voltou à Rússia, onde retomou suas atividades revolucionárias e finalmente passou a escrever. Cerca de 70 mil de seus camaradas não sobreviveram à guerra. A Rússia perdeu oito navios e muitas embarcações menores, perdas que amesquinharam as dos japoneses.

Não era assim que as coisas deveriam ter se passado. Os europeus decerto eram os senhores do globo, capazes de exercer sua vontade e expandir seus impérios até onde quisessem. É verdade que os britânicos haviam tido dificuldade para reprimir os bôeres alguns anos antes, mas estes eram, afinal, de extração europeia, embora já estabelecidos na África por gerações. Não se esperava que povos não europeus contra-atacassem, e certamente não se esperava que vencessem. O primo do czar Nicolau, o kaiser Guilherme II, o exortara a enfrentar o Japão em defesa do cristianismo e da raça branca; em vez disso, o resultado da guerra alimentou a paranoia do kaiser e de outros em face do "perigo amarelo".

A guerra russo-japonesa foi um choque não apenas para os russos, mas para todos os europeus que pensavam que sua natural superioridade lhes daria eterno domínio sobre o mundo. O triunfo do Japão não foi significativamente demográfico – a Rússia tinha uma população muito maior que a japonesa –, mas estratégico. Ainda assim, houve um componente demográfico: o Japão estava em ascensão, seu povo era o primeiro não europeu a escapar da armadilha malthusiana. Juntamente com a modernização do Exército e da Marinha houve a modernização da indústria que permitiu ao Japão construir uma frota capaz de derrotar a Rússia. Com o ingresso do país no mundo moderno veio precisamente o tipo de decolagem demográfica e a expansão populacional que tinham acompanhado desenvolvimentos semelhantes no coração da Europa. Não por coincidência o primeiro povo não europeu a escapar da demografia pré-moderna foi o primeiro nos tempos modernos a derrotar uma grande potência europeia.

O Japão, a China e a Ásia oriental com o Sudeste Asiático compõem uma área que contém hoje quase ⅓ da população mundial e compreende uma região que em grande parte passou sucessivamente pela mesma transformação experimentada pela Europa e a América do Norte – uma transformação em que o Japão foi pioneiro. Além dessa história conhecida, a região tem no Japão e na China dois países sem precedentes do ponto de vista demográfico; o Japão porque foi o primeiro país não europeu a romper os grilhões malthusianos rumo à transição demográfica, e agora tem a população mais velha do planeta; a China porque tem uma população maior que a de qualquer outro país na história da Terra. Os dois tinham histórias antigas, instituições estabelecidas há muito e sociedades complexas antes de serem obrigados a entrar em estreito contato com o Ocidente, e esse contato estava destinado a ser transformador para os dois países, sobretudo em termos demográficos.

O sol se levanta: a ascensão do Japão

Como o Japão veio a desafiar o Ocidente, isso é fonte de muita discussão. Sugeriu-se que falar de uma "transição demográfica" é impingir um modelo eurocêntrico a povos não europeus.[2] Fazê-lo, afirma-se, é sustentar que nada de grande interesse ocorreu na demografia (ou, por implicação, em qualquer outra coisa) até a adoção de modelos europeus de organização social e econômica. Em certa medida esta é uma crítica justa, embora se aplique tanto à Europa quanto ao resto do mundo. A Europa teve seus próprios altos e baixos demográficos muito antes do século XIX, sobretudo a peste negra, que entravou o crescimento da população durante séculos. O que interessa, contudo, não é que nada tenha acontecido até a transição demográfica, mas, sim, que foi somente quando a modernização, como quer que ela seja definida, começou que as populações seguiram um caminho mais ou menos uniforme e previsível, pelo menos por um período. O Japão que subitamente, no meio do século XIX, voltou a se envolver com o resto do mundo era produto de um longo e complexo processo histórico, e o mesmo pode ser dito de sua população. Isso não precisa nos desviar do fato de que o que aconteceu no fim do século XIX e início do século XX, quando o Japão foi varrido por uma onda de urbanização e industrialização, foi verdadeiramente revolucionário em termos da história do país.

Parte da dificuldade em compreender a demografia japonesa num período anterior diz respeito aos dados. Como na maioria dos lugares antes da era industrial, os dados demográficos para o Japão antes do início do século XX são irregulares. Muitos aspectos são contestados. Ainda assim, algumas linhas gerais estão claras. A população japonesa aumentou durante a fase de estabilidade política e inovação agrícola do período Tokugawa (xogunato) a partir do início do século XVII –[3] de fato, ela pode ter crescido cerca de 1% ao ano durante grande parte do fim do século XVI e começo do século XVII. Nessa época grande parcela do resto do mundo estava sofrendo reveses demográficos: a China experimentava a perturbação produzida pela transição da dinastia Ming para a dinastia Qing; a Europa vivia os horrores da Guerra dos Trinta Anos; e as Ilhas Britânicas estavam enredadas na guerra civil, enquanto as colônias americanas da Inglaterra apenas começavam a se estabelecer e ainda eram demograficamente fracas. O século XVII japonês, em contraposição, foi sereno e próspero, e em consequência a população cresceu. Entretanto, em seguida ela ficou estagnada entre 26 e 33 milhões a partir de meados do século XVII.[4] Mesmo tomando a mais baixa estimativa de abertura e a mais alta de encerramento, de 1721 a 1846 a população do Japão parece não ter crescido mais que 5% em mais de um século.[5]

Uma interpretação acerca da longa paralisação populacional no Japão é que a estabilidade interna, na ausência de guerras, simplesmente deu mais espaço para os outros terrores malthusianos da escassez e da doença, e que o Japão estava operando no limite de sua fronteira populacional máxima no início do século XVIII. Segundo essa interpretação, o país tinha se expandido até sua fronteira produtiva, na qual o povo vivia num estado de miséria malthusiana. Outra justificativa é que a população vivia acima do nível da fronteira malthusiana de subsistência e miséria – em outras palavras, que poderia ter suportado um nível mais baixo de subsistência –, porém, as instituições sociais mantinham-na sob controle, predominantemente por meio do infanticídio e do aborto.[6] (Estes certamente não são controles que o reverendo Malthus teria aprovado; ele reconhecia a possibilidade de as comunidades evitarem se expandir até a beira da inanição e da miséria, mas achava que a única maneira moralmente aceitável para elas o fazerem era pelo comedimento sexual que vem com a castidade e o casamento tardio.) Por vezes o infanticídio correspondia a nada menos que 10% dos nascimentos, ou mesmo 20%, o que em parte é evidenciado pelo desequilíbrio populacional entre homens e mulheres numa era anterior à possibilidade de aborto seletivo segundo o sexo. Em áreas do Japão oriental, no século XVIII, o infanticídio era denominado *mabiki*, isto é, desarraigamento ou desbaste das mudas de arroz. Em algumas circunstâncias, ele era considerado praticamente uma obrigação, com os pais de famílias grandes rotulados de antissociais por procriarem como coelhos. O diário de um próspero mercador rural registra como ele próprio praticava infanticídios, determinados por meio de adivinhação sobre quais bebês deveriam viver e quais deveriam morrer.[7]

Nessas circunstâncias, e em vista da disponibilidade de dados, é difícil desagregar infanticídio de diminuição da fecundidade. O aborto era também um método comum para controlar a população, até que foi progressivamente criminalizado a partir de 1870 e em particular a partir de

1882;[8] não há como saber em que medida continuou usual daí em diante. Afora aborto e infanticídio, a abstinência e o afastamento conjugal parecem ter desempenhado um papel ao criar no Japão do fim do século XVII e do século XVIII o que foi chamado de "cultura de baixa fecundidade". É difícil saber se o que realmente prevaleceu foi a fecundidade reprimida por abstinência sexual e técnicas contraceptivas ou por aborto e infanticídio. De qualquer maneira, se essa interpretação estiver correta e, com um ou outro método, os japoneses evitavam gerar muitos filhos, e se assim gozavam da oportunidade de viver um pouco melhor e guardar algum capital, então nesse aspecto o Japão apresentou uma semelhança com a Inglaterra do século XVIII.

O fim do isolamento e a restauração da dinastia Meiji, em 1868, foram acompanhados pelo que pode ser amplamente denominado fim do feudalismo e nascimento do Estado moderno. A princípio o progresso industrial e demográfico (isto é, o progresso pela transição demográfica) foi lento, mas ambos aceleraram no fim do século XIX e início do século XX. Números oficiais para esse período sugerem taxas de natalidade crescentes, de 25,4 para 35,7 por mil entre 1875 e 1920. Outras fontes sugerem que a taxa de natalidade já estava acima de trinta, ou até acima de 36 por mil em 1875. Em contrapartida, embora as fontes oficiais sugiram mortalidade crescente, outras fontes indicam que ela caía, o que estaria mais de acordo com o esperável nos estágios iniciais da transição demográfica.[9] A última hipótese parece de fato mais correta: quaisquer que fossem as condições básicas nas cidades dos primeiros tempos do Japão industrial, provavelmente as condições no campo eram piores, e é possível que, à medida que as pessoas passavam a morar cada vez mais em vilas e cidades, os japoneses tenham começado a viver mais.

Embora o quadro do que estava subjacente ao aumento da população seja confuso pelo menos até 1920, não há nenhuma confusão em torno do fato de que a população na verdade crescia após a longa paralisação na faixa entre 26 e 33 milhões. Em 1914 a população tinha aumentado para 52 milhões e em 1924 para mais de 58 milhões.[10] No fim do século XIX, o crescimento populacional japonês foi maior que 1% por ano, como o do

Reino Unido na época de sua decolagem industrial, e em 1915 o crescimento populacional anual não foi muito inferior a 1,5%.[11] Essa taxa, que rivalizava com aquela alcançada pela Rússia alguns anos antes, chegou a um nível de mais de 1,5% ao ano no fim dos anos 1920.[12]

Memórias e cartas de viajantes ocidentais e expatriados nas décadas anteriores à Primeira Guerra Mundial são reveladoras tanto pelo que ocultam quanto pelo que revelam. Mulheres de diplomatas e missionários, frequentes autores dessas obras, descrevem os arranjos florais e os santuários japoneses, falando de maneira lírica sobre templos e paisagens montanhosas. Poucos, porém, parecem notar que o que se passava no Japão era semelhante ao que o Reino Unido experimentara cerca de duas gerações antes. Esses escritos, claro, estão repletos de chocantes estereótipos racistas. Basil Hall Chamberlain, professor emérito de japonês e filologia na Universidade Imperial Japonesa – e portanto mais bem informado que a maioria dos escritores sobre o tema –, observou em 1891 que os comerciantes locais, apesar de trinta anos de familiaridade com o Ocidente, ainda tinham muito a aprender. O "comerciante nativo comum", observou ele,

> ainda está muito atrasado em questões como pontualidade, o estrito respeito pela verdade, o cumprimento de uma promessa, por trivial que seja. Ele é um mau perdedor mesmo das menores somas, e não considerará insultante esforçar-se para escapar de um contrato cujo cumprimento implicaria uma perda.[13]

(Talvez o racismo de Chamberlain não deva causar surpresa; seu irmão mais moço era Houston Stewart Chamberlain, genro de Richard Wagner e aquele que nos últimos anos de vida saudou Hitler como o homem do futuro, após um encontro pessoal que teve com ele.) Contudo, diferentemente de muitos de seus competidores que disputavam leitores com gosto por histórias de vasos laqueados e gueixas, Chamberlain pelo menos comentava sobre o desenvolvimento econômico e industrial do país, observando que

> o principal progresso feito durante os últimos trinta anos se deu no desenvolvimento industrial. Minas foram abertas, fábricas erguidas, e fundaram-se novas manufaturas. O carvão japonês é agora bem conhecido em todo o Oriente; cobre e antimônio são vastamente exportados. ... Muitos artigos antes importados agora são manufaturados no país.

Dada a mão de obra barata e qualificada, "que precisa apenas ser dirigida por homens de negócios competentes, o futuro industrial do Japão deverá ser brilhante".[14]

Outra exceção aos analistas ocidentais que faziam vista grossa à rápida modernização do Japão foi Stafford Ransome, engenheiro e jornalista, que observou em 1899: "Não se encontrará uma ilustração mais impressionante da maravilhosa adaptabilidade do caráter japonês que aquela fornecida pela presteza com que os japoneses adotaram métodos ocidentais de fabricação." Ransome observou como

> as indústrias modernas do Japão agora se espalham por todo o país. ... Pode-se dizer que Osaka está se transformando rapidamente numa cidade industrial pura e simples; e sem dúvida é por isso que ouvi ingleses chamarem-na de Manchester, e escoceses de Glasgow, e franceses de Lille, e alemães de Hamburgo, e americanos de Chicago do Japão.[15]

Indústria e poder estão inextricavelmente ligados no aumento do tamanho da população japonesa. Assim como o crescimento demográfico dos anglo-saxões deu à Grã-Bretanha e aos Estados Unidos enormes vantagens na dominação de grandes parcelas do globo, a combinação de força demográfica e industrial no Japão – esta última não sustentável sem a primeira – impeliu-o até uma posição que o fez merecer, por parte da Europa (especialmente depois da Guerra Russo-Japonesa), o qualificativo de "potência", status não compartilhado por nenhum outro país asiático. A modernização e a transformação sustentaram a notável vitória do Japão contra a Rússia na guerra de 1904-5, mostrando que o que se poderia confundir com vantagens inerentes anglo-saxãs ou depois europeias não eram de fato simplesmente as vantagens de uma raça, mas de uma combinação de tamanho da população e peso econômico e industrial. Sem esses fatores, o Japão não teria sido capaz de perseguir o expansionismo agressivo que iria derrotar a Rússia, esmagar a China e grande parte do Sudeste Asiático, enfrentar o Império Britânico e os Estados Unidos e expandir seu poder imperial (ainda que brevemente) desde as fronteiras da Índia até as profundezas do Pacífico. A capacidade de o Japão conquistar e dominar grandes partes da China mostra que a demografia por si só não era suficiente – a China, afinal, sempre teve mais habitantes –, mas que a combinação do dinamismo demográfico e industrial japonês conseguiu derrotar o gigante demográfico chinês.

Após a instituição do primeiro recenseamento moderno e da coleta de dados aperfeiçoada a partir de 1920, revelou-se o quadro de uma taxa de natalidade *gradualmente* declinante acompanhando a crescente urbanização, uma taxa de mortalidade em queda *acentuada* e, portanto, de acordo com a teoria da transição demográfica, um rápido aumento da população.[16] Embora o crescimento da população fosse impulsionado pela melhora das circunstâncias econômicas, o discurso local mostrava uma preocupação alarmista com a superpopulação. O Japão era o país mais densamente povoado do mundo em relação à sua terra arável.[17] Essa preocupação talvez tenha motivado a expansão imperial dos anos 1930 e decerto foi usada para justificá-la.[18] Contudo, a emigração japonesa – fosse dentro dos limites imperiais cada vez mais vastos, fosse além deles – sempre teve pequena escala. É verdade que ela não foi ajudada pelas restrições à imigração norte-americana e australasiana, que continuaram em vigor até os anos 1960, mas mesmo dentro das áreas conquistadas pelo Japão, como Manchukuo, na China, a emigração japonesa não fez nenhuma diferença substancial para o tamanho geral da população do país.[19] A migração para fora do Japão raramente superou 10 mil por ano, o que era insignificante comparado ao crescimento populacional (e, claro, completamente insignificante quando comparado às taxas europeias de emigração no período anterior à Primeira Guerra Mundial), e nos anos 1930 havia mais coreanos vivendo no Japão que japoneses na Coreia.[20]

Manchukuo, afinal, não seria o Canadá do Japão. Não seria intensamente colonizado por japoneses, não serviria como escoadouro para a população excedente nem como celeiro para a pátria-mãe.

Sob muitos aspectos, o dilema, a retórica e a política do Japão imperial se assemelharam aos da Alemanha nazista. A expansão demográfica fora possível pela industrialização, com uma crescente população industrial, cada vez mais alimentada por importações de mercadorias agrícolas pagas com exportações industriais. No fim dos anos 1920, o Japão dependia de importações para cerca de ⅐ de seu consumo de arroz.[21] Essa era uma situação que envolvia sujeição ao comércio internacional e da qual os nacionalistas não gostavam, porque gerava dependência. O nacionalismo tanto no Japão quanto na Alemanha afirmava então a necessidade de mais espaço para alimentar sua população de forma independente. Os embaixadores do Japão em Londres e Washington justificavam a expansão imperial para seus países anfitriões com base no crescimento populacional, o último argumentando que o povo dos Estados Unidos deveria reconhecer, à luz do número crescente de japoneses, "a absoluta necessidade de mais território para sua sobrevivência".[22]

No entanto, quando os imperialistas japoneses conquistaram esse espaço, como seus homólogos alemães, tiveram dificuldade em povoá-lo de migrantes da pátria supostamente superlotada. Apesar de todo o desejo de Hitler de transformar a Ucrânia numa pradaria alemã, e apesar de todos os apelos aos americanos alegando que o Japão precisava de seu próprio "Oeste selvagem" no qual se expandir, o modelo anglo-saxão de expansão demográfica, caminhando de mãos dadas com a expansão territorial, simplesmente não foi viável. Por um lado, os embaixadores citavam as exigências da pressão demográfica interna para justificar a expansão no exterior, por outro, atiçavam essa pressão com políticas pró-natalidade. No Japão, políticas pró-natalidade explícitas foram lançadas em 1941, quando o governo estabeleceu a meta de aumentar a população para 100 milhões até o início dos anos 1960, oferecendo incentivos financeiros:[23] dois anos depois o primeiro-ministro disse que a meta era necessária para que o Japão continuasse a ter sucesso.[24]

A ascensão industrial, demográfica e imperial do Japão provocava reações entre as potências estabelecidas. Já em 1895 o kaiser Guilherme II começara a usar a expressão "perigo amarelo", enquanto três anos depois o ministro da Guerra da Rússia se inquietara em relação ao Japão e à China em termos dos exércitos que eles podiam pôr em campo,[25] e na Grã-Bretanha o *Spectator* se afligia por causa de "uma casta militar japonesa que está controlando a China e organizando seu Exército e sua Marinha"; no mesmo ano o primeiro-ministro britânico expressou preocupação com "grandes países de enorme poder, que crescem a cada ano".[26] Nada disso era exclusivamente demográfico no tom e tendia a confundir a escala chinesa com o crescimento japonês, mas em tudo havia o reconhecimento de que, fundamentalmente, era a dinâmica populacional da Ásia oriental que a tornava ameaçadora. A reação britânica foi assinar um tratado com o Japão, desenvolvendo sua Marinha e usando-a contra sua rival, a Rússia. A reação russa, determinada pelo fato de estar mais próxima que os britânicos e por ambições conflitantes no Extremo Oriente, foi opor-se ao Japão, combatê-lo e perder a guerra. De qualquer maneira, a ascensão demográfica do Japão e a percepção da ameaça que ele representava, combinadas com o avanço industrial e militar, moldaram as relações internacionais da Ásia oriental e do Pacífico de 1900 a 1945.

A expansão industrial e a populacional do Japão, como a de seus homólogos europeus, caminhavam juntas, e a expansão imperial do Japão e as guerras subsequentes eram inconcebíveis sem o impulso e os recursos que a abundância populacional oferecia. As perdas do Japão em tempo de guerra, de cerca de 3 milhões de pessoas, representam uma tragédia pessoal e histórica, mas em termos demográficos elas corresponderam a não mais que três ou quatro anos de crescimento populacional máximo. Assim, embora o Japão em 1945 estivesse industrial e moralmente devastado, sua população ainda era uma das maiores do mundo. Como a Rússia – ela própria sem dúvida do lado vencedor, mas com enormes perdas humanas e materiais –, o Japão terminou a Segunda Guerra Mundial com pelo menos uma vantagem decisiva: o forte ímpeto demográfico que acompanha a rápida expansão populacional.

O Japão pós-guerra: rumo ao país mais idoso do mundo

Imediatamente após a Segunda Guerra Mundial o Japão experimentou um extraordinário baby boom. Tanto em termos absolutos quanto relativamente aos baby booms dos Estados Unidos e da Europa ocidental, ele foi notável pela intensidade, porém ainda mais pela brevidade. A taxa de natalidade, que tinha caído para menos de trinta por mil no fim dos anos 1930, subiu para 34,3 em 1947.[27] Nesse ponto (e agora com dados confiáveis em mãos), a fecundidade total no Japão foi de cerca de 4,5 filhos, muito acima de qualquer coisa experimentada no Ocidente no pós-guerra, após o que ela despencou rapidamente.[28] No início dos anos 1950, já baixara para três e nos anos 1960 para dois. Ainda houve um pequeno movimento ascendente de meados dos anos 1960 até meados dos anos 1970, mas a taxa de fecundidade nunca chegou a ser muito superior a dois, e depois caiu de novo, lenta e continuamente, mas para níveis excepcionalmente baixos, chegando a 1,3 filho por mulher nos primeiros anos do século XXI.[29] Hoje, os últimos dados da ONU sugerem uma melhora, mas extremamente modesta, com uma taxa de fecundidade total ainda abaixo de 1,5 filho por mulher.[30]

O que tinha acontecido? As causas dessa queda na fecundidade não podem ser definitivamente determinadas no caso do Japão, assim como em outros lugares, porém, também como em outros lugares, essa taxa muito baixa está correlacionada a aumento de renda, urbanização e crescente educação feminina, em particular educação superior. Compare a taxa de matrícula das mulheres na educação superior de menos de 5% em 1955, apenas ⅓ do nível masculino, com a de cerca de 50% quarenta anos depois, excedendo o nível masculino.[31] Onde esses fatores estão combinados com atitudes tradicionais em relação às mulheres no local de trabalho e à família (no Japão somente cerca de 2% das crianças nascem fora do casamento comparadas a quase 50% no Reino Unido), o padrão, como já vimos, é de baixa fecundidade. Embora as atuais taxas japonesas estejam bem abaixo do nível de reposição, elas não são inferiores, na verdade são ligeiramente mais altas que aquelas observadas em muitos países da Europa meridional e da oriental. Em termos gerais, o padrão de mudança da fecundidade se assemelha ao do Ocidente, mas, confirmando o conceito de um turbilhão demográfico em aceleração, é um pouco mais rápido.

É impossível, claro, estabelecer as razões para a baixa fecundidade com alguma certeza. Ainda assim, há muitas evidências anedóticas e comentários intrigantes sobre o assunto. Um demógrafo da Universidade de Kobe sugere:

> Se você é solteiro, é difícil encontrar uma parceira boa e adequada para o casamento. Se é casado, e se tanto o marido quanto a mulher trabalham, há uma chance remota de ter um bebê. Não sobra tempo nem energia. Se quiser um bebê, você (tipicamente, sua mulher) enfrenta uma escolha – continuar trabalhando ou deixar seu emprego e ter a criança. Aqui há um perde e ganha.[32]

Como se viu na Europa, numa era de educação e emancipação feminina, culturas em que não se torna a vida propícia a que as mulheres ingressem na força de trabalho, ascendam e sejam capazes de combinar suas exigências com as da maternidade e da criação de filhos serão países com baixas taxas de fecundidade. Não é de surpreender, portanto, que o Fórum Econômico Mundial classifique invariavelmente o Japão como um dos piores lugares no mundo desenvolvido para a igualdade econômica no local de trabalho. Uma mulher, Tomita, 32 anos, de Tóquio, descreve uma experiência que talvez seja típica:

> Um namorado me pediu em casamento três anos atrás. Recusei-o, quando me dei conta de que me importava mais com o meu emprego. Depois disso, perdi o interesse em namorar. Tornava-se embaraçoso quando surgia a questão do futuro. ... Os chefes supõem que você vai engravidar. Você tem de se demitir. Você acaba sendo uma dona de casa sem renda independente. Essa não é uma opção para mulheres como eu.[33]

Há sugestões de que os japoneses jovens estão cada vez mais renunciando ao sexo e aos relacionamentos e optando por prazeres mais solitários, que muitas vezes envolvem alguma forma de jogo eletrônico.[34]

Além da taxa de fecundidade declinante e depois muito baixa, a segunda característica digna de nota da demografia japonesa desde a Segunda Guerra Mundial foi o aumento da expectativa de vida. No início dos anos 1950 ela já era de mais de sessenta anos ao nascer, uma grande diferença em relação ao nível de um pouco mais de 35 anos durante grande parte do século XIX.[35] A melhoria continuou com os benefícios de maior urbanização e industrialização à medida que os japoneses adotaram uma dieta mais rica, em que a armazenagem de alimentos se aprimorou, assim como a habitação e a assistência médica. A principal causa de morte mudou das doenças infecciosas para doenças degenerativas crônicas. Hoje a expectativa de vida no Japão é de mais de 83 anos. Ela é a mais alta de todos os Estados-membros da ONU; e dos territórios cobertos pela ONU, é a mais alta de todos, exceto Hong Kong – e a diferença na expectativa de vida entre o Japão e Hong Kong é minúscula. A expectativa de vida no Japão não está muito menos que cinco anos à frente da dos Estados Unidos.[36] As mulheres japonesas, que são agora o grupo mais longevo do mundo, desfrutaram uma ampliação da expectativa de vida de três meses a cada ano durante os últimos 160 anos.[37] Sejam quais forem suas dificuldades demográficas (e iremos ver isso adiante), é preciso reconhecer o mérito do Japão por essa extraordinária façanha. Ele pode se gabar de ter uma das taxas de mortalidade infantil mais baixas do planeta, algo em torno de dois por mil, comparado a três na França e na Alemanha e seis nos Estados Unidos.[38]

Com a taxa de natalidade declinante, mas com a mortalidade deprimida por uma expectativa de vida cada vez mais longa, o Japão experimentou um longo período de crescimento populacional. De início, esse foi um caso comum de ímpeto demográfico, com uma população jovem originando muitos nascimentos em termos absolutos, ainda que não estivesse alcançando um nível de reposição a longo prazo, ao passo que os idosos são relativamente tão poucos que a mortalidade é baixa. Em algum ponto esse efeito deixou de ser a força por trás do aumento do crescimento populacional: em vez disso, o crescimento populacional era alimentado pelo fato de que a população relativamente idosa conseguia enganar a morte por cada vez mais tempo. Embora os acréscimos à população – nascimentos – fossem cada vez menores, as subtrações também o eram.

A população japonesa continuou a crescer no século XXI apesar da baixa taxa de natalidade, mas entrou em taxa de desaceleração. O crescimento populacional anual foi superior a 1% no pós-guerra até o fim dos anos 1970, inclusive, caindo pela metade nos anos 1980 e novamente pela metade nos anos 1990; na primeira década do século XXI, ele foi apenas ¹⁄₁₀ de seu nível no pós-guerra, e a população total finalmente chegou a um pico, em 2012, de um pouco mais de 128 milhões.[39] Nesse ponto o declínio populacional natural (mortes menos nascimento, isto é, sem levar em conta a migração) era de mais de 200 mil por ano, embora o declínio real tenha sido ligeiramente mais lento em razão de modesta imigração líquida.[40] Na metade deste século, a população do Japão pode cair para 80 milhões, menos de ⅔ de seu nível atual.[41] A previsão convencional da ONU é de que ele terá perdido ⅓ da população no fim do século XXI. Embora tenha acabado de começar, esse declínio populacional vem se aproximando há décadas: o governo ficou chocado quando os dados para 1989 mostraram uma taxa de fecundidade abaixo daquela para o ano aberrante de 1966, quando a fecundidade foi significativamente diminuída pelo horóscopo pouco auspicioso do "cavalo de fogo".[42]

O Japão é diferente de outros países em vários aspectos. Enquanto os Estados Unidos e a Europa ocidental compensaram em certa medida seus iminentes declínios populacionais importando imigrantes do Terceiro Mundo (e no caso da Europa ocidental, em massa da Europa oriental), com um correspondente impacto sobre a composição étnica da população, isso não foi algo que o Japão tenha contemplado seriamente, embora haja uma modesta migração para o país nos últimos anos.

Se o contraste acentuado entre o Japão e o Ocidente diz respeito à imigração, o contraste acentuado entre o Japão e a Rússia diz respeito à expectativa de vida. Enquanto o declínio populacional da Rússia foi *precipitado* por mortalidade obstinadamente alta, agravando a baixa fecundidade, no caso do Japão o declínio foi *retardado* por uma expectativa de vida cada vez maior, compensando a baixa taxa de mortalidade. Se os japoneses não continuassem a aumentar sua expectativa de vida, o declínio populacional seria mais rápido. Assim o Japão prossegue mais ou menos etnicamente homogêneo, mas é cada vez mais idoso.

O país é particularmente interessante porque nos mostra o vislumbre de uma sociedade com baixa fecundidade e uma população que está envelhecendo, e nisso ele é pioneiro. A rapidez de sua transição demográfica foi tamanha que ele ultrapassou a Europa e o Reino Unido, apesar de ter começado atrás deles, em especial na esfera do envelhecimento. À medida que o crescimento populacional do mundo desacelera e enfrenta uma possível inversão, o envelhecimento é inevitável: a idade mediana no Japão é agora superior a 46, e isso torna sua população a mais idosa do mundo, junto com a da Itália e a da Alemanha, e quase nove anos mais velha que a dos Estados Unidos.[43] A população foi em alguns momentos a que envelhecia mais rapidamente na história registrada:[44] as pessoas com mais de 65 anos aumentaram de abaixo de uma em cada vinte da população em 1950 para mais de uma em cada cinco em 2005.[45] Somente entre 2005 e 2015, enquanto a população japonesa como um todo se estabilizava, o número de seus centenários quase triplicou.[46]

Isso deu origem aos mesmos efeitos de envelhecimento experimentados na Europa, mas de maneira mais acentuada. Enquanto na Bulgária e na Itália as aldeias é que estão sendo despovoadas, no Japão o fenômeno começou a acontecer em alguns dos subúrbios. Isso gera um iminente problema de decadência física. O Japão já tem 8 milhões de casas vazias. "Tóquio pode acabar cercada por Detroits", queixa-se um corretor imobiliário.[47] A situação na zona rural é previsivelmente pior, com lobos e ursos vagando onde outrora se erguiam escolas. As crianças nas aldeias são tão poucas que precisam ser transportadas de ônibus por longas distâncias até a escola.[48] Com famílias historicamente pequenas e muitas sem filho algum, estima-se que até 30 mil japoneses idosos morrem em casa sozinhos e, pelo menos por algum tempo, despercebidos. Toda uma indústria se desenvolveu para se ocupar da remoção e fumigação necessárias quando um corpo é encontrado semanas ou até meses após a morte.[49]

Esse tremendo envelhecimento da população japonesa tem importantes consequências econômicas. Como vimos no contexto da Revolução

Industrial, a ligação entre economia e população não é direta e em geral funciona em duas direções. A mudança demográfica afeta o desenvolvimento econômico e o desenvolvimento econômico afeta a mudança demográfica. No caso do Japão, como no do Ocidente, a expansão econômica e a populacional chegaram mais ou menos simultaneamente, e no caso do Japão, como no dos países ocidentais, o PIB cresceu em consequência tanto da população crescente quanto da produtividade e renda per capita crescentes. Isso foi verdade tanto após 1868, quando o Japão se abriu para o mundo, quanto após 1945, quando ele gozou do bônus demográfico de uma população em rápido crescimento, mas com uma fecundidade declinante, permitindo maior participação da força de trabalho. O que impressiona é o modo como o dinamismo econômico do país parece se esgotar precisamente no momento em que a proporção de sua população em idade de trabalhar alcançou o ponto máximo.[50]

O Japão enfrenta agora pressões sem precedentes sobre seu sistema de aposentadorias, que foi significativamente reformado em 2004. A população mais velha exercerá igualmente pressão sobre os gastos com os cuidados aos idosos (em particular na ausência de cuidadores imigrantes) e assistência médica. Parece provável que haja uma relação entre o fato de o Japão ser o país mais velho e em mais rápido processo de envelhecimento do mundo e o de possuir, em 2015, a razão dívida pública/PIB de longe a mais elevada na Organização para a Cooperação e o Desenvolvimento Econômico, OCDE (248%), bem à frente até que a Grécia e a Itália (cerca de 150% cada).[51]

Nesse meio-tempo, não só a economia, mas também a política é afetada pelo envelhecimento. Vimos a ligação entre crescimento populacional e imperialismo agressivo levando ao envolvimento do Japão na Segunda Guerra Mundial. Depois de sua derrota em 1945, o país seguiu uma política mais ou menos pacifista, abrigando-se sob a asa dos Estados Unidos numa perspectiva de defesa e, tal como a Alemanha, evitando tanto os gastos com defesa quanto a autoprojeção no exterior. Em 2005, gastou apenas 1% de seu PIB em defesa, ao passo que os Estados Unidos gastaram 4% e o Reino Unido e a França, cerca de 2,5%. Contudo, as percepções do pacifismo japonês, pelo menos da perspectiva ocidental, estiveram ligadas a ações econômicas e não militares, com uma rica literatura até o início dos anos 1990 sugerindo que a economia e as finanças do Japão seriam imbatíveis. Ouviu-se falar muito menos sobre esse assunto desde então, pois a economia japonesa deixou de ter uma atuação superior para assumir desempenho inferior em relação às economias do Ocidente. Nos anos 1970 e início dos anos 1980, quando o medo da iminente dominação econômica global do Japão estava no auge, a população japonesa estava pouco acima da metade da dos Estados Unidos. Em 2015, quando a ameaça japonesa parecia ter desaparecido do discurso popular, ela era cerca de 40% e continuava a cair.[52] Apesar de recentes mudanças limitadas na política militar, o país continua a depender essencialmente dos Estados Unidos para sua defesa, de início no contexto da Guerra Fria, mas agora principalmente contra a suposta ameaça da China. Para o Japão, demografia e destino aparentemente não podem ser desembaraçados. Tendo deixado há muito para trás os anos expansionistas, a questão será como o país lida com uma população cada vez mais velha e, de agora em diante, em processo de encolhimento. Nisso, sendo um pioneiro, o Japão pode apresentar lições para o resto do mundo.

China: rumo ao primeiro bilhão e além

A China empreendeu algumas das maiores obras de engenharia na história para domar seus rios, levando água e eletricidade para milhões e deslocando milhões no processo. Não deve surpreender que a China tenha também se envolvido no esforço mais épico – e finalmente inútil – para domar sua maré humana.

Há muito tempo a China superou qualquer outro país pelo tamanho da população – embora esteja prestes a ser eclipsada nesse aspecto pela Índia. Segundo alguns parâmetros, ela já alcançou os Estados Unidos em termos de tamanho econômico – embora claramente não em termos de renda per capita. Esse gigante populacional global, que por tanto tempo se disse adormecido, ficou bem desperto nas últimas décadas à medida que sua modernização superou em escala, alcance e velocidade qualquer coisa que o mundo já tenha visto. A população gigantesca da China, de cerca de 1,5 bilhão, faz dela o que é hoje e desempenhou papel central no modo como chegou a esse ponto.

A antiguidade da China como Estado e povo contínuos distinguem-na da Europa, cujos Estados e nações são posteriores ao primeiro Estado chinês em pelo menos um milênio. A China foi o primeiro país cuja população ultrapassou a marca de 1 bilhão, status que alcançou no início dos anos 1980. Por força da escala de sua população, ela só pode *deixar* de ser uma grande entidade política e econômica global em períodos em que esteja numa situação particularmente adversa. A China escolheu não se projetar no exterior após o século XV, mas não foi dominada por nenhuma outra potência graças tanto à sua escala quanto a seu relativo avanço técnico. Dinastias chegaram e se foram, mas mesmo quando vieram de fora – como a manchu Qing –, elas foram essencialmente cooptadas pelo sistema e a cultura da China.

No século XIX, entretanto, embora ainda fosse um gigante demográfico, a China deixou de avançar com o ímpeto dinâmico da Europa, em termos demográficos ou industriais, e pagou um preço que incluiu as Guerras do Ópio (1839-42 e 1856-60) e a repressão da Rebelião dos Boxers (1899-1900). O porquê de ter sido assim é uma questão que gerou bibliografia própria. Até um país de pequenas dimensões como o Japão foi capaz de substituir o domínio chinês na Coreia, governar Taiwan a partir de 1894 e conquistar e controlar grandes áreas chinesas nos anos 1930, graças não a uma vantagem demográfica absoluta, mas a uma mistura de dinamismo demográfico e econômico.

Contudo, depois que foi capaz de combinar tamanho com progresso industrial, a China voltou a se postar novamente no limiar do poder global e pelo menos em condições de desafiar a hegemonia de potências demograficamente menores. No caso chinês, seu avanço demográfico (até os anos 1970) foi realizado antes do progresso industrial (a partir dos anos 1980). Tomados juntos, ímpeto demográfico e industrial puseram o país de volta no centro do cenário internacional. O status e o papel histórico da China devem muito à extraordinária trajetória de sua demografia.

Para o Japão, 1945 faz sentido como "zero hora". Esse foi o ano de sua derrota pelos Aliados após os ataques nucleares a Hiroshima e Nagasaki, o ano a partir do qual, como a Alemanha, ele precisou começar a se reconstruir a partir dos escombros, dentro de um novo quadro internacional de hegemonia norte-americana. Para a China, 1949 faz mais sentido como ponto de partida, o ano do fim da guerra civil e da fundação da República Popular. (É também o ponto em que os dados demográficos se tornam mais confiáveis.) Contudo, não é possível compreender a demografia da China e o papel que ela desempenhou em sua história sem voltar a uma data anterior.

Uma compreensão da demografia da China em períodos anteriores é dificultada, como em outros lugares, pela escassez de dados definitivos. Como Estado contínuo, embora com as interrupções de mudanças dinásticas, a China tem de fato dados populacionais oficiais que remontam a meados do século XVIII, e há estimativas de população baseadas em registros oficiais pelo menos desde um tempo tão remoto quanto o início do período Ming, na segunda metade do século XIV.[53] A confiabilidade de grande parte desses dados, no entanto, é questionável. Comparando esses números com estimativas mais antigas, revela-se que a população da China não cresceu entre o início da era cristã e meados do século XVII, com um contingente de cerca de 60 milhões tanto no ano 2 quanto em meados do século XVII.[54] Malthusianos identificaram cinco ciclos de fome, epidemia e guerra operando durante esse período, reduzindo a população, seguidos de novo crescimento até o que pode ser considerado uma espécie de fronteira natural.

A China, portanto, foi bem diferente da Europa ocidental na medida em que, embora sofrendo os mesmos altos e baixos a longo prazo, experimentou mais de um milênio e meio sem avançar. Isso não deveria ser visto, contudo, como um sinal de "atraso", já que durante a maior parte desse tempo o país foi a parte mais avançada do mundo em termos tecnológicos; e por essa razão o padrão deveria ser visto de forma inversa: a China chegando à sua própria fronteira malthusiana, ou a algum lugar perto dela, muito mais cedo que o Ocidente, dominando as artes da irrigação e do cultivo do arroz e a densidade populacional que esse sistema agrícola pode sustentar. De fato, Malthus reconheceu a China como o arquétipo de uma sociedade que, desprovida de limitações, vivia na fronteira da maior população que podia sustentar, portanto, na fronteira da miséria e da fome.

Não é claro exatamente quando e por que o crescimento populacional chinês decolou, mas ele parece ter adquirido ímpeto entre meados do século XVII e meados do século XIX, precisamente no momento em que a população do Japão estagnava, com a população chinesa chegando a cerca de 430 milhões em 1850.[55] Isso representa uma taxa de crescimento de mais de 1% durante dois séculos, e parece ter sido alcançado por meio de uma intensificação da agricultura envolvendo investimento de capital, irrigação e maior uso de fertilizantes, o que aumentou a produção agrícola e a população que ela poderia sustentar, embora com um padrão de vida muito baixo.[56] As estimativas da população do país em vários momentos, apesar da existência de alguns registros, ainda são incertas, e algumas estimativas do crescimento da população situam-na em não muito mais que 0,5% para 1650-1929. Diferentemente do progresso da Grã-Bretanha no curso do século XIX, essa foi uma taxa de crescimento alcançada sem a emigração em massa, e não a despeito dela. Houve alguma emigração chinesa, particularmente dentro da Ásia, mas em 1940, mesmo contando os chineses que estavam na Manchúria como "no exterior", a população chinesa total fora da China não passava de 20 milhões. Isso pode ter representado uma presença significativa relativamente a alguns dos lugares em que os chineses viviam, como a Malásia, mas era menos de 5% da população doméstica naquela era.[57] O crescimento populacional parece ter desacelerado a partir da metade do século XIX, talvez para 0,25 entre 1850 e 1947,[58] pelo menos em parte como resultado da sangrenta rebelião Taiping, responsável pela morte de 20 milhões de pessoas.

Os dados sobre a fecundidade e a mortalidade que sustentaram essa expansão de duzentos anos, seguida pela desaceleração de um século, são obscuros, mas é certo que durante todo o período, pelo menos segundo padrões modernos, as taxas tanto de fecundidade quanto de mortalidade foram altas. Até recentemente acreditava-se, em geral, que a China estava mais próxima que o Japão da norma pré-moderna suposta por malthusianos e por proponentes da teoria da transição demográfica.[59] No entanto, agora mesmo isso foi contestado, e alguns historiadores sugeriram que os chineses, como os japoneses, talvez estivessem conseguindo, por meio de várias técnicas, inclusive infanticídio generalizado, manter a população abaixo da fronteira máxima e, por conseguinte, com um padrão de vida acima do mínimo malthusiano.[60]

A história da mudança demográfica chinesa no quarto de século, aproximadamente, da era Mao Tsé-Tung é uma história dos mais tremendos extremos presididos por um regime com uma política populacional altamente incoerente. A ideologia marxista argumentava que o tamanho da população era artificialmente refreado pelo sistema social: depois que o povo estivesse liberto de grilhões feudais ou capitalistas, chegaria a abundância do socialismo, e isso resultaria no florescimento da população tanto em termos de padrão de vida dos indivíduos quanto em números absolutos. Em conformidade com o antimalthusianismo marxista tradicional, Mao declarou em 1949 que era bom para a China ter uma grande população, que ela encontraria maneiras de alimentá-la e que, "de todas as coisas no mundo, as pessoas são as mais preciosas".[61]

Quer isso tenha desencadeado ou apenas acompanhado uma população florescente, a taxa de fecundidade continuou alta, próxima de seis filhos por mulher, ao passo que a mortalidade caiu e a população se expandiu rapidamente. Em 1950 a população cresceu quase 3%, uma mudança de patamar em relação às taxas anuais de crescimento populacional revisadas até este ponto e testemunha da intensidade crescente da maré humana à medida que ela avançava para além da Europa e da América do Norte.[62] Em alguns círculos, isso deu origem a alarme, particularmente quando os resultados do recenseamento de 1952 tornaram-se disponíveis, mostrando mais de 600 milhões de pessoas na China comparadas aos apenas 470 milhões em 1947.[63] Os números eram quase certamente imprecisos, sugerindo um implausível crescimento anual de 5% da população, mas ainda assim eles alteraram radicalmente os termos do debate. A retórica pró-natalidade foi moderada, contraceptivos tornaram-se mais disponíveis e uma concepção mais "liberal" deu lugar a uma crescente propaganda de controle da natalidade a partir de 1957. Nesse ano, o aborto foi legalizado.

A política mudou novamente em 1958, quando Mao insistiu em que "ainda é bom ter mais pessoas", e o controle populacional passou a ser visto como "direitista".[64] Isso foi parte da preparação para o Grande Salto para a Frente, que tanto demográfica quanto economicamente foi o contrário do que o nome sugeria – foi uma série de projetos malucos para uma modernização rápida que atrasou o país. Embora a população tivesse realmente dado saltos para a frente até esse ponto, pelo menos em termos de números, ela provavelmente seguiu o caminho inverso quando a produção de cereais caiu cerca de 30% e houve uma fome.[65] A crueldade de Mao e sua falta de preocupação com a vida humana ficaram claras na presteza para travar uma guerra nuclear se ela significasse o triunfo do campo comunista. Ele escreveu:

> Imaginemos quantas pessoas morreriam se a guerra irrompesse. Há 2,7 bilhões de pessoas no mundo, e ⅓ poderia ser perdido. ... Digo que se o pior acontecesse e metade [da população do mundo] morresse, ainda restaria a metade, mas o imperialismo seria eliminado, e o mundo todo se tornaria socialista. Após alguns anos haveria 2,7 bilhões de pessoas novamente.[66]

Dentro da China foram aplicadas nos anos 1950 políticas agrícolas que se assemelhavam muito àquelas impostas por Stálin, especificamente a coletivização e a entrega obrigatória de "excedentes" de cereais. Como não é de surpreender, os resultados foram os mesmos. Houve um conflito entre as vastas forças do ímpeto demográfico que vinham aumentando o tamanho da população e a fome em massa provocada pelo Grande Salto para a Frente. A taxa de fecundidade parece ter caído de quase seis em 1958 para não muito mais que três apenas três anos depois, sintoma das condições brutais da época e uma reação a elas, e não a uma política populacional do governo que retornava à pró-natalidade.[67]

Depois que esse período de desordem econômica terminou, a taxa de fecundidade subiu de novo para cinco ou seis, e mais uma vez as autoridades se preocuparam com o crescimento populacional, que no fim dos anos 1960 novamente se aproximava da marca de 3% ao ano. A pujante demografia subjacente da China foi decisiva para sua rápida recuperação dos estragos de Mao, mas isso foi de pouco consolo para os milhões que tinham passado fome. Uma zona rural outrora animada transmitia as profundezas do desastre após a devastação: "Um silêncio lúgubre, antinatural, desceu sobre a zona rural. Os poucos porcos que não tinham sido confiscados haviam morrido de fome e doença. Galinhas e patos tinham sido abatidos há muito tempo." Até a vida silvestre foi afetada; não restavam

> pássaros nas árvores, despojadas de suas folhas e casca, as espinhas nuas e ossudas erguendo-se duras contra um céu vazio. As pessoas estavam indescritivelmente famintas. Nesse mundo saqueado de cada camada que poderia oferecer sustento, até a casca e a lama, os cadáveres acabavam frequentemente em covas rasas ou simplesmente à beira da estrada. Algumas pessoas comiam carne humana.[68]

Por mais horrendos que tenham sido o Grande Salto para a Frente e a posterior Revolução Cultural, a perda de vidas que eles acarretaram não podia conter a maré humana, e não o fez. Assim como ocorrera com a Rússia de Stálin duas ou três décadas antes, o ímpeto demográfico subjacente era tão grande que a população continuou a crescer. Um pouco acima de meio bilhão em 1950, ela aumentou para ¾ de bilhão em 1967. Isso ocorreu graças a uma taxa de fecundidade que permaneceu acima de seis filhos por mulher durante boa parte dos anos 1960 e uma expectativa de vida (isto é, uma taxa de mortalidade declinante) que se estendeu de menos de 45 anos para mais de sessenta nas duas décadas a partir de 1950.[69]

De 1970 em diante, entretanto, as coisas começaram a mudar. A expectativa de vida continuou a se alongar, mas as taxas de fecundidade caíram para menos de três em uma década.[70] De fato, os anos 1970 na China foram um período extraordinário, mais uma vez mostrando como quanto mais tardia a maré, mais fortes tanto seu fluxo quanto seu refluxo. A redução para a metade, de cerca de seis para cerca de três filhos por mulher, havia demandado cinco vezes mais tempo na pioneira Inglaterra e pelo menos o dobro de tempo na Rússia. Ela foi obtida por uma combinação de mudança social – especificamente, aumento da urbanização e da educação feminina – e orientação política. Em 1981, por exemplo, a taxa de fecundidade urbana era menos da metade da das áreas rurais, desse modo, uma China cada vez mais urbana estava fadada a ter uma taxa de fecundidade declinante.[71] Mao se envolvera com a retórica pró-natalidade e depois a moderara, e após sua morte os contraceptivos tornaram-se mais disponíveis em seguida aos anos caóticos da Revolução Cultural. De fato, para qualquer pessoa que buscasse adivinhar que direção a China tomaria, a modernização do tamanho e da estrutura familiar nos anos 1970 foi uma pista de que algo extraordinário estava prestes a acontecer, a saber, o ingresso da China na economia mundial, sua industrialização maciça e rápida, e o que pode ser visto da melhor forma como o maior ato de modernização que já ocorreu e – dado o tamanho da China – tem probabilidade de ocorrer algum dia na história humana.

Depois de Mao: a China de um filho só

Alguns anos após a morte de Mao Tsé-Tung, em 1976, a China se alinhou a uma inequívoca política de "modernização" da qual o controle populacional era um elemento básico. Isso foi anunciado pelo comunista de alto escalão Hu Yaobang, ex-presidente e secretário-geral do Partido, que declarou em 1978: "O problema populacional é o problema mais importante."[72] Tendo abandonado a concepção marxista de que o socialismo criaria abundância e tornaria desnecessário restringir os números, o Partido Comunista retomou uma concepção apresentada pela primeira vez, havia muito, de que o planejamento da população deveria ser visto como parte de uma economia planejada racional. O vice-primeiro-ministro Chen Mu Hua insistiu em que deveria ser possível "regular a produção de seres humanos de tal modo que o crescimento da população corresponda a um aumento das coisas materiais".⁷³ O slogan referente ao tamanho da família mudou de "Dois é perfeito" para "Um é melhor".⁷⁴

De 1979 a 2015, a "Política de um filho só" explícita foi perseguida, envolvendo exortação, estímulos monetários e sanções, inclusive perda potencial da casa e do emprego. A política foi codificada em 1980 e implementada entre 1980 e 1984.⁷⁵ Em alguns casos ela envolveu coerção direta. Exceções eram feitas, por exemplo para minorias nacionais, e houve relaxamentos periódicos, como a recente isenção nos casos em que ambos os pais são filhos únicos. Inicialmente a política encontrou forte resistência nas áreas rurais, onde, após a devolução da terra aos camponeses, contrariava os interesses das pessoas. A taxa de fecundidade na China hoje está entre 1,2 e 1,5; na capital, Pequim, é de apenas 0,75.⁷⁶

Entretanto, a grande ironia da "Política de um filho só" foi que quase certamente ela não era necessária. Isso pode ser demonstrado de duas maneiras: primeiro, por referência a tendências históricas na China; segundo, por contraste com outros países. Em 1981, quando a "Política de um filho só" estava sendo implementada, a população chinesa passou de 1 bilhão, número verdadeiramente assombroso que tanto espantava quanto atemorizava muitos fora da China e claramente aterrorizava a liderança do próprio país. Nesse ponto, porém, as taxas de fecundidade já tinham despencado – de seis para três filhos por mulher em uma década. As tendências foram acentuadas e claras a partir de 1970, por isso a implementação da "Política de um filho só" não pode ser considerada responsável. Como não é de surpreender, o crescimento populacional da China estava desacelerando também. A 1,4% por ano, ele ainda era alto, mas metade dos quase 3% que alcançara pouco mais de uma década antes. Está claro, portanto, que por sua própria dinâmica a sociedade chinesa estava abordando a questão sem a intervenção coercitiva do Estado.

A segunda maneira de demonstrar que a "Política de um filho só" não era necessária é por comparações internacionais. A trajetória real da fecundidade na China não foi tão diferente da de outros países na Ásia oriental e no Sudeste Asiático, cujo governos não aplicaram de cima para baixo esses métodos draconianos. Em Taiwan, a província insular rebelde controlada por oponentes nacionalistas de Mao, a fecundidade caíra para cerca de três em meados dos anos 1970, um pouco à frente do continente (e de maneira não surpreendente; poupada dos excessos de Mao, Taiwan simplesmente avançou para a modernidade mais depressa): no fim dos anos 1990, ela caíra para entre 1,5 e dois, o mesmo nível da República Popular, novamente sem nenhuma política draconiana de cima para baixo. Na Coreia do Sul, onde uma taxa de fecundidade total de três filhos por mulher também tinha sido alcançada no fim dos anos 1970, a taxa de fecundidade era 1,5 no fim dos anos 1990.[77] Assim, tanto a Coreia quanto Taiwan – e outros países asiáticos também –, com aproximadamente o mesmo ponto de partida que a República Popular na altura da implementação da "Política de um filho só", alcançaram quedas similares ou até maiores nas taxas de fecundidade sem recorrer aos níveis de coerção que o Partido Comunista Chinês sentiu serem necessários. (Outro padrão de comparação válido, a população chinesa da Malásia tem uma taxa de fecundidade de cerca de 1,5 filho por mulher, próxima da taxa da China, novamente alcançada sem medidas draconianas.)[78]

Se alguma vez houve uma lição de que a maré humana é mais bem controlada pelos próprios seres humanos comuns, e não por seus autodesignados engenheiros, foi aqui. Dados níveis de educação, algum nível de oportunidade e acesso a contraceptivos, a maioria dos homens e mulheres, em particular as mulheres, é capaz de tomar decisões em seu interesse que também correspondem às exigências da sociedade, ao menos em termos de redução da fecundidade. A mão invisível de Adam Smith opera tanto na demografia quanto na economia: os indivíduos, se lhes é permitido fazer o que querem, quando informados e capacitados para tomar suas próprias decisões, tenderão a assumi-las segundo seus próprios interesses, que são o interesse da sociedade, pelo menos quando se trata da necessidade de diminuir a taxa de fecundidade. Mas não surpreende que os inimigos ideológicos marxistas de Smith que dirigiam a China não reconhecessem isso. A política pode ser pensada como um "grande salto" no controle populacional, o corolário demográfico das desastrosas políticas anteriores para a agricultura e a indústria: "A abordagem foi orientada pela noção leninista de que, se o Partido exercesse esforço suficiente, todos os problemas seriam resolvidos."[79]

Como sempre que essas políticas de cima para baixo são implementadas, é importante não perder de vista as tragédias individuais dentro do quadro estatístico maior. Profissionais perderam seus empregos por causa da insistência em ter o segundo filho.[80] Num país que realiza bem mais de 20 milhões de abortos a cada ano, nem todos são voluntários. Uma mulher chinesa que queria o segundo filho decidiu ir em frente, apesar das graves consequências para sua família e para os direitos do recém-nascido a receber educação.

> Em março de 2014, um grupo de seis a sete pessoas do Comitê de Planejamento Familiar forçou sua entrada em minha casa. Eles puseram duas pessoas para vigiar minha casa. Quatro outras me arrastaram para um carro que esperava à porta. Minha mãe, impotente, seguiu-me em outro carro até o hospital. No hospital, naquela mesma tarde, o médico injetou o medicamento abortivo oxitocina em meu abdome. ... Mais tarde, o médico me deu outra injeção dizendo que era para tirar a dor. Mas a dor não passou. Quando eles realizaram a operação para limpar meu útero, foi inacreditavelmente doloroso. Deitada naquela cama, senti que meu corpo foi aberto e despedaçado. Continuei chorando. Meu bebê não teve uma chance de vir a este mundo e me chamar de "mamãe". Meu bebê não teve uma chance de fazer um único som. Meu bebê foi privado de vida pelo governo.[81]

A montanha-russa chinesa

Com seu enorme tamanho, rápido crescimento e depois fecundidade em acentuado declínio, a população da China esteve numa extraordinária jornada desde a fundação da República Popular. Sejam quais forem as crueldades e incongruências de suas políticas, a China passou pela clássica sequência demográfica de mortalidade declinante, população crescente, depois fecundidade declinante e estabilização da população. A expectativa de vida desde 1950 se estendeu de menos de 45 anos para mais de 75, aumento de quase seis meses a cada ano, feito não muito menos impressionante que o rápido crescimento da economia chinesa e a elevação dos padrões de vida, e claramente relacionado a eles. É difícil nesse estágio avaliar e compreender o que essas mudanças significam para o futuro, mas alguns temas podem ser observados: primeiro, o envelhecimento e suas implicações para a economia chinesa; segundo, a estrutura das famílias chinesas; terceiro, o ponto em que a China atingirá seu "pico demográfico". Antes, porém, vale a pena afirmar o óbvio: a preeminência da China nos negócios mundiais, inclusive nos assuntos econômicos, depende do tamanho gigantesco de sua população. Outros países experimentaram um crescimento econômico tão rápido, ou quase tão rápido, quanto o da China, no passado ou concomitantemente, mas é somente por causa dos mais de 1 bilhão de pessoas da China que, quando o país se move, o mundo percebe.

A China está envelhecendo depressa, como seria de esperar de suas taxas declinantes de fecundidade e do aumento da expectativa de vida. O cidadão chinês mediano permaneceu na casa dos vinte anos durante todos os primeiros quarenta anos, aproximadamente, da República Popular, mas nos primeiros quinze anos do século XXI a idade mediana aumentou sete anos.[82] Isso é quase três vezes a velocidade do envelhecimento experimentado no Reino Unido e nos Estados Unidos, e a tendência continuará. Entre 1975 e 2050, prevê-se que o número de chineses com mais de sessenta anos aumentará sete vezes, ao passo que o número daqueles com menos de catorze se reduzirá mais ou menos à metade. Aqueles com mais de sessenta, como porcentagem da população, ultrapassarão a porcentagem nos Estados Unidos por volta de 2030.[83]

A população chinesa em idade de trabalhar já começou a diminuir em termos absolutos, não apenas como porcentagem da população. A população chinesa continuará a ser extremamente grande pelo menos durante o resto do século XXI, mas já estamos no estágio em que um dos motores do crescimento econômico chinês – crescimento populacional alimentando uma força de trabalho crescente – está prestes a desaparecer. O futuro crescimento econômico precisará vir da maior produtividade da força de trabalho, e é questionável se isso por si só poderá produzir o tipo de taxa de crescimento que se passou a esperar da economia chinesa. Não está claro como a China lidará com os desafios das aposentadorias. A falta de assistência estatal para a velhice é geralmente vista como a força motriz da elevada taxa de poupança das famílias chinesas. Esse foi um dos grandes motores da instabilidade financeira que levou à quebra de 2007-8, quando vasta quantidade da poupança foi parar, diretamente ou por intermédio dos bancos, nas mãos de governos e consumidores ocidentais superendividados.

As famílias chinesas não só envelheceram e se urbanizaram; elas também se tornaram mais masculinas. A "Política de um filho só", associada à maior disponibilidade de testes de sexo para fetos e abortos seletivos, resultou num desequilíbrio sexual de 120 meninos para cem meninas.[84] Abortos seletivos ocorrem com frequência em decorrência da pressão familiar no que ainda é uma sociedade bastante patriarcal, especialmente na zona rural. Como disse uma mulher: "Não posso realmente censurar [meus parentes por parte do marido]; sua opinião era comum. Temos um ditado: 'Quanto mais filhos homens você tiver, melhor será a sua vida', porque os homens têm mais força e podem realizar mais trabalho."[85] Essas preferências pelos homens têm vários efeitos. Primeiro, cria um problema quanto ao casamento para o período posterior, o qual, dado o tamanho total da população, não pode ser completamente resolvido com a importação de noivas, exceto numa escala maciça. Segundo, aumenta o nível de reposição da fecundidade: se as mulheres são menos da metade da população, cada uma deve ter em média um número maior de filhos para que a população como um todo se reproduza. Assim, uma taxa de fecundidade total de cerca de 1,5 para a China (segundo a ONU; os números da própria China sugerem 1,2) está mais abaixo do nível de reposição do que estaria para países sem desequilíbrio sexual. Além da questão da razão entre homens e mulheres, a China é também um país onde irmãos são cada vez mais raros e primos também se tornam mais escassos, o que resulta em uma única criança mimada por um par de pais e com frequência por dois pares de avós. Este não é o lugar para considerar as implicações psicológicas e suas ramificações sociais, mas nesse aspecto a China está longe de ser única, com muitos outros países na Ásia oriental e na Europa meridional e na oriental experimentando níveis similares ou até mais altos de filhos únicos.

Por mais que possa ser cada vez mais idosa e desproporcionalmente masculina, a população da China continua a crescer, embora numa taxa acentuadamente mais lenta que a experimentada durante grande parte do século XX. Ela também continua a ser a maior do mundo – mas não o será por muito tempo. No início nos anos 1970 a população da China era quase 50% maior que a da Índia. Em 2015, era menos de 7% maior. A Índia também foi submetida a políticas populacionais draconianas a partir de cima, mas estas foram aplicadas de maneira menos sistemática e por um período mais curto que na China. Além disso, a Índia esteve atrás da China em termos de industrialização e urbanização, com cerca de ⅓ dos indianos vivendo agora em cidades, em contraposição à metade dos chineses. O recente relaxamento da "Política de um filho só" parece ter tido pouco impacto sobre as taxas de natalidade.[86] Isso não surpreende: não há razão para que as atitudes e práticas chinesas divirjam significativamente das de outros países asiáticos que experimentam de maneira mais ou menos uniforme uma fecundidade abaixo do nível de reposição.

O resultado foi que, embora a taxa de fecundidade da Índia tenha caído, a mulher indiana média tem, hoje, quase um filho inteiro a mais que a mulher chinesa média.[87] De acordo com a projeção da fecundidade mediana das Nações Unidas, a população da Índia está prestes a exceder a da China em algum momento de meados da década de 2020. A ONU espera que em 2030 a população da China chegue ao pico e comece e declinar, chegando a alguma distância da marca de 1,5 bilhão. A demografia certamente não é um esporte internacional competitivo – embora possa sê-lo em situações de conflitos étnicos[88] –, entretanto, seja qual for o futuro reservado para a China, é provável que ele vá ser moldado em grau considerável pelas peculiaridades de forma, tamanho e características de sua população. A China perderá sua posição como possuidora da maior população do mundo enquanto já é um país que envelhece depressa e tem, no máximo, um nível médio de renda.

A maré humana pela Ásia

Embora o Japão e a China tenham atuado cada qual como protagonistas no cenário mundial moderno e assumido papel pioneiro em desenvolvimentos demográficos, seu progresso populacional cambiante se demonstrou superável. Desde meados da década de 1960 foi a Indonésia, não o Japão, quem teve a segunda maior população da Ásia oriental e do Sudeste Asiático, agora superando ¼ de bilhão. Cinco outros países (que, junto com a Indonésia, serão chamados de os Seis Asiáticos) na mesma região têm populações de 50 milhões ou mais: República da Coreia (Coreia do Sul), Vietnã, Mianmar, Filipinas e Tailândia. Coletivamente eles possuem uma população de quase 800 milhões, bem mais que o dobro da dos Estados Unidos.

Olhando simplesmente para o tamanho da população dos Seis Asiáticos no século XX, duas coisas são notáveis. A primeira é que suas populações cresceram de maneira assombrosa desde meados do século XX: em 1950 eles constituíam coletivamente menos de 200 milhões de pessoas, mas em 2015 seus números tinham mais ou menos quadruplicado, num aumento médio coletivo de mais de 2% ao ano durante 65 anos. O crescimento demográfico dos Seis Asiáticos chegou ao pico no início dos anos 1960, com quase 3% ao ano, mas agora diminuiu para a metade disso e continua a cair. A segunda coisa a observar é como esse crescimento desacelerou. Primeiro as taxas de mortalidade despencaram, em especial a mortalidade infantil. A expectativa de vida, por exemplo, estendeu-se na Coreia do Sul de menos de cinquenta anos para cerca de setenta nas três décadas após o fim da Guerra da Coreia. Desde 1950 os bebês sul-coreanos que não completam o primeiro aniversário caíram de 138 por mil para três. Durante o mesmo período, a mulher sul-coreana média passou de três filhos para menos de 1,25.[89] Isso está dando origem, na Coreia, ao mesmo tipo de problema demográfico do Japão: o número de crianças nas escolas coreanas caiu quase pela metade desde 1980.[90]

Os outros países do grupo, embora menos prósperos que a Coreia do Sul, seguiram padrão demográfico semelhante. Os tailandeses, por exemplo, vivem agora somente quatro anos menos que os americanos e têm menos filhos. (No início dos anos 1950, sua expectativa de vida era quase vinte anos menor que a dos americanos e eles tinham duas vezes mais filhos.) A ausência de crianças na Tailândia está se tornando comum, em particular em áreas urbanas, e parece ser impelida pelo mesmo espírito de emancipação feminina encontrado em outros lugares da Ásia. O *Bangkok Post* relata uma conversa ocorrida num café entre Varaporn, de 54 anos, e sua sobrinha May, de 29. A tia declara: "Eu tenho uma casa, um carro e alto status acadêmico. Do que mais preciso? Minha vida está completa." A sobrinha, que tem um companheiro, mas não tem filhos, adota uma postura semelhante: "Ter filhos é simplesmente caro demais. Se não posso oferecer aos meus filhos o melhor cuidado, prefiro não ter filhos."[91]

A idade mediana na Coreia do Sul já dobrou de vinte para quarenta desde 1950, e a ONU espera que ela chegue aos cinquenta em 2040. A Tailândia, país bem mais pobre, não fica muito atrás. Apesar do progresso econômico em décadas recentes, seu progresso demográfico foi muito mais rápido, de modo que ela é um entre o grande número de países que ameaçam ficar velhos antes de ficar ricos.

Depois de correr em pleno fluxo pela Ásia durante a maior parte do século XX, a maré humana refluiu drasticamente nessa região nas últimas décadas. Assim, como nem os anglo-saxões nem os europeus de modo mais geral tiveram o monopólio sobre os estágios iniciais, expansivos, da transição demográfica, eles tampouco tiveram monopólio sobre os estágios posteriores, com famílias de menor tamanho levando a sociedades mais idosas e finalmente em processo de encolhimento em muitas outras partes do mundo.

Pelo menos por enquanto, a Ásia oriental desfruta os benefícios da paz e, na maioria dos países, de um elevado grau de harmonia social associado a populações em processo de redução. Essa é uma troca duvidosa – ganha-se estabilidade atual e perdem-se perspectivas futuras – que nações menos avançadas no processo demográfico, no Oriente Médio e no norte da África, por exemplo, ainda não experimentaram.

8. O Oriente Médio e o Norte da África
A demografia da instabilidade

EM 17 DE DEZEMBRO DE 2010, Mohamed Bouazizi, um camelô de frutas tunisiano de 26 anos, ateou fogo em si mesmo em protesto contra o sistema burocrático e corrupto que encontrou enquanto tentava ganhar a vida. Sua raiva e sua decepção reverberaram por uma região em que milhões de outros enfrentavam as mesmas frustrações, desencadeando o que veio a ser conhecido como Primavera Árabe, uma cadeia de revoltas esperançosas contra regimes sem esperança. Embora essa ação tenha conseguido derrubar os governos de Tunísia, Líbia, Egito e Iêmen e desafiar seriamente os regimes sírio e bareinita, ela foi seguida não pela esperada democratização ou liberalização desses países, mas por uma mistura desordenada de reação, caos e guerra civil.

A Primavera Árabe pode estar encerrada, mas a instabilidade a que ela deu origem continua a ricochetear pela região. Está claro, contudo, que os acontecimentos desencadeados pelo protesto de Bouazizi marcaram uma nítida descontinuidade: o Oriente Médio e agora o Norte da África tinham sido paralisados por governantes cada vez mais velhos e imutáveis, com homens como Muammar Kadhafi na Líbia e Hosni Mubarak no Egito, sem falar de casas reais do Marrocos ao Catar, tendo governado suas respectivas nações por inúmeras décadas, sem democracia ou prestação de contas. A demografia certamente desempenhou um importante papel nos eventos. Pois enquanto regimes do Atlântico ao Golfo se sentavam estáticos sobre seus súditos, dirigidos entra ano, sai ano pelos mesmos monarcas ou presidentes envelhecidos, as sociedades que dominavam mudavam depressa, e uma característica essencial dessa mudança social era demográfica.

Nenhum país na região ilustra esse ponto mais vividamente que o Iêmen. Quando Ali Abdullah Saleh chegou ao poder, em 1978, a população total desse país (inclusive o Iêmen do Sul, que naquela altura ele não presidia) era de 7,5 milhões de pessoas. Em 2012, na altura em que ele foi expulso, era de 25,5 milhões. Em alguns anos, durante a década de 1990, a população do Iêmen crescia a impressionantes 5% ao ano, taxa pela qual uma população cresce mais de *cem vezes* no espaço de um século. (Se a Alemanha crescesse nessa taxa por um século, por exemplo, o número de alemães seria maior que o de pessoas no mundo hoje.) Isso era obtido puramente por causas naturais, graças ao excesso de nascimentos em relação às mortes. O Iêmen não se tornara um destino para a migração. (Longe disso, era e continua tão social e economicamente subdesenvolvido que não era capaz sequer, até recentemente, de gerar uma emigração significativa, tão pobre e imóvel era o seu povo; a migração através de fronteiras e particularmente intercontinental só começa de maneira significativa quando ocorre certo nível de prosperidade e modernidade, como vimos no caso de pessoas provenientes da Europa meridional e da oriental afluindo para os Estados Unidos no final do século XIX.) O nível de crescimento demográfico do Iêmen põe na sombra o feito da Grã-Bretanha, de apenas quadruplicar sua população durante o século XIX. Em 1990, o iemenita mediano tinha apenas catorze anos.

Embora o Iêmen tenha sido um exemplo radical dessa tendência demográfica superalimentada, ele era, não obstante, representativo do que estava acontecendo na região como um todo. Em 1950 a população do Egito não chegava a ⅓ da alemã; hoje superou-a. A maioria dos países da região tem populações com idade mediana abaixo de trinta anos, e em alguns, como o Sudão e o Iraque, ela está abaixo dos vinte anos, embora na maioria dos casos a idade mediana esteja se elevando rapidamente.[1] Precisamente *como* essa mudança demográfica tão notável abriu caminho para a cena política da região é que vem a ser uma questão complexa; o *fato de que isso tenha ocorrido* parece inquestionável, pois é difícil imaginar tamanha juventude e dinamismo no nível da população sem deixar qualquer marca no curso dos acontecimentos. Um país não pode experimentar a multiplicação de sua população e continuar o mesmo; não pode ter uma população jovem sem que isso de alguma maneira influencie praticamente tudo em volta dela. Pelo menos no mundo moderno, uma autocracia não pode ficar imóvel e estagnada para sempre dominando uma população jovem e dinâmica que cresce aceleradamente.

Choque populacional

Como em todos os outros lugares, guerras e fomes no Oriente Médio haviam entravado as populações, e os bons tempos lhes permitiram crescer. Contudo, foi somente quando começou o processo de modernização que nessa região, como em outros lugares, a demografia assumiu uma jornada reconhecível, em vez de um trajeto mais ou menos aleatório. Embora grande parte do Oriente Médio tenha continuado a ser governada pelos turcos otomanos até o fim da Primeira Guerra Mundial, os impérios europeus faziam suas incursões, com os britânicos, franceses e italianos, ocupando o Egito e o Norte da África e os alemães influenciando cada vez mais o próprio Império Otomano; com a ocupação e a influência europeias chegou o início da transição demográfica.

Nessa região, como em outros lugares, os dados podem ser imperfeitos, mas é notável que os recenseamentos otomanos tenham começado em 1831, não tanto tempo depois dos britânicos e norte-americanos. Muitos dos registros otomanos têm suas limitações. Com frequência isso ocorre porque o objetivo da coleta de dados era estimar as forças que podiam ser recrutadas para o Exército, e por isso ela se concentrava em muçulmanos do sexo masculino, os únicos que podiam ser recrutados. Os dados eram muitas vezes compilados com poucas instruções claras a seu respeito, dando origem a questões de padronização. Ainda assim, os primeiros recenseamentos otomanos fornecem, no mínimo, um fundamento útil sobre o qual basear as estimativas da população.[2]

A compreensão da demografia do Império Otomano no século XIX é dificultada pelo fato de que suas fronteiras estavam mudando e na maioria das vezes contraindo-se. Os turcos eram atacados pelas nações cristãs emergentes dos Bálcãs, como sérvios e búlgaros, que desejavam se libertar do domínio muçulmano; pela Rússia, que exercia constante pressão no Cáucaso; pelos britânicos e franceses, que expandiam seus impérios; e finalmente pelos italianos, que desejavam fundar seu próprio império. No entanto, tomando dados baseados nos recenseamentos de 1884 e 1906, para um território mais ou menos constante, pode-se observar que a população total cresceu entre essas datas de 17 para 21 milhões, uma taxa de crescimento médio anual só ligeiramente abaixo de 1%.[3]

Em contraste com a Grã-Bretanha, que alcançou essa taxa durante todo o século XIX, apesar de um significativo escoamento de população para os Estados Unidos e os Domínios, o Império Otomano obteve seu crescimento populacional com a ajuda do que parece ter sido uma imigração significativa, em particular a partir do Cáucaso e dos Bálcãs, dos quais nada menos que 5 milhões de muçulmanos tinham fugido na primeira parte do século XX.[4] Essas populações de refugiados escapavam do avanço territorial de potências cristãs, inclusive a Rússia, e das nações balcânicas emergentes, que adotavam o que hoje seriam conhecidas como políticas, ou pelo menos práticas, de limpeza étnica ou religiosa, e retrocediam com os exércitos otomanos de volta para o território cada vez mais reduzido do Império Muçulmano, ajudando assim a população do Império Otomano a crescer. A extraordinária brutalidade com que tanto russos quanto sérvios limparam as suas populações muçulmanas à medida que avançavam por áreas islâmicas está hoje em grande parte esquecida. Estima-se que 90% da população muçulmana do Cáucaso foi massacrada ou exilada quando a Rússia estendeu seu domínio sobre a área.[5] Populações conhecidas como circassianas continuam a existir em todo o Oriente Médio e além dele; são os descendentes daqueles que fugiram.

Por outro lado, o tratamento que a Turquia dispensava à sua própria população cristã era com frequência pouco melhor e em alguns casos pior. O genocídio armênio da Primeira Guerra Mundial envolveu o extermínio de mais de 1 milhão de armênios cristãos na Anatólia oriental e foi o maior e mais brutal dos massacres infligidos a esse desafortunado povo por seus suseranos muçulmanos.[6] Grande parte do trabalho sujo foi levado a cabo pelos curdos locais, ainda que sob os auspícios e a orientação dos governantes instalados em Istambul.[7] A matança, com frequência acompanhada por estupro e escravização de mulheres, foi seguida por um processo de assimilação e conversão forçadas para os que ficaram.[8] Processo semelhante de massacre, expulsão e assimilação forçada foi aplicado pouco depois pelo Estado turco recém-emergente aos gregos da Anatólia ocidental como resposta a uma desastrosa invasão grega na sequência do colapso do Império Otomano.[9]

Enquanto muçulmanos vindos dos Bálcãs e do Cáucaso entravam aos borbotões no Império Otomano, imigração de um tipo diferente era experimentada no Norte da África: a chegada de europeus, primeiro na Argélia, depois da conquista francesa (a partir de 1830), e mais tarde na Tunísia, de novo após sua incorporação à França. Em 1900 havia mais de meio milhão de europeus na Argélia, 40% deles não franceses, mas atraídos de outros países da Europa meridional, e em 1911 mais de 200 mil europeus na Tunísia, sobretudo de extração italiana.[10] Como nos Estados Unidos e partes do Império Britânico, talvez tenha parecido na época que tal transbordamento de populações europeias em expansão iria provocar a mudança inevitável e irreversível da etnodemografia da região. No entanto, tal como na África do Sul, isso não aconteceu; do ponto de vista demográfico, em termos de números, a chegada dos europeus foi fraca e tardia demais, encontrando os primeiros movimentos do turbilhão demográfico entre as populações nativas e da sua própria expansão numérica. Em 1941 havia 1 milhão de europeus na Argélia, número semelhante ao da população nativa total no momento da invasão francesa pouco mais de um século antes. No entanto, nessa altura os muçulmanos tinham se expandido em número para 6,5 milhões.[11]

O impacto do imperialismo na região é amplamente ressentido ainda hoje, e com razão, assim como o impacto muito mais duradouro do Império Otomano nos Bálcãs. Mas o efeito demográfico do colonialismo europeu foi estimular uma explosão populacional entre a população local que, finalmente, viria a se provar o coveiro do colonialismo, criando circunstâncias demográficas que tornaram impossível o prosseguimento da dominação europeia. No século XXI quase não restam europeus na Argélia, ao passo que a França tem uma significativa população norte-africana. Esse não é o resultado demográfico que se esperava no momento da ocupação pela França, quando os europeus ainda pareciam imbatíveis. Naturalmente, muitos fatores estavam em ação para libertar a Argélia do domínio francês, mas é difícil imaginar que uma população colonizadora na Argélia continuasse a dominar, diante do florescente crescimento da população nativa; e esse fato é tão verdadeiro para a Argélia quanto para a África do Sul e o Zimbábue. O general De Gaulle considerou a razão de nove para um entre argelinos e europeus como algo decisivo para a retirada francesa.[12]

É difícil provar uma relação direta entre a perda de determinação imperial da Europa, o crescimento da confiança da parte das populações coloniais e a mudança na população, mas as evidências circunstanciais são fortes. O fato de que, após a Primeira Guerra Mundial, foram concedidas às potências europeias não colônias, mas "mandatos" da Liga das Nações no Oriente Médio e em outros lugares talvez tenha mais a ver com a ideologia de Woodrow Wilson que com fatores demográficos. Mas um exame atento da Europa após a guerra sugere uma mudança de atitude em relação ao império. Nesse estágio as sociedades do Oriente Médio e do Norte da África apenas começavam sua transição. As taxas de fecundidade e mortalidade permaneciam altas – embora uma queda nesta última estivesse alimentando o crescimento populacional –, e avanços demográficos ainda podiam ser controlados pelos tradicionais cavaleiros malthusianos. Trezentas mil pessoas morreram na fome de 1866-68 no Norte da África, e surtos periódicos de doença no período entre as guerras aumentaram a taxa de mortalidade anual de menos de vinte por mil para mais de 35.[13] O romance de Albert Camus *A peste* foi ambientado na Argélia logo após a guerra, embora provavelmente se relacione a um surto de cólera muito anterior. Ainda assim, a peste não deveria ser pensada como algo inteiramente do passado; ainda em 2003, pelo menos dez casos de peste bubônica foram registrados em Orã, na Argélia, exatamente na cidade em que o romance de Camus é ambientado.[14]

O Egito, o país mais populoso da região após a queda do Império Otomano, é um bom exemplo de como a dinâmica demográfica na região nessa época ainda era pré-moderna. A população do Egito em 1800 provavelmente não era maior do que fora em 1300 ou mesmo no início da era cristã, com cerca de 3-4 milhões de habitantes.[15] Durante o século XIX, contudo, ela mais que dobrou. As pessoas se casavam cedo, quase ⅓ das mulheres de dezesseis a dezenove anos eram casadas nos anos 1930 (mais de cinco vezes a taxa na Europa ocidental nessa década) e havia uma taxa de natalidade persistentemente acima de quarenta por mil.[16] A mortalidade flutuava e ainda podia ser periodicamente impactada por surtos de cólera, mas o efeito desses eventos diminuía. O padrão de saúde continuava baixo, com dieta, habitação e instalações sanitárias sofríveis. Contudo, mesmo o impacto limitado e rudimentar da modernização tinha sido suficiente para desencadear um crescimento populacional significativo. A população do Egito, sem haver imigração nem emigração substanciais, dobrou na primeira metade do século XX, representando um crescimento populacional anual de 1% ao ano, similar ao experimentado pela Grã-Bretanha na primeira metade do século XIX.[17]

A partir da metade do século XX, a modernização fragmentada e desigual da região começou a ser mais regular, uniforme e poderosa. A maré humana ganhava força. As condições materiais para as pessoas comuns continuavam exíguas, na melhor das hipóteses, mas um crescimento gradual dos setores de transporte, educação e assistência médica deixava sua marca aqui e em outros lugares. O resultado foi uma repetição do padrão visto, em primeiro lugar, na Grã-Bretanha mais de um século antes e, posteriormente, replicado em todo o mundo, embora em ritmo muito mais acelerado.

Como sempre, a mortalidade infantil é um bom indicador do que estava acontecendo. No Norte da África como um todo, ela caiu de 20% para abaixo de 3% entre 1950 e 2017. No Iêmen, o país mais pobre do Oriente Médio, e no Norte da África ela caiu de mais de uma em quatro para menos de uma em vinte durante o mesmo período. As expectativas de vida alongaram-se significativamente (por exemplo, os líbios, que viviam até a metade da casa dos trinta, passaram a chegar até os setenta e poucos anos a partir de meados do século XX). Nesse meio-tempo, como é típico de países em transição demográfica, as taxas de fecundidade a princípio se mantiveram: as mulheres iraquianas e sauditas eram típicas, continuando a ter seis filhos cada até uma altura avançada da década de 1980.

O resultado estava de acordo com padrões observados em outras partes, o grande crescimento do tamanho das populações e a extrema juventude das sociedades. Os 20 milhões do Egito em 1950 estão se aproximando rapidamente dos 100 milhões, ao passo que os 9 milhões da Argélia já superaram os 40 milhões durante o mesmo período, apesar da emigração em grande escala para a França; em suma, as populações estão se multiplicando por quatro ou cinco em não muito mais de meio século.[18] É esse fenômeno que se situa no coração do turbilhão demográfico, a saber: transições demográficas mais tardias tendem a ser significativamente mais intensas e resultar em maior crescimento populacional, e os países no mundo em desenvolvimento do pós-guerra, inclusive no Oriente Médio e no Norte da África, quadruplicaram sua população na metade do tempo que a Inglaterra levou para fazê-lo. Isso é, em certo sentido, uma "vantagem do último a se mover", e significará que os europeus, que foram os primeiros a se mover na transição demográfica, serão finalmente ultrapassados em número por seus seguidores mais tardios.

Entretanto, aqui como em outros lugares, a força da maré humana começou a refluir. À medida que as sociedades do Oriente Médio se tornam mais urbanas e alfabetizadas, as taxas de fecundidade despencam. As mulheres egípcias hoje têm três filhos e não seis, como ocorria ainda nos anos 1970. As mulheres líbias, que tinham mais de 7,5 filhos nos anos 1970, têm hoje menos de 2,5. Até as mulheres iemenitas reduziram sua fecundidade à metade desde o fim dos anos 1980. A medalha por fecundidade decrescente, entretanto, pertence ao Irã, onde a taxa de fecundidade caiu de bem mais de seis filhos nos primeiros anos da revolução islâmica para menos de dois apenas vinte anos depois. Fecundidade sustentada, mas depois em colapso, extensão da expectativa de vida e explosão populacional ao mesmo tempo alimentaram e foram alimentadas pelos eventos mais amplos que sacodem o Oriente Médio e o Norte da África.

Islã, petróleo e política: os ingredientes da demografia no Oriente Médio e o Norte da África

Seria de esperar que a transição do Oriente Médio se assemelhasse à do Ocidente e da Ásia, com as melhoras rudimentares na qualidade de vida exercendo grande impacto sobre a mortalidade infantil e a expectativa de vida, a persistência, no princípio, de taxas de fecundidade elevadas e sua queda final à medida que as pessoas se tornam mais urbanizadas e as mulheres, mais educadas. Contudo, diferenças e características fundamentais tornam ímpar a história do Oriente Médio.

O papel do islã deve ser considerado crucial. Com muita frequência, nos lugares em que as populações muçulmanas viveram em estreita proximidade com não muçulmanos ou como minorias num Estado predominantemente não muçulmano, elas experimentaram uma taxa de fecundidade relativamente alta.[19] Isso ocorreu nos últimos anos da antiga União Soviética e esporadicamente nos Bálcãs, em Israel e no Sudeste Asiático. Ocorre também em certa medida na Índia, onde os muçulmanos tiveram uma taxa de natalidade persistentemente mais alta que os hindus, e na Ásia meridional como um todo, onde a taxa de natalidade do Paquistão superava a da Índia. Isso vigora também nos países da Europa ocidental que receberam populações muçulmanas significativas. Por conseguinte, muitas vezes fica-se com a impressão de que há algo inerentemente pró-natalidade nas sociedades islâmicas, e portanto no islã. Isso lembra bastante aqueles franceses que, na primeira década do século XX, temiam que os alemães fossem inerentemente férteis e propensos a gerar uma população em incessante crescimento. Lembra também os alemães que adotavam exatamente a mesma opinião em relação aos russos em particular e aos eslavos em geral, por volta da mesma época. Hoje, os alemães e os russo têm taxas de fecundidade situadas entre as mais baixas das nações importantes: nenhum dos dois povos, como se revelou, era perenemente fértil. Assim, embora haja claramente uma tendência a pensar na taxa de fecundidade e no crescimento populacional característicos de uma nação ou grupo étnico num dado momento como perenes, a demografia com frequência faz surpresas –

raças não são perenemente fecundas ou infecundas, e tampouco o são as culturas, pelo menos de maneira imutável. Quando as circunstâncias mudam, a demografia muda também.

Com o islã, portanto, como com outras culturas religiosas, não há nada de inerentemente alto em termos de fecundidade. Há declarações pró-natalidade no Corão e em específico no Hádice, assim como há na Bíblia: "Casai com aquele que é amoroso e fértil pois eu me orgulharei de vossos grandes números perante a nação."[20] O Corão é claramente contrário ao infanticídio, talvez prática comum em sociedades pré-islâmicas. "Não mateis vossos filhos invocando a necessidade. Fornecemos sustento para vós e para eles. Não vos aproximeis de atos vergonhosos, quer manifestos, quer secretos. Não tireis a vida que Alá tornou sagrada."[21] No entanto, segundo a maior parte das interpretações, isso não proíbe o uso de contraceptivos.[22] O aborto nos primeiros meses de gestação é geralmente permissível. Um Hádice do Profeta diz:

> Todos nós fomos guardados como uma gota de semente, ... por quarenta dias. Depois por outros quarenta dias, ele permanece na forma de um coágulo de sangue. Depois por outros quarenta dias ele permanece como um pedaço de carne. Então um anjo é enviado ao feto que lhe insufla espírito [vida].[23]

Houve ocasiões em que as autoridades islâmicas se opuseram ao controle da natalidade, como os seguidores de linha dura do movimento deobandi no Paquistão nos anos 1960, mas essa é a exceção, não a regra.[24] Não houve uma proibição total do controle da natalidade pelas autoridades religiosas significativas no mundo muçulmano como houve na Igreja Católica Romana (por mais que estas possam ser de fato ignoradas pelos praticantes do catolicismo). Na verdade, refletindo preocupações prematuras com o aumento da população, já em 1937 o grande mufti do Egito emitiu uma fátua permitindo a contracepção.[25]

Há, contudo, certas características de algumas sociedades islâmicas que podem predispô-las a maior fecundidade. Uma relutância em educar as mulheres e os níveis correspondentemente baixos da alfabetização feminina em partes do mundo islâmico estão associados a uma alta taxa de fecundidade. Numa sociedade em que o nascimento fora do casamento é muito raro, a existência de mulheres vivendo fora do casamento assegura certa taxa de ausência de filhos; no entanto, a probabilidade de a mulher ficar solteira, e portanto quase por definição sem filhos, é reduzida nos lugares em que se pratica a poligamia, como em grande parte do mundo islâmico, mas de maneira alguma em todo ele. O casamento precoce das mulheres também favorece uma taxa de fecundidade mais alta, e em todo o mundo árabe a idade média para a mulher no primeiro casamento ainda é baixa. Nesse meio-tempo, no Marrocos e na Tunísia a participação feminina na força de trabalho continua em menos da metade da média mundial e no Egito em menos de ⅓. Esse é mais um correlato da alta fecundidade.[26]

O impulso pró-natalidade, portanto, talvez esteja mais associado a culturas islâmicas que com o islã como tal, e isso pode explicar os lentos e preguiçosos esforços feitos em muitos lugares pelos governos para propagar o planejamento familiar. No Egito, por exemplo, um estudo do início dos anos 1970 descobriu que apenas uma em cada dez mulheres casadas tinha frequentado alguma clínica de planejamento familiar, naquela época a maneira ainda esmagadoramente comum pela qual se obtinham contraceptivos.[27] Uma vez que as políticas eram adotadas, contudo, elas podiam se tornar muito eficazes. A rapidez com que as taxas de fecundidade caíram no Irã já foi observada, e embora isso talvez tivesse acontecido de qualquer maneira, decerto foi instigado pela República Islâmica.

De fato, o Irã constitui um interessante estudo de caso, que sob alguns aspectos se assemelha à China. O regime de Khomeini, que tomou o poder em 1979, foi no princípio pró-natalidade, como era o de Mao Tsé-Tung – mais uma vez, como o de Mao, baseando essa posição em sua ideologia. Os programas de planejamento familiar do xá foram em parte descontinuados, e, com a deflagração da guerra com o Iraque em 1980, a idade em que era permitido casar foi reduzida. Houve um modesto aumento no que já era uma alta taxa de fecundidade, e no fim da década os mulás começavam a se alarmar com o crescimento explosivo da população. Produziram-se fátuas confirmando a aceitabilidade do controle da natalidade, enquanto programas de planejamento familiar eram reintroduzidos e ampliados; foi fundada a primeira fábrica de preservativos mantida pelo Estado no Oriente Médio. Os resultados foram extraordinários, com as taxas de fecundidade caindo para dois e menos nos primeiros anos do século XXI. Agora o governo iraniano, como o chinês, começa a ter dúvidas, com o supremo líder Ali Khamenei dizendo que está "tremendo de medo" diante do envelhecimento da população e sua baixa taxa de fecundidade. Ele está introduzindo um programa de catorze pontos para estimular a taxa de natalidade, incluindo maternidades gratuitas, licenças-maternidade mais longas e uma medida não só para acabar com as vasectomias gratuitas, mas para torná-las ilegais.

Contudo, com níveis elevados de alfabetização feminina e níveis mais elevados de educação e urbanização, é discutível que mesmo uma mudança de 180 graus efetuada pelo regime venha a ter impacto substancial sobre as escolhas feitas pelas mulheres iranianas. Os últimos dados da ONU mostram taxas de fecundidade iranianas não muito mais elevadas que as da Rússia, num nível de sub-reposição e em queda. Histórias de jovens iranianas urbanas que evitam a maternidade sugerem motivos tanto econômicos quanto políticos. "Se eu tivesse de abandonar meu emprego para ter filhos, como conseguiríamos alugar uma casa para nós?", queixa-se uma mulher de classe média em Teerã. "Não quero trazer crianças para este inferno", lamenta uma mulher recém-formada na universidade, descontente com o regime, enquanto outra admite ter feito dois abortos ilegais: "Estamos realmente decididas a não ter filhos."[28] Mas parece haver também um aspecto cultural, além de preocupações econômicas e políticas, fazendo com que jovens iranianas se assemelhem bastante a suas contrapartes japonesas ao associar casamento precoce e maternidade a conservadorismo, religiosidade e limitações no estilo de vida. Nem as sociedades islâmicas, ao que parece, são imunes à segunda transição demográfica, em que escolhas de fecundidade são mais um reflexo de valores e preferências pessoais que de condições puramente materiais, e muitas evitam ter filhos definitivamente para priorizar outros projetos.

Embora em geral as taxas de fecundidade tenham se mantido acima de dois e até se elevado nos últimos anos (no Egito e na Argélia, por exemplo), é notável como as taxas de fecundidade caíram não só no Irã, mas também no Líbano, onde, com menos de 1,75 filho por mulher, a fecundidade é ainda mais baixa que no Irã. Aqui também pode haver um elemento religioso no quadro geral. Em todo o Oriente Médio, os cristãos tendem a ter taxas de fecundidade mais baixas que os muçulmanos, e o Líbano ainda tem de longe a maior porcentagem de cristãos que qualquer população na região. As quedas acentuadas nas taxas de fecundidade aqui em anos mais recentes foram associadas às idades com que as pessoas se casam, que se elevam um pouco, e ao aumento no uso de contraceptivos;[29] do mesmo modo foram associadas ao aumento dos níveis de educação das mulheres, ainda que, relativamente a outras áreas, a região fique para trás sob esse aspecto. A urbanização também desempenhou seu papel. Não há nada de especial em relação à queda da fecundidade na área; o que exigiu alguma explicação foi seu atraso.

Além da ideologia religiosa e da política governamental, há ainda a abundância e influência do petróleo do golfo Pérsico. Embora os benefícios da bonança do petróleo não tenham sido uniformemente espalhados pela região, eles de fato forneceram vantagens de emprego e remessas mesmo para populações fora dos Estados petrolíferos, e isso pode ter sustentado as altas taxas de fecundidade em toda a região nos anos 1970 e 1980.[30] Os próprios Estados petrolíferos têm padrões populacionais incomuns e distorcidos. Eles tendem a apresentar taxas de fecundidade altas, mas declinantes (de mais de sete para menos de três desde o início dos anos 1980 na Arábia Saudita, por exemplo), e longa expectativa de vida sustentada por assistência médica de nível relativamente alto (de menos de 45 anos para mais de 75 nos Emirados Árabes Unidos desde 1950, por exemplo). O mais surpreendente em termos de população, porém, foi a afluência de imigrantes, a maioria deles oferecendo mão de obra barata pouco qualificada. O Catar, por exemplo, viu sua população crescer de 25 mil para 2,5 milhões desde os anos do pós-guerra, número alcançado não graças a um crescimento natural impossivelmente grande, mas pela imigração de trabalhadores – menos de 20% dos catarenses são nativos.[31]

Embora as forças básicas que contribuem para o crescimento populacional – taxas de mortalidade em queda e particularmente mortalidade infantil e fecundidade persistentemente alta – não sejam incomuns, elas foram alcançadas aqui de forma diferente daquela como foram atingidas em outras regiões. Seria possível argumentar que nessa área elas foram mais "exógenas" que em outras sociedades, e foram alcançadas em grande parte por meio de programas de ajuda do Ocidente ou por transferências intrarregionais financiadas em última instância pelo boom do petróleo. Hoje, o Egito consegue em parte alimentar sua população graças à ajuda dos Estados Unidos e da Arábia Saudita: sem esses recursos e sem a assistência médica e outros programas de bem-estar fornecidos a partir do exterior, é difícil ver como os egípcios teriam conseguido estender a longevidade até os setenta e poucos anos. Isso cria uma vulnerabilidade em populações muito diferentes daquelas da Grã-Bretanha à China, que efetivamente se promoveram numericamente e sob todos os outros aspectos graças a seus próprios esforços. Significa que, se o preço do petróleo cair o suficiente para que a Arábia Saudita corte seu apoio, ou se o Cairo e Washington se desentenderem, a população do Egito estaria em risco. A migração, que até agora ocorreu através do Mediterrâneo, seria finalmente vista como apenas um antegosto do que está por vir. Cem milhões de egípcios famintos, desesperados, posicionados nas margens do Mediterrâneo eclipsariam qualquer crise de migração que a Europa viu até hoje.

Pressão populacional e implosão

Causa e efeito são a moeda corrente da história e das ciências sociais. Como quer que as políticas nacionais sejam perseguidas, a demografia não é um fator externo, injetado numa sociedade a partir de fora e com um impacto unidirecional; ao contrário, ela emerge da própria sociedade e é tanto causada por seu ambiente quanto é moldada por ele. Ainda assim, é possível estabelecer relações causais entre os padrões demográficos, a maneira como o mundo funciona e a forma como os acontecimentos se desenrolam. E embora a maré humana não determine o curso da história, ela o molda, e na maioria dos casos parece claro que uma demografia diferente teria levado a resultado diverso. A demografia não pode ser desembaraçada dos fracassos socioeconômicos do Oriente Médio e do Norte da África, e em muitos lugares fomentou o colapso político. Estados falidos e guerra civil são mais prováveis onde há populações jovens, em rápido crescimento, em especial onde elas não estão bem integradas à economia e onde as oportunidades para dar uma contribuição produtiva à sociedade estão bloqueadas.

O Oriente Médio e o Norte da África têm muitos problemas particularmente associados à instabilidade política, à falta de democracia e direitos humanos e a um fracasso no desenvolvimento socioeconômico. Os Estados ricos em petróleo são capazes de proporcionar às suas populações um padrão de vida elevado e serviços sociais e de saúde, mas mesmo neles o nível de instrução e a produtividade humana são baixos. As deficiências e os fracassos da região precisam ser encarados, mas antes de fazê-lo e despertar sensibilidades cabem três observações. Em primeiro lugar, as deficiências da região podem ser atribuídas em parte à demografia, ainda que isso não signifique dizer que há soluções simplistas – a introdução de instituições políticas e econômicas de estilo ocidental fracassou claramente onde foi tentada. Em segundo lugar, embora seja fácil desdenhar das teorias da conspiração que abundam na região, não se pode negar que a intervenção externa, bem-intencionada ou não, foi frequente e em geral de pouca ajuda. Por fim, em terceiro, seria errado atribuir os fracassos da região inteiramente à sua cultura religiosa – houve períodos na história em que o islã respaldou as sociedades mais inovadoras e florescentes.

Há uma enorme variação nos níveis de renda através dessa região: em termos per capita, alguns dos países sob exame estão entre os mais ricos do mundo, e isso se deve inteiramente à presença de hidrocarbonetos para exportação. O Catar tem uma das rendas per capita mais altas do mundo graças à escala de suas exportações de gás e sua população relativamente pequena. Contudo, os sucessos ou fracassos da área como um todo não podem ser avaliados simplesmente com base na renda. Além disso, mesmo em termos puramente econômicos, o mundo árabe tem pouco do que se gabar: em 1999, antes que o preço do petróleo subisse vertiginosamente, as economias coletivas dos países árabes eram menores que a da Espanha.³² A Turquia teve mais sucesso econômico nos últimos anos, mas continua a ser, na melhor das hipóteses, um país de renda média. E o progresso econômico do Irã foi atrapalhado por sua confrontação com a comunidade internacional e as sanções daí resultantes.

Uma forma de analisar o desenvolvimento socioeconômico que leva em conta efeitos fortuitos como renda proveniente da produção em larga escala de petróleo e gás é comparar o desenvolvimento humano de um país ao de outros com renda similar. Um estudo feito em 2002 descobriu que a esmagadora maioria dos países árabes, fossem empobrecidos ou super-ricos, tinha mau desempenho em níveis de desenvolvimento humano *versus* outros países de renda semelhante.³³ O Índice de Desenvolvimento Humano (IDH) usado para esses exercícios, que pondera educação, saúde e renda, pode ter imperfeições, mas observando medidas individuais o mesmo quadro emerge. Para começar, a participação na força de trabalho é baixa, quer isso se deva a desemprego geral, quer se deva especificamente ao baixo emprego feminino. A razão entre emprego e população situa-se em 46%, o que torna os países árabes piores que qualquer outra região quanto a esse índice.³⁴ O consumo de água per capita é 20% da média mundial, e 2% no Iêmen, um sinal de baixo padrão de vida.³⁵ Pode-se objetar que essa é uma região seca, e por isso um baixo consumo de água é esperável, mas o problema da escassez de água em climas secos foi enfrentado com sucesso, por exemplo (quando não de maneira muito sustentável) no sudoeste dos Estados Unidos e (de maneira mais sustentável) em Israel, com a conservação, reciclagem e dessalinização. Se a insegurança hídrica é um problema, o mesmo pode ser dito da insegurança alimentar. As importações de cereais na região como um todo representam mais da metade do abastecimento *versus* 15% para o mundo como um todo.³⁶ Isso torna o Oriente Médio e o Norte da África uma das partes do globo menos capazes de se alimentar. Como foi ressaltado muitas vezes, o Egito foi outrora o celeiro do Império Romano, mas hoje depende fortemente das importações para alimentar sua população grande e crescente. A incapacidade do Egito para se alimentar é produto não só dessa população grande e em crescimento, mas também da baixa produtividade agrícola.

Do ponto de vista educacional, também, o mundo árabe fez apenas progresso modesto, em particular no tocante às mulheres. Embora grandes ganhos tenham se concretizado na alfabetização, as taxas de alfabetização das mulheres nos países árabes no início do século XXI ainda estão muito abaixo daquelas de áreas como a Ásia oriental e a América Latina.[37] Isso se reflete na razão entre a atividade da mão de obra feminina e a masculina, que é mais baixa no Oriente Médio do que em qualquer outra parte do mundo.[38] Na educação superior, poucas instituições árabes alcançam boa qualificação acadêmica. Segundo o Academic Ranking of World Universities, quatro instituições de Israel estão entre as duzentas melhores, ao passo que há apenas uma instituição árabe na lista.[39] Dados de 1987 sugerem que a produção de artigos acadêmicos frequentemente citados no Egito era $2/1000$ do nível de Israel, e mesmo no Kuwait, com sua riqueza petrolífera, os artigos frequentemente citados estavam a menos de $1/70$ do nível israelense.[40]

Como sempre, a causa dos males da região não é apenas demográfica. O petróleo revelou-se uma maldição em muitos lugares em que as instituições democráticas ainda não foram plenamente incorporadas, fomentando uma cultura de busca de renda em lugar da cultura empreendedora. Onde o Estado controla uma grande fonte de riqueza de acesso relativamente fácil como o petróleo, a maneira mais lucrativa de enriquecer é conseguir uma posição o mais próximo possível do comedor, e não abrir um negócio ou oferecer um serviço de valor real. Uma cultura de corrupção tende, então, a se infiltrar até os níveis inferiores da sociedade. O Oriente Médio e o Norte da África se viram frequentemente apanhados no fogo cruzado da rivalidade entre grandes potências, em especial durante a Guerra Fria, com forças externas apoiando regimes repressivos preparados para obedecer às suas ordens. Procurando explicações internamente, não se pode negar que um forte traço de misoginia em muitas culturas do Oriente

Médio tolheu seu desenvolvimento. Onde não é permitido às mulheres prosperar, as sociedades raramente prosperarão. Onde não é permitido às mulheres sair de casa sem aprovação masculina, muito menos dirigir automóveis, como ocorria até recentemente na Arábia Saudita, é difícil ver como as mulheres podem prosperar. Contudo, também isso está ligado à demografia. No coração do progresso demográfico e humano as mulheres têm assumido o controle de seus próprios corpos e da fecundidade. Uma cultura que resiste a isso será provavelmente entravada.

Embora as populações da região sejam sobretudo jovens e o crescimento populacional tenha sido rapidíssimo, outros países com perfis demográficos similares experimentaram célere crescimento econômico e progresso social, por exemplo, no caso da China, cuja população ainda cresce velozmente durante o período de decolagem econômica. De fato, sob as circunstâncias adequadas, a população em acelerada expansão pode ser uma vantagem econômica. Contudo, algumas das dificuldades citadas podem ser claramente atribuídas, pelo menos em parte, a pressões populacionais. É verdade que outros países resolveram seu problema hídrico, mas, com uma população menor, a pressão sobre as fontes de água no Oriente Médio seriam menos agudas. De maneira semelhante, sem dúvida a produtividade agrícola poderia ser muito maior, mas em seu nível atual relativamente ao espaço disponível haveria mais alimentos por boca se houvesse menos bocas. Os fracassos educacionais têm muitas fontes, mas as dificuldades para atender às necessidades de uma população de idade escolar e universitária em rápido crescimento estão entre elas.

Do mesmo modo, embora o crescimento populacional possa criar sua própria demanda, onde outros sistemas como mercados, comércio e educação estão fracassando, é mais difícil fazer frente ao emprego quando a força de trabalho cresce tão aceleradamente. É também difícil absorver populações cada vez maiores na força de trabalho de maneira produtiva quando o nível educacional é baixo e há falta de investimento de capital. Um relatório da ONU de 2002 estimou que 10 milhões de crianças no mundo árabe entre as idades de seis e quinze anos não estavam na escola; agora que aqueles afetados são adultos, é difícil ver como terão chances de se encaixar numa economia cada vez mais global.[41] Dada a perturbação em grande parte do mundo árabe desde então, em particular na Síria, onde milhões de crianças não podem frequentar a escola, o quadro no futuro pode ser pior. O desempenho econômico não foi tampouco ajudado pelo fato de que os países em consideração tiveram uma razão de dependência excepcionalmente alta, isto é, a razão entre aqueles que estão fora da idade de pertencer à força de trabalho e aqueles que estão na força de trabalho. Enquanto o mundo desenvolvido está habituado a elevadas razões de dependência em função do crescente número de idosos, no caso desses países isso pode ser atribuído ao número elevado dos jovens que exigem o investimento em cuidados e educação.

Taxas de fecundidade em queda acentuada no Oriente Médio deveriam em princípio proporcionar às suas populações uma oportunidade de progresso econômico à medida que a razão de dependência cai de mais de noventa em 1980 para (estimados) menos de sessenta em 2020.[42] Muitas vezes considera-se que esse chamado "bônus demográfico" se aplica onde o número de crianças relativamente à força de trabalho se reduz – em parte, isso pode ser responsável pelo crescimento econômico na Turquia, e foi apresentado como um fator em países como o Japão e a Indonésia. Mais uma vez, é difícil destrinçar o que causa o quê, porque são com frequência aqueles países onde o progresso econômico e social está sendo feito que testemunham taxas de fecundidade declinantes, e a causa não pode sempre ser separada do efeito. Entretanto, à medida que as taxas de fecundidade caem, as mulheres são liberadas para a força de trabalho e mais fundos se tornam disponíveis para o investimento de capital. Entretanto, esses fatores só operam se a economia for capaz de absorver as trabalhadoras do sexo feminino, se a sociedade aceitar o emprego feminino e se existirem estruturas de lei e governança e estabilidade política para absorver capital na economia.

Quando se trata do mundo árabe, isso está longe de acontecer. O "bolsão de juventude" foi acompanhado por desemprego elevado, numa receita certa para conturbação social e violência. No caso do Oriente Médio, ele foi acompanhado pelo aumento do fundamentalismo religioso.[43] Na verdade, esse fundamentalismo tem ele próprio raízes demográficas diretas: há evidências de uma ligação entre fecundidade e a intensidade religiosa encontrada no islã, assim como há em outras religiões, e desde que os grupos devotos consigam reter seus filhos, isso sugere que fatores demográficos, bem como outros, irão impulsionar o contínuo crescimento do conservadorismo islâmico e até do jihadismo.[44] Assim, embora a demografia não tenha sido a única causa dos problemas sociais e econômicos da região, ela os agravou.

Em parte, a problemática demográfica da região foi causada por fracassos da política de planejamento familiar. Embora as taxas de fecundidade tenham caído, a fecundidade continua alta em grande parte do Oriente Médio e do Norte da África, e em alguns lugares começou a se inverter, aumentando na última década. O acesso à contracepção está longe de ser universal: enquanto ⅔ das mulheres marroquinas casadas em idade de procriar usam contraceptivos, apenas ½ o faz no Iraque e menos de ¹⁄₁₀ no Sudão.[45]

Se o Oriente Médio árabe experimentou um fracasso no desenvolvimento material, ele sofreu também um fracasso no desenvolvimento político. Isso pode ser observado tanto em termos dos regimes opressivos que prevaleceram na área, privando suas populações, na maioria das vezes, de direitos democráticos e humanos, quanto mais recentemente na desintegração de alguns desses regimes e no mergulho de suas sociedades no caos e na guerra civil. Com 6% da população do mundo, estimava-se que a região contivesse ⅕ dos conflitos armados antes que a atual onda de instabilidade entrasse em pleno curso.[46] Com essa afirmação não se pretende atribuir culpas, as quais já circulam em quantidade suficiente, nem fornecer uma explicação abrangente, mas ilustrar a extensão em que o conflito humano origina-se em parte de causas demográficas.

Os fracassos políticos da região, comparados aos da maioria, quando não de todas as outras regiões do mundo, são bastante evidentes. Dentro dessa área como um todo, segundo o índice de 2014 da Freedom House, todos os Estados, exceto Israel, eram caracterizados ou como "não livre" ou apenas "parcialmente livre".[47] Grande parte da região encontra-se entre a opressão de regimes autocráticos e o colapso no caos e na guerra civil. Enquanto escrevo, não há uma única autoridade governamental efetiva em todo o território nacional do Iêmen, da Líbia, do Líbano, da Síria e do Iraque, e elevados níveis de instabilidade recente afetaram o Egito e o Bahrein.

Há uma falta de democracia quase total na região, embora a Turquia possa ser vista como parcialmente democrática (ou podia, até recentemente). Governo tirânico e colapso anárquico podem ser vistos como extremidades opostas de um espectro, mas o primeiro talvez seja um prelúdio do segundo, com o progresso em direção à estabilidade e à democracia como terceiro estágio.[48] Segundo esse modelo, é improvável ou difícil para um país que permaneceu por muito tempo sob o controle férreo de um governo ditatorial ou autoritário mover-se diretamente para a estabilidade e a democracia. Para chegar lá, é provável que ocorra um período de luta civil e violência, mas isso pode ser visto como a transição para um desejável ponto final, e não a mera queda no caos. Essa seria uma interpretação otimista da Primavera Árabe. Neste momento, entretanto, poucos países árabes caminham seriamente para o terceiro estágio, rumando para fora do caos em direção à ordem liberal, democrática. De fato, o país mais populoso da região, o Egito, parece ter olhado para o abismo e retornado ao *statu quo* anterior. (Talvez a Tunísia seja um caso assim, embora esteja cedo demais para dizer que ela é uma exceção; se for, é uma exceção rara.)

A demografia talvez tenha dado inevitavelmente sua contribuição para esse quadro político inconstante, assim como deu para os fracassos do desenvolvimento econômico e social. Há muitas evidências sugerindo a ligação entre instabilidade e conflito, por um lado, e tendências demográficas, por outro. O consenso geral é de que os "bolsões de juventude" estão associados ao maior risco de violência política.[49] Onde há grande porcentagem de homens na população na faixa entre a adolescência e meados da casa dos vinte, os riscos de conflito civil são maiores. Não por coincidência algumas das sociedades mais velhas do mundo, como a japonesa e a alemã, estão entre as mais ordeiras, ao passo que algumas das mais jovens, como o Iêmen e a República Democrática do Congo, estão entre as mais conflituosas. Com base nisso, não admira que o Oriente Médio árabe tenha estado no centro de tanta violência e luta nos últimos anos, e que antes disso só se pudesse evitar o surgimento dessa luta pela imposição de regimes excepcionalmente rígidos. A emigração reduz em certa medida a pressão sobre os sistemas internos, mas com frequência pode resultar na exportação do problema. Finalmente, outras regiões do mundo conseguiram passar pela mudança demográfica sem o terror niilista na linha da Al-Qaeda ou do Estado Islâmico.

Assim, embora os números demográficos não sejam uma explicação suficiente para o fracasso, eles estão inevitavelmente ligados ao insucesso. Sem sua população de jovens e em expansão, é quase inimaginável que o Oriente Médio e o Norte da África fossem tão violentos quanto são. Assim como a Primeira Guerra Mundial tal como foi travada – uma carnificina industrial em massa – não pode ser concebida sem as enormes expansões demográficas que ocorreram em toda a Europa no meio século precedente, também os atentados em Nova York no 11 de Setembro e aqueles em Madri e Londres, bem como a violência vigorante do Iêmen à Síria, podem ser vistos pelo menos em parte como produto da demografia explosiva do Oriente Médio islâmico nas décadas que os precederam. Entre 1980 e 2010, o crescimento populacional na mais volátil das regiões foi anualmente quase um ponto percentual mais alto que para o mundo como um todo. Em 1980, a população do Oriente Médio árabe entre os quinze e os 24 anos, como parte da população total, era a mesma que para o mundo como um todo; trinta anos depois, era ⅕ mais alta.[50]

A guerra civil síria, em particular, é um conflito demográfico tanto quanto político e religioso. Na época de sua independência da França, em 1947, a Síria tinha apenas 3 milhões de pessoas. Sessenta anos depois, às vésperas da guerra civil, tinha mais de 20 milhões. As causas dessa explosão populacional parecem familiares – taxas de mortalidade em queda abrupta e fecundidade obstinadamente elevada. As consequências são de identificação menos fácil. Ainda assim, quando a Síria foi atingida pela seca nos primeiros anos do século XXI, centenas de milhares de pessoas deixaram a zona rural e rumaram para as vilas e cidades, especialmente para Damasco, onde encontravam acomodações básicas nos arredores, mantidas a distância por um governo desconfiado. Isso se devia particularmente ao fato de que a maioria dos migrantes vinha da seita majoritária sunita, mudando a demografia de cidades como Damasco, antes desproporcionalmente povoadas por minorias (como cristãos, alauitas e drusos) que tendiam a apoiar o regime baathista. Criaram-se assim as condições para uma rebelião sob sua forma mais intensa num anel de subúrbios pobres, negligenciados e de maioria sunita que cercavam a capital. E embora muitos procurem atribuir o conflito subsequente ao aquecimento global,[51] na verdade, ainda que as condições climáticas tenham indubitavelmente feito parte do quadro, nada seria possível se o tamanho da população síria não tivesse explodido de maneira tão extraordinária nas décadas anteriores.

Como sempre, a causalidade está operando nos dois sentidos. Assim como a demografia desempenhou uma função na moldagem da guerra civil síria, também a guerra está moldando a demografia. Aproximadamente ¼ da população fugiu do país e outro tanto está se deslocando internamente. Há acusações de que o governo tenta deliberadamente mudar o equilíbrio etnodemográfico de certas áreas, reduzindo o elemento sunita. Nesse meio-tempo, embora as perdas de vida tenham sido chocantes, elas próprias (diferentemente da emigração) não exerceram um impacto estatístico significativo sobre a demografia da Síria. Meio milhão de mortes, uma estimativa aproximada no momento em que este livro vai para o prelo, representa um único ano do crescimento populacional da Síria nos últimos tempos. Nada disso reduz o sofrimento dos indivíduos, mas mostra que, assim como ocorreu na Europa na época da Primeira Guerra Mundial, ou na Rússia durante o auge do stalinismo, quando a maré humana está em pleno fluxo, mesmo a mais horrível carnificina é capaz de desacelerá-la, mas não de detê-la.

Uma juventude em rápido crescimento, com frequência pouco instruída, politicamente marginalizada e incapacitada para participar da economia global, é a receita da instabilidade. Como disse uma mulher que trabalha em programas para a juventude na Jordânia: "Os jovens estão enfrentando barreiras cada vez maiores à educação e às oportunidades econômicas, com chances mínimas de participar da vida social e cívica. Estão sendo empurrados ainda mais para as sombras, sentindo-se enfraquecidos e frustrados."[52] Onde as economias não estão se desenvolvendo, pode ser particularmente difícil para os graduados universitários encontrar trabalho – em 2014, 34% dos recém-formados estavam desempregados, comparados com apenas 2% daqueles com ensino fundamental.[53] Pessoas com diploma universitário desempregadas, em geral sediadas nas cidades e em condições de se tornarem ativistas, tendem mais a se mostrar politicamente perturbadoras que trabalhadores rurais desempregados, e embora o conservadorismo social seja em parte compartilhado pela geração jovem, muitos fazem pressão contra ele, em especial as mulheres, cujo sentimento de frustração é agravado onde elas têm oportunidades educacionais e depois são fortemente discriminadas tanto na sociedade quanto no local de trabalho. Na Arábia Saudita houve recentemente alguma abertura de empregos. As mulheres instruídas ainda se sentem muito restringidas pela necessidade de pedir permissão aos pais ou aos maridos. "Ele não vai me deixar trabalhar, embora eu precise do dinheiro. ... Ele não permite que eu viaje com minha mãe."[54] Embora as mulheres de meia-idade e idosas possam ter se acomodado a essas circunstâncias, as jovens estão mais propensas a fazer pressão contra elas, e isso significa mais quando os jovens são mais numerosos.

Embora a juventude cada vez maior da região dirija suas frustrações para dentro – como atesta a instabilidade política desde 2010 –, elas se voltaram também para fora, resultando numa enorme onda de migração para a Europa. Isso ocorreu não só a partir do mundo árabe, mas de países como o Afeganistão, que enfrentam problemas semelhantes de instabilidade política, números crescentes de aspirantes ao mercado de trabalho e falta de oportunidades. Em 2015 havia mais de 350 mil sírios pedindo asilo na União Europeia e mais de 150 mil afegãos. Quase meio milhão de pessoas buscaram asilo na Alemanha apenas no último trimestre daquele ano.[55] Essa tendência, com raízes demográficas profundas, terá grandes consequências para a demografia da Europa. Nossas telas de televisão nos últimos anos foram atingidas por torrentes de pessoas que tentavam chegar à Alemanha através dos Bálcãs, ou que tentavam chegar à Itália pelo Mediterrâneo – esses migrantes quase sempre vêm de países jovens, com fecundidade elevada, e quase sempre se dirigem a países idosos, de baixa fecundidade. A migração tem muitas causas e tomou muitas direções durante os últimos séculos, mas, invariavelmente, a maioria dos migrantes é jovem e com frequência deixa sociedades jovens, onde as oportunidades não se abrem ou onde há excessiva competição entre uma coorte grande demais.

O que acontece no Oriente Médio muçulmano importa cada vez mais para o mundo como um todo. Em 1970, os muçulmanos constituíam 15% da população mundial; em 2010 esse número subiu para cerca de 23%; e na metade do século prevê-se que terá crescido para não muito menos de 30%.[56] Caso a previsão se realize, isso tornaria o islã muito próximo do cristianismo como a maior religião do mundo.

Os árabes e Israel: a demografia do conflito

Até o início das revoltas em toda a região a partir do fim de 2010, o Oriente Médio e seus conflitos eram vistos frequentemente pelo prisma do conflito entre Israel e seus vizinhos árabes, em especial os palestinos. Em 2009, por exemplo, o bispo Desmond Tutu, da África do Sul, sugeriu que, a menos que houvesse uma solução para Israel-Palestina,

> vocês podem desistir de todos os outros problemas. Podem desistir do desarmamento nuclear, podem desistir de jamais vencer uma guerra contra o terror, podem desistir. Podem desistir de qualquer esperança de que nossas fés trabalhem um dia juntas de modo realmente amigável e amistoso. Esse, esse, esse é o problema, e ele está nas nossas mãos.

Essa sugestão, extremamente questionável na época, parecia mais difícil de se justificar no ano seguinte, quando os conflitos se estenderam por todo o Oriente Médio.[57]

Há várias razões para o foco desproporcional que esse conflito recebe, pelo menos no Ocidente. Uma delas é que a história do empreendimento sionista está intimamente ligada à história europeia, porque o movimento sionista foi a princípio um movimento de judeus da Europa contra o antissemitismo local. Outra razão é que durante muito tempo os regimes, em toda a região, pareciam ter as sociedades sob seu controle, e em diversos países pouca coisa parecia acontecer politicamente, o que jogava o foco sobre a questão entre Israel e a Palestina. Em terceiro lugar, com frequência se vê esse conflito como algo entre povos de culturas e origens profundamente diferentes, o que é sempre mais fácil de compreender – ou pensar que se compreende –, por parte dos consumidores da mídia noticiosa, que os conflitos entre, digamos, sunitas e xiitas ou entre drusos e maronitas. Finalmente, numa nota mais cínica, embora talvez mais realista, era mais agradável relatar um tumulto na Cisjordânia a partir do conforto do American Colony Hotel em Jerusalém, ou empreender uma curta viagem de lá até a fronteira em Gaza, que fazer esforço para relatar uma guerra civil no Iêmen no início dos anos 1960, ou enviar notícias sobre a sangrenta e perigosa linha de frente entre Irã e Iraque nos anos 1980 – a mídia era capaz de operar mais livremente em Israel do que em outras partes da região.

O conflito, primeiro entre Israel e seus vizinhos, depois, cada vez mais, entre israelenses e palestinos foi sempre modesto em termos de baixas quando comparado a outros enfrentamentos. Ainda assim, ele ocupou as primeiras páginas no Ocidente de uma forma que os conflitos mais sangrentos da região jamais ocuparam. A melhor estimativa é que cerca de 50 mil pessoas morreram em conflitos relacionados a Israel desde 1950, numa razão de aproximadamente dois árabes para um israelense; mortes de muçulmanos no conflito Israel-Palestina representam, com 1%, uma pequena fração do total de mortes muçulmanas em conflitos desde a metade do século XX, mesmo antes do atual surto de derramamento de sangue na Síria, na Líbia e no Iêmen.[58] No entanto, para muitos, este tem sido *o* conflito no Oriente Médio.

Com as revoluções e a luta no Egito, o colapso civil na Líbia, as guerras civis e a ascensão do Estado Islâmico na Síria e no Iraque, o conflito Israel-Palestina foi de certa forma eclipsado. Entretanto, vale a pena para nossos propósitos compreendê-lo porque, como foi amplamente sustentado, trata-se de um enfrentamento que, mais que a maioria, teve a demografia em seu núcleo.[59] Isso pode ser visto a partir de três ângulos: a grande afluência de judeus para o Mandato da Palestina e depois para Israel; as taxas de natalidade de judeus e palestinos; e o destino dos territórios capturados por Israel na Guerra dos Seis Dias, em 1967.

O Estado de Israel não existiria sem a migração judaica, que foi atraída, em ondas cada vez maiores, primeiro para a Palestina otomana, depois para a Palestina sob o Mandato Britânico, e desde 1948 para o próprio Estado de Israel. Nesse movimento populacional houve um aspecto de "puxão" e outro de "empurrão": tanto a atração do sionismo e da terra de Israel como pátria quanto a impulsão do antissemitismo e da perseguição nas terras das quais os judeus emigraram. Antes da Primeira Guerra Mundial havia cerca de 60 mil judeus na Palestina, alguns imigrantes sionistas recentes, alguns descendentes de pequenas ondas de migração judaica religiosa ao longo dos séculos. Muitos foram deslocados pela guerra, mas, sob o guarda-chuva da Declaração Balfour, do Tratado de Lausanne e do Mandato Britânico, o Yishuv, ou comunidade judaica na Palestina, se reconstituiu. Entre as guerras ele experimentou ondas de imigração, primeiro de comunidades da Europa oriental e depois, após 1933, de judeus que fugiam da perseguição nazista na Alemanha. Em 1925 houve mais de 30 mil imigrantes judeus, em 1935, mais de 60 mil, estes representando os dois anos de pico nas ondas entre as guerras.[60]

Nessa altura é preciso dizer uma palavra sobre o Holocausto, a tragédia judaica que, pelo ângulo demográfico, é uma exceção à regra de que guerras e desastres, na era moderna, não invertem fundamentalmente a maré humana. Vimos como a população europeia continuou a crescer durante a década da Primeira Guerra Mundial, embora mais moderadamente que antes; e como, apesar das fomes e das perseguições promovidas por Stálin e Mao, os números russos e chineses continuaram a subir. Em contraposição, quando uma população relativamente pequena é escolhida para a aniquilação por um algoz eficiente, o impacto demográfico pode ser devastador. Em 1939 havia 9,5 milhões de judeus na Europa; em 1945 havia 3,8 milhões.[61]

Globalmente, os números ainda são inferiores aos da era pré-Holocausto e, como parcela da população mundial, os judeus caíram de cerca de um em cada 150 pessoas para cerca de um em cada 750.

Apesar da mudança na política britânica e dos esforços para restringir a imigração judaica em face do crescente desespero dos judeus e da oposição árabe cada vez maior, a população hebraica do Mandato Britânico da Palestina, em 1948, tinha crescido dez vezes em relação a seu nível pós-Primeira Guerra Mundial. Mesmo diante de uma guerra para sua sobrevivência, o recém-nascido Estado de Israel priorizou a imigração e durante os primeiros cinco anos de existência tinha mais que dobrado sua população judaica.[62] A onda inicial era formada por pessoas deslocadas do campo, na Europa, depois por ingressantes chegados dos países árabes onde os judeus sofriam discriminação, perseguição e em alguns casos expulsão. Hoje o número de judeus que permanecem em Marrocos talvez seja 1% de seu nível máximo nos anos 1940. Em muitos países árabes que outrora tinham dezenas ou centenas de milhares de judeus cujas comunidades remontavam a muito antes do islã, não resta um só deles. Mais recentemente, a imigração judaica para Israel veio da Rússia e dos países da antiga União Soviética. Em 1990, quase 200 mil judeus chegaram da União Soviética, e entre 1968 e 1992, como um todo, mais de ¾ de milhão.[63] Tendo crescido de 60 mil para 600 mil entre o fim da Primeira Guerra Mundial e sua independência, em 1948, a população judaica de Israel voltou a se multiplicar por dez até superar os 6 milhões nos anos transcorridos desde 1948. Assim, embora globalmente os números tenham declinado, em termos absolutos e relativos, em Israel eles cresceram exponencialmente.

Os números por si sós tornam evidente que a imigração foi o sangue vital de Israel e que sem ela o país não teria existido, muito menos sobrevivido e prosperado. Por essa razão, o *Aliyah*, ou imigração judaica para Israel, sempre foi um forte imperativo do sionismo. O Estado exigiu uma sólida base populacional, particularmente ante a taxa de natalidade excepcionalmente alta dos palestinos. O imperativo de que os judeus constituíssem maioria sempre foi explícito; como declarou Levi Eshkol, primeiro-ministro de Israel de 1963 a 1969: "Em algum local, neste lugar, temos de parar de ser minoria."⁶⁴ O primeiro-ministro fundador de Israel, David Ben-Gurion, era obcecado por números: "O Estado não pode estar firmemente baseado, sua missão não pode ser cumprida e a visão de redenção não será realizada exceto por meio da imigração."⁶⁵

Há um animado debate histórico sobre se o êxodo de árabes palestinos durante a guerra israelense de independência de 1948-49 foi de alguma maneira previamente planejado ou predeterminado pelos sionistas. Mas, seja qual for a realidade dessa questão altamente controversa, o fato é que teria sido difícil construir o Estado caso a população árabe não tivesse em grande parte se deslocado – ou sido deslocada – para países vizinhos ou para aquelas partes da Palestina que não estavam inicialmente sob controle israelense. Da mesma forma, sem a grande onda de centenas de milhares de judeus do Iraque, do Marrocos, do Iêmen e de outros países árabes, a sobrevivência do Estado teria sido difícil, em particular após o extermínio dos judeus europeus, para cuja salvação sua criação fora originalmente destinada. Estimou-se que, sem imigração após a Declaração Balfour, os judeus de Israel constituiriam hoje uma população de no máximo ¼ de milhão, e não mais de 6 milhões.⁶⁶ Em semelhante cenário, é impensável que o Estado de Israel pudesse se formar, ou, se tivesse conseguido, que pudesse sobreviver.

Outro aspecto notável do conflito árabe-israelense, da perspectiva demográfica, são as taxas de fecundidade. Nunca é fácil provar por que um grupo como um todo tem uma taxa de fecundidade num nível específico – em geral a melhor maneira é comparar sua taxa de fecundidade com as de outros grupos semelhantes, analisar as declarações de seus líderes e examinar qualquer estudo de sua população que tenha tentado compreender o raciocínio por trás das opções de fecundidade. Nos casos da Palestina e de Israel, pode-se defender de modo convincente que ambos têm taxas de fecundidade excepcionalmente altas impulsionadas em considerável medida pelo conflito e pelo que podemos chamar de "reprodução competitiva". O aumento da população palestina foi rápido tanto dentro de Israel quanto na Cisjordânia e na Faixa de Gaza. No início dos anos 1960, as mulheres árabes israelenses tinham não menos de nove filhos.⁶⁷ A população árabe de Israel cresceu de pouco mais de 150 mil depois da guerra de 1948-49 para mais de 800 mil quarenta anos depois, numa taxa de crescimento anual composta de mais de 4%.⁶⁸ Na primeira parte do século XXI, as taxas de fecundidade em Gaza e na Cisjordânia ainda estava em torno de cinco – quase o dobro da taxa no Marrocos, por exemplo –, embora a alfabetização feminina nos dois primeiros países fosse quase universal, ao passo que no último situava-se provavelmente abaixo de 50%.⁶⁹ Pelo menos parte dessa taxa de fecundidade muito alta pode ser atribuída ao conflito com Israel e a uma tentativa de competir com a população judaica em rápido crescimento. Supõe-se que Yasser Arafat tenha estimulado os palestinos numa corrida demográfica com Israel, enquanto o Hamas descrevia os palestinos como engajados "numa guerra demográfica que não conhece misericórdia".⁷⁰ Um demógrafo israelense conta ter sido visitado pelo diretor de uma escola árabe que, enquanto fazia um gesto indicando os órgãos reprodutivos, comentou: "Esta é a nossa única arma."⁷¹

Outro fator que sustentou os números palestinos na área foi o enorme aumento na expectativa de vida, e também a queda nas taxas de mortalidade infantil. Nos territórios ocupados, a mortalidade infantil na época da Guerra dos Seis Dias estava em torno de cem por mil. Desde então, o que quer que se possa atribuir à ocupação de Israel, a mortalidade infantil viu esse número cair para vinte por mil, abaixo da média para a região como um todo. A expectativa de vida durante o mesmo período aumentou da metade da casa dos cinquenta anos para a metade da casa dos setenta⁷² – número comparável ao de algumas das partes mais desprivilegiadas do Reino Unido, como Glasgow, ou ao dos estados mais pobres dos Estados Unidos. Isso está em conformidade com o tipo de modernização observado em outros lugares: por exemplo, antes de 1967 nunca houvera uma universidade em Gaza ou na Cisjordânia, mas hoje há meia dúzia dessas instituições.

A taxa de fecundidade palestina caiu acentuadamente nos últimos anos: hoje ela está em torno de três filhos por mulher tanto entre os árabes que vivem em Israel quanto entre os que vivem na Cisjordânia, embora seja um pouco mais alta em Gaza. O padrão que ela segue é mais ou menos normal, embora as quedas tenham sido atrasadas pelo conflito, que estimulou as famílias grandes. A fecundidade judaica israelense é mais extraordinária.

Os primeiros imigrantes sionistas para a Palestina eram predominantemente de famílias judias da Europa oriental que já tinham passado por uma transição demográfica, e quando judeus vindos do Oriente Médio se juntaram a eles em Israel, após 1948, sua taxa de natalidade também caiu rapidamente para o que podia ser considerado "normal" numa sociedade moderna. A fecundidade dos israelenses judeus chegou a 2,5 em meados dos anos 1990, mas depois se inverteu. Hoje está num nível de três filhos por mulher e quase 3,5 para mulheres nascidas em Israel.[73] Isso é pelo menos um filho a mais, ou 50% mais alto, que a fecundidade de qualquer outro país no mundo desenvolvido.

Embora em certa medida o fato seja produto de taxas de fecundidade excepcionalmente altas entre os ultraortodoxos, é também um fenômeno secular. Mais uma vez, não se pode provar em definitivo que o índice seja uma resposta ao conflito, contudo, é notável que as taxas de natalidade judaicas nos Estados Unidos, onde vive a única outra população judia composta de muitos milhões, estão entre as mais baixas naquele país. É provável que a elevada fecundidade judaica em Israel tenha mais a ver com a situação específica em que os judeus israelenses se encontram do que com qualquer coisa relacionada ao judaísmo ou ao caráter judeu como tal, refletindo uma sociedade mais comunitária e menos individualista que a da maioria dos países de modernidade comparável, e talvez também o medo de perder filhos numa guerra. É verdade que os judeus ultraortodoxos ou haredins têm de fato uma taxa de fecundidade excepcionalmente alta onde quer que vivam, e eles dão uma contribuição significativa para a crescente fecundidade judaica em Israel. Para os haredins, famílias grandes são uma questão de prestígio. Mas tanto os ultraortodoxos *quanto* os seculares em Israel têm uma taxa de fecundidade mais alta que judeus de religiosidade similar (ou falta de religiosidade) fora de Israel. É possível que o maior desafio demograficamente relacionado que Israel enfrenta hoje não seja manter sua maioria judaica – pelo menos em suas linhas de 1967 –, mas preservar seu sucesso econômico à medida que o número de haredins se eleva, dada sua resistência à educação moderna e, no caso de muitos homens, a preferência por uma vida de estudos, em lugar de ocupar um emprego.

As feministas em Israel e mulheres que não querem particularmente ter famílias grandes ou nenhuma família decerto apontaram para uma cultura pró-natalista profunda, que vai muito além de políticas de governo como o generoso subsídio por filhos e o maior gasto per capita do mundo para ajudar os casais em tratamentos de fertilidade. Como comenta a socióloga Larissa Remennick: "Fazer e criar filhos é um esporte nacional israelense. ... O desejo de dar à luz é naturalmente esperado de todas as mães, independentemente de educação, carreiras e outras realizações." Uma mulher que mantém uma página no Facebook para mulheres que não querem ter filhos se queixa de que é "realmente difícil ser aquela que não quer ser mãe num país em que há um caminho reto do jardim de infância para o ensino médio, para o Exército, para o casamento, para os filhos".[74]

Sem a vasta imigração de judeus e a ressurgência da fecundidade judaica, o Estado de Israel teria tido severas dificuldades para se sustentar. Contudo, a elevada fecundidade compensatória dos palestinos, ainda que agora menos pronunciada, pôs Israel num dilema em relação ao destino de Gaza e da Cisjordânia após a captura na Guerra dos Seis Dias. Muitos israelenses gostariam de anexá-los, por razões ideológicas ou de segurança, mas até hoje isso não aconteceu, com exceção de Jerusalém (que é de excepcional importância ideológica) e das colinas de Golã (que têm apenas uma população esparsa de drusos sírios). A incorporação dos territórios e seus povos a Israel propriamente dito resultaria numa população mais ou menos uniformemente equilibrada entre árabes e judeus e também na perda, ou iminência de perda, de uma valorizada maioria judaica que sempre foi fundamental para as aspirações sionistas. Orgulhando-se de sua democracia, Israel não estava preparado para anexar as áreas sem oferecer cidadania a seus povos, e assim a Cisjordânia conservou seu status de "ocupada", enquanto Israel se retirou completamente de Gaza, embora ainda controle seu espaço aéreo e a maior parte de suas fronteiras.

A demografia desempenhou somente um papel parcial no destino de Gaza e da Cisjordânia – preocupações ideológicas, econômicas e de segurança também são proeminentes –, mas o papel que desempenhou é importante e com frequência não reconhecido. Depois da vitória de 1967,

Yigal Allon, em certa altura primeiro-ministro interino de Israel, propôs a anexação do esparsamente povoado vale do Jordão, abandonando a mais povoada parcela oeste da Cisjordânia à Jordânia e assegurando, assim, vasto território adicional com poucos árabes adicionais. Embora isso nunca tenha sido adotado como política israelense oficial, orientou de fato a localização dos primeiros assentamentos judaicos que tenderam a se localizar predominantemente no vale do Jordão. Quando Israel chegou ao Acordo de Oslo com os palestinos, a fronteira entre as áreas que os palestinos deveriam controlar e a área sobre a qual o controle israelense prosseguiria ajustavam-se em linhas gerais ao Plano Allon, fazendo concessão a assentamentos israelenses em áreas árabes mais povoadas que tinham sido estabelecidos desde a época de Allon. A cerca erguida por Ariel Sharon nunca foi formalmente proposta como fronteira, mas afirmou-se que Sharon a encarava tanto em termos das demandas demográficas quanto das exigências de segurança.[75]

No que diz respeito à Faixa de Gaza, a demografia também moldou seu destino. Inicialmente Ariel Sharon foi um defensor da colonização judaica no local, mas mostraram-lhe que alguns meses de crescimento da população palestina era o equivalente a toda a população judaica: demograficamente, ela não podia ser absorvida. Retirando-se da Faixa de Gaza, Sharon poderia renunciar a uma área que representava cerca de 1% da área total sob controle israelense, ao mesmo tempo que se eximiria das dificuldades envolvidas na ocupação direta da região com mais de 1 milhão de palestinos. É provável que este tenha sido um aspecto importante de sua retirada em 2005. Na área que Israel continua a controlar – isto é, Israel pré-1967 mais a Cisjordânia e as colinas de Golã –, é improvável que venha a haver algum dia maioria palestina, tendo em vista, em particular, a taxa de fecundidade mais baixa e declinante na Cisjordânia. Ainda assim, os números e porcentagens precisos, bem como as perspectivas demográficas, são assuntos que geram muito debate e parecem se situar no coração desse conflito demograficamente carregado.[76] De qualquer maneira, está claro que continuará a haver uma grande população árabe palestina dentro da área que Israel controla atualmente, quer ela tenha ou não o potencial de se tornar maioria.

Mais uma vez, embora a demografia não seja todo o destino, ela age como uma mão invisível. No momento da intifada palestina de 1987, a idade mediana dos palestinos em Gaza e na Cisjordânia era apenas de quinze anos. Ela não era muito mais alta quando a segunda intifada começou, nos primeiros anos do século XXI. Hoje a idade mediana nos Territórios Palestinos passou dos vinte anos, e na metade do século estará se aproximando dos trinta. Não pretendo com isso afirmar que mais intifadas são impossíveis, mas é notável que cada vez que uma delas parece se iniciar, ela se extingue. Vinte anos ainda é uma idade mediana jovem, e há muitos jovens palestinos privados de direitos e enraivecidos que poderiam desencadear uma revolta a qualquer dia. A probabilidade diminui, porém, à medida que a sociedade envelhece. Independentemente daquilo com que possam contar para promover sua causa, parece menos provável que os palestinos serão capazes de depender da raiva e da violência cruas das ruas associadas a homens jovens, descomprometidos, sem nada a perder. Nos próximos 25 anos, salvo qualquer surpresa, inclusive movimentos populacionais para dentro ou para fora da área, as populações dos lados em conflito tendem mais ou menos a se equilibrar, contribuindo para o impasse permanente.

Há razões para ser pessimista quando se vê a região como um todo, com uma grande onda de juventude passando pelas populações, com o potencial de gerar muita instabilidade no futuro. Contudo, se essa vasta onda humana for canalizada produtivamente, ela não precisa ser destruidora. A fecundidade em queda acentuada do Marrocos ao Irã sugere normas e expectativas em mudança. A Europa foi um continente violento e dilacerado pela guerra quando seu perfil etário era semelhante ao do Oriente Médio atual. Há razão para ter esperança de que quando sua demografia chegar a se assemelhar à da Europa – perspectiva que parece mais próxima agora que algumas décadas atrás – o Oriente Médio poderá ser tão pacífico quanto a Europa hoje.

9. Nada de novo sob o sol?
Fronteiras finais e perspectivas futuras

A COISA VERDADEIRAMENTE extraordinária em relação à maré humana é que ela é global. A princípio parecia ser apenas um fenômeno dos povos das Ilhas Britânicas e de sua prole na América do Norte e na Australásia, depois, um fenômeno puramente europeu. Mas a segunda metade do século XX provou que ela nos conta algo sobre pessoas no mundo todo, quase independentemente de raça, etnicidade, religião ou continente, embora variações locais de tempo tenham feito a grande diferença. Isso fica claro quando olhamos para duas regiões vastas, complexas e completamente diferentes: a América Latina e a Ásia meridional. Cada qual tem sua história específica e distinta, mas compartilha um padrão demográfico recente que agora é completamente familiar.

Enquanto isso, na África subsaariana, somos confrontados com uma fronteira final em termos de demografia: uma última e vasta região do globo ainda no meio de sua transição demográfica. O ritmo com que a África prossegue por essa transição terá enormes implicações para o futuro de todo o planeta. Pode-se prever quase com certeza que *essa* transição ocorrerá, mas em que momento preciso ainda não está claro neste estágio.

Nada de novo sob o sol: América Latina

A América Latina pode ser dividida em três sub-regiões muito desiguais (desiguais pelo menos em termos de tamanho da população), a saber: América do Sul, América Central e Caribe. Como cada uma é cultural e geograficamente distinta, vale a pena considerá-las em separado, embora não devamos perder de vista seus pesos relativos: em 2015, a América do Sul tinha mais de 400 milhões de habitantes, a América Central um pouco mais de 170 milhões e o Caribe pouco mais de 40 milhões.

Movendo-se irrefreavelmente de maré alta para maré baixa, o padrão de fecundidade na região é impressionante. No pós-guerra, as três sub-regiões tiveram o tipo de taxa de fecundidade que poderíamos esperar, entre cinco e sete filhos por mulher. Em 2017, as três tinham taxas de fecundidade entre dois e 2,5. Quando o musical *West Side Story* fez sua estreia em 1957, apresentando os versos "Porto Rico, ilha encantadora... os furacões sempre soprando, a população sempre crescendo",* as mulheres dessa dependência dos Estados Unidos no Caribe tinham quase cinco filhos cada; hoje elas têm 1,5. (De fato, mesmo no fim dos anos 1950 a população não crescia, apesar da alta taxa de fecundidade, devido à migração em massa para o continente norte-americano.)

O aumento da expectativa de vida e a queda da mortalidade infantil são objetivos que todas as sociedades alcançarão, se puderem. Esse é um imperativo biológico, e faz parte da natureza humana querer preservar a própria vida, adiar o momento da morte e fazer o possível para conservar a vida das pessoas que nos são mais próximas e queridas, em particular nossos filhos. Nisso, se não em muito mais, os seres humanos são bastante uniformes. Somente espécies com essas pulsões inerentes podem sobreviver e prosperar. A natureza, no entanto, mediou o impulso de procriar. As pessoas não necessariamente querem filhos, mas, em sua esmagadora maioria, querem sexo. Depois que os seres humanos aprenderam a dissociar sexo e procriação, a desfrutar o primeiro sem necessariamente incorrer na segunda, a fecundidade tornou-se uma questão de escolha. No entanto, ainda que isso não seja biologicamente impulsionado, verifica-se que, na maioria das sociedades, assim que as pessoas têm capacidade de limitar o número de filhos, elas normalmente o fazem, em especial se lhes forem as-

---

* No original, "Puerto Rico – you lovely island... always the hurricanes blowing, always the population growing". (N.T.)

seguradas altas taxas de sobrevivência dos filhos que têm. Nisso a América Latina e o Caribe não são exceção. Na região como um todo, 128 crianças em cada mil não chegavam ao primeiro aniversário em 1950. Os últimos dados sugerem que isso sofreu uma queda constante para abaixo de vinte por mil, número ainda alto – cinco ou seis vezes o melhor alcançado nos países mais desenvolvidos –, porém indício claro de uma transformação extraordinária a ser celebrada, mas não dada como certa. As expectativas de vida em toda a região elevaram-se de cinquenta anos em meados do século XX para cerca de 75 hoje.[1]

Seria simplificação grosseira dizer que a região simplesmente passou do "atraso" para a "modernidade" nos sessenta anos transcorridos desde a Segunda Guerra Mundial, embora para muitos países, quando consideramos as taxas de alfabetização ou a renda per capita, por exemplo, isso seja verdadeiro. A Argentina, sob muitos aspectos, era um país avançado e moderno em meados do século XX, produto em grande medida de uma onda considerável de emigração e investimento europeus nos setenta anos precedentes. Os países que em 1950 eram mais avançados foram os que fizeram menos progresso, e os que eram menos avançados foram os que fizeram mais. A expectativa de vida na Argentina cresceu apenas cerca de dez anos desde 1950, prova de seu elevado nível naquela época, bem como dos desafios políticos e econômicos que o país enfrentou desde então. (Ainda assim, com 75 anos, não é uma taxa ruim, estando apenas quatro anos abaixo da dos Estados Unidos.) Países como Honduras e Guatemala, em contraposição, com um ponto de partida baixo, fizeram um progresso mais extraordinário, com a expectativa de vida durante o mesmo período crescendo cerca de trinta anos.[2]

Os dados são mais facilmente disponíveis e uniformes no nível nacional que no local, e se deixarmos de escavar sob os primeiros corremos o risco de perder algumas informações úteis. O Brasil é um caso digno de nota, merecendo comentário especial porque é de longe o maior entre os países da região, tanto geograficamente quanto em termos de população, abrigando cerca de ⅓ da população total da América Latina e metade da população da América do Sul. Ele também merece exame mais atento porque incorpora regiões economicamente avançadas e povoadas em grande parte por europeus e outras, em particular o nordeste, onde a população é de origem muito mais africana e em que os níveis de desenvolvimento são muito mais baixos, mas com uma taxa de fecundidade que vem declinando universalmente. Enquanto no início dos anos 1960 as mulheres no nordeste tinham 1,5 filho a mais que a média nacional (quase 7,5 em contraposição a seis), no início dos anos 1990 elas tinham apenas mais um filho (3,5 *versus* 2,5).[3] Assim, a discrepância se estreitou dentro dos países, bem como entre eles.

A constante urbanização do Brasil, como a do resto da região, esteve também estreitamente associada a taxas de fecundidade em declínio. No início de 1950, notava-se que áreas urbanas como o Rio de Janeiro tinham uma taxa de fecundidade ¼ abaixo da média nacional.[4] À medida que o país se tornou mais urbano, as taxas de fecundidade urbanas (isto é, mais baixas) tornaram-se mais comuns, como em outras partes do mundo – essa tendência foi tão verdadeira em relação à Alemanha sob os kaisers quanto à China de Mao Tsé-Tung. No início do século XXI, ¾ do Brasil já eram urbanos,[5] padrão típico não só da região (ele é quase inevitável, claro, dada sua preponderância regional), mas também de países no mundo todo. A transição demográfica brasileira ocorreu concomitantemente ao desenvolvimento econômico, e embora a fecundidade tenha caído de modo acentuado, a expectativa de vida se alongou bem antes da chegada dos altos níveis de prosperidade.

A causa imediata da queda da fecundidade no Brasil parece ser a mistura usual de maior uso de contraceptivos e aborto (e talvez padrões conjugais cada vez mais fraturados), ainda que um fator social muito debatido tenha sido o maior acesso aos meios de comunicação de massa e em particular às novelas de TV, que apresentam e popularizam uma visão da modernidade incluindo famílias menores.[6] A TV reduz as taxas de fecundidade não porque "as pessoas têm outra coisa para fazer à noite" – o declínio da atividade sexual, mesmo que esteja ocorrendo, não precisa reduzir significativamente a taxa de fecundidade; muito pouco sexo, quando oportuno, é suficiente para que a mulher engravide seis ou sete vezes na vida –, mas porque, nas circunstâncias certas, ela oferece uma visão diferente da vida, e isso desempenha seu papel, moldando aspirações tão efetivamente quanto a educação. O impacto da TV sobre a fecundidade tem menos a ver com sexo que com aspiração, e essa ligação não é apenas resultado de anedotas; pesquisas no Brasil mostraram que, particularmente entre os grupos socioeconômicos inferiores, o acesso a novelas de TV tem um importante impacto sobre as taxas de fecundidade.[7] No passado, um significativo progresso material e educacional devia ser empreendido antes que as taxas de fecundidade se reduzissem. Recentemente tornou-se mais fácil e barato chegar a esse resultado. Claro, é muito melhor educar a menina e dar excelentes oportunidades de trabalho para a mulher, e isso irá inevitavelmente reduzir sua taxa de fecundidade pelo menos no nível agregado (admitindo o fato de que sempre há exceções). Se, no entanto, o objetivo for simplesmente diminuir a fecundidade, parece que se pode fazê-lo de maneira muito mais barata fornecendo contraceptivos e acesso a programas de TV que retratem famílias menores sob uma luz positiva. É improvável que mulheres instruídas queiram ter seis filhos ou mais, porém, o mesmo pode ser dito de mulheres que querem comprar carros e geladeiras, embora elas não tenham instrução. Em consequência, os países que ainda são relativamente pobres, da Tailândia ao Brasil, veem suas taxas de fecundidade caírem abaixo do nível de reposição. Esse turbilhão tem assumido velocidade, ultrapassando a onda de desenvolvimento econômico, com a consequência de que alguns países relativamente pobres ou de renda média passaram a apresentar taxas de fecundidade mais usualmente associadas ao mundo desenvolvido rico.

Quem entrou e saiu mais depressa do turbilhão foi Cuba. Em razão de sua adoção precoce da baixa fecundidade, as mulheres cubanas tinham menos de quatro filhos antes da Revolução, e embora com a chegada do governo de Fidel Castro, em 1959, tenha havido um súbito aumento, talvez relacionado a uma repressão do aborto pelo regime socialista, este foi mais tarde invertido. No final dos anos 1970 a taxa de fecundidade tinha chegado ao nível de reposição, e hoje está um pouco acima de 1,5 filho por mulher, quase tão baixa quanto algumas das mais baixas da Europa e da Ásia oriental. O ponto de partida baixo pode ser atribuído ao nível de desenvolvimento econômico mais alto da ilha quando comparado ao de muitos países próximos, e a uma população de origem mais amplamente europeia que a de muitos outros países na região. (A composição étnica das populações da Argentina e do Uruguai também é algo a se levar em conta, pois esses países tinham fecundidade relativamente baixa em meados do século XX.) O regime de Fidel não só revogou suas políticas relativas ao aborto como, de meados dos anos 1970 em diante, tornou a contracepção cada vez mais acessível.[8] A abordagem bem incongruente do regime ao aborto em particular lembra tanto a URSS quanto a China, onde a perspectiva socialista inicial de superabundância – proclamando, em conformidade com Marx, que somente o capitalismo destinava populações em expansão à miséria econômica – deu lugar a uma atitude de maior aceitação. Isso pode ser impulsionado por uma crença crescente no direito de escolha da mulher ou pela preocupação com o aumento da população, e a preferência por uma forma barata de contracepção. Surpreende que as mulheres em Cuba e na Alemanha tenham atualmente quase a mesma taxa de fecundidade, sublinhando o fato de que as pessoas nos países pobres não têm mais necessariamente famílias grandes.

Dada a longevidade crescente e as taxas de fecundidade altas, mas depois declinantes, era de esperar que a região experimentasse uma explosão populacional, que agora diminui, e foi exatamente isso o que aconteceu. Em seu conjunto, desde 1950, a América Latina e o Caribe viram suas populações quase quadruplicarem, passando de mais de 150 milhões para cerca de 600 milhões. As taxas de crescimento anual caíram de quase 3% nos anos 1960 para apenas 1% hoje. Essa é aproximadamente a diferença entre duplicar a cada 25 anos e duplicar a cada setenta anos. Alguns países latino-americanos experimentaram crescimento mais rápido que outros, de modo previsível, aqueles onde a fecundidade diminuiu mais lentamente e a expectativa de vida cresceu com mais força. A Guatemala é um bom exemplo: desde 1950 sua população cresceu mais de cinco vezes. Contudo, também aqui as tendências de desaceleração são claras: a taxa de fecundidade caiu de sete para três filhos por mulher (ainda alta pelos padrões da região) e a taxa de crescimento populacional anual caiu de 3% para 2% ao longo do último meio século.[9] A idade mediana da região passou da adolescência para quase trinta anos.

O México foi, em muitos aspectos, um caso típico da região, mas sua proximidade dos Estados Unidos significa que o impacto de sua demografia foi mais notado e comentado que o da maioria dos países, como vimos no Capítulo 6. As mulheres mexicanas tinham quase sete filhos no início dos anos 1970, quando nasceu a ideia de que os hispânicos são "perenemente férteis". (Isso estava muito longe da situação 120 anos antes, quando os americanos tinham anexado metade do México sem quase ninguém dentro, o que fez alguns pensarem que os mexicanos iriam evaporar diante das hordas ianques, assim como tinha acontecido com os nativos americanos.)[10] Em lugar de povo a ser ignorado com um aceno arrogante, os mexicanos tinham crescido para se tornar um povo a temer, sobretudo pelos números florescentes. Claro, as mulheres não tinham mais filhos que antes, mas um número maior deles sobrevivia, e a expectativa de vida aumentava muitíssimo, exatamente como ocorrera com a dos americanos.

A chegada em massa de mexicanos aos Estados Unidos foi típica do que acontece quando um vizinho é pobre e jovem e o outro é rico e relativamente velho. Os jovens vão em busca de oportunidades e em certa medida são atraídos pela carência que o velho tem de operários adicionais em fábricas, fazendas, jardins ou lares para os idosos. Contudo, a grande época da emigração mexicana para os Estados Unidos pode ter chegado ao fim. Desde cerca de 2012 mais mexicanos têm deixado os Estados Unidos que chegado,[11] e isso tem a ver com a melhora das perspectivas no México. Como disse um dos que retornaram: "O México está promissor e vejo um futuro melhor para minha filha no México. Ela quer estudar medicina, e ir à escola no México pode ser vantajoso em termos de custos. Se ela decidir que quer viver no México, será a sua escolha."[12]

A melhora do padrão de vida no México está ligada à alteração de sua demografia. O país está desfrutando os bônus demográficos que muitas vezes chegam quando a taxa de fecundidade cai. Independentemente da economia, o número de mexicanos jovens parou de crescer, e é por isso que a necessidade do muro de Donald Trump, pelo menos na medida em que ele se destina a impedir a entrada de mexicanos nos Estados Unidos, é altamente questionável.

Demografia na Ásia meridional

A Ásia meridional – o subcontinente indiano (para nossos propósitos incluindo não só a Índia, o Paquistão e Bangladesh, mas também o Afeganistão) – abriga 1,75 bilhão de pessoas, perto de ¼ de toda a humanidade e quase três vezes a população de América do Sul, América Central e Caribe combinados. Sua população, bem como sua geografia, é muito mais dominada por um só país, a Índia, que a região latina pelo Brasil. A população hindu é de cerca de 1,33 bilhão, e projeta-se que ela ultrapassará a da China como a maior do mundo em algum momento da década de 2020. Alguns dizem que já o fez.[13] (Não deve ser surpresa que haja certa imprecisão na contagem de números tão grandes de pessoas em países que até recentemente foram pobres. A opinião consensual, no entanto, é de que a Índia não ultrapassará a China como país mais populoso da Terra até 2027.[14])

O enorme aumento, ainda que agora em desaceleração, das populações dos países da Ásia meridional desde a independência começou mais tarde que em muitas outras partes do mundo. De 1891 a 1921 a população da Índia britânica cresceu apenas ⅕ de 1% ao ano.[15] Na segunda década do século XX, sua população caiu.[16] As fomes ainda foram demograficamente significativas até o final do domínio britânico; no fim desse período, no entanto, o crescimento populacional se estabeleceu e desde então a população quase quadruplicou.

Uma distinção significativa entre a região da Ásia meridional e a América Latina é a diversidade religiosa, relevante em termos de demografia. Enquanto a América Latina como um todo é esmagadoramente católico-romana – ou pelo menos tem uma forte herança católico-romana, ainda que os protestantes evangélicos hoje façam grandes incursões em países como o Brasil e a Guatemala –, a Ásia meridional apresenta uma variedade religiosa muito maior. A Índia, cerca de 80% hindu, tem uma grande e crescente população muçulmana e outras minorias, como os siques. O Afeganistão, o Paquistão e Bangladesh são esmagadoramente muçulmanos, enquanto o Sri Lanka é predominantemente budista. Isso importa onde religião e fecundidade tendem a estar relacionadas.[17]

Diferenças religiosas explicam muito da mudança demográfica na região. Imediatamente após a independência, em 1947 (1948, no caso do Sri Lanka), a taxa de fecundidade do Afeganistão muçulmano era 1,5 filho mais alta que na Índia e a do Paquistão, 0,5 filho mais alta. Desde então, a Índia experimentou uma queda constante na fecundidade, de quase seis para apenas 2,5 filhos por mulher. O Sri Lanka, considerado uma "colônia-modelo" no final da era colonial e mais avançado economicamente que o resto do subcontinente, viveu uma queda de fecundidade mais precoce, que esteve abaixo de 2,5 durante a maior parte do último quarto de século. Vale a pena notar que embora o Sri Lanka tenha sido um dos primeiros países em desenvolvimento a experimentar a transição demográfica, sua taxa de fecundidade estabilizou-se por volta do nível de reposição, ao contrário da de muitos países do mundo desenvolvido, que tiveram taxas de fecundidade aquém da taxa de reposição e em seguida continuaram a cair. Países como o Sri Lanka provam que, assim que o nível de reposição é alcançado, não é necessário que ele decline, ainda que isso frequentemente ocorra. Este poderia se tornar um importante precedente, porque, se não se quiser que o mundo acabe por cair num declínio populacional em grande escala, outros países precisarão seguir o exemplo de alcançar e depois pairar em torno de níveis de fecundidade de reposição, em vez de mergulhar abaixo deles. A despeito de todos os seus outros problemas, o Sri Lanka tornou-se um modelo de demografia, caso o ideal seja um estado de equilíbrio estável; sua taxa de fecundidade pairou um pouco acima de dois durante a maior parte de trinta anos, fazendo dele, em termos demográficos, o equivalente da situação hipotética ideal dos economistas: não muito quente e não muito fria, não muito rápida e não muito vagarosa.

Cada um dos três países muçulmanos na Ásia meridional experimentou um destino diferente. Bangladesh, com as muito propaladas políticas centradas na mulher, abaixou a taxa de fecundidade desde que se tornou independente do Paquistão, no início dos anos 1970, de quase sete filhos por mulher para menos de 2,5. O país pode, portanto, ser apresentado como um exemplo incrivelmente bem-sucedido de país muçulmano que abaixou sua taxa de fecundidade. Isso foi alcançado não por acidente, mas pela oferta de clínicas de planejamento familiar e com frequência de conselheiros de planejamento – invariavelmente mulheres – que viajam de aldeia em aldeia. Juntamente com a redução da fecundidade, Bangladesh conseguiu alçar-se do mais extremo nível de pobreza e reduzir a mortalidade infantil de mais de 10% para cerca de 3% em apenas trinta anos. A longo prazo, sua população vai se estabilizar, mas não antes de chegar aos 200 milhões, em meados do século XXI.

O Paquistão, do qual Bangladesh se separou, foi menos bem-sucedido e mais lento na redução da fecundidade, mas ainda assim a taxa caiu muito substancialmente de seis e ⅔ para três e ⅔ desde meados dos anos 1970. Essa é uma queda significativa, embora a taxa esteja alta pelos padrões do mundo em desenvolvimento fora da África. Grande parte da explicação reside provavelmente na resistência de muitos líderes religiosos paquistaneses ao recurso do controle da natalidade, fenômeno que não é típico do mundo muçulmano como um todo.

O Afeganistão teve a mais alta taxa de fecundidade na região no pós-guerra e manteve-a até a virada do século, passando pela invasão e retirada soviética e pela chegada dos mujahidin e do Talibã. Somente a partir do início do século XXI, possivelmente de maneira relacionada com a ocupação da Otan e com programas sociais lançados desde então, foi que ela começou a cair; e mesmo que isso tenha sido muito rápido, só ocorreu até agora durante um curto período. O Afeganistão ainda tem (com exceção do minúsculo Timor-Leste) a maior taxa de fecundidade fora da África, com mais de cinco filhos por mulher, quase um filho a mais que no Iêmen, o país do Oriente Médio com a mais elevada taxa de fecundidade. Esses são, de qualquer forma, os últimos dados disponíveis da ONU; informação mais recentemente disponível sugere que a taxa de fecundidade do Afeganistão está caindo agora tão depressa que pode ter baixado para menos de cinco. Como já vimos, o islã como tal não é necessariamente uma religião pró-natalista, mas as sociedades islâmicas tradicionais parecem tardar muito para atingir a fecundidade declinante – embora, como todas as demais, acabem chegando lá.

A taxa de fecundidade na Índia tem notáveis variações regionais. É mais alta nos estados mais pobres do cinturão híndi setentrional, mais baixa nos estados do sul como Kerala, onde a educação feminina foi enfatizada. Em Kerala e Tamil Nadu ela já está abaixo do nível de reposição. Há também diferenças religiosas. Assim como o Paquistão e o Afeganistão apresentam uma taxa de fecundidade mais alta que a indiana, os muçulmanos na Índia têm mais filhos que a maioria hindu. Os dados para 1999 sugerem que a fecundidade muçulmana na Índia era mais de 2,5 filhos mais alta que a dos hindus, ainda que isso pareça improvável.[18] A discrepância agora parece muito menor, conquanto ainda substancial. Embora o crescimento populacional dos muçulmanos na Índia esteja desacelerando, ele ainda é 50% mais elevado que o da população como um todo. Assim, o percentual muçulmano da população continua a subir de 13,4% para 14,2% do total entre 2001 e 2011.[19] No momento da independência, e depois da enorme, caótica e violenta troca de populações entre a Índia e o Paquistão, era menos de 10%. A fecundidade muçulmana mais elevada e a crescente população muçulmana são assuntos controversos na Índia e por vezes foram usadas para alimentar a tensão intercomunal. Em 2015, o governo do primeiro-ministro Modi, controvertidamente, tornou de domínio público um recenseamento religioso mostrando que a população muçulmana tinha crescido mais depressa que a do país como um todo desde 2001. Os inimigos de Modi acusaram-no de incitar preocupações demográficas em parte da maioria hindu para fortalecer sua posição política.

Embora a queda geral da fecundidade na Índia possa ser atribuída a causas normais – desenvolvimento econômico, crescente alfabetização feminina e urbanização –, o governo (tanto o indiano quanto o dos Estados Unidos) desempenhou um papel notável estimulando a linha-dura em relação ao controle populacional.[20] A Índia foi um dos primeiros países a tornar o planejamento familiar parte integrante da política pública. Políticas incluíram elevação da idade legal para o casamento e fixação da representação eleitoral independentemente dos aumentos da população, de modo a impedir que os políticos locais estimulassem o aumento dos números para fortalecer sua influência em nível nacional.[21] Nos anos 1970, sob a primeira-ministra Indira Gandhi e seu filho Sanjay, uma campanha para estimular a esterilização voluntária saiu de controle e se tornou um dos excessos mais conhecidos da Emergência.* Mais de 6 milhões de homens foram esterilizados num único ano e 2 mil morreram em consequência de cirurgias malfeitas.[22] Um total de 11 milhões de homens e mulheres foram esterilizados de meados de 1975 a meados de 1977: em algumas áreas negou-se água aos agricultores que recusavam a cirurgia, em outras os salários dos professores ficavam retidos se eles não se submetessem. Um repórter conta o que aconteceu numa aldeia em Haryana, na Índia setentrional:

> Os aldeões de Uttawar foram sacudidos de seu sono por alto-falantes que ordenavam que os homens – todos com mais de quinze anos – se reunissem no ponto de ônibus da estrada principal de Nuh-Hodol. Quando eles apareceram, encontraram toda a aldeia cercada pela polícia. Com os homens na estrada, a polícia entrou na aldeia para ver se alguém estava se escondendo. ... Segundo contam os aldeões, os homens na estrada foram classificados em casos elegíveis ... e foram levados de lá para clínicas a fim de serem esterilizados.[23]

O descrédito em que caiu a campanha foi um grave revés para as políticas de planejamento familiar.

Esses excessos foram generalizados, mas não duradouros. Em 1977 a Emergência foi suspensa e o Partido do Congresso de Indira Gandhi foi varrido do poder, em parte graças ao escândalo da esterilização forçada.

---

* Durante 21 meses (25 de junho de 1975 a 21 de março de 1977), a Índia viveu sob estado de emergência, declarado pela primeira-ministra Indira Gandhi. O período ficou conhecido como a Emergência. (N.T.)

Contudo, a taxa de fecundidade da Índia continuou a cair constantemente antes, durante e depois dos excessos, assim como fizera a da China antes e durante a "Política de um filho só" (como foi sugerido no Capítulo 8, talvez ela não se inverta). Da China à Índia e Bangladesh, a lição em toda parte é a única: mesmo sem os desejáveis frutos da educação feminina e do desenvolvimento econômico, as pessoas em geral optarão por ter menos filhos quando lhes é dada a oportunidade de escolher. A coerção é não somente cruel e até mortal, ela não é necessária.

A expectativa de vida na Ásia meridional também acompanhou um padrão conhecido. Desde a independência, os indianos passaram de esperar viver até a metade da casa dos trinta anos para esperar viver até os sessenta e tantos anos. A expectativa de vida indiana, embora ainda mais baixa que a média global, deu enormes passos, refletindo uma assistência médica pública e pessoal melhor, mesmo que rudimentar, e dietas melhores. A expectativa de vida dos paquistaneses, um pouco à frente da dos indianos no momento da independência, hoje está um pouco atrás, mas ainda assim enorme progresso material foi feito. Até os afegãos, que no início dos anos 1950 não podiam esperar viver até os trinta anos, podem agora esperar viver até mais de sessenta. Mais uma vez, é uma prova do poder da maré humana o fato de que melhoras moderadas nas condições materiais, mesmo quando acompanhadas por toda a violência e o derramamento de sangue num país como o Afeganistão nas últimas quatro décadas, ainda produzam melhoras transformadoras na expectativa de vida.

Esses números esmagadores estão impulsionando a história e o poder mundiais tão certamente quanto estavam quando a Grã-Bretanha escapou da armadilha malthusiana. Um país do tamanho da Índia, como a China, só tem pouca relevância internacional quando atingido pela pobreza e a imobilidade. Com os primeiros movimentos de progresso econômico sustentável, a Índia entra depressa no caminho de se tornar uma superpotência econômica. Uma população ainda pobre, mas em rápida ascensão, está tornando o mundo cada vez mais dependente da Índia por sua contribuição para o crescimento econômico global. Com o declínio em sua taxa de fecundidade, a Índia está pronta para desfrutar um bônus demográfico, à medida que o da China se dissipa. Tanto a Índia quanto a China tomaram medidas cruéis e desnecessárias para pôr freio na população, bem como medidas sensatas que permitiram às mulheres fazer suas próprias escolhas. Em parte por causa de seu desenvolvimento econômico mais lento, em parte por causa de sua cultura, a Índia tem a perspectiva de um longo bônus demográfico a desfrutar, ao passo que a China enfrenta desafios iminentes, com uma força de trabalho declinante e uma população que envelhece.

África subsaariana: a fronteira final

A maré humana dá algumas reviravoltas inesperadas. Ainda assim, sob alguns aspectos, seu curso é bastante previsível. A grande surpresa, adotando a longa perspectiva histórica, foi escapar da armadilha malthusiana, algo que agora parece quase universal, e o mundo rico assumiu a responsabilidade global de ajudar até os mais pobres a conseguir isso. Uma vez fora da armadilha – com taxas de mortalidade rapidamente declinantes e população rapidamente crescente –, há um processo bastante comum pelo qual por fim as taxas de fecundidade caem em direção ao nível de reposição. Depois disso, o resultado é imprevisível; está longe de estar claro, por exemplo, se a segunda transição demográfica de escolha pessoal, individualismo e fecundidade abaixo do nível de reposição se tornará verdadeiramente universal. Talvez estejamos apenas próximos demais dos acontecimentos para ver o novo padrão emergente, como estava Malthus no início do século XIX, ou aqueles no Reino Unido antes da Primeira Guerra Mundial, que lamentavam a queda da taxa de natalidade nacional sem compreender que ela se tornaria universal. Um dos fatores mais importantes na história em qualquer momento é em que ponto estão nessa transição as diferentes sociedades e culturas.

Em outras palavras, o desenvolvimento demográfico é como um filme exibido em diferentes momentos, em diferentes cinemas; embora a exibição ainda não tenha terminado em vários locais, sabemos como o filme acaba. Essa pelo menos é a teoria que parece válida na maior parte do mundo. A fecundidade no Reino Unido caiu entre os anos 1870 e o período anterior à Primeira Guerra Mundial de cerca de seis para cerca de três filhos por mulher. O mesmo aconteceu na Índia num período de duração similar, entre a metade e o fim do século XX, devagar em comparação a muitos outros países que passaram pela transição no fim do século XX. Em geral, quedas mais tardias da fecundidade têm sido mais céleres, porém, como o caso da Índia mostra, nem sempre. Aumentos na expectativa de vida, enquanto isso, ocorreram muito mais depressa à medida que os países foram capazes de adotar, de maneira rápida e relativamente barata, as técnicas, tecnologias e políticas que reduzem a mortalidade.

A África subsaariana é a fronteira final da transição demográfica. Isso pode ser visto simplesmente a partir dos dados produzidos pela ONU em 2017. Dos 48 Estados e territórios com taxas de fecundidade de quatro ou acima, todos exceto sete estão na África subsaariana. Nove dos dez países com as mais elevadas taxas de fecundidade estão na África. Todos os trinta países com a mais baixa expectativa de vida estão na África subsaariana; o mesmo pode ser dito de todos, exceto dois, os trinta países com taxas de mortalidade infantil mais elevadas e a idade mediana mais baixa. A população da África subsaariana cresce acima de duas vezes mais depressa que a do mundo como um todo.[24] Esses não são dados aleatórios, e sim, como aqueles que acompanharam a argumentação neste livro até aqui compreenderão, parte de um padrão muito claro. A África subsaariana está em geral no estágio inicial da transição demográfica, com fecundidade persistentemente elevada, expectativa de vida ainda baixa, mas alongando-se rapidamente, o que significa mais nascimentos, menos mortes e uma população em crescimento exponencial. E assim é que aqui o turbilhão demográfico se encontra agora em sua maior intensidade.

Tivemos o cuidado até aqui de falar de "África subsaariana" porque, como já se viu, o quadro no litoral do Mediterrâneo, nos países do Norte da África, é muito diferente. O quadro através da própria África subsaariana está longe de ser uniforme. Para começar, a África do Sul está numa categoria à parte. Apesar de todos os problemas que tem encontrado, ela possui uma combinação de infraestrutura física e instituições políticas que ainda fazem dela a invejada do continente. Quer seja causa, quer seja efeito, a demografia está em consonância com seu status de desenvolvimento. A taxa de fecundidade é de cerca de 2,5 filhos por mulher, metade daquela do continente como um todo; a mortalidade infantil, ainda elevada, está um pouco abaixo de quarenta por mil, é notavelmente melhor que a norma continental, que se aproxima de sessenta por mil; e a idade mediana está em torno de 26, mais de cinco anos acima da média regional. Outros países da África meridional não ficam muito atrás, como Botswana, desfrutando uma taxa de fecundidade inferior a três, e o Lesoto e a Suazilândia, não muito acima de três. O governo sul-africano continua a priorizar o controle da natalidade, com ênfase no livre fornecimento de contraceptivos e na escolha própria. Esse é um modelo para o continente e significa que, a despeito de todos os outros problemas que enfrenta, a África do Sul não terá de lidar com uma explosão incontrolável de jovens pressionando por recursos econômicos.

Num aspecto, contudo, a África do Sul tem desapontado. Sua expectativa de vida, um pouco abaixo dos sessenta anos, é muito pouco melhor que a da África subsaariana como um todo. Dado seu desempenho superior na redução da taxa de mortalidade infantil, isso é surpreendente; a razão é a aids. Embora grande parte da África tenha sido atingida, a África do Sul foi um caso particularmente grave. A expectativa de vida no país era mais alta no fim dos anos 1980 do que hoje (ainda que tenha sido mais baixa desde então e agora esteja se recuperando). Um relatório mostrou que em 2013 quase 30% das estudantes sul-africanas eram soropositivas. Medicamentos para tratar o HIV e prevenir a aids plenamente desenvolvida são agora muito mais acessíveis que no passado, mas até pouco tempo atrás não era somente o custo que impedia sua adoção. O presidente anterior da África do Sul, Thabo Mbeki, adotou uma abordagem não ortodoxa com relação à aids, questionando sua relação com o HIV. Após a renúncia de Mbeki, o uso de medicamentos antivirais para os infectados por HIV mais que dobrou, e os efeitos estão sendo vistos agora numa taxa de expectativa de vida que melhora devagar.[25] Esse foi um dos legados mais felizes de Jacob Zuma, mas, embora tenha ajudado, ainda há muito a fazer; estima-se que 7 milhões dos 55 milhões de habitantes da África do Sul são soropositivos,[26] e milhares se infectam a cada semana.

O impacto da aids sobre a vizinha Botswana foi ainda mais devastador relativamente ao tamanho do país; aqui, a expectativa de vida caiu de mais de sessenta anos para menos de cinquenta entre o fim dos anos 1980 e o início do novo século, e hoje quase um em cada quatro adultos está infectado. Apoiado financeiramente pela ajuda global, em particular dos Estados Unidos sob a administração de George W. Bush, o governo enfrentou o problema de maneira agressiva e bem-sucedida. Numa pequena aldeia onde havia funerais toda semana, um aldeão contou: "A maioria das pessoas que estava muito, muito doente, agora começa a melhorar e a ser capaz de ajudar a si própria. Alguns que não conseguiam nem andar agora estão até andando pela aldeia."[27] No passado, a maré humana frequentemente persistia pelo seu próprio ímpeto em face de forças genocidas; hoje, ela é ajudada pela intervenção da comunidade internacional.

O desenvolvimento em termos de fecundidade não é tão encorajador em outros lugares na África. Em geral, o uso de contraceptivos, embora muito mais alto que quarenta anos atrás, segue como o mais baixo no mundo.[28] Alguns países, porém, fazem grandes avanços na redução de suas taxas de fecundidade. As mulheres na Etiópia têm quase três filhos a menos do que tinham nos anos 1980 – mas ainda bem acima de quatro cada uma. O Quênia reduziu sua taxa de fecundidade para a metade desde o final dos anos 1960, quando ela era, assombrosamente, mais de oito filhos por mulher. Hoje, no entanto, ela é pouco mais que quatro. Como sempre, a urbanização e a elevação das aspirações pessoais estão motivando o uso de contraceptivos onde eles estão disponíveis. Como diz a moradora de um subúrbio queniano:

> Sinto que o custo de vida subiu e o número de filhos que tenho é aquele de que posso cuidar. Se eu der à luz mais filhos, não tenho aquele tipo de trabalho que possa dizer que me fará atender às necessidades de mais filhos, e é por isso que decidi usar planejamento familiar, para eu cuidar dos meus filhos.[29]

Esses são precisamente os sentimentos que fizeram as taxas de fecundidade caírem na Grã-Bretanha cem anos antes e em Porto Rico cinquenta anos antes.

O Quênia está provando que as mulheres africanas não são mais perenemente férteis que as de qualquer outro grupo. Onde os benefícios usuais da modernização, mesmo em escala moderada, são introduzidos e as mulheres ganham acesso ao controle da natalidade, os padrões de tamanho da família mudam. O Unicef relata que mais de 80% das mulheres quenianas na faixa etária dos dezoito aos 24 são alfabetizadas. Mulheres alfabetizadas não só têm maior probabilidade de não querer famílias extremamente grandes, mas são também mais capazes de evitá-las.

Em contraposição, o progresso na redução das taxas de fecundidade foi lento em outras partes da África. A Nigéria é importante porque tem de longe a maior população da área. Sua taxa de fecundidade, embora caia lentamente, ainda não está muito abaixo de seis filhos por mulher. O mesmo pode ser dito de Uganda. Nesse meio-tempo, a República Democrática do Congo – se é que algum dado proveniente desse vasto e caótico país merece crédito – ainda tem uma taxa de fecundidade de mais de seis.[30]

A melhor notícia, em geral precursora de quedas adicionais nas taxas de fecundidade, é que as taxas de mortalidade infantil e expectativa de vida estão melhorando quase em toda parte. Uma taxa de mortalidade infantil de cerca de sessenta por mil parece escandalosa na segunda década do século XXI, mas é ⅓ do nível de 1950 e cai rapidamente. É pior em Serra Leoa e na República Centro-Africana, com 94 em cada mil crianças que não completam o primeiro aniversário. Este não é o lugar para aconselhar complacência, e todos os esforços deveriam ser feitos para salvar vidas, mas cabe observar que a taxa de mortalidade infantil mesmo nos países de pior desempenho é melhor do que, digamos, na Rússia de 1950. A expectativa de vida, embora ainda abaixo dos sessenta, está novamente em torno do que vigorava na Rússia na metade do século XX e é mais de duas décadas mais longa do que era na África subsaariana no mesmo período.[31]

Como não é de surpreender, dadas as altas taxas de fecundidade e a mortalidade infantil declinante, esse é um continente de população jovem. A idade mediana na África subsaariana está em torno dos dezoito anos e pouco mudou em sessenta anos. Isso poderia espantar, dado o alongamento da expectativa de vida, mas o crescimento populacional recente significa que há relativamente poucas pessoas mais velhas, enquanto há mais jovens, graças aos ganhos na sobrevida infantil. O africano mediano tem menos da metade da idade do europeu mediano. Isso pode ser uma bênção e uma maldição. Um grande número de jovens numa população pode contribuir para a instabilidade política e a violência, como no Oriente Médio, mas também contribui para o dinamismo e o crescimento econômico, como em muitos países da Grã-Bretanha e da Alemanha até a China, passando pela Rússia. Com seu grande número de países e rica diversidade de culturas, a África provavelmente irá experimentar ambos os efeitos, e outros mais. Desde já as populações jovens do continente estão impulsionando algumas das economias com crescimento mais veloz, de Ruanda à Costa do Marfim. Ao mesmo tempo, a África passa por guerras as mais devastadoras (e sub-relatadas) do mundo. Os números são incertos, mas é provável que 5 ou 6 milhões de pessoas tenham morrido na recente guerra civil na República Democrática do Congo, e embora o conflito pareça ter se extinguido, a situação está longe da solução no momento em que escrevo este livro.

De qualquer maneira, a explosão populacional da África é notável, mesmo dentro da história da maré humana. Se a maior notícia global dos últimos quarenta anos foi o crescimento econômico da China, a maior notícia dos próximos quarenta anos será o crescimento populacional da África. Ele surge a partir dos mesmos fatores que em outros lugares, no entanto, o que pode ser a maior variável na história da demografia desde 1800, é a rapidez com que as taxas de fecundidade caem no continente. Para a maior parte do planeta, podemos estar bem certos, salvo se ocorrerem quaisquer choques reais, de como as coisas vão acontecer daqui em diante: as expectativas de vida vão se alongar aos poucos, em particular onde ainda são curtas (elas não estão de fato abaixo dos sessenta anos praticamente em nenhum lugar fora da África subsaariana), e as taxas de fecundidade ficarão abaixo do nível de reposição ou convergirão para ele. Os detalhes serão importantes, em particular localmente: as taxas de fecundidade de israelenses e palestinos podem determinar o resultado de sua luta; a convergência dos latinos com as taxas de fecundidade da maioria nos Estados Unidos ajudará a determinar que tamanho a minoria latina alcançará. De uma perspectiva global, então, o futuro está em grande parte assegurado. Isso não é assim para a África, onde um enorme e inevitável (a menos que ocorram calamidades) ímpeto demográfico significa que, mesmo que as taxas de fecundidade caiam depressa, ainda haverá muitíssimas mulheres jovens tendo filhos e relativamente poucas pessoas idosas morrendo de causas naturais, o que significa grande crescimento populacional, apesar de tudo. Além disso, o ritmo em que a fecundidade cai terá enormes implicações para a população máxima do planeta.

A África subsaariana mais que quintuplicou sua população desde os anos 1950, de cerca de 180 milhões para perto de 1 bilhão. Há poderosas evidências de que nessa data a África estava subpovoada, vítima não só de uma geografia difícil, mas de séculos de tráfico de escravos árabe e um período mais curto, conquanto mais intenso, de escravização europeia e americana, que a deixaram desnudada. Estima-se que só o tráfico de escravos no Atlântico levou 12 milhões de pessoas.[32] O tráfico de escravos islâmico pode ter levado nada menos de 14 milhões, embora algumas estimativas sejam muito mais baixas.[33] Decerto impressiona perceber que no continente como um todo, em 1950, havia muito menos da metade do número de pessoas que havia na Europa, fato ainda mais impressionante quando nos damos conta de que a África tem cerca de três vezes o tamanho da Europa. Hoje, a população da África é cerca de ⅓ maior que a da Europa, e em 2100 é provável que ela tenha quadruplicado novamente, ao passo que a Europa terá encolhido. Essa, pelo menos, é a previsão prevalecente das Nações Unidas – muito dependerá do ritmo da queda das taxas de natalidade africana e das afluências de imigração.

Uma fonte particular desse incrível crescimento é a Nigéria. Hoje o país tem cerca de 180 milhões de habitantes – a população de toda a África subsaariana na metade do século XX. Na época de sua independência da Grã-Bretanha, em 1960, a Nigéria tinha uma população de cerca de 45 milhões, número menor que o de seu senhor colonial – hoje sua população é quase três vezes maior que a do Reino Unido. Segundo a projeção de fecundidade média da ONU, a população da Nigéria será de cerca de 800 milhões no fim do presente século. Se isso ocorrer, o país terá passado, no intervalo de um século e meio, de 1,5% da população do mundo para 7%.

Nesse meio-tempo, a Nigéria se urbanizou depressa. Lagos viu um aumento da população de 1,5 milhão em 1970 para mais de 20 milhões 45 anos depois. A vida nessa megacidade, como em outras africanas, não é atraente da perspectiva de alguém proveniente de um país desenvolvido. Como um correspondente a descreve:

> Uma espessa camada de acre fumaça azul paira logo acima dos bairros miseráveis ribeirinhos que contornam a lagoa de Lagos, filtrando o nascer e o pôr do sol. Essa névoa feita pelo homem, que se agarra aos telhados enferrujados das choças, vem das inúmeras cabanas de defumação de peixe que impelem a economia do bairro. Há uma visão ininterrupta da tremenda expansão da pobreza na cidade a partir das pontes rodoviárias por que passam diariamente os que se deslocam entre as ilhas e o continente.[34]

Apesar disso os pobres rurais continuam a chegar, fugindo da perspectiva mais opressiva da pobreza numa zona rural cada vez mais lotada. Poucos teriam adivinhado que antigos postos avançados coloniais iriam, na aurora do século XXI, ananicar a capital da metrópole imperial. Lagos é a principal das megacidades que estão agora espalhadas não só pela África, mas por todo o mundo em desenvolvimento, e que só poderiam passar a existir com o vasto crescimento populacional recente, que a zona rural foi incapaz de absorver.

Como no caso da Índia e da China, países que crescem nessa escala demográfica só podem deixar de ser atores importantes no cenário mundial se ficarem para trás. A Nigéria tem muitos desafios, mas sua economia decerto começou a se agitar. Ela é uma potência petrolífera, e, embora sob alguns aspectos o petróleo tenha sido uma maldição, isso a ajudou a cultivar uma mentalidade rentista e a corrupção em todos os níveis da sociedade e da economia. Há alguma confusão sobre qual é a maior economia na África, se a sul-africana ou a nigeriana – isso depende do método de avaliação usado e das taxas de câmbio correntes, bem como do momento preciso do cálculo. Não obstante, está claro que a Nigéria tem potencial para emergir ao menos como superpotência regional. Como sempre, a demografia não é todo o destino, e muito dependerá de se a energia e a criatividade nigerianas serão canalizadas para o progresso econômico ou se a corrupção vai entravar o desenvolvimento. A Nigéria já tem um grande orçamento militar, grande parte do qual necessário para fazer frente à ameaça islâmica interna, embora o país dê também destacadas contribuições para as missões de paz da ONU. Ele enfrenta desafios de segurança interna e a eterna perspectiva de fragmentação, como quase aconteceu com a guerra de Biafra nos anos 1960. É quase garantido que a população da Nigéria vai crescer enormemente: e isso lhe dá a capacidade de desempenhar um grande papel regional e global. A realização desse potencial, caso ocorra, terá vastas consequências para a região.

Vista em retrospecto, a mudança demográfica parece um turbilhão atingindo uma região após outra, acompanhada ou às vezes à frente do desenvolvimento social e econômico geral. Dessa perspectiva, muitos estão confiantes em que o destino da África irá se assemelhar ao de todas as outras regiões, e no norte e no sul do continente isso já está acontecendo. A história, contudo, nunca é confiável como um guia para o futuro. Ainda assim, em termos do padrão demográfico, a primeira e a segunda fases já estão em evidência ao longo da maior parte da região, e a terceira começou na maioria dos lugares. Os pais africanos são tão ávidos quanto quaisquer outros para assegurar que seus filhos sobrevivam e que possam prolongar sua vida pelo maior tempo possível, e, dados os recursos materiais adequados, são tão propensos a se devotar a esses objetivos quanto todos os demais. Parece provável que, à medida que se tornarem mais urbanizadas e instruídas e tiverem acesso ao planejamento familiar, as mulheres africanas não mais irão desejar famílias de seis ou sete filhos, a exemplo do que ocorreu com as mulheres do Chile à China, do Vietnã à Venezuela. Contudo, mesmo que esse processo acelere, há ainda um enorme ímpeto demográfico na África, e isso significa que o crescimento populacional acompanhará por décadas as taxas de fecundidade declinantes. Grandes coortes de mulheres jovens, produto de altas taxas de fecundidade anteriores, irão produzir muitos filhos em termos coletivos, ainda que individualmente elas produzam menos que suas mães. Haverá relativamente poucas mortes, pois os idosos são um grupo pequeno comparado à população como um todo e mais pessoas estão vivendo mais. Em consequência, com nascimentos excedendo de longe as mortes, as populações continuarão a crescer muito, ainda que as taxas de fecundidade caiam.

E depois? Cores do futuro

Muito do que se refere à demografia está "integrado no futuro" e certamente acontecerá. E esse futuro pode ser resumido em três cores: mais grisalho, mais verde e menos branco.

Começando com "mais grisalho": sociedade após sociedade estão se tornando mais velhas por uma combinação de menos nascimentos e maior expectativa de vida. O envelhecimento das populações é um fenômeno que foi observado em todas as regiões, à medida que as taxas de fecundidade caíram e a expectativa de vida aumentou. A idade mediana da população do mundo já aumentou cerca de sete anos desde 1960. No mundo desenvolvido, ela já aumentou mais de uma década no mesmo período, enquanto na Ásia oriental como um todo aumentou dezesseis anos e na Coreia do Sul, assombrosos 22 anos. Enquanto isso, fora da África subsaariana, praticamente não há nenhum país ou território onde a idade mediana não tenha aumentado nos últimos sessenta anos. No entanto, o processo está apenas começando. Segundo as previsões médias da ONU, no fim do século atual, o homem ou mulher medianos terão mais de quarenta anos, doze anos mais que hoje. Isso significa que entre 1960 e 2100 a pessoa mediana terá dobrado de idade, de apenas vinte para mais de quarenta. Entre os quebradores de recorde para idade mais aumentada estarão os etíopes (hoje com dezoito anos em média, em 2100 com 43) e os sírios (hoje com apenas vinte anos, em 2100 com provavelmente quase 47). Muitos países, da Polônia ao Sri Lanka e ao Japão, terão uma idade mediana de mais de cinquenta anos. No fim do século, a idade mediana da Líbia está projetada para ser aproximadamente a que o Japão possui hoje. Sociedades tão idosas nunca foram vistas na história. Retornando a *West Side Story*, de Leonard Bernstein, quando o musical foi produzido pela primeira vez, em 1957, a idade mediana entre os porto-riquenhos (é verdade que em Porto Rico, não em Nova York) estava em torno dos dezoito anos; em 2100 ela estará um pouco abaixo de 55.[35] É apenas um pequeno exagero dizer que, para ser representativo das idades, um Bernstein atual precisaria ambientar seu musical num lar de idosos, e não entre gangues de rua.

Não se pode prever com algum grau de certeza como esse acentuado envelhecimento afetará o mundo, mas é certo que o mundo no qual a idade mediana está em torno de vinte (1960) é profundamente diferente daquele em que ela está acima de quarenta (2100), não só por causa de todas as mudanças políticas, econômicas e tecnológicas que provavelmente terão acontecido, mas também em decorrência do mero envelhecimento da população. As mudanças provocadas pelo envelhecimento serão tanto positivas quanto negativas. Visto por um ângulo otimista, é mais provável que o mundo seja um lugar pacífico e cumpridor da lei. Como apresentamos, há uma forte correlação entre a juventude de uma sociedade e a violência e criminalidade em seu interior. Nem todas as sociedades jovens estão enredadas em crime e guerra, mas quase todas as sociedades idosas estão em paz. Não só as pessoas mais velhas estão menos propensas a pegar em armas e a tornar-se criminosas; onde os jovens são raros, eles são mais valorizados e objeto de mais investimentos. Mães que têm apenas um filho provavelmente não os incitarão a pegar em armas contra inimigos reais ou imaginários como as mães com muitos filhos. Por outro lado, sociedades mais velhas têm menor chance de ser dinâmicas, inovadoras e ousadas. Uma população mais velha é mais propensa a querer fazer o tipo mais seguro de investimento, em obrigações de alta qualidade, em vez de ações, por exemplo, e isso afetará os mercados e, por sua vez, a economia real. A demanda por imóveis também mudará à medida que cada vez mais acomodações são exigidas por solteiros idosos, e cada vez menos por famílias em crescimento – esses efeitos já estão se produzindo em grande parte do mundo desenvolvido e estão prestes a se tornar globais.

Embora a idade mediana capte a idade da sociedade como um todo, é o aumento no número de idosos que tende a receber maior atenção, em especial pela pressão que pode fazer sobre os Estados de bem-estar social dos países desenvolvidos, onde a provisão de serviços públicos para os idosos está avançada. Isso é frequentemente expresso como uma "razão de sustento" – o número de pessoas em idade ativa (como quer que sejam definidas) para cada idoso –, e já em 2050 o número de idosos estará se aproximando de um para um. Na Europa ocidental, embora mais baixo que no Japão, em 2050 ele será duas vezes mais alto do que era em 2005.[36] As aposentadorias no mundo desenvolvido como um todo estão prestes a dobrar como porcentagem do PIB sem reforma significativa até 2050, e as maiores demandas das pessoas mais idosas sobre serviços de saúde serão também um desafio fiscal para o mundo desenvolvido, onde os orçamentos já estão sob pressão e as razões entre dívida e PIB são vistas por muitos como perigosamente altas.[37]

Haverá também um acentuado aumento dos "idosos mais velhos" – no Reino Unido há 1,4 milhão de pessoas com mais de 85 anos hoje, e esse número duplicará em vinte anos e triplicará em trinta à medida que os frutos do baby boom avançam das fronteiras do envelhecimento para seu estágio mais avançado.[38] Alguns argumentariam que o Estado de bem-estar social tal como o conhecemos desde a Segunda Guerra Mundial tem as características de uma pirâmide financeira: só funciona se cada geração de trabalhadores for maior que a anterior. Quando as aposentadorias por velhice são financiadas com os impostos atuais, decerto parece haver alguma verdade nisso, e não é improvável que os Estados de bem-estar social sejam capazes de prosseguir com algo semelhante à sua forma atual à medida que as sociedades envelhecem. Ao mesmo tempo, contudo, com um número cada vez maior de pessoas sem filhos para cuidar delas, a dependência do Estado crescerá. As eleições gerais de 2017 no Reino Unido foram disputadas em grande medida em torno da questão da "assistência social": quem pagará pela assistência diária de que os idosos necessitam – questão semelhante jamais teria assumido tamanha proeminência numa época em que os idosos compunham apenas pequena porcentagem do total da população. Ela não passa, contudo, de um antegosto das coisas que estão por vir.

No mundo desenvolvido, com provisão de Estado de bem-estar social, isso ainda pode ser um problema, mas no mundo em desenvolvimento a questão será mais radical. Os países vão ter de lidar com o envelhecimento antes de enriquecer. No mundo desenvolvido, como quer que isso seja financiado, os trabalhadores jovens de países como a Tailândia e as Filipinas talvez se sintam atraídos para o cuidado com os idosos, pelo menos se isso for permitido pela legislação local de imigração. Para os países em desenvolvimento com população em processo de envelhecimento isso será um luxo com que não poderão arcar. O tailandês mediano chegará aos cinquenta anos na metade do século, e é improvável que nas poucas décadas até lá a Tailândia tenha alcançado o nível de desenvolvimento que comporte serviços abrangentes de assistência a idosos. No passado, os poucos afortunados que sobreviviam até a velhice costumavam ser cuidados por vários filhos. Quando não há mais filhos e o Estado não pode preencher a demanda, enfrentamos uma epidemia global de pessoas idosas que irão morrer sem cuidados e abandonadas. A única esperança sob esse aspecto é a tecnologia, e aqui o líder é o Japão (a sociedade mais idosa do mundo atual), que tem desenvolvido robôs para prestar cuidados básicos aos idosos, fazer companhia e até funcionar como animais de estimação.[39]

Aceitando que, aconteça o que acontecer, o mundo está prestes a se tornar mais grisalho, há também muitas possibilidades de que ele venha a se tornar mais verde. Isso vai de encontro à sabedoria convencional, segundo a qual a humanidade ainda está no meio de uma explosão populacional que arruína o planeta. Não há dúvida de que o grande aumento da população humana, por um lado, e o vasto aumento dos padrões de vida, por outro, causaram muitos danos ambientais. A humanidade assumiu o controle de uma parte cada vez maior do planeta como seu espaço vital e de agricultura, e os estilos de vida modernos certamente produzem uma grande quantidade de substâncias prejudiciais ao ambiente. Emissões de carbono não são apenas uma função do padrão de vida da população global, mas de seu simples tamanho, instigando alguns ativistas ambientais a aconselhar famílias menores, sobretudo no mundo desenvolvido.[40] Por outro lado, a engenhosidade e a tecnologia humanas desempenharam seu papel, que poderia ser ainda ampliado, limitando ou até invertendo esses efeitos. O crescimento declinante da população humana – globalmente de cerca de 2% por ano para cerca de 1% nos últimos quarenta anos, aproximadamente – dá origem a uma grande oportunidade para criar um planeta mais verde. Embora a população do mundo vá continuar a crescer, talvez desacelerando para perto de zero no fim do século XXI, o mesmo não precisa acontecer com o ritmo de inovação humana. E embora o ser humano médio vá ser mais velho, haverá também mais seres humanos, e com toda a probabilidade eles serão cada vez mais educados, mais bem conectados em rede e com maior acesso a informação. Isso significa, por exemplo, que, com a alocação de recursos e o investimento apropriados, os rendimentos das culturas por hectare deverão ser capazes de superar o crescimento populacional humano mais facilmente do que quando este último era mais rápido. Isso pode significar, mesmo que as pessoas venham a ser mais bem alimentadas do que são hoje, que a terra será devolvida à natureza e será possível viver num planeta mais verde.

O mesmo pode ser dito de outros recursos. Se a eficiência cresce mais depressa que a população, a sustentabilidade melhora, quer se trate de automóveis mais eficientes em termos de consumo de combustível, quer de melhor armazenamento e transporte de alimentos. Onde a população começa a declinar, do Japão à Bulgária, a natureza avança rapidamente para o vazio. Pelo declínio das taxas de fecundidade africanas mais lento do que se esperava antes, a ONU estima agora que a população global terá ultrapassado os 11 bilhões e não terá parado de crescer no fim do século; no entanto, nessa altura ela terá praticamente se estabilizado, com um crescimento de $\frac{1}{10}$ daquele experimentado hoje e $\frac{1}{20}$ daquele experimentado no fim dos anos 1960 e início dos anos 1970.[41] Para usar uma analogia já proposta aqui, a demografia é um carro que primeiro roda lentamente, depois alcança enorme velocidade e então desacelera de maneira tão significativa que no curso do século XXI muito provavelmente terá parado.

A terceira cor que dá para prever com alguma certeza é "menos branco". Com a grande explosão populacional começada entre os anglo-saxões e depois se deslocando para outros europeus, a população branca do mundo experimentou uma extraordinária expansão, em termos tanto absolutos quanto relativos, desde o início do século XIX até meados do século XX. Isso teve profundas consequências, e é difícil imaginar que o imperialismo europeu teria se tornado tão extenso ou tido tamanho impacto sobre o mundo. Contudo, os anglo-saxões não possuíam o monopólio da mortalidade declinante e da manutenção da alta fecundidade (e por conseguinte de um crescimento populacional elevado), e as pessoas de extração europeia tampouco o têm. Até pouco tempo atrás, a fecundidade mais baixa, as populações mais velhas e em mais lento crescimento do mundo encontravam-se na Europa, e foi ali também que o declínio populacional nos últimos tempos primeiro se estabeleceu. Mais recentemente, contudo, os povos do nordeste da Ásia começaram a se emparelhar aos europeus e em alguns casos, segundo certas medidas, a ultrapassá-los. Com o tempo sem dúvida outros se seguirão. As mulheres tailandesas, como foi observado, já têm menos filhos que as britânicas, embora a Tailândia ainda tenha algum "ímpeto demográfico" para desfrutar.

Mesmo que alguns não europeus possam estar aceitando a pequena família europeia, o ímpeto demográfico continuará forte por um tempo no futuro. E, como vimos, muitas civilizações que viveram a transição demográfica mais tarde a experimentaram de forma mais intensa, com maior crescimento populacional em certos períodos no século XX do que, digamos, a Grã-Bretanha jamais conseguira no século XIX. Isso significa que a população global ficou menos branca, e a tendência tende a continuar. Isso equivale a uma "*des*vantagem do primeiro a se mover": os que passaram pela transição demográfica antes experimentaram o menor crescimento e estão fadados a declinar como porcentagem da população global.

O declínio das pessoas de origem europeia pode ser visto em dois níveis: continental, dentro de um contexto global, e país a país. Começando pelo primeiro deles, em 1950, quando a era do imperialismo europeu estava terminando, a população da Europa contava cerca de 22% da humanidade. Acrescentando os esmagadoramente brancos Canadá, Austrália, Nova Zelândia e Estados Unidos, o número chegava a 29%. Sessenta e cinco anos depois, a porcentagem da Europa se reduzira para 10%, e a do "mundo branco mais amplo" para 15%. Tomando projeções medianas da ONU, esses dois números cairão no fim do século atual para 6% e 11%, respectivamente.[42] Muitos países da Europa já estão vivendo um declínio populacional, ou estariam, não fosse a migração interna. Se as projeções da ONU estiverem corretas, Bulgária e Moldávia terão perdido metade de sua população no fim do século XXI, e a Letônia não estará muito atrás. A Alemanha terá perdido 10% e a Itália, 20%.

Além disso, esses países estão se tornando menos brancos. Na metade deste século, as pessoas de origem "britânica branca" poderão ser apenas 60% da população do Reino Unido, embora reconhecidamente muitos dos imigrantes e pessoas de origem imigrante serão de extração europeia.[43] Projeta-se que a população branca dos Estados Unidos, 85% em 1965 e 67% em 2005, caia abaixo de 50% até a metade do século.[44] Em ambos os países, é provável que passe a ser cada vez mais significativo o elemento de "origem mista".

Assim como o mundo anglo-saxão e depois o mundo europeu mais amplo foram o laboratório da expansão populacional rápida e sustentada a partir da metade do século XIX, também esses países serão talvez os ambientes de ensaio para um mundo muito mais fluido em termos raciais, étnicos e de identidade nacional. Não há nenhuma razão absoluta para que uma pessoa de ascendência italiana nos Estados Unidos se descreva como "branca", enquanto alguém de ascendência espanhola se classifique entre os "não brancos, latinos". É verdade que muitos hispânicos nos Estados Unidos são uma mistura de origem espanhola e indígena, por outro lado, os próprios sicilianos tendem a ter origem parcialmente não europeia. Como sempre, as distinções nunca são absolutas.

O reverso da moeda do declínio branco em números relativos foi e continuará a ser a ascensão da África. Na metade do século XX, após serem marginalizados, colonizados e submetidos à escravidão por séculos, os africanos subsaarianos correspondiam a apenas uma pessoa em cada dez no planeta; no fim deste século eles corresponderão provavelmente a uma pessoa em cada quatro. Com a África ainda pobre e jovem, a pressão de migração para a Europa será forte. Até hoje, a maior parte do crescimento populacional africano pode ser visto a partir das pessoas que afluem em grande número a vilas e cidades. Depois que a prosperidade chegar a certo nível, contudo, a perspectiva de olhar para além da megacidade mais próxima em busca de salvação econômica torna-se mais realista.

Além da imaginação

O mundo mudou num ritmo frenético nos últimos séculos, e a tendência só parece se acelerar. Em grande parte, isso tem a ver com tecnologia, mas também tem a ver com demografia, pois as duas são interdependentes. Assim como um mundo de dominação europeia era inimaginável sem a expansão de populações de origem europeia, também sua contração terá inevitavelmente um impacto global. Por enquanto, grande parte desse impacto é sentido em países outrora "brancos", mas agora cada vez mais multicoloridos. Em algum ponto, ela está fadada a ter impacto sobre o ambiente internacional, seja pelo simples peso dos números, seja por questões correlacionadas de poder econômico.

No entanto, a história desafia as previsões. Um londrino de cem anos atrás teria ficado estupefato ante o semblante global de sua cidade, outrora mais ou menos exclusivamente britânica, e espantado ao saber que o Império Britânico não mais existe. Um parisiense ficaria igualmente surpreso ao saber que o experimento argelino está encerrado, não tendo deixado absolutamente nenhum vestígio demográfico no Norte da África, ao passo que sua própria cidade é fortemente norte-africana. As tendências demográficas do futuro já estão em processo, em certa medida: a menos que haja uma pandemia global ou um movimento das massas, sabemos quantas pessoas com cinquenta anos haverá na Nigéria ou na Noruega em 2050. No entanto, ainda pode haver surpresas à nossa espera, e essas talvez sejam impulsionadas pela ciência e a tecnologia. Foi a tecnologia quem quebrou duplamente a velha equação malthusiana: revelou-se que a terra podia sustentar os seres humanos exponencialmente, com a abertura de vastos novos territórios com o uso de novos meios de mover pessoas e coisas, e usando novas maneiras para cultivar alimentos; o crescimento populacional, em contraposição, podia ser domado de maneira barata e fácil pela escolha das pessoas, sem que elas tivessem de restringir seus apetites naturais.

A ciência e a tecnologia do futuro poderão também remodelar a população de formas que hoje nem conseguimos imaginar. Que aspecto teria a demografia se o envelhecimento fosse reversível e as pessoas fossem capazes de viver durante séculos? Que impacto isso teria sobre as taxas de fecundidade? E se a natalidade e o sexo fossem inteiramente divorciados, e se bebês ou clones pudessem ser encomendados "sem receita médica"? Além da tecnologia, há alguns acontecimentos mais puramente demográficos que, se continuarem, poderiam se comportar de maneira imprevisível. A rápida progressão da África meridional para menor fecundidade foi registrada, e isso poderia se espalhar para o resto da África subsaariana muito mais rapidamente do que se espera, arrebentando a bolha demográfica africana. Em vários países europeus houve um modesto aumento das taxas de fecundidade que pode persistir para além do fim do efeito "tempo", que não tinha sido previsto. Se as mulheres israelenses têm três filhos, não há razão para que as britânicas ou as americanas não tenham. O impacto sobre a Grã-Bretanha e os Estados Unidos seria profundo. Por outro lado, nos Estados Unidos e no Reino Unido vimos alguns sinais de que o aumento da expectativa de vida está fraquejando, com a demência e doenças de estilos de vida ricos, como a diabetes, sendo aparentemente as responsáveis.[45] A expectativa de vida para os homens no Reino Unido caiu em um ano, e para as mulheres, em um 1,5 ano desde 2011.[46] Isso é uma falha ou o início de uma nova tendência em que mais uma vez os anglo-saxões são pioneiros.

Tendências sociais também nos surpreendem. Dada uma razoável boa sorte e o senso de oportunidade, pouco sexo é necessário para se ter uma grande família, por isso, uma perda geral de interesse pelo sexo não precisa como tal reduzir as taxas de fecundidade. Mas a recente emergência do "herbívoro" no Japão – o jovem que parece não ter interesse pelas relações românticas ou sexuais com outra pessoa – talvez seja parte de uma cultura geral de baixa fecundidade. Há algumas evidências de que a tendência a menos interesse no sexo e relacionamentos está se tornando comum entre os jovens no Ocidente.[47] Os dados ainda se referem a "homens" e "mulheres", mas o aumento da população LGBTQ tem um impacto significativo sobre a demografia e certamente sobre o modo como ela é medida.

O que quer que o futuro nos reserve, de uma coisa podemos ter certeza: assim como no passado, demografia e destino estão entrelaçados. A demografia moldará o curso da história enquanto nascimento, morte, casamento e migração continuarem a ser os eventos mais fundamentais de nossas vidas.

Apêndice I
Como a expectativa de vida é calculada

A EXPECTATIVA DE VIDA é a melhor medida de quanto as pessoas são longevas numa sociedade, pois ela leva em conta o fato de algumas sociedades serem mais idosas que outras e, mantendo-se todas as demais variáveis, terem uma taxa de mortalidade mais elevada (mortes sobre a população total). Para calcular a expectativa de vida ao nascer em qualquer ano dado – cálculo inicialmente usado pela indústria de seguros na Inglaterra do século XVII –, tome o número das pessoas de zero a um ano que morreram durante o ano como uma porcentagem de todas as pessoas de zero a um ano. Acrescente a isso a porcentagem daquelas de um a dois anos que morreram durante o ano como uma porcentagem de todas as pessoas de um a dois anos. Continue esse procedimento até que a porcentagem cumulativa chegue a 50%, ponto em que a expectativa de vida ao nascer para aquele ano é alcançada. Num país com uma alta taxa de mortalidade infantil e mortalidade de crianças, as porcentagens vão se acumular rapidamente e logo chegar a 50%, razão por que mortalidade infantil elevada significa baixa expectativa de vida e mortalidade infantil declinante prolonga a expectativa de vida. Onde mortes de pessoas jovens ou mesmo de meia-idade são incomuns, a marca dos 50% não será alcançada tão cedo.

Isso significa que a expectativa de vida ao nascer não diz respeito realmente ao que uma pessoa espera viver, mas sim ao que ele ou ela *esperariam* se conhecessem a incidência de morte e portanto a probabilidade de morrer numa coorte de idade específica num ano específico.

Normalmente os dados são apresentados separadamente para homens e mulheres, embora sejam com frequência agregados para toda a população também. Uma abordagem por gênero permite aos demógrafos realçar as diferenças entre os sexos. Por exemplo, na Rússia o diferencial é particularmente amplo; normalmente a expectativa de vida para homens é mais curta do que para mulheres, mas na Rússia a diferença foi e continua a ser particularmente acentuada. Olhando separadamente para a expectativa de vida masculina e feminina, aprendemos algo de útil sobre uma sociedade. No caso da Rússia, o conhecimento de que os homens estão morrendo muito mais cedo que as mulheres leva a exames do estilo de vida, consumo de álcool e a taxa de suicídio entre os sexos, de modo que uma compreensão mais profunda das causas sociais de uma baixa expectativa de vida possa ser ganha.

A tabela que se segue é um exemplo de uma tabela de vida. É para Cingapura em 2015, e a coluna A mostra a idade no início do ano ao passo que a coluna B mostra a porcentagem daqueles numa dada idade que morreram durante o ano. Menos de ¼ de 1% dos cingapurenses de zero a um ano (de fato 0,214%) em 1º de janeiro de 2015 morreram até 31 de dezembro de 2015, enquanto ligeiramente mais de 12% daqueles de noventa anos no início do ano tinham morrido até o fim dele. A coluna C soma cada uma dessas probabilidades: se a probabilidade de morrer com zero a um ano é 0,214% e a probabilidade de morrer com um a dois anos é 0,012%, então a probabilidade de morrer com zero a dois anos é 0,226%. Essa probabilidade, coluna C, fica cada vez mais alta à medida que adicionamos a porcentagem de mortes em cada coorte de idade. A adição de todas as coortes à idade de 81 anos nos dá pouco menos de 50%. Mas adicionando uma outra coorte obtemos um pouco mais de 50%. Portanto, ao nascer, podemos dizer que um cingapurense poderia "esperar" viver até os 81 anos. De fato, um recém-nascido em Cingapura provavelmente testemunhará uma extensão da expectativa de vida durante sua vida, e assim viverá mais do que isso; para reiterar, por "expectativa de vida" entendemos apenas o que poderia ser esperado se a experiência em anos futuros fosse igual àquela que estamos considerando.

Podemos também considerar a expectativa de vida em idades posteriores. Uma pessoa de setenta anos em Cingapura em 2015 não tinha nenhum risco de morrer com um ou dois anos ou com qualquer outra idade abaixo dos setenta anos, portanto para ela o cálculo pode começar de novo. Podemos acrescentar as probabilidades da coluna B, mas começando apenas após os setenta anos. Isso é mostrado na coluna D. Para uma pessoa de setenta anos em Cingapura em 2016, como podemos ver, a expectativa de vida é de 83, ou mais treze anos além de sua idade atual.

TABELA 2. Expectativa de vida em Cingapura – ambos os sexos 2015[1]

A	B	C	D
IDADE	% DE MORTES	CUMULATIVA A PARTIR DE 0	CUMULATIVA A PARTIR DE 70
0	0,214	0,214	
1	0,012	0,226	
2	0,012	0,238	
3	0,011	0,249	
4	0,009	0,258	
5	0,007	0,265	
6	0,005	0,27	
7	0,005	0,275	
8	0,005	0,28	
9	0,006	0,286	
10	0,007	0,293	
11	0,008	0,301	
12	0,009	0,31	
13	0,011	0,321	
14	0,013	0,334	
15	0,016	0,35	
16	0,018	0,368	
17	0,02	0,388	
18	0,021	0,409	
19	0,022	0,431	
20	0,023	0,454	
21	0,024	0,478	
22	0,024	0,502	
23	0,025	0,527	
24	0,025	0,552	
25	0,026	0,578	
26	0,026	0,604	
27	0,027	0,631	

A	B	C	D
IDADE	% DE MORTES	CUMULATIVA A PARTIR DE 0	CUMULATIVA A PARTIR DE 70
28	0,029	0,66	
29	0,03	0,69	
30	0,032	0,722	
31	0,034	0,756	
32	0,036	0,792	
33	0,039	0,831	
34	0,041	0,872	
35	0,043	0,915	
36	0,046	0,961	
37	0,051	1,012	
38	0,057	1,069	
39	0,065	1,134	
40	0,073	1,207	
41	0,082	1,289	
42	0,091	1,38	
43	0,101	1,481	
44	0,112	1,593	
45	0,122	1,715	
46	0,134	1,849	
47	0,148	1,997	
48	0,165	2,162	
49	0,184	2,346	
50	0,204	2,55	
51	0,25	2,8	
52	0,249	3,049	
53	0,281	3,33	
54	0,316	3,646	
55	0,353	3,999	
56	0,39	4,389	
57	0,428	4,817	
58	0,468	5,285	
59	0,508	5,793	
60	0,549	6,342	
61	0,593	6,935	
62	0,646	7,581	
63	0,711	8,292	
64	0,783	9,075	

Apêndice I

A	B	C	D
IDADE	% DE MORTES	CUMULATIVA A PARTIR DE 0	CUMULATIVA A PARTIR DE 70
65	0,857	9,932	
66	0,937	10,869	
67	1,037	11,906	
68	1,169	13,075	
69	1,319	14,394	
70	1,474	15,868	1,474
71	1,636	17,504	3,11
72	1,826	19,33	4,936
73	2,057	21,387	6,993
74	2,313	23,7	9,306
75	2,575	26,275	11,881
76	2,847	29,122	14,728
77	3,158	32,28	17,886
78	3,526	35,806	21,412
79	3,926	39,732	25,338
80	4,33	44,062	29,668
81	4,746	48,808	34,414
82	5,222	54,03	39,636
83	5,809		45,445
84	6,504		51,949
85	7,233		
86	8,032		
87	8,907		
88	9,863		
89	10,905		
90	12,039		
91	13,271		
92	14,606		
93	16,048		
94	17,604		
95	19,278		
96	21,073		
97	22,994		
98	25,044		
99	27,226		
100+	100		

Apêndice II
Como a taxa de fecundidade total é calculada

A TAXA DE NATALIDADE mostra o número de nascimentos como uma porcentagem da população, mas não leva em conta o fato de que algumas populações têm mulheres mais fecundas que outras, e, portanto, espera-se que elas tenham mais filhos relativamente ao tamanho da população. A fecundidade completa para uma coorte – quantos filhos a mulher média nascida num ano ou década particular teve – é historicamente algo muito revelador, mas os dados sempre nos dirão o que estava acontecendo algum tempo atrás, não nos darão um quadro contemporâneo do que está acontecendo agora. A melhor medida para comparar sociedades contemporâneas com outras ou com seu passado imediato é a taxa de fecundidade total (por vezes conhecida como TFT).

A taxa de fecundidade total é calculada considerando-se o número de nascimentos por mulheres num ano ou período particular e depois calculando-se quantos filhos uma mulher teria se sua experiência de maternidade fosse típica das mulheres naquele ano ou período. Usualmente, são considerados anos fecundos as idades de quinze anos a 45 ou cinquenta (embora haja nascimentos fora dessa faixa, na maioria das sociedades eles são estatisticamente insignificantes). Apenas nos países menos desenvolvidos muitas meninas com menos de quinze anos têm muitos filhos. Quanto a mulheres mais velhas, a tecnologia da fecundidade está mudando, mas até hoje o nascimento após a idade considerada foi suficientemente raro para que os demógrafos o ignorem.

Normalmente, consideramos a experiência de mulheres em grupos etários particulares porque isso fornece dados úteis. A Tabela 3 a seguir mostra o quadro para o Egito num ano médio de 1997 a 2000. Nesse ano houve uma incidência de 0,051 em um, ou 5,1% de uma mulher com quinze

Apêndice II

a dezenove anos tendo um filho. Uma centena dessas mulheres teria tido coletivamente apenas pouco mais de cinco filhos em média num ano. Por conseguinte, para qualquer mulher que tenha entre quinze e dezenove anos com a experiência típica do período, havia uma chance ligeiramente maior que um em cada quatro de que ela tivesse um filho nesses anos como um todo (isto é, 0,51 × 5, o que é 0,255 em um ou 25,5%). A coluna da direita é simplesmente a coluna do meio multiplicada por cinco, já que estamos considerando uma incidência anual ao longo de cinco anos.

Houve uma incidência num ano médio de 0,196 em um para uma mulher na primeira metade da casa dos vinte anos que teve um filho. Isso significa que num ano médio houve quase vinte crianças (19,6 para ser preciso) para cada cem mulheres na primeira metade da casa dos vinte anos. Com essa incidência, uma mulher que tenha passado por essa experiência anual a cada ano durante os cinco anos de seus vinte e poucos anos provavelmente terá tido um filho nesses anos, isto é, 0,196 × 5, ou 0,98. Na segunda metade da casa dos vinte anos a incidência foi ligeiramente mais alta, em 0,208 em um ou 20,8%, o que significa que a mulher média que passe por esses anos teria outro filho na segunda metade da casa dos vinte anos.

Somando as incidências totais na coluna da direita, chegamos a 3,505 ou (para simplificar e arredondar ligeiramente) 3,5 filhos. Isso significa que uma mulher que compartilha as experiências médias para mulheres de diferentes idades num dado período terá 3,5 filhos. Dez dessas mulheres terão 35 filhos.

TABELA 3. Fecundidade egípcia para um ano médio 1997-2000[1]

FAIXA ETÁRIA	FILHOS NASCIDOS POR MULHER POR ANO	CRIANÇAS QUE PROVAVELMENTE NASCERÃO NO PERÍODO
15-19	0,051	0,255
20-24	0,196	0,98
25-29	0,208	1,04
30-34	0,147	0,735
35-39	0,075	0,375
40-45	0,024	0,12
45-49	0,004	0,02
Taxa de fecundidade total		**3,505**

Notas

Introdução (p.9-17)

1. Hitchcock, p.70.
2. Sherwood, p.80.
3. Hufton, p.62-3.
4. Woolf, p.57-8.
5. Zweig, p.25-6.

1. O peso dos números (p.19-48)

1. Potter (org.), p.564; Livi-Bacci, *Concise History of World Population*, p.25.
2. Livi-Bacci, *Population of Europe*, p.120.
3. English, p.38-9.
4. Neillands, p.212.
5. Harvey, *War of Wars*, p.885.
6. Keegan, *First World War*, p.379, 402.
7. Jackson e Howe, p.21; Mahdi, p.208-9.
8. Bashford e Chaplin, p.51.
9. Reinhard, p.78, 129; Jackson e Howe, p.22, 81.
10. Urdal.
11. Jackson e Howe, p.22.
12. Jacques, p.36.
13. Inevitavelmente, somos obrigados a enfrentar as palavras "moderno", "modernidade" e "modernização". Elas serão inevitavelmente – e liberalmente – usadas ao longo do livro. Muito se escreveu sobre a teoria da modernização, e houve considerável debate em torno desses termos e do que significam, se é que significam alguma coisa. Para nossos propósitos, de forma simplificada, "modernização" significa movimento em direção, e "modernidade", chegada a três características das sociedades que não são especificamente demográficas: 1) urbanização (mais pessoas vivendo em cidades, como quer que sejam definidas); 2) alfabetização e educação (mais pessoas capazes de ler e escrever e uma porcentagem muito alta da população educada no terceiro grau, isto é, em universidades); 3) industrialização ou pós-industrialização (grande parte da economia consistindo em atividade não agrícola e a maior parte da população empregada em fábricas e escritórios, e

não no campo). Este último elemento se faz acompanhar por alto nível de uso de energia por pessoa, em geral derivada de carvão, petróleo, gás ou, mais recentemente, energia hidrelétrica, energia nuclear ou, cada vez mais, energia solar, em vez da energia humana, animal, a energia hídrica e eólica de eras anteriores. As características demográficas geralmente associadas às de uma sociedade "moderna" assim definida são: queda e depois baixo nível de mortalidade infantil (por exemplo, de um em cada cinco bebês ou mais que não chegam ao primeiro aniversário para apenas três em cada mil); extensão da expectativa de vida – ela própria em parte resultado de taxas de mortalidade infantil declinantes (de cerca de trinta anos ao nascer para sessenta, setenta ou mais); e queda nas taxas de fecundidade (de seis filhos ou mais por mulher para três ou menos). As sociedades não se moveram em direção à "modernidade" assim definida num padrão regular ou uniforme, e certamente não ao mesmo tempo. Em alguns casos, a urbanização pode ter se adiantado à industrialização ou a industrialização se adiantado à educação; em outros casos, as três mudanças não demográficas podem preceder a mudança demográfica ou se atrasar em relação a ela. No entanto, essa é claramente a direção da viagem para país após país, sociedade após sociedade, desde que o Reino Unido iniciou sua jornada ao longo desse caminho, por volta do ano 1800. Até hoje, na maioria dos casos, a viagem tem sido unidirecional e as regressões, pequenas ou temporárias.

14. UN Social Indicators, UN Population Division, 2017 Revisions.
15. *The Economist*, 15-21 abr 2017, p.25-6.
16. Marshall e Gurr, p.1.
17. Morland, *Demographic Engineering*, p.1-26.
18. Para um tratamento completo de por que a demografia se tornou cada vez mais importante à medida que a industrialização, a modernização e a democratização se disseminaram, ver ibid., p.9-21.
19. Idem.
20. Idem; Bookman, p.61.
21. Fearon e Laitin.
22. Observe que a data para a Inglaterra e o País de Gales é diferente da data para todo o Reino Unido, os primeiros incluindo cerca de 90% da população do último.
23. Para uma discussão acerca dos problemas de determinar o tamanho da população da Inglaterra na Idade Média, que dá uma boa noção geral das questões envolvidas, ver Goldberg, p.71-83.

2. O triunfo dos anglo-saxões (p.51-81)

1. Wilson, p.787.
2. Wrigley, p.348-9.

3. Malthus, p.51. O pensamento de Malthus se desenvolveu a cada versão de seu ensaio, e ele chegou cada vez mais à opinião de que, com comedimento e matrimônio mais tardio, como observado na Europa ocidental, a sociedade podia evitar a miséria extrema. Para uma exposição do desenvolvimento do pensamento de Malthus e uma discussão sobre se ele era malthusiano, ver Wrigley, p.216-24.
4. O conceito de Revolução Industrial e o momento em que ela ocorre são eles próprios controversos e complexos. Wrigley (p.64-5) descreve a descontinuidade decisiva como, essencialmente, um avanço, a passagem do produto orgânico de fotossíntese recente para as necessidades básicas de alimento, combustível, abrigo e vestuário (por exemplo, comer as colheitas do ano corrente, queimar madeira com no máximo algumas centenas de anos) para ser capaz de ter acesso a milhões de anos de energia acumulada a partir de fotossíntese, inicialmente pela produção em massa e o uso de carvão. Ele estabelece, portanto, uma nítida distinção entre o que aconteceu na Grã-Bretanha no fim do século XVIII e início do século XIX e desenvolvimentos anteriores, como, por exemplo, na Holanda.
5. Carey, p.46, 120, 12.
6. Macfarlane, p.144-53, 303-4.
7. Tranter, p.53.
8. Morland, *Demographic Engineering*, p.7.
9. Wrigley et al., p.134, 355.
10. Para a medida em que a fecundidade nos primeiros anos de casamento potencial supera aquela em anos posteriores, ver ibid., p.411.
11. Isso não é incontroverso; alguns sugeriram que o crescimento populacional na Inglaterra no início do século XIX foi alimentado mais por mortalidade declinante do que por taxas de fecundidade ascendentes. Ver ibid., p.431-8.
12. Wrigley et al., p.295.
13. Macfarlane, p.110, 184, 192-3.
14. Pomeranz, p.276.
15. Ver nota 11.
16. UN Population Division, 2017 Revisions.
17. Woods et al., p.35; entretanto, observe a distinção entre mortalidade infantil endógena e exógena em Wrigley, p.321-4.
18. Wrigley.
19. Ibid., p.431-2.
20. Maddison, p.160, 169-70, 180.
21. Connell, p.25.
22. Charlwood, p.58.
23. Townsend, p.271.
24. Brett, p.67, 120.
25. Maddison, p.160, 169-70, 180.

26. Braudel, p.437.
27. Charlwood, p.66-7.
28. Snyder, p.158.
29. Canadian Encyclopedia, vol.1, p.595, vol.3, p.1453; UN Committee of International Coordination of National Research in Demography, World Population Year 1974, p.59; Kalbach e McVey, p.195; Livi-Bacci, *Concise History of World Population*, p.61.
30. Wilkinson, p.244.
31. Ibid., p.220, 224, 242, 247; Borrie, p.55.
32. UN World Population Year 1974, p.9, 13, 51, 53.
33. Thompson, p.53.
34. Beinart, p.353.
35. Osterhammel, p.448.
36. Merk, p.189; Osterhammel, p.331.
37. De Tocqueville, p.371.
38. Genovese, p.45.
39. Wilkinson, p.150; Klein, p.131; Thompson e Whelpton, p.294.
40. Seeley, p.12.
41. Thomas, p.114.

3. Os desafios alemão e russo (p.82-116)

1. Andrillon, p.70-8.
2. Paddock, p.66, 74, 87.
3. Lieven, p.60.
4. McLaren, p.11.
5. Iliffe, p.21.
6. Wood e Suitters, p.91.
7. McLaren, p.96.
8. Ibid., p.128.
9. Ibid., p.119.
10. Mullen e Munson, p.79.
11. Armstrong, p.195.
12. Lipman, p.45; conversa privada do autor com o falecido professor David Cesarani.
13. Anderson, "Population change", p.211; Maddison, p.182-3.
14. Idem.
15. Luce, loc. cit., 1848.
16. Livi-Bacci, *A Concise History*, p.136, 132-3, 135. Woycke, p.3.
17. Woycke, p.2-3.
18. Gaidar, p.259.

Notas

19. Livi-Bacci, *A Concise History*, p.132; Maddison, p.182-3.
20. Livi-Bacci, *A Concise History*, p.132.
21. Figes, p.160.
22. Foner, p.31.
23. Tooze, loc. cit., p.4483-8.
24. McLaren, p.11.
25. Ibid., p.149.
26. Garrett et al., p.5.
27. Wood e Suitters, p.157-8.
28. Soloway, p.22-4; National Birth-Rate Commission, p.36-8.
29. *The Lancet*, 10 nov 1906, p.1290-1.
30. Soloway, p.5.
31. Reich, p.120-2.
32. Quinlan, p.11.
33. Andrillon, p.70-8.
34. Okie, p.15.
35. Paddock, p.66.
36. Woycke, p.133.
37. Ibid., p.134.
38. Paddock, p.66, 74, 87; Lieven, p.60.
39. Stolper, p.24.
40. Osterhammel, p.364.
41. Schierbrand, p.95; Gatrell, *Government, Industry*, p.175, 255.
42. Figes, p.298.
43. Winter, p.249; Livi-Bacci, *Population of Europe*, p.132.
44. Urdal.

4. O perecimento da "Grande Raça" (p.117-52)

1. Hitler, p.28, 38, 74, 93, 207, 261.
2. Winter, p.259.
3. Johnson, p.174-5.
4. Davies, p.113.
5. Livi-Bacci, *Population of Europe*, p.165.
6. Usando Livi-Bacci, ibid., p.132-3, vemos que, para o período 1800-1913, a população da Grã-Bretanha nunca cresceu mais rapidamente que uma média de 1,33% por ano. Para o período de pico da Alemanha, o crescimento foi ligeiramente mais alto, de 1,38%. Para a Rússia, 1,47%. A taxa de natalidade da Grã-Bretanha não excedeu 40 por mil, ao passo que a Alemanha excedeu e a da Rússia excedeu 50.

Mais uma vez usando Livi-Bacci (p.168, 166), descobrimos que entre o início dos anos 1920 e o fim dos anos 1940 a fecundidade da Inglaterra caiu ⅓ de um filho. A da Alemanha caiu mais de meio filho e a da Rússia caiu cerca de três filhos. Em 1920-50 a expectativa de vida aumentou doze anos no Reino Unido, catorze anos na Alemanha e quase 25 anos na União Soviética.

7. Mouton, p.109-10.
8. Livi-Bacci, *Population of Europe*, p.136, 168; Kirk, p.14, 48.
9. Kirk, p.48-9.
10. Ehrman, p.42.
11. Livi-Bacci, *Population of Europe*, p.135, 166.
12. Gerstle; Gratton.
13. Kirk, p.75-6.
14. Ibid, p.279-80.
15. Ibid., p.282-3.
16. Ehrman, p.33-4.
17. McCleary, *Menace of British Depopulation*, p.18.
18. Kirk, p.42.
19. Maddison, p.182-4.
20. Morland, *Demographic Engineering*, p.143-4.
21. Gerstle, p.105-6.
22. Grant, p.263.
23. Ibid., p.167.
24. Ibid., p.220.
25. *Guardian*, 1º mai 2014; disponível em: https://www.theguardian.com/books/2014/may/01/f-scott-fitzgerald-stories-uncensored-sexual-innuendo-drug.
26. East, p.113.
27. Ibid., p.115.
28. Ibid., p.116, 271.
29. Ibid., p.128.
30. Ibid., p.145.
31. Cox, p.77.
32. Offer, p.172.
33. McCleary, *Menace of British Depopulation*, p.63.
34. Dennery, p.229.
35. Wilson, p.174, 228.
36. "Sydney".
37. Haggard, p.170-2.
38. McCleary, *Menace of British Depopulation*, p.59.
39. Haggard, p.170, 185.
40. Ibid., p.185.

Notas

41. McCleary, *Menace of British Depopulation*, p.49, 52.
42. Money, p.83, 159.
43. Bertillon; Boverat, p.16.
44. Leroy-Beaulieu.
45. Kirk, p.282-3; Camisciole.
46. Morland, *Demographic Engineering*.
47. Cossart, p.57-77.
48. Camisciole, p.27.
49. Reggiani.
50. Goldman, p.7.
51. Ibid., p.254.
52. Ibid., p.254-5.
53. Ibid., p.7, 256, 258, 289.
54. Ibid., p.333.
55. Livi-Bacci, *Population of Europe*, p.175.
56. Ibid., p.132-4, 165, 166, 168; Kirk, p.279.
57. Sigmund, p.25.
58. Kirk, p.102, 111; Mouton, p.170-1, 224.
59. Mouton, p.15, 17.
60. Stone, p.145.
61. Maddison, p.182-5; Livi-Bacci, *Population of Europe*, p.132.
62. De Tocqueville, p.399, 433.

5. O Ocidente desde 1945 (p.153-89)

1. *The Times*, 11 mar 1964, p.12.
2. Easterlin.
3. Macunovich, p.64.
4. Easterlin, p.10-2.
5. Macunovich, p.1-2.
6. Croker, p.2.
7. Extraído de Maddison 1982, p.185.
8. Croker, p.2.
9. Easterlin, p.27-30.
10. Por exemplo, Willetts.
11. Djerassi, p.11.
12. UN Population Division, 2015 Revisions; Macunovich, p.118.
13. French, p.47.
14. Westoff, p.1.

15. Ibid., p.25.
16. Idem.
17. Kaufmann, *Shall the Religious Inherit the Earth?*, p.94-5.
18. UN Population Division, 2015 Revisions.
19. *Guardian*, 13 fev 2015; disponível em: https://www.theguardian.com/world/2015/feb/13/italy-is-a-dying-country-says-minister-as-birth-rate-plummets (impr.: 13 nov 2017).
20. Morland, *Demographic Engineering*, p.17-20.
21. Ibid., p.36.
22. Gaidar, p.242.
23. *The Local*, 23 set 2016; disponível em: https://www.the local.it/20160923/the-real-reasons-young-italians-arent-having-kids (impr.: 14 fev 2018).
24. UK Office for National Statistics, 2015.
25. UN Population Division, 2015 Revisions.
26. *Washington Post*, 8 dez 2016; disponível em: https://washingtonpost.com/national/health-science/us-life-expectancy-declines-for-the-first-time-since-1993/2016/12/07/7dcdc7b4-bc93-11e6-91ee-1adddfe36cbe_story.html?utm_term=.25ef71e054e3 (impr.: 13 nov 2016).
27. Jackson e Howe, p.67.
28. Navarro, p.38.
29. Ibid., p.92.
30. Ibid., p.92-3, 97.
31. Gaquin e Dunn, p.26.
32. Navarro, p.93.
33. Passell et al.
34. Smith e Edmonston, p.35.
35. Waters e Ueda, p.18.
36. Meacham e Graybeal, p.6.
37. *Independent*, 7 nov 2016; disponível em: http://www.independent.co.uk/voices/donald-trump-us-elections-hillary-clinton-race-hispanic-black-vote-white-americans-fear-minority-a7402296.html (impr.: 13 nov 2017).
38. Pew Research, 19 nov 2015; disponível em: http://www.pewhispanic.org/2015/11/19/more-mexicans-leaving-than-coming-to-the-u-s/(impr.: 14 fev 2018).
39. Goodhart, p.xxviii.
40. Byron, p.78; Düvell, p.347.
41. Goodhart, p.xxix.
42. UK Office for National Statistics, 2012.
43. Sunak e Rajeswaran, p.7, 25.
44. Coleman, p.456, 462.
45. Brouard e Tiberj, p.1-2.
46. Cyrus e Vogel, p.131.

47. Australian Bureau of Statistics, 2012-13.
48. Jackson e Howe, p.190.
49. Haas.

6. A Rússia e o Bloco do Leste a partir de 1945 (p.190-220)

1. Gorbachev, p.155.
2. Ibid., p.171.
3. Ibid., p.10, 155.
4. Jones e Grupp, p.75.
5. Weber e Goodman, p.289.
6. Lutz, Scherbov e Volkov, p.143.
7. Gray, p.19.
8. Ibid., p.24.
9. Lewis et al., p.271.
10. Gaidar, p.253; UN Population Division, 2017 Revisions: Life Expectancy.
11. Lewis et al., p.285.
12. UN Population Division, 2017 Revisions: Infant Mortality.
13. Haynes e Husan, p.117.
14. UN Population Division, 2017 Revisions: Fertility.
15. Coale et al., p.112-3.
16. Lewis et al., p.278.
17. Idem.
18. Szporluk, p.29.
19. Lewis et al., p.149.
20. Anderson e Silver, p.164-5.
21. Szayna, p.10.
22. Besmeres, p.71.
23. Szayna, p.vi.
24. Brejnev e Tikhonov, p.279-85.
25. Ibid., p.373-4.
26. Zakharov, p.921.
27. Botev, p.700.
28. UN Population Division, 2017 Revisions.
29. Ver, por exemplo, Kanaaneh, p.83, 108.
30. Zakharov, p.936.
31. Ibid., p.918-9; Perelli-Harris e Isupova, p.151.
32. Perelli-Harris e Isupova, p.146.
33. Ibid., p.931.

34. Ibid., p.936.
35. UN Population Division, 2017 Revisions.
36. Haynes e Husan, p.152.
37. Pearce, p.125.
38. Haynes e Husan, p.163.
39. Ibid., p.166.
40. *New York Review of Books*, 2 set 2014; disponível em: http://www.nybooks.com/daily/2014/09/02/dying-russians/ (impr.: 13 set 2017).
41. Eberstadt, *Russia's Demographic Disaster*.
42. UN Population Division, 2017 Revisions.
43. Idem.
44. Eberstadt, "Dying bear".
45. UN Population Division, 2017 Revisions.
46. Rozanova, p.36.
47. *Al Jazeera*, 14 fev 2017; disponível em: http://www.aljazeera.com/indepth/features/2017/02/death-throes-russia-iconic-countryside-170207084912286.html (impresão: 13 set 2017).
48. Putin, p.385.
49. Szporluk, p.34.
50. CIA World Fact Book; disponível em: https://www.cia.gov/library/publications/the-world-factbook-fields/2075.html (impr.: 14 set 2017).
51. Idem.
52. Morland, *Demographic Engineering*, p.24.
53. BBC, 2012.
54. Rozanova, p.44.
55. *International Business Times*, 23 jul 2017; disponível em: http://www.ibtimes.com/moscow-largest-muslim-city-europe-faithful-face-discrimination-public-authorities-2020858 (impr.: 13 set 2017).
56. Bhrolgháin e Dyson, p.15.
57. Ceterchi et al., p.54-5.
58. Ibid., p.54.
59. Bhrolgháin e Dyson, p.10.
60. King.
61. Judah, p.152, 155.
62. Morland, *Demographic Engineering*, p.25.
63. Slack e Doyon, p.158.
64. *New Internationalist*, 24 jun 2015; disponível em: https://newint.org/features/web-exclusive/2015/06/24/ghostly-bulgaria (impr.: 13 set 2017).
65. UN Population Division, 2017 Revisions.

7. Japão, China e Ásia oriental (p.223-54)

1. Novikoff-Priboy, p.214, 242.
2. Knight e Traphagan, p.6.
3. Macfarlane, p.31-2.
4. Reinhard, p.557; Cole, p.399.
5. Nakamura e Miyamoto, p.233.
6. Reinhard, p.557; Cole, p.399.
7. Drixler, p.18-9, 33, 124.
8. Cornell, p.211.
9. Obuchi, p.331.
10. Ishii, p.24.
11. Tauber, p.41.
12. Ishii, p.60.
13. Chamberlain, p.432.
14. Ibid., p.433.
15. Ransome, p.206, 226-7.
16. Tauber, p.233, 286.
17. Cole, p.397.
18. Ibid., p.405.
19. Reinhard, p.566.
20. Cole, p.413.
21. Ishii, p.163.
22. Saito, p.129; Tolischus, p.75.
23. Reinhard, p.567-8.
24. Tolischus, p.75.
25. Marshall, p.95-6.
26. Diamond, *Lesser Breeds*, p.12.
27. Tauber, p.233-5.
28. Coulmas, p.5.
29. UN Population Division, 2017 Revisions.
30. *Japan Times*, 6 jun 2013.
31. MacKellar et al., p.50.
32. *Business Insider UK*, 22 fev 2016; disponível em: http://uk.businessinsider.com/how-japan-government-solving-sex-problem-2016-2?r=US&IR=T (impr.: 26 jul 2017).
33. *Guardian*, 20 out 2013; disponível em: https://www.theguardian.com/world/2013/oct/20/young-people-japan-stopped-having-sex (impr.: 26 jul 2017).
34. Idem.
35. Cornell, p.30; UN Population Division, 2017 Revisions.
36. UN Population Division, 2017 Revisions.

37. Pearson, p.117.
38. UN Population Division, 2017 Revisions.
39. Idem.
40. *Japan Times*, 6 jun 2013.
41. Knight e Traphagan, p.10.
42. Coulmas, p.47.
43. UN Population Division, 2015 Revisions.
44. MacKellar et al., p.39.
45. Ogawa et al., p.136.
46. UN Population Division, 2015 Revisions.
47. *New York Times*, 23 ago 2015; disponível em: https://www.nytimes.com/2015/08/24/world/a-sprawl-of-abandoned-homes-in-tokyo-suburbs.html (impr.: 26 jul 2017).
48. *LA Times*, 10 jul 2016; disponível em: http://www.latimes.com/world/asia/la-fg-japan-population-snap-story.html (impr.: 26 jul 2017).
49. *Slate*, 26 jun 2015; disponível em: http://www.slate.com/articles/news_and_politics/roads/2015/06/kodokushi_in_aging_japan_thousands_die_alone_and_unnoticed_every_year_their.html (impr.: 26 jul 2017).
50. Coulmas, p.14.
51. Trading Economics.
52. UN Population Division, 2015 Revisions.
53. Ho, p.4.
54. Geping e Jinchang, p.14.
55. Ho, p.282.
56. Fairbank e Goldman, p.169.
57. Reinhard, p.553.
58. Ho, p.282; Geping e Jinchang, p.15.
59. Nakamura e Miyamoto.
60. Osterhammel, p.122.
61. Tien, p.81.
62. Ibid., p.16.
63. Ho, p.42.
64. Ibid., p.45.
65. White, p.49.
66. Dikötter, p.13.
67. White, p.44-5.
68. Dikötter, p.320.
69. UN Population Division, 2017 Revisions.
70. White, p.44-5.
71. Ibid., p.73.

72. Cho, p.62.
73. Ming, p.10.
74. Cho, p.63.
75. Greenhalgh, p.31.
76. *The Economist*, 23 set 2017, p.61.
77. UN Population Division, 2017 Revisions.
78. Rashid et al., p.699.
79. Greenhalgh.
80. *The Economist*, 19 ago 2010; disponível em: http://economist.com/node/16846390 (impr.: 27 jul 2017).
81. LifeSite, mar 2017; disponível em: https://www.lifesitenews.com/news/she-was-dragged-from-her-home-and-forced-to-abort.-shes-now-shaming-the-chi (impr.: 27 jul 2017).
82. UN Population Division, 2017 Revisions.
83. Jackson et al., p.2, 10.
84. Greenhalgh, p.1.
85. *Guardian*, 2 nov 2011; disponível em: https://www.theguardian.com/world/2011/nov/02/chinas-great-gender-crisis (impr.: 27 jul 2010).
86. *The Economist*, 10 fev 2018, p.55.
87. UN Population Division, 2017 Revisions.
88. Ver Morland, *Demographic Engineering*.
89. UN Population Division, 2017 Revisions.
90. *Globe and Mail*, 22 out 2014; disponível em: https://www.theglobeandmail.com/news/world/a-bleak-future-and-population-crisis-for-south-korea/article21249599/ (impr.: 28 jul 2017).
91. *Bangkok Post*, 23 mai 2013; disponível em: htpp://bangkokpost.com/learning/learning-news/372232/single-no-children-thailand-future (impr.: 28 jul 2013).

8. O Oriente Médio e o Norte da África (p.255-88)

1. UN Population Division, 2017 Revisions.
2. Shaw, p.325.
3. Ibid., p.334.
4. Karpat, p.55.
5. *New York Times*, 20 mai 2011; disponível em: htpp://www.nytimes.com/2011/05/21/world/europe/21georgia.html (impr.: 14 ago 2017).
6. Kévorkian, p.535.
7. Suny, p.283.
8. Ibid., p.285.
9. Pelham, p.37.

10. Reinhard, p.449.
11. Ibid., p.461.
12. Fenby, p.352.
13. Reinhard, p.461.
14. BBC News, 10 jul 2003: disponível em: http://news.bbc.co.uk/1/hi/world/africa/3056921.stm (impr.: 14 ago 2017).
15. Iliffe, p.161.
16. Baer, p.14.
17. Ibid., p.25.
18. UN Population Division, 2017 Revisions.
19. Jones e Karim, p.3.
20. Abu Dawood, Hadith 2050.
21. Corão 6:151.
22. Jones e Karim, p.3-4.
23. Kaufmann, *Shall the Religious Inherit the Earth?*, p.121-2.
24. Riddell, p.82.
25. Fargues, "Demography, migration", p.19.
26. Ibid., p.23.
27. Cairo Demographic Centre, p.7.
28. *New York Times*, 7 jun 2014; disponível em: https://www.nytimes.com/2014/06/08/world/middleeast/iran-tehran-offers-incentives-to-middle-class-families-to-have-more-children-as-population-declines.html (impr.: 14 ago 2017).
29. UN Economic and Social Commission for Western Asia, p.59-60.
30. Fargues, "Demography, migration", p.22.
31. Winckler; UN Population Division, 2017 Revisions.
32. UN Development Programme 2002, p.85.
33. UN Development Programme 2011, p.18.
34. Ibid., p.40.
35. Ibid., p.53.
36. Ibid., p.56.
37. UN Development Programme 2006, p.74.
38. Ibid., p.85.
39. Academic Ranking of World Universities, 2017.
40. UN Development Programme 2002, p.67.
41. Ibid., p.3.
42. UN Economic and Social Commission for Western Asia, p.66.
43. Urdal.
44. Kaufmann, *Shall the Religious Inherit the Earth?*, p.130-1.
45. UN Development Programme 2016.
46. Bishara, p.225.

47. Freedom House.
48. Bremmer.
49. Urdal, p.9.
50. Mirkin, p.12, 14; disponível em: https://www.yumpu.com/en/document/view/48347156/arab-spring-demographics-in-a-region-in-transition-arab-human- (impr.: 26 jun 2017).
51. *New York Times*, 2 mar 2015; disponível em: https://www.nytimes.com/2015/03/03/science/earth/study-links-syria-conflict-to-drought-caused-by-climate-change.html (impr.: 15 ago 2017).
52. Al Fanar Media, 25 abr 2016; disponível em: https://www.al-fanarmedia.org/2016/04/study-explores-the-deep-frustrations-of-arab-youth/ (impr.: 15 ago 2017).
53. *The Economist*, 16 ago 2016; disponível em: https://www.al-fanarmedia.org/2016/04/study-explores-the-deep-frustrations-of-arab-youth/ (impr.: 15 ago 2017).
54. *New York Times*, 28 out 2016; disponível em: https://www.nytimes.com/2016/10/29/world/middleeast/saudi-arabia-women.html (impr.: 15 ago 2017).
55. BBC, 4 mar 2016; disponível em: https://www.bbc.co.uk/news/world-europe-35999015 (impr.: 15 ago 2017).
56. Kaufmann, *Shall the Religious Inherit the Earth?*, p.120; Pew Research Center 2015.
57. *Guardian*, 28 mai 2009; disponível em: https://www.theguardian.com/books/2009/may/28/hay-festival-tutu-israel-palestine-solution (impr.: 4 mai 2018).
58. Daniel Pipes Middle East Forum; disponível em: htpp://www.danielpipes.org/4990/arab-israeli-fatalities-rank-49th (impr.: 16 ago 2017).
59. Morland, *Demographic Engineering*, p.113-40.
60. Tessler, p.170.
61. Pew Research; disponível em: http://www.pewresearch.org/fact-tank/2015/02/09/europes-jewish-population (impr.: 16 dez 2017).
62. Hacohen, p.267.
63. Jones, p.221.
64. Eshkol apud Bird, p.219.
65. Ben-Gurion apud Pearlman, p.240.
66. Fargues, "Protracted national conflict", p.452.
67. Peritz e Baras, p.113-4.
68. Extraído de Goldschneider, p.113-4.
69. UN Population Division, 2017 Revisions; UN Social Indicators: Literacy.
70. Pedersen et al., p.16.
71. Morland, *Demographic Engineering*, p.129.
72. UN Population Division, 2017 Revisions.
73. Morland, "Defusing the demographic scare"; disponível em: https://www.haaretz.com/1.5049876 (impr.: 26 jun 2018); Morland, "Israel's fast evolving demography"; disponível em: https://www.jpost.com/Opinion/Op-Ed-Contributors/Israel-fast-

evolving-demography-320574 (impr.: 26 jun 2018); Morland, "Israeli women do it by numbers"; disponível em: https://www.thejc.com/israeli-women-do-it-by-the-numbers-1.53785 (impr.: 26 jun 2018); Morland, *Demographic Engineering*.

74. *Tablet*, 11 jul 2017; disponível em: http://www.tabletmag.com/jewish-life-and-religion/239961/saying-no-to-kids (impr.: 16 ago 2017).
75. Morland, *Demographic Engineering*, p.122.
76. Ver, por exemplo, Lustick.

9. Nada de novo sob o sol? (p.289-320)

1. UN Population Division, 2017 Revisions.
2. Idem.
3. Martin, p.169.
4. Committee on Population and Development, p.101.
5. Martin, p.196.
6. Ibid., p.195.
7. La Ferrara et al.
8. Hollerbach e Diaz-Briquets, p.4, 6, 9.
9. UN Population Division, 2017 Revisions.
10. Morland, *Demographic Engineering*, p.143-9.
11. *Washington Post*, 27 jan 2017; disponível em: https://www.washingtonpost.com/news/worldviews/wp/2017/01/27/even-before-trump-more-mexicans-were-leaving-the-us-than-arriving/?utm_term=.70340b7aed5e (impr.: 17 ago 2017).
12. *Texas Standard*, 28 fev 2017; disponível em: http://www.texasstandard.org/stories/why-are-mexicans-leaving-the-us-in-droves/ (impr.: 17 ago 2017).
13. *Guardian*, 24 mai 2017; disponível em: https://www.theguardian.com/world/2017/may/24/india-is-worlds-most-populous-nation-with-132bn-people-academic-claims (impr.: 18 ago 2017).
14. UN Population Division, 2017 Revisions.
15. Morland, *Demographic Engineering*, p.59.
16. Desai, p.3.
17. Morland, *Demographic Engineering*, p.17-21.
18. Iyer, p.3, 10.
19. *Times of India*, 22 jan 2015; disponível em: https://timesofindia.indiatimes.com/india/Muslim-population-grows-24-slower-than-previous-decade/articleshow/45972687.cms (impr.: 20 nov 2017).
20. Zubrin, p.172-3.
21. Sen, p.42, 77-9.
22. BBC News, 14 nov 2014; disponível em: http://www.bbc.com/news/world-asia-india-30040790 (impr.: 18 ago 2017).

23. Population Research Institute, 24 jun 2014; disponível em: https://www.pop.org/a-once-and-future-tragedy-indias-sterilization-campaign-39-years-later/ (impr.: 18 ago 2017).
24. UN Population Division, 2017 Revisions.
25. BBC News, 14 mar 2013; disponível em: http://www.bbc.com/news/world/africa-21783076; UN Population Division, 2017 Revisions.
26. Stats SA, 25 ago 2016; disponível em: http://statssa.gov.za/?p=8176 (impr.: 18 ago 2017).
27. NPR, 9 jul 2012; disponível em: htpp://www.npr.org/2012/07/09/156375781/botswanas-stunning-achievement-against-aids (impr.: 18 ago 2017).
28. *Guardian*, 8 mar 2016; disponível em: https://theguardian.com/global-development/datablog/2016/mar/08/contraception-and-family-planning-around-the-world-interactive (impr.: 14 ago 2017).
29. VOA, 30 dez 2014; disponível em: https://www.voanews.com/a/in-kenya-family-planning-is-an-economic-safeguard/2579394.html (impr.: 15 set 2014).
30. UN Population Division, 2017 Revisions.
31. Idem.
32. Iliffe, p.131.
33. Segal, p.56-7.
34. BBC News, 21 ago 2017; disponível em: http://www.bbc.co.uk/news/resources/idt-sh/lagos (impr.: 21 ago 2017).
35. Idem.
36. Jackson e Howe, p.54.
37. Ibid., p.65.
38. FCA, *Consumer Vulnerability: Occasional Paper 8*, Londres, 2015, p.9.
39. *Business Insider*, 20 nov 2015: disponível em: http://www.businessinsider.fr/us/japan-developing-carebots-for-elderly-care-2015-11/ (impr.: 20 ago 2017).
40. *Guardian*, 13 fev 2010; disponível em: https://www.theguardian.com/environment/2010/feb/13/climate-change-family-size-babies (impr.: 21 ago 2017).
41. UN Population Division, 2017 Revisions.
42. Idem.
43. Coleman.
44. Passell et al.
45. *Daily Telegraph*, 18 jul 2017; disponível em: http://www.telegraph.co.uk./science/2017/07/17/life-expectancy-stalls-britain-first-time-100-years-dementia/ (impr.: 20 ago 2017); *Atlantic*, 13 dez 2016; disponível em: https://www.theatlantic.com/health/archive/2016/12/why-are-so-many-americans-dying-young/510455/ (impr.: 20 ago 2017).
46. *Professional Pensions*, 1º mar 2018; disponível em: https://www.professionalpensions.com/professional-pensions/news-analysis/3027631/latest-cmi-modest-reveals-clear-trend-in-life-expectancy (impr.: 1º mai 2018).
47. *Politico*, 8 fev 2018; disponível em: https://www.politico.com/magazine/story/2018/02/08/why-young-americans-having-less-sex-216953 (impr.: 16 fev 2018).

Apêndice I: Como a expectativa de vida é calculada (p.321-5)

1. Disponível em: http://www.singstat.gov.sg/docs/default-source/default-document-library/publications/publications_and_papers/births_and_deaths/lifetable15-16.pdf (impr.: 15 nov 2017).

Apêndice II: Como a taxa de fecundidade total é calculada (p.326-7)

1. Disponível em: https://www.measureevaluation.org/prh/rh_indicators/family-planning/fertility/total-fertility-rate (impr.: 20 nov 2017).

Referências bibliográficas

Observação: Todos os websites mencionados nesta seção foram acessados durante o período 2012-18.

Academic Ranking of World Universities, 2013; disponível em: http://www.shanghairanking.com/ARWU2013.html.
Anderson, Barbara A. e Brian D. Silver. "Growth and diversity of the population of the Soviet Union". *Annals of the American Academy of Political and Social Sciences*, n.510, 1990, p.155-7.
Anderson, Charles H. *White Protestant Americans: From National Origins to Religious Group*. Englewood Cliffs, Prentice-Hall, 1970.
Anderson, Michael. "Population change in North Western Europe 1750-1850". In____ (org.). *British Population History*, 1996, p.191-280.
____ (org.). *British Population History: From the Black Death to the Present Day*. Cambridge: Cambridge University Press, 1996.
Andrillon, Henri. *L'Expansion de L'Allemagne: ses causes, ses formes et ses conséquences*. Paris, Librairie Marcel Rivière, 1914.
Armstrong, Alan. *Farmworkers in England and Wales: A Social and Economic History 1770-1980*. Ames, Iowa State University Press, 1988.
Australian Bureau of Statistics. *Cultural Diversity in Australia – Reflecting a Nation: Stories from the 2011 Census*, 2012-13; disponível em: http://www.abs.gov.au/ausstats/abs@.nsf/Lookup/2071.0main+features902012-2013.
Baer, Gabriel. *Population and Society in the Arab East*. Londres, Routledge, Kegan & Paul, 1964.
Baines, Dudley e Robert Woods. *Population and Regional Development*. Cambridge, Cambridge University Press, 2004.
Bashford, Alison e Joyce E. Chaplin. *The New Worlds of Thomas Malthus: Rereading the Principle of Population*, Princeton, Princeton University Press, 2016.
Beinart, William. *Twentieth-Century South Africa*. Oxford, Oxford University Press, 2001.
Berghahn, V.R. *Imperial Germany 1871-1914: Economy, Society, Culture and Politics*. Nova York, Berghahn, 1994.
Bertillon, Jacques. *La Dépopulation de la France: ses conséquences, ses causes et mesures à prendre pour le combattre*. Paris, Librairie Félix Alcan, 1911.
Besmeres, John F. *Socialist Population Politics: The Political Implications of Demographic Trends in the USSR and Eastern Europe*. Nova York, White Plains, M.E. Sharpe, 1980.

Bhrolgháin, Marie Ní e Tim Dyson. "On causation in demography: issues and illustrations". *Population and Development Review*, vol.33, n.1, 2007, p.1-36.

Bird, Kai. *Crossing Mandelbaum Gate: Coming of Age Between the Arabs and Israelis*. Nova York, Simon & Schuster, 2010.

Bishara, Marwan. *The Invisible Arab*. Nova York, Nation Books, 2012.

Bookman, Milica Zarkovic. *The Demographic Struggle for Power*. Londres, Frank Cass, 1997.

Borrie, W.D. *Population Trends and Policies: A Study in Australian and World Demography*. Sydney/Wellington/Londres, Australian Publishing Company, 1948.

Botev, Nikolai. "The ethnic composition of families in Russia in 1989: insights into Soviet 'Nationalities Policy'". *Population and Development Review*, vol.28, n.4, 2002, p.681-706.

Boverat, Fernand. *Patriotisme et paternité*. Paris, Bernard Grosset, 1913.

Braudel, Fernand. *A History of Civilizations*. Nova York/Londres, Penguin, 1993.

Brejnev, Leonid e Nikolai Tikhonov. "On pronatalist policies in the Soviet Union". *Population and Development Review*, vol.7, n.2, 1981, p.372-4.

Bremmer, Ian. *The J Curve: A New Way to Understand Why Nations Rise and Fall*. Nova York, Simon & Schuster, 2006.

Brett, C.E.B. "The Georgian Town: Belfast around 1800". In J.C. Beckett e R.E. Glassock (orgs.). *Belfast: The Origin and Growth of an Industrial City*. Londres, BBC Books, 1967, p.67-77.

Brimelow, Peter. "Time to rethink immigration?". In Nicholas Capaldi (org.). *Immigration*, Amherst, Prometheus Books, 1997, p.33-61.

Brouard, Sylvain e Vincent Tiberj. *As French as Everyone Else? A Survey of French Citizens of Maghrebin, African and Turkish Origin*. Filadélfia, Temple University Press, 2011.

Buckley, Mary. "Glasnost and the women question". In Linda Edmonson (org.). *Women and Society in Russia and the Soviet Union*. Cambridge, Cambridge University Press, 1992, p.202-26.

Byron, Margaret. *Post-War Caribbean Migration to Britain: The Unfinished Cycle*. Aldershot, Avebury, 1994.

Cairo Demographic Centre. *Fertility Trends and Differentials in Arab Countries*. Cairo, 1971.

Caldwell, Christopher. *Reflections on the Revolution in Europe: Immigration, Islam and the West*. Londres, Allen Lane, 2009.

Camisciole, Elisa. *Reproducing the French Race: Integration, Intimacy, and Embodiment in the Early Twentieth Century*. Durham, Duke University Press, 2009.

Canadian Encyclopaedia. Edmonton, Hurtig, 1985.

Capaldi, Nicholas (org.). *Immigration: Debating the Issues*. Amherst, Prometheus Books, 1997.

Carey, John. *The Intellectuals and the Masses: Pride and Prejudice among the Literary Intelligentsia, 1880-1939*. Londres, Faber & Faber, 1991.

Ceterchi, Ioan et al. *Law and Population Growth in Romania*. Bucareste, Conselho Legislativo da República Socialista da Romênia, 1974.

Chamberlain, B.H. *Things Japanese*. Londres, Trench, Trübner, 1890.

Charlwood, Don. *The Long Farewell*. Ringwood, Allen Lane, 1981.

Cho, Lee-Jay. "Population dynamics and policy in China". In Dudley L. Poston e David Yauckey (orgs.). *The Population of Modern China*. Nova York/Londres, Plenum Press, 1992, p.59-82.

Clements, Barbara Evans. *A History of Women in Russia from the Earliest Times to the Present*. Bloomington, Indiana University Press, 2012.

Coale, Ansley J. et al. *Human Fertility in Russia since the Nineteenth Century*. Princeton, Princeton University Press, 2015.

Cole, Allan B. "Japan's population problems in war and peace". *Pacific Affairs*, vol.16, n.4, 1943, p.397-417.

Coleman, David. "Projections of the ethnic minority populations in the United Kingdom, 2006-2056". *Population and Development Review*, vol.36, n.3, 2010, p.441-86.

Committee on Population and Demography. *Levels and Recent Trends in Fertility and Mortality in Brazil*. Washington, D.C., National Academy Press, 1983.

Connell, K.H. *The Population of Ireland, 1750-1845*. Cambridge, Cambridge University Press, 1950.

Cornell, Laurel L. "Infanticide in early modern Japan? Demography, culture and population growth". In Michael Smitka (org.). *Japanese Economic History 1600-1960: Historical Demography and Labor Markets in Prewar Japan*. Nova York/Londres, Garland, 1998.

Corsini, Carlo A. e Pierre Paolo Viazzo (orgs.). *The Decline of Infant Mortality in Europe 1800-1950: Four National Case Studies*. Florença, Unicef, 1993.

Cossart, P. "Public gatherings in France during the French Revolution: the club as a legitimate venue for popular collective participation in public debate 1791-1794". *Annales Historiques de la Révolution Française*, n.331, 2003, p.57-77.

Coulmas, Florian. *Population Decline and Ageing in Japan: The Social Consequences*. Abingdon, Routledge, 2007.

Cox, Harold. *The Problem of Population*. Londres, Jonathan Cape, 1922.

Croker, Richard. *The Boomer Century 1946-2046: How America's Most Influential Generation Changed Everything*. Nova York/Boston, Springboard Press, 2007.

Cyrus, Norbert e Dita Vogel. "Germany". In Anna Triandafyllidou e Ruby Gropas (orgs.). *European Immigration: A Sourcebook*. Aldershot, Ashgate, 2007, p.127-40.

Davies, Pete. *Catching Cold: 1918's Forgotten Tragedy and the Scientific Hunt for the Virus that Caused It*. Londres, Michael Joseph, 1999.

Dennery, Étienne. *Asia's Teeming Millions and its Problems for the West*. Londres, Jonathan Cape, 1931.

Desai, P.B. *Size and Sex Composition of Population in India 1901-1961*. Londres, Asia Publishing House, 1969.

De Tocqueville, Alexis. *Democracy in America*. Nova York, George Adlard, 1839.

Diamond, Jared. *Guns, Germs and Steel: The Fates of Human Societies*. Nova York, W.W. Norton, 2005.

Diamond, Michael. *Lesser Breeds: Racial Attitudes in Popular British Culture 1890-1940*. Londres/Nova York, Anthem Press, 2006.

Dikötter, Frank. *Mao's Great Famine: A History of China's Most Devastating Catastrophe 1958-1962*. Londres, Bloomsbury, 2010.

Djerassi, Karl. *This Man's Pill: Reflections on the 50th Birthday of the Pill*. Oxford, Oxford University Press, 2001.

Drixler, Fabian. *Makibi: Infanticide and Population Growth in Eastern Japan 1660-1950*. Berkeley, University of California Press, 2013.

Düvell, Frank. "U.K.". In Anna Triandafyllidou e Ruby Gropas (orgs.). *European Immigration: A Sourcebook*. Aldershot, Ashgate, 2007.

East, Edward M. *Mankind at the Crossroad*. Nova York/Londres, Charles Scribner's Sons, 1924.

Easterlin, Richard E. *The American Baby Boom in Historical Perspective*. Nova York, National Bureau of Economic Research, 1962.

Eberstadt, Nicholas. *Russia's Demographic Disaster*. Washington, D.C., American Enterprise Institute, 2009; disponível em: http://www.aei.org/article/society-and-culture/citizenship/russias-demographic-disaster/.

_____. "The dying bear: Russia's demographic disaster". *Foreign Affairs*, nov-dez 2011; disponível em: http://www.foreignaffairs.com/articles/136511/nicholas-eberstadt/the-dying-bear.

Edmondson, Linda (org.). *Women and Society in Russia and the Soviet Union*. Cambridge, Cambridge University Press, 1992.

Ehrlich, Paul. *The Population Bomb*. Nova York, Ballantyne Books, 1968.

Ehrman, Richard. *Why Europe Needs to Get Younger*. Londres, Policy Exchange, 2009.

Elliott, Marianne. *The Catholics of Ulster*. Londres, Allen Lane and Penguin, 2000.

Embassy of the Russian Federation to the United Kingdom. "Population data"; disponível em: http://www.rusemb.org.uk/russianpopulation/.

English, Stephen. *The Field Campaigns of Alexander the Great*. Barnsley, Pen & Sword Military, 2011.

Fairbank, John King e Merce Goldman. *China: A New History*. Cambridge, Belknap Press, 2006.

Fargues, Philippe. "Protracted national conflict and fertility change: Palestinians and Israelis in the Twentieth Century". *Population and Development Review*, vol.26, n.3, 2000, p.441-82.

_____. "Demography, migration and revolt: the West's Mediterranean challenge". In Cesare Merlini e Olivier Roy (orgs.). *Arab Society in Revolt: The West's Mediterranean Challenge*. Washington, DC, Brookings Institution Press, 2012, p.17-46.

Fearon, James D. e David D. Laitin. "Sons of the soil, migrants and Civil War". *World Development*, vol.39, n.2, 2010, p.199-211.

Fenby, Jonathan. *The History of Modern France from the Revolution to the Present day*. Londres, Simon & Schuster, 2015.

Ferro, Marc. *The Great War 1914-1918*. Londres, Routledge and Kegan Paul, 1973.

Figes, Orlando. *A People's Tragedy: The Russian Revolution 1891-1924*. Londres, Pimlico, 1997.

Financial Times. "Putin's hopes for a rising birth rate are not shared by experts". 1º mar 2013; disponível em: https://www.ft.com/content/1dcce460-4ab6-11e29650-00144feab49a?mhq5j=e2.

Floud, Roderick e Paul Johnson (orgs.). *The Cambridge Economic History of Modern Britain*, vol.1, *Industrialisation 1700-1860*. Cambridge, Cambridge University Press, 1997.

Foner, Nancy. *From Ellis Island to JFK: New York's Two Great Waves of Immigration*. New Haven, Yale University Press, 2000.

Freedom House. "Map of freedom", 1997; disponível em: http://www.freedomhouse.org/sites/default/files/MapofFreedom2014.pdf.

French, Marilyn. *The Women's Room*. Londres, André Deutsch, 1978.

Gaidar, Yegor. *Russia: A Long View*. Cambridge, MIT Press, 2012.

Gaquin, Deidre A. e Gwenavere W. Dunn (orgs.). *The Who, What and Where of America: Understanding the American Community Survey*. Lanham, Bernan Press, 2012.

Garrett, Edith et al. *Changing Family Size in England and Wales: Place, Class and Demography 1891-1911*. Cambridge, Cambridge University Press, 2001.

Gatrell, Peter. *Government, Industry and Rearmament in Russia 1900-1914: The Last Arguments of Tsarism*. Cambridge, Cambridge University Press, 1994.

_____. *Russia's First World War: A Social and Economic History*. Harlow, Pearson Longman, 2005.

Geping, Qu e Li Jinchang. *Population and the Environment in China*. Boulder, Lynne Rienner, 1994.

Gerstle, Gary. *American Crucible: Race and Nation in the Twentieth Century*. Princeton University Press, 2001.

Genovese, Eugene D. *The Political Economy of Slavery: Studies in the Political Economy of Slavery*. Middletown, Wesleyan University Press, 1989.

Goldberg, P.J.P. *Medieval England: A Social History 1250-1550*. Londres, Hodder Arnold, 2004.

Goldman, Wendy Z. *Women, the State and Revolution: Soviet Family Policy and Social Life 1917-1935*. Cambridge, Cambridge University Press, 1993.

Goldschneider, Calvin. "The embeddedness of the Arab-Jewish conflict in the State of Israel: demographic and sociological implications". In Reich, Bernard e Gershon R. Kieval (orgs.). *Israeli Politics in the 1990s: Key Domestic and Foreign Policy Factors*. Nova York/Westport/Londres, Greenwood Press, 1991, p.111-32.

Goodhart, David. *The British Dream: Successes and Failures of Post-War Immigration*. Londres, Atlantic Books, 2013.

Gorbachev, Mikhail. *Memoirs*. Londres/Nova York, Doubleday, 1996.

Grant, Madison. *The Passing of the Great Race or the Racial Basis of Modern European History*. Nova York, Charles Scribner's Sons, 1919.

Gratton, Brian. "Demography and immigration restriction in American History". In Jack A. Goldstone et al. (orgs.). *Political Demography: How Population Changes are Reshaping International Security and National Politics*. Boulder, Paradigm Publishers, 2012, p.159-79.

Gray, Francis Du Plessix. *Soviet Women: Walking the Tightrope*. Nova York/Londres, Doubleday, 1990.

Greenhalgh, Susan. *Just One Child: Science and Policy in Deng's China*. Berkeley/Londres, University of California Press, 2008.

Haas, Mark L. "America's Golden Years? U.S. security in an aging world". In Jack A. Goldstone et al. (orgs.). *Political Demography: How Population Changes are Reshaping International Security and National Politics*. Boulder, Paradigm Publishers, 2012, p.49-62.

Hacohen, Dvora. *Immigrants in Turmoil: Mass Immigration to Israel and its Repercussions in the 1950s and After*. Nova York, Syracuse University Press, 2003.

Haggard, H. Rider. "Imperial and racial aspects". In James Marchant (org.). *The Control of Parenthood*. Londres/Nova York, G.P. Putnam's & Sons, 1920.

Harvey, Robert. *The War of Wars: The Epic Struggle between Britain and France 1789-1815*. Londres, Constable & Robinson, 2006.

Haynes, Michael e Rumy Husan. *A Century of State Murder: Death and Policy in Twentieth-Century Russia*. Londres, Pluto Press, 2003.

Hirschman, Charles. "Population and society: historical trends and future prospects". In Craig Calhoun et al. (orgs.). *The Sage Handbook of Sociology*, Londres, Sage, 2005, p.381-402.

Hitchcock, Tim. "'Unlawfully begotten on her body': illegitimacy and the Parish poor in St Luke's Chelsea". In Tim Hitchcock et al. (orgs.). *Chronicling Poverty: The Voices and Strategies of the English Poor, 1640-1840*. Basingstoke, Macmillan, 1997, p.70-86.

Hitler, Adolf. *Table Talk*. Londres, Weidenfeld & Nicolson, 1953.

Ho, Ping-Ti. *Studies in the Population of China 1368-1953*. Cambridge, Harvard University Press, 1959.

Hollerbach, Paula E. e Sergio Diaz-Briquets. *Fertility Determinants in Cuba*. Washington, DC, National Academy Press, 1983.

Horowitz, Donald. *Ethnic Groups in Conflict*. Berkeley, University of California Press, 1985.

Horsman, Reginald. *Race and Manifest Destiny: The Origins of American Racial Anglo-Saxonism*. Cambridge, Harvard University Press, 1981.

Hufton, Olwen H. *The Poor of Eighteenth-Century France 1750-1789*. Oxford, Clarendon Press, 1974.

Huntington, Samuel P. *The Third Wave: Democratisation in the Late Twentieth Century*. Norman, University of Oklahoma Press, 1992.

_____. *The Clash of Civilizations and the Remaking of the World Order*. Londres, Free Press/Simon & Schuster, 1996, 2002.

Iliffe, John. *Africans: The History of a Continent*. Cambridge, Cambridge University Press, 1995.

Ishii, Ryoichi. *Population Pressure and Economic Life in Japan*. Londres, P.S. King & Son, 1937.

Iyer, Sriya. "Religion and the decision to use contraception in India". *Journal for the Scientific Study of Religion*, dez 2002, p.711-22.

Jackson, Richard e Neil Howe. *The Graying of the Great Powers*. Washington, DC, Center for Strategic and International Studies, 2008.

Jackson, Richard et al. *China's Long March to Retirement Reform: The Graying of the Middle Kingdom Revisited*. Prudential, Center for Strategic and International Studies, 2009.

Jacques, Martin. *When China Rules the World*. Londres, Allen Lane, 2009.

Japan Times, "Japan's fertility rate logs 16-year high, hitting 1.41". 6 jun 2013; disponível em: http://www.japantimes.co.jp/news/2013/06/06/national/japans-fertility-rate-logs-16-year-high-hitting-1-41/#.U6qo4LFnBso.

Johnson, Niall. *Britain and the 1918-19 Influenza Pandemic: A Dark Epilogue*. Londres/Nova York, Routledge, 2006.

Jones, Clive. *Soviet-Jewish Aliyah 1989-1993: Impact and Implications*. Londres, Frank Cass, 1996.

Jones, Ellen e Fred W. Grupp. *Modernization, Value Change and Fertility in the Soviet Union*. Cambridge, Cambridge University Press, 1987.

Jones, Gavin W. e Mehtab S. Karim. *Islam, the State and Population*. Londres, Hurst, 2005.

Judah, Tim. *The Serbs: History, Myth and the Destruction of Yugoslavia*. New Haven, Yale University Press, 1997.

Kaa, D.J. van de. *Europe's Second Demographic Transition*. Washington, DC, Population Reference Bureau, 1987.

Kalbach, Warren E. e Wayne McVey. *The Demographic Bases of Canadian Society*. Toronto, McGraw Hill Ryerson, 1979.

Kanaaneh, Rhoda Ann. *Birthing the Nation: Strategies of Palestinian Women in Israel*. Berkeley, University of California Press, 2002.

Karpat, Kemal H. *Ottoman Population 1830-1914: Demography and Social Characteristics*. Madison, University of Wisconsin Press, 1985.

Kaufmann, Eric. "Ethnic or civic nation? Theorizing the American case". *Canadian Review of Studies in Nationalism*, vol.27, n.1-2, 2000, p.133-55.

_____. *The Rise and Fall of Anglo-America*. Cambridge, Harvard University Press, 2004.

_____. *Shall the Religious Inherit the Earth? Demography and Politics in the Twenty-First Century*. Londres, Profile Books, 2010.

Kaufmann, Eric e Haklai Oded. "Dominant ethnicity: from minority to majority". *Nations and Nationalism*, vol.14, n.4, 2008, p.743-67.

Kaufmann, Florian K. *Mexican Labor Migrants and U.S. Immigration Policies: From Sojourner to Emigrant?*. El Paso, LFB Scholarly Publishing, 2011.

Keegan, John. *The First World War*. Londres, Hutchinson, 1999.

_____. *The American Civil War*. Londres, Vintage, 2010.

Kévorkian, Raymond. *The Armenian Genocide: A Complete History*. Nova York, I.B. Tauris, 2011.

King, Leslie. "Demographic trends, pro-natalism and nationalist ideologies". *Ethnic and Racial Studies*, vol.25, n.3, 2002, p.367-89.

Kirk, Dudley. *Europe's Population in the Interwar Years*. Princeton, League of Nations Office of Population Research, 1946.

Klein, Herbert S. *A Population History of the United States*. Cambridge, Cambridge University Press, 2004.

Klopp, Brett. *German Multiculturalism: Immigration, Integration and the Transformation of Citizenship*. Westport, Praeger, 2002.

Knight, John e John W. Traphagan. "The study of family in Japan: integrating anthropological and demographic approaches". In John W. Traphagan e John Knight (orgs.), *Demographic Changes and the Family in Japan's Aging Society*. Albany, University of New York Press, 2003, p.3-26.

Kraut, Alan M. *The Huddled Masses: The Immigrant in America*. Arlington Heights, Harlan Davidson, 1982.

La Ferrara, Eliana et al. "Soap operas and fertility: evidence from Brazil". *American Economic Journal: Applied Economics*, vol.4, n.4, 2008, p.1-31.

Leroy-Beaulieu, Paul. *La question de la population*. Paris, Librairie Félix Alcan, 1928.

Lewis, Robert A. et al. *Nationalist and Population Change in Russia and the U.S.S.R.: An Evaluation of Census Data 1897-1976*. Nova York, Praeger, 1976.

Lieven, Dominic. *Towards the Flame: Empire, War and the End of Tsarist Russia*. Londres, Penguin, 2015.

Lipman, V.D. *A History of Jews in Britain since 1858*. Leicester, Leicester University Press, 1990.

Livi-Bacci, Massimo. *The Population of Europe*. Oxford, Blackwell, 2000.

_____. *A Concise History of World Population*. Chichester, Wiley-Blackwell, 2012, 2017.

Luce, Edward. *The Retreat of Western Liberalism*. Londres, Little, Brown, 2017.

Lustick, Ian S. "What counts is the counting: statistical manipulation as a solution to Israel's 'Demographic Problem'". *Middle East Journal*, vol.67, n.2, 2013, p.185-205.

Lutz, Wolfgang et al. *Demographic Trends and Patterns in the Soviet Union before 1991*. Londres e Nova York, Routledge, 1994.

McCleary, G.F. *The Menace of British Depopulation*. Londres, Allen & Unwin, 1937.

_____. *Population: Today's Question*. Londres, Allen & Unwin, 1938.

_____. *Race Suicide?*. Londres, Allen & Unwin, 1945.

Macfarlane, Alan. *The Savage Wars of Peace: England, Japan and the Malthusian Trap*. Oxford, Blackwell, 1997.

MacKellar, Landis et al. *The Economic Impact of Population Ageing in Japan*. Cheltenham, Edward Elgar, 2004.

McLaren, Angus. *Birth Control in Nineteenth Century England*. Londres, Croom Helm, 1978.

McNeill, William. *Plagues and People*. Oxford, Basil Blackwell, 1976.

Macunovich, Diane J. *Birth Quake: The Baby Boom and its Aftershock*. Chicago, Chicago University Press, 2002.

Maddison, Angus. *Phases of Capitalist Development*. Oxford, Oxford University Press, 1982.

Mahdi, Mushin. *Ibn Khaldun's Philosophy of History*. Abingdon, Routledge, 2016.

Malthus, Thomas. *The Works of Thomas Robert Malthus*, vol.1, *An Essay on the Principle of Population*. Londres, William Pickering, 1986.

Maluccio, John e Thomas Duncan. *Contraception and Fertility in Zimbabwe: Family Planning Services and Education Make a Difference*. Santa Monica, Rand Corporation, 1997.

Marshall, Alex. *The Russian General Staff and Asia 1800-1917*. Londres/Nova York, Routledge, 2006.

Marshall, Monty G. e Ted Robert Gurr. *Peace and Conflict: A Global Survey of Armed Conflicts, Self-Determination Movements and Democracy*. Centre for International Development and Conflict Management, University of Maryland, 2005.

Martine, George. "Brazil's fertility decline 1965-1995: a fresh look at key factors". In George Martine et al. *Reproductive Change in India and Brazil*. Oxford, Oxford University Press, 1998, p.169-207.

Meacham, Carl e Michael Graybeal. *Diminishing Mexican Immigration into the United States*. Lanham, Rowman & Littlefield, 2013.

Merk, Frederick. *Manifest Destiny and Mission in American History*. Nova York, Alfred A. Knopf, 1963.

Ming, Su Wen (org.). *Population and Other Problems*. Beijing Review Special Features Series, 1981.

Mirkin, Barry. *Arab Spring: Demographics in a Region in Transition*. United Nations Development Programme, 2013; disponível em: https://www.yumpu.com/en/document/view/48347156/arab-spring-demographics-in-a- region-in-transition-arab-human-.

Mokyr, Joel. "Accounting for the Industrial Revolution". In Roderick Floud e Paul Johnson (orgs.). *The Cambridge Economic History of Modern Britain*, vol.1, *Industrialisation 1700-1860*. Cambridge, Cambridge University Press, 2004, p.1-27.

Money, Leo Chiozza. *The Peril of the White*. Londres, W. Collins & Sons, 1925.

Moreton, Matilda. "The death of the Russia village". *ODR*, 3 jul 2012; disponível em: https://www.opendemocracy.net/od-russia/matilda-moreton/death-of-russian-village.

Morland, Paul. "Defusing the demographic scare". *Ha'aretz*, 8 mai 2009; disponível em: https://www.haaretz.com/1.5049876.

_____. "Israel's fast evolving demography". *Jerusalem Post*, 21 jul 2013; disponível em: https://www.jpost.com/Opinion/Op-Ed-Contributors/Israels-fast-evolving-demography-320574.

_____. "Israeli women do it by numbers". *Jewish Chronicle*, 7 abr 2014; disponível em: http://www.thejc.com/comment-and-debate/essays/117247/israeli-women-do-it-numbers.

_____. *Demographic Engineering: Population Strategies in Ethnic Conflict*. Farnham, Ashgate, 2014, 2016, 2018.

Mouton, Michelle. *From Nurturing the Nation to Purifying the Volk: Weimar and Nazi Family Policy 1918-1945*. Cambridge, Cambridge University Press, 2007.

Mullen, Richard e James Munson. *Victoria, Portrait of a Queen*. Londres, BBC Books, 1987.

Müller, Rita e Sylvia Schraut. "Women's influence on fertility and mortality during the industrialisation of Stuttgart 1830-1910". In Angélique Janssens (org.). *Gendering the Fertility Decline in the Western World*. Berna, Peter Lang, 2007, p.237-73.

Myrskylä, Mikko et al. "New cohort fertility forecasts for the developed world: rises, falls and reversals". *Population and Development Review*, vol.39, n.1, 2013, p.31-56.

Nakamura, James I. e Matao Miyamoto. "Social structure and population change: a comparative study of Tokugawa Japan and Ch'ing China". *Economic and Cultural Change*, vol.30, n.2, 1982, p.229-69.

National Birth-Rate Commission. *The Declining Birth Rate: Its Causes and Effects*. Londres, Chapman & Hall, 1916.

Navarro, Armando. *The Immigration Crisis*. Lanham, Altamira Press, 2009.

Neillands, Robin. *The Hundred Years War*. Londres/Nova York, Routledge, 1990.

Noin, Daniel e Robert Woods (orgs.). *The Changing Population of Europe*. Oxford, Blackwell, 1993.

Novikoff-Priboy, A. *Tsushima*, Londres, Allen & Unwin, 1936.

Obuchi, Hiroshi. "Demographic transition in the process of Japanese industrialization". In Michael Smitka (org.). *Japanese Economic History 1600-1960: Historical Demography and Labor Markets in Prewar Japan*. Nova York/Londres, Garland, 1998, p.167-99.

Offer, Avner. *The First World War: An Agrarian Interpretation*. Oxford, Clarendon Press, 1989.

Office for National Statistics (ONS). "Ethnicity and national identity in England and Wales: 2011", 2012; disponível em: http://www.ons.gov.uk/ons/rel/census/2011-census/key-statistics-for-local-authorities-in-england-and-wales/rpt-ethnicity.html.

Ogawa, Naohiro et al. "Japan's unprecedented aging and changing intergeneration transfer". In Ito Takatoshi e Andrew K. Rose (orgs.). *The Economic Consequences of Demographic Change in East Asia*. Chicago, University of Chicago Press, 2009, p.131-66.

Okie, Howard Pitcher. *America and the German Peril*. Londres, William Heinemann, 1915.

Omran, Abdel-Rahim. *Population in the Arab World*. Londres, Croom Helm, 1980.

Osterhammel, Jürgen. *The Transformation of the World: A Global History of the Nineteenth Century*. Princeton, Princeton University Press, 2014.

Paddock, Troy R.E. *Creating the Russian Peril: Education, the Public Sphere and National Identity in Imperial Germany 1890-1914*. Rochester, Camden House, 2010.

Passell, Jeffrey S. e D'vera Cohn. *US Population Projections: 2005-2010*. Pew Research Center Hispanic Trends Project, 2008; disponível em: http://www.pewhispanic.org/2008/02/11/us-population-projections-2005-2050/.

Passell, Jeffrey S., D'Vera Cohn e Ana Gonzalez-Barrera. *Net Migration from Mexico Falls to Zero and Perhaps Less*, Pew Research Center Hispanic Trends Project, 2012, http://www.pewhispanic.org/2012/04/23/netmigration-from-mexico-falls-to-zero-and-perhaps-less/.

Pearce, Fred. *Peoplequake: Mass Migration, Ageing Nations and the Coming Population Crash*. Londres, Eden Project Books, 2010.

Pearlman, Moshe. *Ben Gurion Looks Back in Talks with Moshe Pearlman*. Londres, Weidenfeld & Nicolson, 1965.

Pearson, Charles S. *On the Cusp: From Population Boom to Bust*. Oxford University Press, 2015.

Pedersen, John, Sara Randall e Marwan Khawaja (orgs.). *Growing Fast: The Palestinian Population in the West Bank and Gaza Strip*. Oslo, FAFO, 2001.

Pelham, Nicolas. *Holy Lands: Reviving Pluralism in the Middle East*. Nova York, Columbia Global Reports, 2016.

Perelli-Harris, Brienna e Olga Isupova. "Crisis and Control: Russia's Dramatic Fertility Decline and Efforts to Increase It". In Ann Buchanan e Anna Rotkirch (orgs.), *Fertility Rates and Population Decline: No Time for Children?*. Basingstoke, Palgrave Macmillan, 2013, p.141-56.

Peritz, Eric e Mario Baras. *Studies in the Fertility of Israel*. Jerusalem, Hebrew University Press, 1992.

Pew Research Center. *Religious Composition by Country 2010-2050*, 2015, http://www.pewforum.org/2015/04/02/religious-projection-table/2050/number/all/.

Pinker, Steven. *The Better Angels of Our Nature: The Decline of Violence in History and its Causes*. Londres, Allen Lane, 2011.

Pogson, Ambrose. *Germany and its Trade*. Londres e Nova York, Harper & Bros., 1905.

Pomeranz, Kenneth. *The Great Divergence: China, Europe and the Making of the Modern World*. Princeton, Princeton University Press, 2000.

Poston Jr., Dudley L. e Leon F. Bouvier. *Population and Society: An Introduction to Demography*. Cambridge, Cambridge University Press, 2010.

Potter, David S. (org.). *A Companion to the Roman Empire*. Chichester, Wiley-Blackwell, 2010.

Putin, Vladimir. "Vladimir Putin on raising Russia's birth rate". *Population and Development Review*, vol.32 n.2, 2006, p.385-9.

Qobil, Rustam. "Moscow's Muslims find no room in the Mosque". BBC Uzbek Service, 22 mar 2012; disponível em: http://www.bbc.co.uk/news/worldeurope-17436481.

Quinlan, Sean M. *The Great Nation in Decline: Sex, Modernity and Health Crises in Revolutionary France c.1750-1850*. Aldershot, Ashgate, 2007.

Ransome, Stafford. *Japan in Transition: The Comparative Study of the Progress, Policy and Methods of the Japanese since their War with China*. Londres, Harper Bros., 1899.

Rashid, Saharani Abdul et al. "Fertility dynamics in Malaysia: comparison of Malay, Chinese and Indian ethics". *Proceedings of INTCESS2016 3rd International Conference on Education and Social Sciences*, 8-10 fev 2016, Istambul, Turquia; disponível em: https://pdfs.semanticscholar.org/0355/29de3c6a18e9ab357ad33e6764520e8 d1e26.pdf.

Reggiani, Andreas H. "Procreating France: the politics of demography, 1919-1945". *French Historical Studies*, vol.19, n.3, 1996, p.725-54.

Reich, Emil. *Germany's Swelled Head*. Londres, Andrew Melrose, 1914.

Reinhard, Marcel R. *Histoire de la population mondiale de 1700 à 1948*. Paris, Éditions Domat-Montchrestien, 1949.

Riddell, Katrina. *Islam and the Securitisation of Population Policies: Muslim States and Sustainability*. Farnham, Ashgate, 2009.

Riezler, Kurt. *Tagebücher, Aufsätze, Dokumente*. Göttingen, Vandenhoeck & Ruprecht, 1972.

Roediger, D.R. *The Wages of Whiteness: Race and the Making of the American Working Class*. Nova York/Londres, Verso, 1991.

Rozanova, Marya S. "Migration process, tolerance and migration policy in contemporary Russia". In Nancy Popson (org.). *Demography, Migration and Tolerance: Comparing the Russian, Ukrainian and U.S. Experience*. Washington, DC, Woodrow Wilson International Center for Scholars, 2010, p.36-64.

Saito, Hiroshi. *Japan's Policy and Purposes: Selections from Recent Addresses and Writings*. Boston, Marshall Jones, 1935.

Schierbrand, Wolf von. *Russia, her Strength and her Weakness: A Study of the Present Conditions of the Russian Empire, with an Analysis of its Resources and a Forecast of its Future*. NovaYork/Londres, G.P. Putnam's Sons, 1904.

Schuck, Peter H. "Alien ruminations". In Capaldi (org.). *Immigration*, p.62-113.

Seeley, J.R. *The Expansion of England: Two Courses of Lectures*. Londres, Macmillan, 1883.

Segal, Ronald. *Islam's Black Slaves: The History of Africa's Other Black Diaspora*. Londres, Atlantic Books, 2001.

Sen, Ragini. *We the Billion: A Social Psychological Perspective on India's Population*. Thousand Oaks, Sage, 2003.

Shaw, Stanford J. "The Ottoman census system and population 1831-1914". *International Journal of Middle East Studies*, n.9, 1978, p.325-38.

Sherwood, Joan. *Poverty in Eighteenth Century Spain: Women and Children of the Inclusa*. Toronto, University of Toronto Press, 1988.

Sigmund, Anna Maria. *Die Frauen der Nazis*. Munique, Wilhelm Heyne, 1998.

Slack, Andrew J. e Roy R.L. Doyon. "Population dynamics and susceptibility for ethnic conflict: the case of Bosnia and Herzegovina". *Journal for Peace Research*, vol.28, n.2, 1998, p.139-61.

Smith, James P. e Barry Edmonston (orgs.). *The New Americans: Economic, Demographic and Fiscal Effects of Immigration*. Washington, DC, National Academy Press, 2007.

Smitka, Michael (org.). *Japanese Economic History 1600-1960: Historical Demography and Labor Markets in Prewar Japan*. Nova York/Londres, Garland, 1998.

Snyder, Timothy. *Bloodlands: Europe between Hitler and Stalin*. Londres, The Bodley Head, 2010.

Soloway, Richard Allen. *Birth Control and the Population Question in England, 1877-1930*. Chapel Hill, University of North Carolina Press, 1982.

Sporton, Deborah. "Fertility: the lowest level in the world". In Daniel Noin e Robert Woods (orgs.). *The Changing Population of Europe*. Oxford, Blackwell, p.49-61.

Statistics Canada. *Women in Canada: A Gender-Based Statistical Report*, 2011; disponível em: http://www.statcan.gc.ca/pub/89-503-x/89-503-x2010001-eng. pdf.

Statistics New Zealand. *Demographic Trends: 2011*, 2012; disponível em: http://stats.govt.nz/browse_for_stats/population/estimates_and_projections/demographic-trends-2012.aspx.

_____. *Major Ethnic Groups in New Zealand*, 2013; disponível em: http://www.stats.govt.nz/Census/2013-census/profile-and-summary-reports/infographic-cultureidentity.aspx.

Stockwell, Edward G. *Population and People*. Chicago, Quadrangle Books, 1968.

Stoddard, Lothrop. *The Rising Tide of Color against White World-Supremacy*. Nova York, Charles Scribner's Sons, 1920.

Stolper, Gustav. *The German Economy 1870 to the Present*. Londres, Weidenfeld & Nicolson, 1967.

Stone, Norman. *World War Two: A Short History*. Londres, Allen Lane, 2013.

Sunak, Rishi e Sarath Rajeswaran. *A Portrait of Modern Britain*. Londres, Policy Exchange, 2014.

Suny, Ronald Grigor. *They Can Live in the Desert but Nowhere Else: A History of the Armenian Genocide*. Princeton, Princeton University Press, 2015.

"Sydney", "The white Australia policy". *Foreign Affairs*, vol.4, n.1, 1925, p.97-111.

Szayna, Thomas S. *The Ethnic Factor in the Soviet Armed Forces: The Muslim Element*. Santa Monica, Rand Corporation, 1991.

Szporluk, Roman. *Russia, Ukraine and the Breakup of the Soviet Union*. Stanford, Hoover Institution Press, 2000.

Tabutin, Dominique. "Les relations entre pauvreté et fécondité dans les pays du Sud et en Afrique-Sub-Saharienne – bilan et explications". In Benoît Ferry (org.). *L'Afrique face à ses défis démographiques: un avenir incertain*. Paris, Agence Française de Développement, 2007, p.253-88.

Tarver, James D. *The Demography of Africa*. Westport, Praeger, 1996.

Tauber, Irene B. *The Population of Japan*. Princeton, Princeton University Press, 1958.

Teitelbaum, Michael. *The British Fertility Decline: Demographic Transition in the Crucible of the Industrial Revolution*. Princeton, Princeton University Press, 1984.

_____. "U.S. population growth in international perspective". In Westoff (org.). *Towards the End*, p.69-95.

Tessler, Mark. *A History of the Israeli-Palestinian Conflict*. Bloomington, Indiana University Press, 2009.

Thomas, Antony. *Rhodes*. Londres, BBC Books, 1996.

Thompson, Leonard. *A History of South Africa*. New Haven, Yale University Press, 2001.

Thompson, Warren S. e P.K. Whelpton. *Population Trends in the United States*. Nova York, McGraw Hill, 1933.

Tien, H. Yuan. *China's Strategic Demographic Initiative*. Westport, Praeger, 1991.

Tolischus, Otto D. *Through Japanese Eyes*. Nova York, Reynal & Hitchcock, 1945.

Tooze, Adam. *The Deluge: The Great War and the Making of the Global Order 1916-1931*. Londres, Penguin, 2014.

Townsend, Charles. *Ireland in the Twentieth Century*. Londres, Edward Arnold, 1999.

Trading Economics. Disponível em: https://tradingeconomics.com/japan/government-debt-to-gdp.

Tranter, N.L. *Population since the Industrial Revolution: The Case of England and Wales*. Londres, Croom Helm, 1973.

Udjo, Eric O. "Fertility levels, differentials and trends'. In Tukufu Zuberi et al. *The Demography of South Africa*. Armonk/Londres, M.E. Sharpe, 2005, p.40-64.

United Nations Development Programme. *Arab Human Development Report 2002: Creating Opportunities for Future Generations*, 2002; disponível em: http://www.arab-hdr.org/Reports/2005/2005.aspx.

_____. *The Arab Human Development Report 2005: Towards the Rise of Women in the Arab World*, 2006; disponível em: http://www.arab-hdr.org/Reports/2005/2005.aspx.

_____. *Arab Development Challenges Report: Towards the Developmental State in the Arab Region*, 2011; disponível em: http://carnegieeurope.eu/2012/05/11/undp-s-arab-development-challenges-report-2011-towards-developmental-state-in-arab-region-event-3664.

_____. *The Arab Development Report 2016: Youth and the Prospects for Human Development in a Changing Reality*, 2016; disponível em: http://www.arabstates.undp.org/content/rbas/en/home/library/huma_development/arab-human-development-report-2016-youth-and-the-prospects-for-.html.

United Nations Economic and Social Commission for Western Asia. *Population and Development Report – Second Issue: The Demographic Window – An Opportunity for Development in the Arab Countries*, 2005; disponível em: http://www.arab-hdr.org/Reports/2005/2005.aspx.

United Nations Population Division, 2010 e 2012 Revisions; disponível em: http://esa.un.org/unpd/wpp/Excel-Data/population.htm.

United Nations Social Indicators: Literacy, 2012; disponível em: http://unstats.un.org/unsd/demographic/products/socind/.

United Nations World Population Year. *The Population of New Zealand*. s.e., Cicred Series, 1974.

Urdal, Henrik. *The Clash of Generations? Youth Bulges and Political Violence*. Nova York, United Nations Department of Economic and Social Affairs, Population Division, 2006; disponível em: http://www.un.org/esa/population/publications/expertpapers/Urdal_Expert%20Paper.pdf.

Waters, Mary C. e Reed Ueda. *The New Americans: A Guide to Immigration Since 1965*. Cambridge, Harvard University Press, 2007.

Weber, Cynthia e Ann Goodman. "The demographic policy debate in the USSR". *Population and Development Review*, vol.7, n.2, 1981, p.279-95.

Westoff, Charles F. (org.). *Towards the End of Population Growth in America*. Englewood Cliffs, Prentice Hall, 1972.

Westoff, Charles F. e Elise F. Jones. "The end of 'Catholic' fertility". *Demography*, vol.16, n.2, 1979, p.209-17.

White, Tyrene. *China's Longest Campaign: Birth Planning in the People's Republic 1949-2005*. Ithaca, Cornell University Press, 2006.

Wilcox, Walter F. *Studies in American Demography*. Ithaca, Cornell University Press, 1940.

Wilkinson, H.L. *The World's Population Problems and a White Australia*. Westminster/Londres, P.S. King & Son, 1930.

Willetts, David. *The Pinch: How the Babyboomers Stole Their Children's Future – and Why They Should Give it Back*. Londres, Atlantic, 2010.

Wilson, Peter H. *Europe's Tragedy: A New History of the Thirty Years War*. Londres, Penguin, 2010.

Winckler, Onn. "How many Qatari nationals are there?". *Middle East Quarterly*, primavera 2015.

Winter, Jay. "Demography". In John Horne (org.). *A Companion to World War One*. Chichester, Wiley-Blackwell, 2012, p.248-62.

Wood, Clive e Beryl Suitters. *The Fight for Acceptance: A History of Contraception*. Aylesbury, Medical and Technical Publishing, 1970.

Woods, Robert. "The population of Britain in the Nineteenth Century". In Anderson (org.). *British Population History*, p.283-358.

Woods, Robert et al. "Infant mortality in England 1550-1950: problems in the identification of long term trends and geographical and social variations". In Carlo A. Corsini e Pierre Paolo Viazzo (orgs.). *The Decline of Infant Mortality in Europe 1800-1950: Four National Case Studies*. Florença, Unicef, 1993, p.35-51.

Woolf, Leonard. *Sowing: An Autobiography of the Years 1880-1904*. Londres, Hogarth Press, 1960.

Woycke, James. *Birth Control in Germany 1871-1933*. Londres/Nova York, Routledge, 1988.

Wrigley, E.A. *Poverty, Progress and Population*. Cambridge, Cambridge University Press, 2004.

Wrigley, E.A. e R.S. Schofield. *The Population History of England 1541-1871: A Reconstruction*. Londres, Edward Arnold, 1981.

Wrigley, E.A. et al. *English Population History from Family Reconstitution 1580-1837*. Cambridge, Cambridge University Press, 1997.

Zakharov, Sergei. "Russian Federation: from the first to the second demographic transition". *Demographic Research*, vol.19, n.24, 2008, p.907-72.

Zubrin, Robert. *Merchants of Despair: Radical Environmentalists, Criminal Pseudo-Scientists and the Fatal Cult of Antihumanism*. Londres/Nova York, New Atlantis Books, 2012.

Zweig, Stefan. *The World of Yesterday: Memoirs of a European*. Londres, Pushkin Press, 2014 (trad. bras.: *Autobiografia: o mundo de ontem*. Rio de Janeiro, Zahar, 2014).

Agradecimentos

Nick Lowcock forneceu estímulo e insights valiosos durante todo o tempo de escrita de *A maré humana*. O professor Eric Kaufmann foi uma fonte inestimável de sabedoria e apoio. Estou extremamente grato a Toby Mundy, cujo espírito inquisitivo impulsionou a elaboração do texto e cujo profissionalismo ajudou a levá-lo a bom termo. Não tenho como agradecer a David Goodhart o suficiente por toda a sua ajuda. Foi um prazer trabalhar com Joe Zigmond e a equipe na John Murray e Clive Priddle na Public Affairs. Sir Brian Harrison, excepcional orientador enquanto estive no Corpus Christi College, em Oxford, mais de trinta anos atrás, se dedicou a revisar e comentar o livro com extraordinária mas característica meticulosidade e pertinência. Várias pessoas fizeram a gentileza de examinar rascunhos de capítulos ou ideias, e gostaria de lhes agradecer pelo tempo que despenderam e por sua contribuição. Entre elas estão Daniel Benedyk, Michael Lind, Claire Morland, Sonia Morland, Ian Price, Jonathan Rynhold e Michael Wegier. Tive o privilégio de debater este livro em seus primeiros estágios com meu falecido e saudoso amigo, professor Anthony D. Smith, que, como sempre, me deu inspiração. Mike Callan teve a amabilidade de passar um olhar atuarial sobre o apêndice relativo à expectativa de vida. Não é preciso dizer que qualquer erro é inteiramente de minha responsabilidade.

Finalmente, devo agradecer a minha mãe, Ingrid Morland, a minha esposa, Claire Morland, e a nossa própria pequena maré humana, Sonia, Juliet e Adam Morland, a quem este livro é dedicado.

Índice remissivo

aborto:
    em Cuba, 293-4
    legalizado na Rússia soviética, 143-4, 194
    leis abrandadas, 166
    na Romênia, 216-7
    taxas russas reduzidas após a era soviética, 207
Acordo de Oslo (Israel-palestinos), 287
Acton, William, 89
Afeganistão:
    crescimento populacional, 192, 198
    expectativa de vida, 301
    idade mediana, 192
    guerra russa no, 191-2
    migração para a Europa, 278-9
    militantes, 29
    taxa de fecundidade, 30, 297-9
    taxas de natalidade e mortalidade, 40-1
África:
    ascensão a possível potência, 189
    crescimento populacional, 22-3, 307-9
    emigração para a Europa, 317-8
    idade mediana, 306-7
    imperialismo britânico na, 72
    perdas decorrentes do tráfico de escravos, 308
    subsaariana, 303, 307-8, 319
    taxas de natalidade e mortalidade, 40
    taxas de fecundidade, 305-8
    tendências demográficas, 310-1
    urbanização, 318
África do Sul:
    apartheid, 76
    aumento da população nativa, 259
    baixo uso de contraceptivos, 305
    como território imperial britânico, 74
    diferenças na taxa de natalidade étnica, 37
    expectativa de vida, 304
    holandeses (africâneres) na, 74-6
    idade mediana, 25
    imigrantes judeus europeus, 129
    mortalidade infantil, 303-4
    prevalência de HIV e aids, 304
    queda na taxa de fecundidade, 42-3
    razões entre população branca/negra, 75-6
    status, 303-4
Agincourt, Batalha de (1415), 28
água, consumo e fornecimento, 270-2
aids:
    na África meridional, 304-5
albaneses, 219
    na Sérvia, 37
Albânia, 218
Alberto, príncipe consorte, 90
Albrecht, Hans, 110
alemães:
    imigrantes nos Estados Unidos, 77, 78, 109
Alemanha:
    aposentadorias para idosos, 176-7
    baby boom no pós-guerra, 159
    como meta para imigrantes não europeus, 278-9
    crescimento populacional, 62, 93-4, 99, 101, 108-11, 121
    diferença entre católicos e protestantes, 96
    dimensão econômica, 33, 92-3, 95
    efetivo na Primeira Guerra Mundial, 115
    expansão e povoamento (*Lebensraum*), 146
    expansão, 82
    expectativa de vida, 175
    expectativa de vida aumentada, 95-6
    futuro declínio populacional, 317
    grandes famílias rurais, 95-6
    imigrantes, 97, 182, 184-6
    invade a Rússia soviética, 149
    judeus emigram da, 129-30, 145
    idade mediana, 237

medo do poder russo, 110-1, 115-6
movimento pró-natalidade, 145-6
Oriental e Ocidental, 218
população na Segunda Guerra Mundial, 150
queda na taxa de natalidade da Alemanha Oriental, 215
rápido desenvolvimento industrial, 113
reação política à imigração, 185
rivalidade com Grã-Bretanha, 84, 92-4, 108, 111
sociedade ordeira, 275
tamanho da família, 95-7
taxas de fecundidade, 43, 122-3, 169, 172, 184, 263, 294
taxa de natalidade, 40
unificada a partir de Estados menores, 93-4
urbanização, 95-6, 123
Alexandra, rainha de Eduardo VII, 85
Alexandre o Grande, 27
Alliance National pour l'Accroissement de la Population Française, 141
Allon, Yigal, 287
Al-Qaeda, 276
ambiente:
    efeito do crescimento da população sobre, 15
América Latina:
    catolicismo na, 296
    crescimento populacional, 294
    diferenças culturais e geográficas, 289-90
    imigrantes nos Estados Unidos, 167, 178-81
    império espanhol na, 69-70
    mortalidade infantil declinante, 290
    padrão demográfico, 289-91
    taxas de fecundidade, 292-3
Américas:
    migração para as, 126-7
    ver também América Latina; Estados Unidos da América
Amor, sublime amor (*West Side Story*, musical), 290, 312
Ana, rainha da Grã-Bretanha, 20-1
Andrew, príncipe, duque de York, 155
Andrillon, Henri:
    L'Expansion de l'Allemagne, 82, 137

Andropov, Yuri, 190
anglo-saxões:
    como emigrantes, 76-7, 83
    declínio proporcional, 315-6
    expansão populacional, 317
Anne, princesa real, 155
antissemitismo, 132, 134
aposentadoria e idade, 176-7
aposentadorias (velhice), 176-7, 313
Arábia Saudita:
    imigrantes, 267
    recursos petrolíferos, 268
    status das mulheres, 272, 278
    tamanho da família, 262
    taxas de fecundidade, 267
Arafat, Yasser, 284
Argélia:
    europeus na, 184, 259-60
    crescimento populacional, 262
Argentina:
    como país avançado, 291
    expectativa de vida, 291
    imigrantes europeus, 103, 126, 128, 129, 291
armênios:
    genocídio, 258-9
Ásia:
    declínio das taxas de mortalidade, 253
    emigrantes, 137
    idade mediana, 311
    populações de países individuais, 253
Ásia meridional:
    diversidade religiosa, 296-7
    expectativa de vida, 301
    padrões demográficos, 296
Asquith, Herbert (Henry), primeiro conde, 89-90, 107
Asquith, Margot, condessa, 89
Austen, Jane:
    heroínas, 10, 151
Austrália:
    ameaça de incursão japonesa e, 136
    baby boom, 159
    baixo crescimento populacional, 138-9
    colonização, 56, 57, 69-71, 73-4, 75
    imigrantes irlandeses, 160
    origens dos imigrantes, 182, 186-7
    política da Austrália branca, 136-7, 186

população europeia e aborígene, 21, 69-71, 73
produção de alimentos, 54-5, 74
taxa de fecundidade, 168
Áustria-Hungria:
 famílias numerosas, 101-2
 números da emigração, 118
Azerbaijão, 198, 202

baby boom e boomers (após Segunda Guerra Mundial):
 no Japão, 233
 no Ocidente, 154, 158-66
bairros miseráveis:
 desaparecem na Inglaterra, 11
Bangkok Post, 254
Bangladesh, 25, 183, 296, 297
 número de crianças nascidas, 24
 taxa de fecundidade, 298
Barclay, James, 106
Batalha de Grânico (334 a.C.), 27
batata:
 como alimento básico na Irlanda, 63
Bazalgette, sir Joseph, 58
Bélgica:
 expectativa de vida, 174
 migrantes na França, 141
Ben-Gurion, David, 283
Benjamin, Walter, 130
Berlim:
 crescimento, 96
Berlim, Muro de, 185
Berlin, sir Isaiah, 130
Bernstein, Leonard, 312
Besant, Annie, 88, 125
Bessemer, Henry, 66
Bethmann-Hollweg, Theobald von, 82, 111
Bismarck, príncipe Otto von, 93, 176-7
Bollywood, 34
Booth, general William, 106
Bósnia-Herzegovina, 218-9
Boswell, James, 156
Botswana:
 taxa de fecundidade, 304-5
Bouazizi, Mohamed, 255
Bradlaugh, Charles, 88, 125
Brasil:
 dados demográficos, 291-2
 queda nos números de imigração, 128
 taxas de fecundidade, 292-3
 urbanização, 292
Braudel, Fernand, 69
Brejnev, Leonid, 203, 212
Brexit, 35-6, 39, 185-6
Brunel, Isambard Kingdom, 58
Bulgária:
 declínio populacional, 219, 317
 idade mediana, 220
 taxa de fecundidade, 172, 219
Burgess, Anthony, 119-20
Bush, George W., 305
Bush, Jeb, 182

Califórnia:
 composição étnica, 180
Camus, Albert:
 A peste, 260
Canadá:
 baby boom, 159
 franco-canadenses católicos, 168
 imigrantes, 126, 128-9, 182
 leis de imigração antiasiáticas, 137
 população europeia e colonização, 21, 56-7, 69-72, 74-5
 população nativa, 71
 produção de alimentos e exportações, 55, 73
 taxa de fecundidade, 168
 ver também Quebec
Carlile, Richard, 88
Casals, Pablo, 130
Catar:
 alta renda per capita, 269
 imigração e crescimento populacional, 267
católicos:
 América Latina e, 196
 fecundidade quebequense e, 159
 mulheres praticam controle da natalidade, 166
 política sobre aborto e contracepção, 144-5, 159, 162-3, 264
 restrições à sua imigração nos Estados Unidos, 127
 tamanho da família, 96, 160, 170
 taxas de fecundidade, 166, 170, 172
Cáucaso:
 agitação, 204-5
 muçulmanos massacrados, 258-9

Cazaquistão, 198
Ceausescu, Nicolae, 216-7
centenários, 173, 237
César, Júlio, 20
Chamberlain, Basil Hall, 228-9
Chamberlain, Houston Stewart, 228
Charles, príncipe de Gales, 155
chechenos:
    na Rússia, 37, 213
Chen Mu Hua, 246
Chernenko, Konstantin, 190
Chernobyl, desastre nuclear de, 191
Chesterton, G.K., 131
China:
    ascensão a potência, 151, 189, 239-41
    baixa emigração, 242
    contracepção na, 246-7
    demografia histórica, 240-2
    desequilíbrio entre os sexos, 251
    expectativa de vida, 250
    fome, 242, 244
    Guerras do Ópio e, 240
    idade mediana, 250
    industrialização e modernização, 239-40, 246
    lento desenvolvimento industrial, 112
    mudança demográfica sob Mao, 243-5
    perturbações históricas, 225
    política de aborto, 294
    "Política de um filho só", 246-9, 251-2, 301
    políticas agrícolas, 244
    população em processo de envelhecimento, 302
    poupanças pessoais e falta de assistência para a velhice, 251
    República Popular, formação (1949), 241
    tamanho da economia, 33-4, 67, 189
    tamanho e crescimento da população, 224, 239-40, 247, 249-53, 296
    taxa de fecundidade, 243, 245-6, 249-51
Churchill, Winston S., 105
cidades:
    crescimento, 80
    ver também urbanização
Cingapura:
    tabela de expectativa de vida, 322-5
circassianos, 258
Cisjordânia (Israel):
    taxa de fecundidade, 283-4, 286

civilizações (culturais-étnicas):
    padrões demográficos, 215
Clausewitz, Carl Marie von, 29
Clinton, Hillary, 35, 165
cólera:
    efeitos, 58
    surtos, 86, 261
Comissão Nacional da Taxa de Natalidade (Grã-Bretanha), 106
Compra da Louisiana (1804), 78
comunistas:
    assassinatos praticados por, 142
conflito:
    dentro de Estados, 38
Conselho Nacional para a Moralidade Pública (Grã-Bretanha),106
contracepção, 87-8, 106, 125, 143, 155-6, 164
controle da natalidade *ver* contracepção
Corão, Sagrado, 264
Coreia:
    migrantes no Japão, 230
Coreia do Norte:
    políticas de estilo soviético, 205
Coreia do Sul:
    expectativa de vida, 253
    idade mediana, 254, 311
    taxa de fecundidade, 248
    taxas de natalidade em queda, 253
Costa do Marfim, 307
crianças:
    abandonadas, 9-10
    números de nascidos, 24
    ver também mortalidade infantil
croatas:
    em conflitos nos Bálcãs, 219
Cruz, Ted, 181-2
Cuba:
    políticas de estilo soviético, 205
    taxas de fecundidade, 293-4
cultura da juventude, 160-1
curdos:
    atitudes turcas em relação aos, 38
    e massacres dos armênios, 258-9

dados, 44-6
Daily Mail:
    sobre declínio da taxa de natalidade britânica, 82, 105
darwinismo social, 105, 109

Davy, sir Humphry, 66
Declaração Balfour (1917), 283
demografia:
    causas e efeitos naturais, 268-9
    efeitos tecnológicos e sociais sobre, 318-9
    futuro e, 310-20
    história e, 39
    mudanças recentes, 11-2
    valores humanos e, 47-8
Dennery, Étienne:
    Asia's Teeming Millions and its Problems for the West, 137
Dickens, Charles, 64, 174
Dinamarca:
    aumento da população, 62
    taxa de fecundidade, 171
Disney, Walt, 119
ditaduras:
    e política populacional, 142-5
Djerassi, Carl, 162
doenças:
    controle de, 86-7
    espalhadas por viagens aéreas, 27
Douglas-Home, sir Alec, 154

East, Edward M.:
    Mankind at the Crossroads, 134-6
economia (nacional):
    e tamanho da população, 30-4
Eduardo VII, rei da Grã-Bretanha, 85, 108
educação:
    mulheres, 164, 193-4, 277-8
    no mundo árabe, 271-2
Edward, príncipe:
    nascimento, 155, 159
efeito de tempo, 169, 206-7
Egito (antigo):
    lento crescimento populacional, 87
Egito (moderno):
    agitação no, 280
    autonomia, 148
    expectativa de vida, 209
    instabilidade política, 275
    mudanças populacionais, 256, 261-2
    recebe ajuda externa, 268, 270-1
    taxa de fecundidade, 262, 326-7
Eisenhower, Dwight D., 97

El Salvador:
    idade mediana, 25
Elizabeth, rainha de Jorge VI, 20
Elizabeth II, rainha da Grã-Bretanha:
    filhos, 155
    nascimento, 20
    súditos centenários, 173
Emirados Árabes Unidos (EAU):
    baixa taxa de mortalidade, 46-7
emissões de carbono:
    e tamanho da população, 314
Engels, Friedrich, 143
envelhecimento, 173-7
era vitoriana:
    condições sociais em mudança, 85
    população mundial, 20
    tamanho da família, 21
Escandinávia:
    nascimentos fora do casamento, 170
    populações pequenas, 112
    taxa de fecundidade em queda, 168
Escócia:
    crescimento populacional, 62, 71
    migração para Inglaterra, 57
escravidão e tráfico de escravos, 14, 79, 308
Eshkol, Levi, 282
Espanha:
    baixa taxa de nascimentos extramaritais, 171
    família numerosa, 101
    imigrantes da América Latina, 182
    imigrantes na França, 129-30
    império latino-americano, 69-70
    mortalidade infantil histórica, 9-10
    taxas de fecundidade, 160, 171
    vista como lugar atrasado, 102
Estado:
    e poder econômico, 30-4
Estado Islâmico, 276, 280
Estados Unidos da América:
    afro-americanos nos, 77-9
    anexa México setentrional, 69, 78-9, 80
    anglo-saxões nos, 76, 83, 156, 178
    ascensão como superpotência, 148, 150-1
    atitudes religiosas em relação a sexo e procriação, 166-8
    aumento da população, 98, 156-7
    baby boom pós-Segunda Guerra Mundial, 155-9

comparados com população mundial, 188-9
composição étnica, 34-5, 316-7
depressão econômica, 127-9
desenvolvimento do poder econômico, 31, 67
distância do interior, 90
domínio militar, 188
efetivo na Primeira Guerra Mundial, 115
expansão territorial, 78
expectativa de vida, 174-5, 235, 319
idade mediana, 174, 237
imigrantes alemães, 78, 109
imigrantes escoceses-irlandeses, 63-5
imigrantes mexicanos (e latino-americanos), 167, 178-81, 295-6
imigrantes, 26, 51, 56-62, 78-80, 91, 102-4, 126-7
número crescente de mexicanos saindo, 181
números de americanos nativos, 78
política de imigração e restrições, 37-8, 127, 132-3
população hispânica, 78, 317
população na Segunda Guerra Mundial, 150
preocupação com qualidade da população e diferenças raciais, 131-2
taxa de natalidade judaica, 285
taxa de natalidade, 40
taxas de fecundidade de católicos/protestantes, 166
taxas de fecundidade, 131, 156-8, 163
urbanização, 156
Etiópia:
    idade mediana, 311
    taxa de fecundidade, 305
etnicidade:
    e poder econômico/político, 35-9
    proporção de pessoas brancas/de cor, 315-6
eugenia, 90, 105, 109, 112, 132
Europa:
    baby boom nos países setentrionais, 159-60, 168
    crescimento populacional, 41, 120-1
    crise de imigração do Oriente Médio/norte-africana e, 269
    declínio da emigração após Primeira Guerra Mundial, 127
    domínio histórico, 187-8, 317
    idade mediana e expectativa de vida, 174-6
    migração interna, 129
    origem dos imigrantes, 182
    população jovem antes da Primeira Guerra Mundial, 116
    taxas de fecundidade e declínio do crescimento populacional, 130, 141, 147-8, 169, 171-2
    taxas de fecundidade meridionais, 169-70
    taxas de fecundidade setentrionais, 159-60
expectativa de vida:
    aumento, 12, 14, 125-6, 173
    cálculo, 321-3
    diferenças entre homens e mulheres, 173, 208
    e taxas de mortalidade, 43-4

fascismo:
    ascensão do, 112
feminismo:
    e mudança demográfica, 16, 164-6
    ver também mulheres
filipinos:
    idade mediana, 314
Finlândia:
    migrantes para os Estados Unidos mandados de volta para o país, 128
Fitzgerald, F. Scott:
    O grande Gatsby, 134
fome:
    na China, 242, 244
    na Índia, 296
    na Irlanda, 14, 63-4
    no Norte da África, 260
    na Rússia, 195
Fórum Econômico Mundial, 234
França:
    aumento da expectativa de vida, 125
    composição étnica, 36
    condições da vida rural no século XVIII, 10
    distância das zonas rurais, 90-1
    efetivo na Primeira Guerra Mundial, 115

imigrantes europeus, 129-30, 141, 184
imigrantes norte-africanos, 184
lenta urbanização, 61
lento crescimento populacional, 28, 61-2, 99, 101, 104, 140-2
números de filhos nascidos, 24
população comparada com a da Alemanha, 93
pouca emigração, 61
pró-natalismo e estímulo à fecundidade na, 141-2
taxas de fecundidade, 123, 168
teme rivalidade alemã, 108-9
tamanho da economia, 68
Francisco Fernando, arquiduque da Áustria, 218
Freedom House, 274
French, Marilyn:
The Women's Room, 164-5
Freud, Sigmund, 130

Kadhafi, Muammar, 255
Gandhi, Indira, 165, 300
Gandhi, Sanjay, 300
Gaza:
relações com Israel, 286-7
taxa de fecundidade, 283-4, 286
Goldstein, Ferdinand, 109, 110
Gorbachev, Mikhail, 190-2, 193
Grã-Bretanha (e Reino Unido):
baby boom após Segunda Guerra Mundial, 160
centenários, 173
comportamento eleitoral por idade, 161-2
composição étnica, 35-6, 182-4
crescimento populacional no século XIX, 52, 62, 68-9, 84, 101-2, 112-3
declínio do império, 147-8, 188
desenvolvimento do poder econômico, 31-2, 52, 62, 66-9, 112-3
diferenças de classe e étnicas nas taxas de natalidade, 106-8
e expansão do império, 69
expectativa de vida, 319
idade mais baixa para o casamento, 57
idosos, 313
imigração, 25-6, 35-6
migrantes nos Estados Unidos, 79-80
mudanças demográficas, 22-3
nascimentos fora do casamento, 170, 233
números de emigrantes (fim do século XIX), 91-2
origens dos imigrantes, 182-3
política de imigração em colônias e, 137-9
povoa império colonial ultramarino, 25-6, 51, 56-7, 69-75, 80-1, 127-8
preocupação com qualidade da população, 105-6
previdência social, 176
recrutamento e efetivo na Primeira Guerra Mundial, 114-5
rivalidade alemã com, 111
rivalidade com os Estados Unidos, 98-9
taxa de fecundidade declinante, 104-6, 122, 130-1, 168, 302-3
taxa de natalidade em desaceleração, 105-7
taxa de natalidade, 40, 104
vida urbana, 123
taxas de natalidade europeias declinantes e, 139
tendências demográficas nas colônias e, 136
voto Brexit e, 35-6, 39, 185-6
ver também Inglaterra
Grande Depressão (anos 1930), 128, 155, 158
Grande Fedor (Londres, 1858), 86
Grant, Madison:
The Passing of the Great Race, or the Racial Basis of European History, 133, 134
Grécia:
idade mediana, 220
nascimentos extramaritais, 171
Gregory, John Walter:
The Menace of Color, 134
gripe espanhola:
mortes decorrentes da, 119-20
Guatemala, 291, 294-5, 297
Guerra do Vietnã, 161
Guerra dos Bôeres:
debilidade física dos recrutas britânicos, 105
disputada entre europeus, 223
Guerra dos Seis Dias (1967), 281, 284, 286
Guerra Russo-Japonesa (1904-5), 188, 224, 229
Guerras do Ópio (China-Grã-Bretanha), 240

Guilherme II, kaiser da Alemanha:
    antipatia de Eduardo VII por, 108
    exorta Nicolau II da Rússia a fazer
        guerra contra o Japão, 223
    sobre o "perigo amarelo", 232
Guiné:
    idade mediana, 44
    taxa de mortalidade, 43-4

Haggard, sir Henry Rider, 138, 139
Haycraft, dr. John Berry:
    Darwinism and Race Progress, 105
Hayhoe, Aida, 90
Herzen, Aleksandr, 99
Hiroshima, 241
história:
    conformação da, 13
    demografia e, 39
Hitler, Adolf:
    baixas de guerra alemãs e, 146-7
    guerra na Rússia, 195
    Houston Stewart Chamberlain aplaude, 228
    interferência militar, 149
    povoamento da Ucrânia e, 231
    teorias raciais e população alemã, 117-8, 145-7, 148
Holocausto, 14, 281-2
Honduras, 291
Hong Kong:
    expectativa de vida, 235
Howard, Michael, 130
Hu Yaobang, 246
Hughes, William, 136
huguenotes, 25

Ibn Khaldun, 29
idade:
    e comportamento, 24-5, 312-3
    e previdência social, 313-5
idade mediana:
    elevação global, 311-3
Iêmen:
    baixo consumo de água, 270
    crescimento populacional, 120, 255-6
    idade média, 25
    instabilidade, 275-6
    mortes de crianças, 59-60, 261
    mudança social, 255-6
    taxa de fecundidade, 262, 298
Illustrated London News, 64
imigração:
    efeitos, 178
    na Europa a partir do Oriente Médio, 269
    países de origem, 182-5
    reações políticas à, 185
Império Otomano:
    dados demográficos, 257-9
    imigração, 258-9
    nos Bálcãs, 259
    população, 258
Império Romano:
    população, 20
impérios:
    fim, 188
Independent, The, 181
Índia:
    emigrantes, 137
    expectativa de vida, 301
    expectativa de vida masculina, 208
    fome, 296
    imigrantes no Reino Unido, 182-3
    imperialismo britânico na, 72
    independência, 148
    muçulmanos na, 263
    programa de esterilização, 300
    tamanho da população, 34, 252, 296
    tamanho da economia, 33, 67, 301
    taxa de fecundidade, 252, 297, 299-301, 303
Índice de Desenvolvimento Humano (IDH), 270
Indonésia:
    assistência médica, 60
    tamanho da economia, 33
    tamanho da população, 253
industrialização:
    propagação global, 31-2
    taxas de, 94-5
infanticídio:
    na China, 243
    no Japão, 226-7, 243
Inglaterra (e País de Gales):
    crescimento da indústria manufatureira, 80

crescimento populacional no século
    XIX, 36, 51-9
desenvolvimento industrial, 51-2, 153
expectativa de vida, 125
imigração, 55
melhora das condições sociais, 58-9
população sob os Tudor, 53-4
produção e oferta de alimentos, 54, 59
queda das taxas de mortalidade, 58
taxas de mortalidade infantil, 59
taxas de natalidade e fecundidade,
    57-8, 139
urbanização, 61, 85-6
ver também Grã-Bretanha
Irã:
    número de crianças nascidas, 24
    políticas populacionais, 265-6
    status das mulheres no, 266-7
    taxas de fecundidade, 262, 267, 288
Iraque:
    idade mediana, 256
    militantes, 29-30
    tamanho da família, 30, 262
    taxas de natalidade e mortalidade, 40-1
Irlanda:
    alta taxa de fecundidade, 160, 172
    crescimento populacional, 63
    emigração, 56-7, 65, 71, 91, 128, 160
    fome, 14, 64-5
    importância da batata na, 63
    nacionalismo e autonomia nacional,
        65-6
    queda da população na era vitoriana, 65
    separação da Grã-Bretanha, 148
    taxas de mortalidade e natalidade, 41
Irlanda do Norte:
    minoria católica, 38
islã:
    papel no Oriente Médio e no Norte da
        África, 263-4
    pró-natalismo, 265
    realizações, 269
    ver também muçulmanos
Israel:
    conflito com palestinos, 279-81
    Faixa de Gaza e, 286-8
    fornecimento e consumo de água, 270
    imigração, 282-3, 286
    judeus russos migram para, 196, 213, 282

taxa de fecundidade, 42-3, 284-6, 307
territórios, 286-7
ver também Cisjordânia
Itália:
    Argentina, 103, 128
    aumento populacional, 145
    baixa taxa de nascimentos extramaritais, 171
    colonos no Norte da África, 259
    declínio da emigração, 145
    desvantagens do trabalho feminino,
        171-2
    emigração para os Estados Unidos e
        taxas de família numerosa, 101
    fecundidade, 160, 169-71
    futuro declínio populacional, 317
    idade mediana, 237
    imigrantes na França, 129
    política populacional sob o fascismo,
        144
Iugoslávia:
    conflitos, 217-9
Japão:
    adota práticas europeias, 140
    centenários, 237
    taxa de mortalidade, 41, 43-4
    derrota (1945), 241
    derrota a Rússia (1904-5), 188, 223-4,
        229-30
    transição demográfica, 224, 227
    declínio econômico, 239
    economia e tamanho da população,
        34, 232
    nascimentos extramaritais, 233
    taxas de natalidade em queda, 26, 235
    quedas da taxa de fecundidade, 235,
        236-7
    dívida pública, 238
    expectativa de vida elevada, 175, 236-7
    dados antigos inadequados, 225
    infanticídio no, 226
    baixa emigração, 230
    baixas taxas de casamento e relações
        sexuais, 234
    idade mediana e população em processo de envelhecimento, 44, 236-9,
        311-3

modernização e ascensão a potência, 224-30
imigração modesta, 236
não visto como ameaça, 99
sociedade ordeira, 275
tendência populacional, 23, 235-6
baby boom no pós-guerra, 233
política pacifista no pós-guerra, 238
pressão sobre sistema de aposentadorias, 238
políticas pró-natalistas, 231
dependência de importações agrícolas, 231
famílias pequenas, 235-6, 237
população estável, 225-6
status e educação das mulheres, 233-4
questão da expansão territorial e da colonização, 231
como uma ameaça para a Austrália, 235-6
aumento da população no século XX, 227-8, 231
perdas em tempo de guerra, 232
alarme ocidental ante a ascensão do, 232
Jefferson, Thomas, 77, 78, 157
jihadismo, 274
Jorge III, rei da Grã-Bretanha, 77
judeus:
    emigram da Rússia soviética para Israel, 196, 213, 282
    fogem da Alemanha e da Itália, 129
    imigrantes na Inglaterra, 57
    migrantes para os Estados Unidos, 91, 103, 127
    números, 282
    perseguidos na Rússia, 129
    taxa de natalidade, 285
    ver também Israel; sionismo

Keynes, John Maynard:
    As consequências econômicas da paz, 118-9
Khamenei, Ali, 266
Khomeini, aiatolá, 265
Kingsley, Charles, 64
Kipling, Rudyard, 98
Kirk, Dudley, 131
Knowlton, Charles:
    The Fruits of Philosophy, 88
Koch, Robert, 86
Kollontai, Alexandra, 143
Kosovo, 218, 219
Kravitz, Lenny:
    "Rock and roll is dead" (música), 161
Ku Klux Klan, 134

Lagos, Nigéria, 309
Lancet, The, 89, 107
Lazarus, Emma, 157
Le Pen, Marine, 185
Lênin, Vladimir I., 143, 191, 195
Leroy-Beaulieu, Paul:
    La question de la population, 140
Lesoto:
    taxa de fecundidade, 304
Letônia:
    declínio populacional, 317
levante jacobita (1745-46), 56
LGBTQ:
    efeito sobre a demografia, 320
Líbano:
    conflito no, 38
liberalismo:
    declínio após Primeira Guerra Mundial, 142
Líbia:
    colapso civil, 280
    idade mediana, 311-2
    taxa de fecundidade, 262
Liga das Nações:
    coleta de dados, 125
    formada, 151
    mandatos no Oriente Médio, 260
Lister, Joseph, primeiro barão, 86
Lituânia:
    taxa de fecundidade, 172
Lloyd George, David, 105, 140
Londres:
    condições no século XIX, 11, 86
    diferenças nas taxas de natalidade em bairros, 106
    sistema de esgoto e higiene pública, 86
    subúrbios se desenvolvem em, 55
Lönne, Friedrich, 110
Luxemburgo:
    economia, 34, 67

MacDonald, Ramsay, 106
Macedônia:
　idade mediana, 25
Malásia:
　taxa de fecundidade dos chineses étnicos, 248
Malthus, Thomas:
　alimentos, 19, 54-5, 63-4, 131, 153-4, 226
　Ensaio sobre o princípio da população, 54, 153
　Marx sobre, 201
　recomenda comedimento e casamento tardio, 88
　sobre a China, 241-2
　sobre condições nos Estados Unidos, 78
　sobre crescimento da população e oferta de sobre população indígena, 71
Manchukuo, 230-1
Mandela, Nelson, 75
Manstein, general Fritz Erich von, 149
Mao Tsé-Tung, 243-6, 248
maoris, 73
Margaret, princesa, 20
Marrocos:
　população judaica, 282
　taxa de fecundidade, 32, 283-4, 288
Marx, Karl, 143, 201
marxismo, 243, 248
May, Theresa, 176
Mbeki, Thabo, 304
McCain, John, 35
McCleary, G.F., 131, 137, 139, 140
　Race Suicide, 139
McCoppin, Frank, 51
McCormick, Katharine Dexter, 162
Meinecke, Friedrich, 82, 111
Meir, Golda, 165
Merkel, Angela, 165, 185
México:
　Estados Unidos anexam norte, 69, 78-9, 80
　imigrantes nos Estados Unidos, 178-81, 295-6
　melhora do padrão de vida, 295-6
　migrantes deixam Estados Unidos, 295-6
　padrão demográfico, 295

migração:
　efeito sobre a demografia, 25-6, 39-40, 126-7
Miliband, Ed, 130
modernização (econômica):
　e taxas de fecundidade e expectativa de vida, 31-2
Modi, Narendra, 299
Moldávia, 219, 220, 317
Money, sir Leo Chiozza, 140
mortalidade infantil:
　histórica, 9, 12, 14
　nas repúblicas centro-asiáticas da Rússia, 197-8
　no Norte da África e no Oriente Médio, 261
　quedas, 24, 85-7
Moscou:
　população muçulmana, 213-4
Mosley, lady Cynthia, 89
Mubarak, Hosni, 255
muçulmanos:
　Bósnia, 218-9
　na Ásia meridional, 297-8
　na Rússia, 197-9, 202-3, 213-4
　números, 279
　refugiados no Império Otomano, 257-9
　status das mulheres, 264-5, 271, 277-8
　taxas de fecundidade, 263, 267, 299
mulheres:
　adiam o casamento, 89
　chegam à velhice, 173
　como líderes políticas, 165
　emancipação, 193-4, 277-8
　muçulmanas, 264-5, 271, 277-8
　na Rússia soviética, 124, 201, 206-7
　níveis educacionais, 164
　no Japão, 233
　números decrescentes de filhos, 84-5
　taxas de fecundidade, 12, 16, 21, 32, 41-3
　tomada de decisão, 48
　ver também feminismo
mundo árabe:
　conflito com Israel, 279-80, 283
　problemas econômicos e sociais, 269-74
Mussolini, Benito, 144-5

Nações Unidas:
　dados, 45

Nagasaki, 241
Nagorno-Karabakh, 204
Napoleão I (Bonaparte), imperador da França, 28-9, 61, 78, 93
nascimentos extramaritais, 170-1, 216, 233
nazistas:
    assassinatos por, 142
    política populacional, 146
Nicolau II, czar da Rússia, 223
Nietzsche, Friedrich, 56
Nigéria:
    taxa de fecundidade, 306, 309
    tendência populacional, 23,
    urbanização, 308-9
Nixon, Richard M., 166
Norte da África:
    colonialismo europeu na, 258-60
    crescimento populacional, 262
    fome (1866-68), 260
    instabilidade, 255, 269-70, 275-7
    quedas da mortalidade infantil, 261
    transição na, 260
Notestein, Frank, 154, 157
Nova Zelândia:-4, 75
    baby boom,
    baixo crescimento da população, 139
    imigrantes, 182
    não europeus excluídos, 137
    população europeia e colonização, 21, 56-7, 69-70, 73, 75-6
    produção de alimentos, 74
    taxa de fecundidade, 168
Novikov, Aleksei, 223

Obama, Barack, 34, 180
Ocidente, declínio, 188
Okie, Howard Pitcher:
    America and the German Peril, 109
Organização Mundial do Comércio (OMC), 67
Oriente Médio:
    abastecimento de água, 272
    atraso educacional, 271-2
    crescimento da população, 272
    idade mediana, 256
    imperialismo europeu no, 257
    instabilidade, 255, 257, 269, 274-7
    mandatos da Liga das Nações, 260
    misoginia, 271-2
    perspectivas de paz, 288
    possível ascensão a potência, 189
    taxas de fecundidade, 262, 274
    transição no, 260, 263
Orwell, George:
    Dias na Birmânia, 147
    sobre os pobres, 174
Oryol (couraçado imperial russo), 223

País de Gales:
    crescimento populacional, 40, 71
    ver também Inglaterra (e País de Gales)
países do Benelux:
    populações pequenas, 112
palestinos:
    aumento populacional, 283-4, 287-8
    conflito com Israel, 279-81
    expectativa de vida, 284
    idade mediana em elevação, 288
    taxa de fecundidade, 284-6, 307
Paquistão:
    expectativa de vida, 209, 301
    imigrantes no Reino Unido, 183-4
    opositores do controle de natalidade, 264
    taxa de fecundidade, 297-8
    taxa de natalidade, 263
Pasteur, Louis, 86
"perigo amarelo", 0, 137, 223, 232
peste:
    reduzida na Inglaterra, 58
    ver também peste negra
peste negra, 17, 53, 225
petróleo, 268-71, 309
    no Oriente Médio, 267
Pevsner, Nikolaus, 130
Phillips, John, 9
pílula anticoncepcional, 16, 87, 162-5
Pincus, Gregory, 162
planejamento familiar:
    financiado pelo governo, 32
Plus Grande Famille, La (sociedade francesa), 141
pobres, condições dos, 174
poder militar:
    e vantagem numérica, 27-9
Polônia:
    alemães se estabelecem na, 145-6
    idade mediana, 311

imigrantes na França, 129
migrantes na França, 141
transição para o capitalismo, 217-8
população:
    aumento após Primeira Guerra Mundial, 119-21
    estabilização e transição demográfica, 130, 154
    etnicidade e, 131-3
    mudança histórica e, 14, 15-7
    qualidade racial e, 131-5
    tensões internacionais e, 111-2
população mundial:
    aumento até os nossos dias, 13
    mudanças em ritmo e distribuição, 17, 19-20, 22-3
Porto Rico:
    idade mediana, 312
    taxa de fecundidade, 305
preço dos alimentos:
    queda nos tempos vitorianos, 86
Primavera Árabe, 255, 275
Primeira Guerra Mundial (1914-18):
    números da população (efetivo) e, 82, 111-3, 115-6
    perda de homens jovens, 118, 121, 127
    produção industrial e, 112-3
    recrutamento britânico, 114
produção de alimentos (global), 54
    ver também Malthus, Thomas
protestantes:
    taxas de fecundidade, 166, 170
Putin, Vladimir, 205, 211-2

Quebec:
    alta taxa de fecundidade, 159
    franceses no, 72
    movimento pela independência, 36
Quênia:
    alfabetização feminina, 306
    crescimento populacional, 47
    taxa de fecundidade, 305-6
Quiverfull, movimento (Estados Unidos), 166-7

raça *ver* etnicidade,
racismo, 131-9, 141
Ransome, Stafford, 229
Rebelião dos Boxers (1899-1900), 240
rebeliões estudantis, 160-1
recenseamentos:
    como fontes de dados, 44-5
região do Caribe:
    crescimento populacional, 294
    imigrantes na Grã-Bretanha, 182
    taxas de fecundidade, 290
Reich, Emil:
    Germany's Swelled Head, 108, 109
Reino Unido *ver* Grã-Bretanha
religião:
    diversidade na Ásia meridional, 296-7
religião ortodoxa:
    distribuição e padrões demográficos, 214-6, 219
Remennick, Larissa, 286
rendimentos das culturas, 315
República Centro-Africana:
    mortalidade infantil, 306
República Democrática do Congo:
    instabilidade, 275, 307
    taxa de fecundidade, 306
República Eslovaca, 218
República Tcheca, 218
Rhodes, Cecil, 81, 83, 148
Riezler, Kurt, 111
Robertson, John Mackinnon, 107
Rohrbach, Paul, 109
Romênia:
    húngaros étnicos na, 38
    mudanças populacionais, 216-7
    taxa de fecundidade, 216-7
Roosevelt, Franklin D., 119
Roosevelt, Theodore ("Teddy"), 130-1
Rosas, Guerra das, 53
Ruanda:
    economia em crescimento, 307
    genocídio (1994), 15
Rubio, Marco, 181
Rumbold, Joan, 9, 12, 15
Rússia (e União Soviética):
    abastecimento interno de alimentos, 114
    aborto legalizado sob os comunistas, 143-4, 194, 294
    afluência de asiáticos centrais a vilas e cidades, 213
    agitação no Cáucaso, 204-5
    alcoolismo, 208-9

alemães étnicos emigram para Alemanha, 213
antinatalismo, 206
ascensão a potência, 99-100, 149, 150-1, 190-1
baixas e perdas em tempo de guerra (1941-45), 232
colapso soviético, 204-5
como ameaça potencial para Grã-Bretanha, 99
derrotada pelo Japão (1904-5), 188, 223-4, 229-30
desenvolvimento industrial, 110
diferenças étnicas e regionais, 196-9, 202-4, 212-4
diferenças na expectativa de vida para homens e mulheres, 321-2
distância do interior, 91
educação das mulheres, 193-4
emigrantes judeus para Israel, 196, 213, 282
envelhecimento da liderança, 190-1
expansão populacional, 82, 99-101, 110-1, 115-6, 121-2, 139, 195-6
guerra no Afeganistão, 191-2
idade da maternidade, 206-7
idade mediana, 192, 210, 213
medo alemão da, 109-11, 116
migração para Estados Unidos, 91
migração para Sibéria, 113
mortes por doenças, 209
mortes por guerras, fomes e expurgos, 195
mudanças na expectativa de vida, 125-6, 196, 201-2, 236
mulheres na força de trabalho, 201
mulheres sem filhos e com um só filho, 207
política soviética sobre população, 142-4
população muçulmana, 197-9, 202-3, 213-4
pouca imigração e emigração, 196
Putin propõe mudanças demográficas, 212
queda da população desde o período soviético, 210, 236
queda nas taxas de mortalidade de crianças, 26, 197-8
rivalidade com anglo-saxões, 84

Segunda Guerra Mundial com Alemanha, 148-50
sob regime bolchevique, 193
sociedade planejada soviética e controle estatal, 200-1
status dos russos/eslavos étnicos, 197-202, 203
taxa de crescimento populacional no pós-guerra, 196
taxa de suicídios, 208-9
taxas de aborto reduzidas após era soviética, 207
taxas de fecundidade, 123-4, 143-4, 193-4, 205-8, 210-1, 236, 262
transição demográfica, 193
urbanização, 193-4

Saleh, Ali Abdullah, 256
Sanger, Margaret, 162
São Francisco:
    crescimento populacional, 51
Sauvy, Alfred, 131
secularização, 166
Seeley, J.R.:
    The Expansion of England, 81, 82, 137, 148
Segunda Guerra Mundial:
    e guerra na Rússia, 148-9
    e obsessão de Hitler com população, 118
Serra Leoa:
    mortalidade infantil, 306
sérvios:
    conflitos, 218-9
    política antimuçulmana, 258
    taxa de fecundidade em queda, 218
sexo:
    e maternidade, 290
    e tamanho da família, 319-20
Sharon, Ariel, 287
Sibéria:
    colonização russa, 113
sicilianos, origens, 317
sionismo, 279-85, 286
Síria:
    guerra civil e população, 276-7, 280
    idade mediana, 26, 311
    requerentes de asilo, 278
Smith, Adam:
    sobre o tamanho da população, 29, 248
Snyder, Timothy, 71

Sociedade Ginecológica Britânica, 105
Soltz, Aaron, 144
Spectator, The, 232
Spender, J.A., 105-6
Spengler, Oswald, 131
Sri Lanka:
 diferenças étnicas, 38
 idade mediana, 311
 taxa de fecundidade, 297
Stálin, Josef, 143-4, 149, 195, 244
Stalingrado, Batalha de (ago 1942-fev 1943), 149
Stoddard, Lothrop:
 The Rising Tide of Color Against White World-Supremacy, 133-4
Stopes, Marie:
 defende esterilização forçada dos incapazes, 132
 Married Love, 125
Suazilândia:
 taxa de fecundidade, 304
Sudão:
 idade mediana, 256
Suíça:
 idade média, 25
Sykes, sir Mark, 119
Sykes-Picot, acordo, 119

Tácito, 29
Tadjiquistão:
 mortalidade infantil, 197-8
Tailândia:
 ausência de filhos na, 254
 idade mediana, 254, 314
 mulheres têm menos filhos, 22
 taxa de fecundidade, 293, 316
Taiping, rebelião (1850-64), 242
Taiwan:
 taxa de fecundidade, 248
tamanho da família:
 Alemanha em desenvolvimento e, 95-6
 educação feminina e, 164
 militância e, 30
 reduzido, 90
tártaros, 213
taxa de fecundidade:
 áreas rurais e, 125
 contracepção e, 156
 declínio na Europa, 121-6
 método de cálculo, 326-7
 nível de reposição e, 122, 163
 queda global, 166-9
 taxa de natalidade e, 42-3
taxa de fecundidade total (TFT), 41, 43, 163, 206, 207, 212, 219, 233, 326
taxa de mortalidade:
 efeito sobre a demografia, 39-41
 expectativa de vida e, 43-4
 queda global, 122, 125-6, 302
taxa de natalidade:
 efeito sobre a demografia, 39-42
 queda global, 302-3
Taylor, John, 105
Thatcher, Margaret, 165
Tikhonov, Nikolai, 203
Times, The:
 lamenta desenvolvimento de subúrbios de Londres, 55
Timor-Leste:
 taxa de fecundidade, 298
Tocqueville, Alexis de, 151
Tolstói, conde Liev, 99-100
transição demográfica:
 estabilização da população e, 130
 Estados Unidos e, 163
 Japão e, 224-6, 227
 Notestein sobre, 154, 157
 Rússia e, 193-4
 segunda, 165-6
tribalismo, 39
Trump, Donald, 35, 39, 97, 180-1, 296
Tunísia:
 europeus na, 259
 situação política, 275
Turquia:
 crescimento econômico, 273
 democracia na, 275
 imigrantes na Alemanha, 182, 185
Tutu, Desmond, arcebispo da Cidade do Cabo, 279

Ucrânia:
 Hitler deseja colonizar, 231
Uganda:
 taxa de fecundidade, 306
Ulster:
 desenvolvimento econômico, 65-6

União Europeia:
    e livre comércio, 67
União Soviética *ver* Rússia
Unicef, 306
urbanização:
    efeito sobre taxas de fecundidade, 124, 156, 193-4
    lentidão na França, 61
    na Alemanha, 95-6
    na Europa e América do Norte, 80
    na Grã-Bretanha, 61, 85-6
    nos Estados Unidos, 156
Uruguai:
    europeus étnicos no, 294
Uzbequistão:
crescimento populacional, 203
taxa de mortalidade infantil, 198
taxas de fecundidade reduzidas, 208

Vauban, Sebastien le Prestre de, 29
vida rural:
    condições históricas, 10
Viena:
    condições melhores, 11
Vietnã:
    expectativa de vida, 32

violência, e idade média, 25
Vitória, rainha:
    filhos, 23-4, 85
    sobre o parto, 90, 155
Voltaire, François Marie Arouet, 29

Warburg, Sigmund, 130
Wasp (*White Anglo-Saxon Protestant*), 77, 181
Waugh, Evelyn:
    Malícia negra, 155
Webb, Beatrice, 106
Webb, Sydney (lorde Passfield), 107
Wellington, Arthur Wellesley, primeiro duque de, 28
Wells, H.G., 55
Wilson, Woodrow, 104, 151, 260
Woolf, Leonard, 10-1, 147

Yeltsin, Boris, 205, 211

Zaire/Congo:
    guerras, 15
Zimbábue:
    aumento da população nativa, 260
Zuma, Jacob, 304
Zweig, Stefan, 11

A marca FSC® é a garantia de que a madeira utilizada na fabricação
do papel deste livro provém de florestas que foram gerenciadas de maneira
ambientalmente correta, socialmente justa e economicamente viável,
além de outras fontes de origem controlada.

Este livro foi composto por Mari Taboada em Dante Pro 11,5/16
e impresso em papel offwhite 80g/m² e cartão triplex 250g/m²
por Geográfica Editora em outubro de 2019.